Archiv deutscher Klein- und Privatbahnen

Geschichte der Klein- und Privatbahnen

Archiv deutscher Klein- und Privatbahnen

Hans-Dieter Rammelt
Günther Fiebig (†)
Erich Preuß

Geschichte der Klein- und Privatbahnen

Entwicklung · Bau · Betrieb

transpress

Titelbild:
Kleinbahn Wegenstedt–Calvörde,
Bahnhof Calvörde mit Lok 1
(später 98 6006) und einem BCPwPost
Sammlung Dr. Rückert

Dieser Titel ist eine durchgesehene und erweiterte
Auflage des 1989 veröffentlichten Bandes
„Geschichte – Bau – Betrieb“
(Klein- und Privatbahnarchiv 1).

Rammelt, Hans-Dieter:
Archiv deutscher Klein- und Privatbahnen:
Geschichte der Klein- und Privatbahnen. –
Hans-Dieter Rammelt/Günther Fiebig/Erich Preuß.–
Berlin: Transpress, 1995.– 307 S.:
346 Abb.
NE: 3 Verf.

ISBN 3-344-71007-9

Borkumstr. 2, 13189 Berlin
Lektor: Dr. Rolf Neustädt
Einbandgestaltung: Jürgen Schumann
Typografie: Regine Buddeke
Satz: Fotosatz Schönthaler, Ludwigsburg
Druck: Gulde-Druck, Tübingen
Bindung: E. Riethmüller, Stuttgart

Vorwort

Nach der guten Aufnahme, die die Bände „Brandenburg/Mecklenburg-Vorpommern" und „Thüringen/Sachsen" des „Archiv deutscher Klein- und Privatbahnen" gefunden haben, wird der einst als Grundlagenband bezeichnete Titel „Geschichte – Bau – Betrieb" nun in neuer, durchgesehener und ergänzter Auflage und unter neuer Überschrift vorgelegt. In ihm sind alle die verallgemeinerungswürdigen Erkenntnisse über Klein- und Privatbahnen zusammengefaßt, die in den regionalen Bänden zu unnötigen Wiederholungen geführt hätten.

In den letzten Jahrzehnten des 19. Jahrhunderts hatte die Eisenbahn hinsichtlich der wachsenden industriellen und landwirtschaftlichen Produktion größte Bedeutung, weil andere leistungsfähige Verkehrsmittel noch nicht entwickelt bzw. noch nicht entsprechend ausgebaut waren. Damals existierte das Netz der Hauptbahnen im wesentlichen, und nur ein „kleiner Teil des Landes" mußte noch erschlossen werden. Aus wirtschaftlichen Gründen wollte man auch die Gebiete abseits der großen Hauptstrecken zugänglich machen. Deshalb mußten herkömmliche Auffassungen über den Eisenbahnbau und die Betriebsführung korrigiert werden. Obgleich es dazu in den deutschen Ländern die unterschiedlichsten Meinungen gab, konnte dies ökonomisch wie technisch nur durch Klein- und private Nebenbahnen geschehen.

Was waren Klein- und Privatbahnen überhaupt? Wie unterschieden sie sich voneinander und wie von den Staatseisenbahnen? Diese und andere Fragen beantworten die Autoren im vorliegenden Band aus wirtschaftlicher, politischer und technischer Sicht. Die Darstellung des Themas beginnt im letzten Viertel des vergangenen Jahrhunderts. Mit der Betriebsübernahme der Klein- und Privatbahnen durch die Deutsche Reichsbahn am 1. April 1949 gaben diese Bahnen in der späteren DDR ihre eigenständige Rolle innerhalb des Verkehrswesens auf. In der Bundesrepublik tastete der Staat das Eigentum der Klein- und Privatbahnen nicht an. Nach Bildung der Deutschen Bundesbahn wurden sie in ihrer Gesamtheit als nichtbundeseigene Eisenbahn- oder Verkehrsunternehmen, kurz NE-Bahnen, bezeichnet. Diese Bezeichnung gilt auch heute, nachdem Bundesbahn und Reichsbahn zur Deutschen Bahn AG geworden sind.

Gedankt sei allen, die die Autoren bei diesem Band unterstützt haben. Das betrifft viele Mitarbeiter in zahlreichen Institutionen der DDR, die heute nicht mehr oder aber in der damaligen Form nicht mehr existieren. Sie haben seinerzeit zum Gelingen dieses Bandes maßgeblich beigetragen.

Der Verlag

Inhaltsverzeichnis

1 Die Entwicklung der Klein- und Privatbahnen

Privateisenbahn oder Staatseisenbahn?

Kleinbahnen waren Eisenbahnen, die auf der Grundlage des preußischen Kleinbahngesetzes von 1892 gebaut und betrieben wurden. Privateisenbahnen waren Eisenbahnen, die man nach dem preußischen Eisenbahngesetz von 1838 konzessionierte, die aber keine Staatseisenbahnen waren. So könnte man kurz die Bahnen definieren, die in diesem Buch eine Rolle spielen.

Der Volksmund kümmerte sich nicht um solche juristischen Unterscheidungsmerkmale, so daß er auch heute noch alle Bahnen als Kleinbahnen bezeichnet, die eine von der Normalspurweite von 1435 mm abweichende, und zwar geringere Spurweite haben. Dabei gab es Kleinbahnen zwischen 600 mm und 1435 mm Spurweite sowie andererseits schmalspurige Staatseisenbahnen. Die Privateisenbahnen trugen die wohl unglücklichste Bezeichnung, denn sie waren meist alles andere als privat.

Auch über den Begriff Kleinbahn stritt sich die Fachwelt vor Verabschiedung des Kleinbahngesetzes von 1892 im preußischen Landtag (wir kommen darauf zurück); ein besserer Begriff wurde aber nicht gefunden.

Wie es zu solch einem Nebeneinander von Eisenbahnen verschiedener Eigentumsformen kam, soll uns der Blick in die Geschichte erhellen.

Den Ruhm, die erste deutsche Eisenbahn eröffnet zu haben, sicherte sich Bayern mit der Bahn von Nürnberg nach Fürth, die am 7. Dezember 1835 in Betrieb ging. 1838 wurde die Berlin-Potsdamer Eisenbahn und 1839 vollständig die Strecke Leipzig–Dresden eröffnet; 1840 fuhren zwischen Magdeburg und Leipzig die ersten Züge.

Preußen hatte im Jahre 1846 bereits 25 Kozessionen für neue Bahnen erteilt, darunter befanden sich fünf von Berlin ausgehende Strecken, so die Berlin-Stettiner, die Berlin-Frankfurter und die Berlin-Hamburger Eisenbahn. Im Westteil Preußens waren die Genehmigungen für die Rheinische Eisenbahn, die Düsseldorf-Elberfelder, die Bonn-Kölner, die Köln-Mindener, die Bergisch-Märkische und die Münster-Hammer Eisenbahn erteilt worden.

Bis 1846 wurden in Deutschland zahlreiche Eisenbahnen eröffnet. Diese Eisenbahngesellschaften entstanden zunächst unter regionalen Gesichtspunkten, weil ein von übergeordneten Gesichtspunkten ausgehender Plan fehlte, wenngleich einige Gesellschaften wie die Sächsisch-Bayerische Staatseisenbahn (Leipzig–Hof) mit einer Verbindung bis Lindau am Bodensee weitreichende Ziele im Auge hatte. Oder die Oberschlesische Eisenbahn, die gemäß ihrem Statut den Anschluß an die von Wien nach Krakau führende Kaiser-Ferdinands-Nordbahn vorsah.

Alle diese Eisenbahnpläne zu verwirklichen, setzte Formen und Regeln voraus, wie solche Eisenbahnunternehmungen überhaupt zu gründen waren. Schließlich wurden davon sowohl staatliche als auch private Interessen berührt. Deshalb galt in allen deutschen Ländern der einhellige Grundsatz: Der dem öffentlichen Verkehr dienende Eisenbahnbau ist durch höchste staatliche Stellen zu genehmigen!

Preußen schuf die Grundlagen für Eisenbahnunternehmen zum erstenmal durch die Allerhöchste Bestätigungsurkunde vom 21. August 1837, mit der die „Rheinische Eisenbahn-Gesellschaft" genehmigt wurde. Weitere umfassende Privatbahnpläne veranlaßten Preußen, ein Eisenbahngesetz zu erlassen. Dieses Gesetz ging von bereits vorhandenen „Allgemeinen Bedingungen" aus und sah die von einer Aktiengesellschaft zu bauende und zu betreibende Bahn als Norm vor. Preußen behielt sich in diesem Gesetz das ausdrückliche Ankaufsrecht des Staates nach frühestens 30 Jahren vor. Das Gesetz regelte die Befugnisse des Staates bei der Gründung, den Bau und Betrieb sowie die Verwaltung der Eisenbahnen und schuf die rechtlichen Grundlagen für die Abtretung des zum Bahnbau erforderlichen Grund und Bodens.

Das Gesetz über die Eisenbahnunternehmungen vom 3. November 1838, das noch hundert Jahre später Gültigkeit besitzen sollte, beruhte im

Die Kleinbahnen des Kreises Jerichow I hatten auf dem Streckenabschnitt Loburg–Altengrabow ein Dreischienengleis mit 750 mm und 1435 mm Spurweite. Ein Kleinbahnzug mit der Lok Nr. 4 auf dem Bahnhof Altengrabow um 1910.
Sammlung G. Meyer

wesentlichen auf den Erwägungen, die der Staat im Zusammenhang mit der Konzessionierung der Magdeburg-Leipziger Eisenbahn angestellt hatte. Zu dieser Zeit hatte Preußen nach Sonderstatuten bereits vier Eisenbahnen konzessioniert, so die Rheinische Eisenbahn (Köln–Aachen–Grenze zu Belgien), die Düsseldorf-Elberfelder Eisenbahn, die Berlin-Potsdamer Eisenbahn und die Magdeburg-Leipziger Eisenbahn.
In anderen deutschen Ländern war die landesherrliche Genehmigung ebenfalls als erforderlich erklärt worden, z. B. in Hannover mit dem Gesetz vom 8. September 1840, im Königreich Bayern am 28. September 1836 mit den „Fundamentalbestimmungen für sämtliche Eisenbahnstatuten“. Uneins war man sich darüber, den Bau und den Betrieb

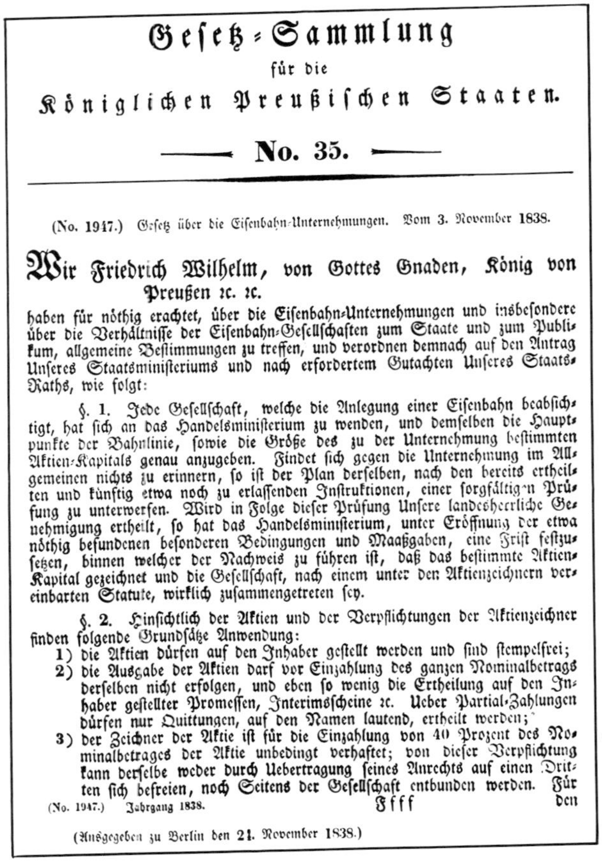

Gesetz-Sammlung
für die
Königlichen Preußischen Staaten.

No. 35.

(No. 1947.) Gesetz über die Eisenbahn-Unternehmungen. Vom 3. November 1838.

Wir Friedrich Wilhelm, von Gottes Gnaden, König von Preußen ꝛc. ꝛc.

haben für nöthig erachtet, über die Eisenbahn-Unternehmungen und insbesondere über die Verhältnisse der Eisenbahn-Gesellschaften zum Staate und zum Publikum, allgemeine Bestimmungen zu treffen, und verordnen demnach auf den Antrag Unseres Staatsministeriums und nach erfordertem Gutachten Unseres Staats-Raths, wie folgt:

§. 1. Jede Gesellschaft, welche die Anlegung einer Eisenbahn beabsichtigt, hat sich an das Handelsministerium zu wenden, und demselben die Hauptpunkte der Bahnlinie, sowie die Größe des zu der Unternehmung bestimmten Aktien-Kapitals genau anzugeben. Findet sich gegen die Unternehmung im Allgemeinen nichts zu erinnern, so ist der Plan derselben, nach den bereits ertheilten und künftig etwa noch zu erlassenden Instruktionen, einer sorgfältigen Prüfung zu unterwerfen. Wird in Folge dieser Prüfung Unsere landesherrliche Genehmigung ertheilt, so hat das Handelsministerium, unter Eröffnung der etwa nöthig befundenen besonderen Bedingungen und Maaßgaben, eine Frist festzusetzen, binnen welcher der Nachweis zu führen ist, daß das bestimmte Aktien-Kapital gezeichnet und die Gesellschaft, nach einem unter den Aktienzeichnern vereinbarten Statute, wirklich zusammengetreten sey.

§. 2. Hinsichtlich der Aktien und der Verpflichtungen der Aktienzeichner finden folgende Grundsätze Anwendung:
1) die Aktien dürfen auf den Inhaber gestellt werden und sind stempelfrei;
2) die Ausgabe der Aktien darf vor Einzahlung des ganzen Nominalbetrags derselben nicht erfolgen, und eben so wenig die Ertheilung auf den Inhaber gestellter Promessen, Interimsscheine ꝛc. Ueber Partial-Zahlungen dürfen nur Quittungen, auf den Namen lautend, ertheilt werden;
3) der Zeichner der Aktie ist für die Einzahlung von 40 Prozent des Nominalbetrages der Aktie unbedingt verhaftet; von dieser Verpflichtung kann derselbe weder durch Uebertragung seines Anrechts auf einen Dritten sich befreien, noch Seitens der Gesellschaft entbunden werden. Für den

(No. 1947.) Jahrgang 1838. Ffff

(Ausgegeben zu Berlin den 21. November 1838.)

Titelblatt des Eisenbahngesetzes vom 3. November 1838.
Zentrales Staatsarchiv Merseburg

von Eisenbahnen privaten Gesellschaften zu überlassen oder ob der Staat diese Aufgaben selbst in die Hand nehmen sollte. In den einzelnen deutschen Staaten wurde darüber unterschiedlich entschieden: je nachdem, wie hoch man das wirtschaftliche Risiko oder die Pflicht des Staates, gemeinwirtschaftliche Aufgaben zu übernehmen, ansetzte. Deshalb bestanden bereits in der Frühzeit der Eisenbahnen in Deutschland Privateisenbahnen und Staatseisenbahnen nebeneinander.

Preußen hatte sich bei der gesetzlichen Festlegung der rechtlichen Grundlagen für Eisenbahnunternehmungen von dem Gedanken leiten lassen, daß der Bau von Eisenbahnen auf Staatskosten nicht in Frage käme. Das Gesetz von 1838 war deshalb in erster Linie auf Privateisenbahnen zugeschnitten. Was daraus ersichtlich wird, daß die Bestimmungen über die Bildung von Aktien-Gesellschaften zum Bau und Betrieb von Eisenbahnen das Gesetz einleiten.

Braunschweig, Hannover, Oldenburg, Baden und Württemberg hingegen nahmen von Anfang an den Staatsbahnbau in die Hand, wie die erste deutsche Staatseisenbahn zeigte, die am 1. Dezember 1838 von Braunschweig nach Wolfsbüttel eröffnet worden war. Die Main-Neckar-Bahn wurde gemeinschaftliche Staatseisenbahn Badens, des Großherzogtums Hessen und der Freien Reichsstadt Frankfurt a. M.

In Bayern erklärte Ende 1845 der Minister von Abel, nie und unter keinen Umständen werde die Regierung die Leitung und Benutzung der Eisenbahnen in ihren Hauptrichtungen in Privathände geben. Dort hatten sich (abgesehen von der Strecke Nürnberg–Fürth) die ersten Privateisenbahnen nicht bewährt. Die München-Augsburger Eisenbahn mußte beispielsweise bereits 1844 vom Staat erworben werden.

Bayern blieb diesem Grundsatz nicht treu; im Jahre 1856 erhielt die Aktiengesellschaft der Bayerischen Ostbahn die Konzession. Sachsen zeigte sich dem Eisenbahnbau gegenüber sehr abwartend, erhielt aber am 1. April 1847 mit der Übernahme der ersten Privatbahn, der Sächsisch-Bayerischen Eisenbahncompagnie, ohne es ursprünglich zu wollen, seine erste Staatseisenbahnstrecke.

In diesen Ländern zeigte es sich mit der Zeit, daß es unmöglich war, als dringend erkannte Bahnbauten ohne staatliche Hilfe auszuführen. 1842 kam in Preußen der von Aktiengesellschaften betriebene Bau der Berlin-Anhaltischen und der Berlin-Stettiner Bahn ins Stocken. Die preußische Regierung mußte durch die Übernahme von Aktien und Obligationen unterstützend eingreifen. Bis 1842 waren von den preußisch konzessionierten Gesellschaften 587 km Privatbahnen gebaut worden. Der Staat hatte – bis auf die „zwischenstaatliche" Anhaltische Bahn – keine Finanzhilfe geleistet.

Zug der normalspurigen Altmärkischen Kleinbahn im Bahnhof Gardelegen Anschluß in den dreißiger Jahren.
Sammlung G. Meyer

Im Oktober 1842 rief König Friedrich Wilhelm IV. die Vereinigung der ständischen Ausschüsse nach Berlin, die der Krone „über die Beförderung einer umfassenden Eisenbahnverbindung zwischen den Provinzen der Monarchie unter Beihilfe von Staatsmitteln" ihren Rat erteilen sollten. [1] Obwohl daraufhin ein Projekt eines etwa 220 Meilen langen Bahnnetzes erarbeitet wurde, war dennoch keine klare Linie preußischer Eisenbahnpolitik gewonnen – wenngleich auch der Staat von 1842 bis 1848 teilweise Aktien- und Zinsgarantien übernahm.

Im Jahre 1848 kam August Freiherr von der Heydt (1801–1874), der Vorsitzende des Verwaltungsrates der Bergisch-Märkischen Eisenbahn-Gesellschaft, in das preußische Ministerium für Handel, Gewerbe und öffentliche Arbeiten. Mit ihm begann in Preußen die Abkehr vom Privatbahnsystem. Es wurde der Bau der ersten Staatseisenbahnen, der Ostbahn, der Westfälischen sowie der Saarbrücker Bahn beschlossen und an die Bedingungen geknüpft, „daß der Übergang aller Bahnen in das Eigentum des Staates stets das Ziel der Regierung bleiben müsse, niemals aus den Augen verloren werden dürfe und daß auf dessen Erreichung durch jedes sich darbietende Mittel hinzustreben sei."[2] Nach diesen Richtlinien wurde dann die Niederschlesisch-Märkische Eisenbahn aufgekauft und die Bergisch-Märkische sowie die Oberschlesische Eisenbahn in staatliche Verwaltung genommen.

Es war die Periode des Ministers von der Heydt, der sich als Abgeordneter für die Anerkennung des Staatsbahnprinzips in den Sitzungen des Landtages aussprach, aber 1847 die Vorlage zum Bau der (staatlichen) Ostbahn Berlin–Danzig/Königsberg wegen des sehr beträchtlichen Anlagekapitals und der voraussichtlich geringen Erträge ablehnte. Die erste große, dem Staatsbahnprinzip gewidmete Gesetzesvorlage unterbreitete von der Heydt 1849. Dieser Staatsbahngedanke hielt sich im preußischen Parlament zehn Jahre lang. Der preußische Staat ging daran, sämtliche Privateisenbahnen in seinen Besitz, zumindest unter seinen Betrieb zu bringen. Mit Ausnahme der Rhein-Nahe-Bahn wurde keine Konzession an Privatgesellschaften erteilt.

In den fünfziger Jahren begann sich, insbesondere bei der Freihandelspartei, eine Abneigung gegen die Einmischung des Staates in wirtschaftliche Angelegenheiten zu zeigen. Selbst in Bayern erlahmte der Schwung für weitere Staatsbahnbauten. 1855 wurde hier der Bau von Privateisenbahnen nicht nur ausdrücklich wieder zugelassen, sondern 1856 mit der Bayerischen

Borsig-Lokomotive BEUTH für die Berlin-Anhaltische Eisenbahn, geliefert 1844.
Sammlung Rammelt.

Henschel-Lokomotive für die Bergisch-Märkische Eisenbahn.
Sammlung Rammelt

Ostbahn ein kompaktes Privateisenbahnnetz konzessioniert. Durch Gesetz vom 21. Mai 1859 wurde in Preußen bestimmt, daß der viel befehdete Erwerb von Eisenbahnaktien durch den Ertrag der Eisenbahnsteuer aufgehoben und die Steuer in die allgemeine Staatskasse abgeführt werden sollte. Zu dieser Zeit bestanden in Preußen 6 827,1 km Eisenbahnen, davon waren 2 340,6 km reine Staatseisenbahnen; von den 4 486,5 km Privateisenbahnen befanden sich 1275,6 km unter Staatsverwaltung, und nur 3 210,9 km waren reine Privateisenbahnen. [3]

Staatspolitische Rücksichten hinderten Minister von der Heydt, seine Eisenbahnpolitik der Verstaatlichung fortzusetzen. Sein Nachfolger, Heinrich Friedrich Graf von Itzenplitz, ließ sich von dem Grundsatz leiten, möglichst viele Eisenbahnen für das Land zu erhalten, gleichviel, wer sie baute. So war den Privatunternehmen wieder ein weites Feld gegeben.

Auch im Königreich Sachsen wurde die Frage, nur Staatsbahnen oder nur Privateisenbahnen oder beide anzulegen, zu verschiedenen Zeiten unterschiedlich beantwortet. Die Staatsregierung teilte der Ständeversammlung 1863/64 mit: „Das bisher in Sachsen befolgte System beruht nicht, wie z. B. in Frankreich und in höherem Grade in Belgien, auch in einigen deutschen Mittelstaaten, auf einer von einem allgemeinen Gesichtspunkte ausgehenden Initiative der Regierung; nicht auf einem festen für das ganze Land entworfenen Plane...

Als Mitte der 30er Jahre die Idee der Leipzig-Dresdener Eisenbahn hervortrat und lebhaft betrieben wurde, da war das Eisenbahnwesen überhaupt auf dem Continente von Europa noch so neu..., daß man an eine direkte Beteiligung des Staates, an eine Verwendung von Staatsmitteln auf den Eisenbahnbau noch nicht zu denken wagte. Man erblickte in der damals projectierten Bahn zunächst nichts weiter, als ein Mittel zur schnelleren und besseren Verbindung zwischen Leipzig und Dresden und dachte an die Möglichkeit, daß sie nun das erste Glied eines allgemeinen Eisenbahnsystems werden könne und an die Wichtigkeit des Eisenbahnwesens so wenig, daß der Staat sich nicht einmal das Recht des Ankaufes oder Anheimfalles nach einer gewissen Reihe von Jahren vorbehielt. Indessen schon kurze Zeit nachher änderten sich die Ansichten ganz wesentlich, sehr bald wurde es klar, welchen Einfluß die Eisenbahnen auf die Entwicklung der Völker und Staaten ausüben müssen und wie dringend es notwendig werde, daß die Regierungen selbst ihren Bau begünstigen und ihre weitere Entwicklung in eine nicht bloß dem Privatinteresse der Actionäre, sondern dem allgemeinen Interesse entsprechende Richtung hinleiteten. Aus einer gewiß an sich sehr gerechtfertigten und achtungswerten Scheu vor einer sehr bedeutenden Vermehrung der Staatsschulden, sowie aus einer Abneigung gegen eine Überbürdung der Staatsbehörden mit einer Masse ihrer eigentlichen Aufgabe fremder, neuer Geschäfte, konnte man sich auch damals noch nicht zum Selbstbau und zum Betrieb auf Staatsrechnung entschließen, suchte vielmehr, da ohne Staatsunterstützung aus bloßen Privatmitteln nach den damaligen Verhältnissen ein weiterer Bau von Eisenbahnen in Sachsen nicht zu ermöglichen schien, eine Vereinigung zwischen Staats- und Privatmitteln in der Art herzustellen, daß der Staat einen Teil des Baukapitals – 1/3 oder 1/4 – zuschoß und mit der Verzinsung desselben so lange zurücktrat, bis die Actionäre eine gewisse Verzin-

Die ehemalige Lokomotive ROSITZ wurde nach Verstaatlichung der Zeitz-Altenburger Eisenbahn durch die Königlich Sächsischen Staatseisenbahnen in die Reihe II unter der Nr. 749 eingeordnet.
Foto Contius.

sung erhielten und sich zugleich durch Ernennung eines Direktorialmitgliedes und sonst einen gewissen indirekten Einfluß auf die Leitung des Baues und des Betriebes vorbehielt."[4]
Die auf diese Weise entstandenen Aktiengesellschaften waren nicht in der Lage, ihre Aufgabe zu erfüllen. Häufig mußte der Staat diese Bahnen aufkaufen. Mitte der siebziger Jahre setzte eine nach der Gründerkrise langanhaltende Depression ein, die die spätere Monopolisierung in der Wirtschaft und im Kapital einleitete. Jetzt kam es nur noch zum Bau von Eisenbahnen aus Staatsmitteln. Bestehende Privatbahngesellschaften hatten finanzielle Schwierigkeiten, so daß sie selbst den Ankauf ihrer Bahnen vom Staat wünschten. Das leitete 1876 mit dem Kauf der Leipzig-Dresdener, der Greiz-Brunner Bahn und anderer kleinerer Privateisenbahnen die letzte große Verstaatlichungswelle in Sachsen ein. Die „Umgehungsfurcht" Sachsens durch Preußen und der Druck Bismarcks nach der Reichsgründung im Jahre 1871, der auf eine Reichseisenbahn hinarbeitete, förderten die Verstaatlichung der sächsischen Eisenbahnen.
Nachdem die vom Verein Deutscher Eisenbahnverwaltungen 1869 in ihren Grundzügen aufgestellte Bahnordnung für deutsche Bahnen untergeordneter Bedeutung am 1. Juli 1878 im Deutschen Reich in Kraft trat, machte der sächsische Staat von diesen Erleichterungen Gebrauch, indem er auf unrentablen Hauptbahnen den „Sekundärbahnbetrieb" einführte, der einen geringen Aufwand an Personal und Betriebsmitteln erforderte sowie bei weiteren ohne größeren Gewinn zu erwartenden Bahnen nach vereinfachten Grundsätzen baute. Diese Sekundärbahnen (fälschlich werden sie oft mit Schmalspurbahnen gleichgesetzt) waren in Sachsen charakterisiert durch einfacheren Bau und einfachere Betriebsführung. Von 1881 an ging man noch weiter und wandte sich den Schmalspurbahnen zu. Den Begriff „Kleinbahnen" führte man in Sachsen nicht ein.

Die Zittau-Oybin-Jonsdorfer Eisenbahn (ZOJE) wurde erst am 1. Juli 1906 von den Königlich Sächsischen Staatseisenbahnen übernommen. Die Lokomotive Nr. 4 HOCHWALD der ZOJE bekam danach die Nr. 52. Nach dem ersten Weltkrieg wurde sie als Kriegsverlust verbucht. Sammlung R. Preuß.

Neben den staatlichen Vizinalbahnen existierten in Bayern viele Lokalbahnen, die der Lokalbahn A.-G. München gehörten. Das Bild zeigt einen Zug der LAG 1934 im Bahnhof Fischen (Allgäu).
Sammlung Rammelt.

Schacht der Oberhohndorf-Reinsdorfer Kohlenbahn im Juli 1904 mit der Lok OBERHOHNDORF oder REINSDORF.
Sammlung G. Meyer

Nach der großen Verstaatlichungswelle von 1876 stellte die sächsische Staatsregierung den Grundsatz auf, private Eisenbahnen nur dort zuzulassen, wo der Staat am Bahnbau kein Interesse hatte, jedoch ein lokales Bedürfnis für eine Eisenbahn bestand. Für große Projekt¡e fanden sich jetzt in Sachsen ohnehin keine Geldgeber mehr. So gab es 1899 folgende Privateisenbahnen:

a) Hauptbahnen
- Zittau-Reichenberger Eisenbahn, am 1. Januar 1905 verstaatlicht
- Oberhohndorf-Reinsdorfer Kohlenbahn, am 1. Januar 1940 verstaatlicht
- Brückenbergschachtkohlenbahn bei Zwickau
- Kohlenbahnen bei Zwickau und Planitz

b) Nebenbahnen
- Kohlenbahnen bei Kriebitzsch und Rositz
- Kohlenbahnen bei Oelsnitz (Erzgebirge) und Lugau
- Spreetalbahn
- Industriebahn Zwickau–Mosel, die allesamt den Charakter von Privatanschlußbahnen besaßen, und die schmalspurige Zittau-Oybin-Jonsdorfer Eisenbahn, verstaatlicht am 1. Juli 1906.

Das waren von 3103,67 km Länge der Königlich Sächsischen Staatseisenbahnen (K. Sächs. Sts. E. B.) ganze 98,14 km. Am 15. Mai 1907 kam die Privateisenbahn Mittweida–Dreiwerden (6,02 km) hinzu, am 25. Januar 1909 Mittweida Ladestelle–Ringethal (4,27 km).

Bayern ließ schon seit 1869 (Grundzüge des Vereins Deutscher Eisenbahn-Verwaltungen) die Vizinalbahnen errichten, die sämtlich vom

Staat erbaut und betrieben worden sind. Die Gemeinden mußten sich dabei mit 10 Prozent am Baukapital beteiligen.

Ein besonderes Intermezzo deutscher Eisenbahngeschichte ist die Ära des Eisenbahnkönigs Bethel Henry Strousberg. 1861 trat er mit englischen Geldgebern in Verbindung, die bis dahin erfolglos mit dem Komitee der Tilsit-Insterburger Eisenbahngesellschaft über die Finanzierung und den Bau der geplanten Strecken verhandelt hatten. Strousberg versprach seine Unterstützung, verhandelte mit dem Bevollmächtigten des Komitees und kam zu einem erfolgreichen Abschluß. Als Dank wurde Strousberg zum Bevollmächtigten der englischen Baugesellschaft ernannt.

Nun zum erstenmal mit einem Eisenbahnbau verbunden, eröffnete sich für ihn ein unaufhaltsamer Aufstieg. In ihm wurde vor allem der Kapitalbeschaffer gesehen, der Organisator, Makler, Lieferant von Eisenbahnbedarfsmaterial. Es gab fast keinen Flecken in den deutschen Bundesländern, wo Strousberg nicht in Erscheinung getreten wäre. Das „System Strousberg" wurde berüchtigt. Strousberg führte das in Deutschland ein, was sich seit den fünfziger Jahren in England, Frankreich und Österreich bei großen Bauvorhaben bewährt hatte:

- Der Generalunternehmer bildet mit einem Geldgeber ein Konsortium, entwirft einen Plan für den Bau der Eisenbahnstrecke und beantragt bei der Regierung die Konzession, die dem Konsortium nach Hinterlegung einer Kaution erteilt wird.
- Ein Teil der Aktien wird gezeichnet und verbleibt im Besitz der Unternehmer. Sie konstituieren sich als Direktion und Verwaltungsrat, sie garantieren den Bau, führen ihn aus und überwachen ihn.
- Der Generalunternehmer schließt Verträge mit jenen Baufirmen, die das günstigste Angebot unterbreiten.
- Der Generalunternehmer beschafft den nötigen Baugrund und verkauft ihn an die Eisenbahngesellschaft.
- Die Prioritäts- und Stammprioritätsaktien werden über die Börse bzw. über die Unternehmer unter das Publikum gebracht, vom Erlös wird der Bau finanziert.
- Der Generalunternehmer übernimmt die Organisation des Bahnbetriebs.

Strousberg verblüffte die Finanzwelt mit dem System, das nach Stellung eines Startkapitals den Aktienumsatz finanzierte und große Kapitalanleihen vermied. In den Planungs-, Konstruktions- und Baubüros waren die besten Fachkräfte beschäftigt, die meisten kamen aus dem Staatsdienst. Die technischen Büros Strousbergs arbeiteten – im Gegensatz zu denen der meisten anderen Eisenbahngesellschaften – immer an mehreren Projekten zugleich.

In Preußen war Strousberg von 1861 bis 1871 an folgenden Eisenbahnbauten beteiligt:

- Eisenbahn von Tilsit nach Insterburg
- Ostpreußische Südbahn
- Berlin-Görlitzer Eisenbahn
- Rechte Oderuferbahn
- Märkisch-Posener Bahn
- Eisenbahn von Halle nach Sorau, Projektierung von Sorau nach Breslau und von Leipzig nach Eilenburg
- Eisenbahn von Hannover nach Altenbeken, Projektierung der Strekke Halle–Lehrte. [5]

Trotz dieser Aktivitäten verschob sich das Verhältnis Privateisenbahn zu Staatseisenbahn zugunsten der Staatseisenbahnen durch den erheblichen Zuwachs, den das preußische Eisenbahnnetz mit den 1866 von Preußen annektierten Gebietsteilen des Königreiches Hannover, des Kurfürstentums Hessen, des Fürstentums Nassau und der Freien Reichsstadt Frankfurt a. M. erhielt. Der Eisenbahnbesitz verdoppelte sich von 1695 km auf 3322 km. Durch die Einverleibung Schleswig-Holsteins und Lauenburgs kamen die dortigen Privateisenbahnen ebenfalls in den Machtbereich Preußens.

Der plötzliche Aufschwung in Handel und Verkehr im Jahre 1871 nach dem Krieg mit Frankreich forderte den Ausbau des Eisenbahnnetzes geradezu heraus. Seit der Gründung des Deutschen Reiches trafen die Bestimmungen des Norddeutschen Bundes nun auch auf das Eisenbahnwesen Badens, Hessens süd-

Bethel Henry Strousberg (1823–1884).
Sammlung E. Preuß

lich des Mains und Württembergs zu. Nur Bayern entzog sich in Eisenbahnangelegenheiten der Aufsicht und Gesetzgebung des Reiches. Artikel 47 der Reichsverfassung verpflichtete indes alle deutschen Eisenbahnverwaltungen, den Anordnungen des Reiches zum Zwecke der Verteidigung Deutschlands unweigerlich Folge zu leisten, Militär und Kriegsmaterial zu gleichen ermäßigten Sätzen zu befördern. Diesem Artikel mußte sich auch Bayern unterordnen.

Am 7. Juni 1871 wurde das für alle Bahnen geltende Haftpflichtgesetz erlassen. Dennoch: Weder gelang es Bismarck, die Eisenbahnen zu vereinigen, noch dämpfte die Reichshoheit den Gründungswillen der Eisenbahngesellschaften. Die hohen Dividenden der Privateisenbahnen reizten in Preußen zu neuen Konzessionsgesuchen, denen die Regierung sich geneigt zeigte. Noch 1872 hatte sich bei der jährlichen Sitzung des Industrie- und Handelstages nur die Minderheit für das Staatsbahnprinzip ausgesprochen. Die Prioritäts- und Stammaktien wurden weit unter dem Wert gehandelt, das Kapital der Gesellschaften mußte aufgestockt werden, einige Eisenbahnen warfen keinen Gewinn ab, andere Bahnen wiesen bei der technischen Abnahme erhebliche Mängel auf, deren Beseitigung hohe Kosten forderte und die Betriebseröffnung verzögerte.

Die Forderungen in der preußischen Presse – von 1869 an –, der Staat solle es nicht zulassen, daß sich Eisenbahnunternehmer auf Kosten der Gesellschaft bereichern, beantwortete der Eisenbahnkommissar Albert Maybach damit, der Staat habe ohne irgendwelche Belastung ein ganzes System von Eisenbahnen erhalten. Nun erhielt der Generalunternehmer Strousberg keine Aufträge mehr, man duldete aber die getarnte Umgehung des Prinzips.

Preußen war, das wurde jetzt gewahr, bei der Konzessionserteilung nicht immer vorsichtig zu Werke gegangen. Der Abgeordnete Lasker brachte die Mißbräuche im Abgeordnetenhaus am 7. Februar 1873 zur Sprache, indem er scharf gegen die Eisenbahnpolitik des Ministeriums für Handel und Gewerbe und öffentliche Arbeiten Stellung bezog und für die Zukunft den Übergang der Bahnen auf den Staat empfahl.

Die Handelsminister wechselten. Die Regierung erhielt zum Bau u. a. der Berlin-Wetzlarer Eisenbahn einen Kredit von 120 Mill. Taler. Eine Sonderkommission wurde eingesetzt, die Vorschläge zur Änderung der Gesetzgebung unterbreiten sollte und die zu dem Ergebnis kam, aus volkswirtschaftlichen Rücksichten auf die Vereinigung aller Eisenbahnen in die Hände des Staates hinzuarbeiten. Diese Vorschläge wurden im November 1876 vorgelegt und waren die Wiederholung dessen, was bereits im Jahre 1848 für Preußen als Programm aufgestellt worden war. Allerdings spielte in den Vorschlägen von 1876 das Reich keine Rolle. Vorherrschend war für Preußen nun der Staatsbahngedanke. Dessen Durchsetzung verfolgte Handelsminister, von 1879 an Minister der öffentlichen Arbeiten, Albert Maybach (1822–1904).

Schon im Oktober 1879 wurde dem Abgeordnetenhaus ein Gesetz betreffend den Erwerb mehrerer Privateisenbahnen (der Berlin-Stettiner, der Magdeburg-Halberstädter, der Hannover-Altenbekener und der Köln-Mindener) vorgelegt. Die Vorlage erhielt am 20. Dezember 1879 Gesetzeskraft. Damit war in Preußen der Grundstein einer zielbewußten Eisenbahnpolitik gelegt. Es waren die gesetzlichen Grundlagen geschaffen, zunächst rund 5000 km Privateisenbahnen anzukaufen. [6]

Es folgten weitere Verstaatlichungen: 1880 die Rheinische Eisenbahn, die Berlin-Potsdam-Magdeburger,

Von Henschel an die Rechte Oderuferbahn gelieferte Lokomotive Nr. 117.
Werkfoto

Mit der Verstaatlichungswelle der großen Privatbahnen erhielt Preußen eine Reihe Lokomotiven und Wagen. Von der Berlin-Anhaltischen Eisenbahn wurde die SEDAN, gebaut von Borsig, übernommen und als Erfurt 200 eingereiht. Kurz vor der Ausmusterung (1895) kam die Maschine noch an die neu gegründete KED Halle.
Werkfoto

Die Mecklenburgische Staatsbahn betrieb auch die Strecke Rostock–Tribsees. Auf dem Unterwegsbahnhof Sanitz steht die Lokomotive 531 im Jahr 1921 abfahrbereit zur Nebenbahn nach Tessin.
Sammlung Rammelt

1882 die Bergisch-Märkische, die Thüringische, die Berlin-Anhaltische, die Cottbus-Großenhainer, die Berlin-Görlitzer, die Märkisch-Posener und die Rhein-Nahebahn, 1887 die Nordhausen-Erfurter Eisenbahn, 1895 die Weimar-Geraer, die Werra- und die Saalbahn. Von 1884 bis 1890 wurde der größte Teil der Privateisenbahnen verstaatlicht. Auf diese Weise hatte der preußische Staat in einem Jahrzehnt über 14 000 km Eisenbahnen erworben. Während 1870 zwei Drittel der preußischen Eisenbahnen als Privateisenbahnen betrieben wurden, war das Verhältnis Privateisenbahn zu Staatseisenbahn 1879 ausgeglichen. Im Jahre 1891 umfaßte das gesamte Streckennetz in Preußen rund 25 000 km, bei Privateisenbahnen betrug es im Jahr 1895 1650 km.
Und in den anderen Bundesländern? Durch Vertrag vom 8. März 1870 hatte die Braunschweigische Staatseisenbahn mit Wirkung vom 1. Januar 1869 etwas kurzsichtig die Braunschweigische Eisenbahn-Gesellschaft erworben, hinter der die Bank für Handel und Industrie Darmstadt stand. Preußen beschaffte sich die Aktienmajorität und war 1884 im Besitz der Strecken! [7]
Am längsten hielt sich das gemischte System von Privateisenbahnen und Staatseisenbahnen im Großherzogtum Hessen-Darmstadt.
Die mecklenburgischen Hauptlinien waren anfangs als Gesellschaftsbahnen gebaut und betrieben, dann vom Landesherrn erworben und 1873 an eine Privatgesellschaft, die Mecklenburgische Friedrich-Franz-Eisenbahn, veräußert worden. Der Staat holte sie erst 1889 mit den übrigen Privateisenbahnen zurück. Zu dieser Zeit war in den südlichen Staaten das Staatsbahnnetz fast vollkommen, die bayerische Ostbahn war bereits 1875 an den Staat gekommen, und nur die Bayerische Pfalzbahn blieb bis 1908 selbständig.

Das Kleinbahngesetz und seine Wirkungen

Die Privateisenbahnen fanden in Preußen weiterhin ihre Befürworter, die unter anderem auf den Anschluß verkehrsschwacher Gebiete an das bestehende Eisenbahnnetz hinwiesen. Entsprechend erwärmten sich ständig Kommunalpolitiker am Gedanken der „Lokalbahnen", zumal sich solche Städte im Raum Berlin wie Teltow, Fehrbellin, Beeskow, Storkow, Strausberg, besonders aber Neuruppin, einen Eisenbahnanschluß wünschten.

Im preußischen Abgeordnetenhaus forderte man 1879 die Staatsregierung durch eine Resolution auf, Untersuchungen anzustellen, „inwieweit der Bau von lokalen Anschlußbahnen niederer Ordnung geeignet ist, die Rentabilität zu heben und den Absatz von landwirtschaftlichen Erzeugnissen und sonstigen Rohprodukten zu erleichtern". Die hohen Anforderungen, die das Gesetz von 1838 an die Eisenbahnen stellte, entsprachen nicht den Bahnen lokaler Bedeutung. Der Minister der öffentlichen Arbeiten richtete am 31. Mai 1881 eine Rundfrage an die Regierungspräsidenten in Preußen nach der Art der Konzession und nach der Bedeutung der Bahnen unterster Ordnung. Man hatte nun erkannt, daß solche Bahnen eine andere staatliche Regelung erforderten als die großen Eisenbahnen. Am 7. August 1884 legte der damalige Referent, Geheimrat Freiherr von Zedlitz-Neukirch, dem Minister die Grundzüge für ein Gesetz über die Bahnen unterster Ordnung vor, die in zehn Absätzen jene Gedanken enthielten, die später im Kleinbahngesetz ihren Niederschlag fanden. Bereits am 6. September 1884 veröffentlichte das „Berliner Tageblatt" eine Notiz über den Entwurf des Gesetzes. Mitarbeiter des Referenten Freiherr von Zedlitz war damals übrigens der „Vater des Kleinbahngesetzes" Geheimrat Wilhelm Gleim (1833–1913).

Der damalige Minister der öffentlichen Arbeiten Maybach setzte sich lebhaft für einen solchen Entwurf ein; es dauerte aber noch sechs Jahre, bis der Minister am 2. März 1891 im Landtag dem Abgeordneten von Tiedemann antworten konnte, das Gesetz sei in der Ausarbeitung begriffen und werde in der nächsten Landtags-Session vorgelegt.

Erst jetzt begannen die Kommissionen im Ministerium, energisch zu beraten, und zwar erstmals am 22. Mai 1891 im kleinen Saal, Voßstraße 35, in Berlin.

Der Geheime Finanzrat von Mühlenfels veröffentlichte am 5. September 1891 einen Aufsatz über die Bedeutung der Eisenbahn unterster Ordnung und bezeichnete von 1143 Städten Preußens mit mehr als 1 000 Einwohnern noch 328 jeder Eisenbahn entbehrend. [8]

Unter diesen „eisenbahnlosen" Städten waren elf mit mehr als 5000 Einwohnern, nämlich Grabow an der Oder, Lege, Höhscheid, Merscheid, Heilsberg, Kammin, Schwerin an der Warthe, Sonderburg, Sonnenburg, Uetersen und Wollin. Sie erhielten nach Inkrafttreten des Kleinbahngesetzes sämtlich eine Eisenbahnverbindung.

Am 12. Februar 1892 legte von Thielen (1891–1901 Minister der öffentlichen Arbeiten) dem König den Gesetzentwurf mit der Bitte vor, ihn zur Vorlage im Landtag zu ermächtigen, was am 6. März 1892 genehmigt wurde. Der Entwurf enthielt in 52 Paragraphen im wesentlichen die Bestimmungen des bis 1945 geltenden Kleinbahngesetzes. Die Definition des Begriffs „Bahnen unterster Ordnung" (die Definitionsfrage dieser Bahnen war ständig akut) lautete damals: „Eisenbahnen, welche dem öffentlichen Verkehr dienen, jedoch weder auf Grund des Artikels 41 Abs. 1 der Verfassung des Deutschen Reiches angelegt und betrieben werden, noch dem Gesetz über die Eisenbahnunternehmungen vom 3. November 1838 unterworfen oder zu unterwerfen sind, bedürfen zur baulichen Herstellung und zum Betrieb polizeilicher Genehmigung. Bahnen, welche 1. hauptamtlich den örtlichen Verkehr innerhalb einer Gemeinde oder zwischen benachbarten Gemeinden vermitteln, oder 2. nicht mit Lokomotiven betrieben werden, sind dem Gesetz über die Eisenbahnunternehmungen vom 3. November 1838 nur dann zu unterwerfen, wenn nach Entscheidung des Staatsministeriums ihnen eine solche Bedeutung für den öffentlichen Verkehr beizumessen ist, daß sie als Teil des allgemeinen Eisenbahnnetzes zu behandeln sind. Zweifel darüber, ob für eine Bahn die Voraussetzung zu 1. oder 2. vorliegen, entscheidet auf Anrufen Beteiligter das Staatsministerium." [9]

Diese Fassung unterschied sich wesentlich von der Fassung des Paragraphen 1 des Kleinbahngesetzes, die da lautete: „Kleinbahnen sind die dem öffentlichen Verkehre dienenden Eisenbahnen, welche wegen ihrer geringen Bedeutung für den allgemeinen Eisenbahnverkehr dem Gesetz über die Eisenbahnunternehmungen vom 3. November 1838 nicht unterliegen. Insbesondere sind Kleinbahnen der Regel nach solche Bahnen, welche hauptsächlich den örtlichen Verkehr innerhalb eines Gemeindebezirkes oder benachbarter Gemeindebezirke vermitteln sowie Bahnen, welche nicht mit Lokomotiven betrieben werden. Ob die Voraussetzung für die Anwendbarkeit des Gesetzes vom 3. November 1838 vorliegt, entscheidet auf Anrufen der Beteiligten das Staatsministerium."[9]

Im Herrenhaus fand die 1. Lesung des Entwurfs am 23. März 1892 im Beisein des Ministers Thielen statt. Der Minister begründete, warum der Staat diese Bahnen nicht bauen wolle:

„Mit vollem Bedacht hat die Preußische Staatseisenbahnverwaltung als unterste Grenze der ihr zugefallenen Aufgabe den Ausbau solcher Bahnen betrachtet, welche noch unter das Gesetz vom 3. November 1838 über die Eisenbahnunternehmungen fallen und welche, wenn auch als untergeordnete Verbindungs- und Zuführungslinien der Hauptlinien doch immer noch als Teile des Hauptnetzes anzusehen waren und daher noch mit der Normalspur ausgebaut werden müßten. Die Preußische Staatseisenbahnverwaltung war sich von Anfang an darüber klar, daß der von der Staatsbahnverwaltung nun einmal unzertrennliche Apparat von Einrichtungen und Verwaltungsvorschriften mit dem organisatorischen Storchschnabel nicht so weit reduziert werden konnte, daß daraus ein finanziell lebensfähiger und für die Bedürfnisse des Landes zweckmäßiger Organismus erwachsen wäre. Die Staatsregierung war sich aber auch fernerhin darüber klar, daß es nicht zweckmäßig sein möchte, der Selbsthilfe und der Initiative der zunächstbeteiligten wirtschaftlichen und kommunalen Kreise eine Aufgabe abzunehmen, die denselben eigentlich von Natur aus zugewiesen ist. Aus diesen Gründen hat die Staatseisenbahnverwaltung sich von dem Ausbau der sogenannten Bahnen unterster Ordnung ferngehalten. Wir sind in Preußen mit dem Ausbau der Bahnen für den Nahverkehr dieser ebenso notwendigen wie nützlichen Erzeugung unseres Haupteisenbahnnetzes offenbar zurückgeblieben. In Deutschland bestehen 1715 km Bahnen, die unter das Gesetz fallen würden, also 1 km auf 28 813 Einwohner und 315 km² Flächeninhalt; in Preußen sind nur 748 km auf 40 000 Einwohner und 465 km² solcher Bahnen vorhanden, dagegen haben Sachsen, Belgien, Holland und Italien günstigere Zahlen-Verhältnisse aufzuweisen."[9]

Das Herrenhausmitglied Graf von Frankenberg begrüßte zwar die Vorlage, empfahl indes Selbstverwaltung statt staatlicher Kleinbahngenehmigung, namentlich ein Ministerium sei dazu ungeeignet: „Je höher die Behörden, desto grüner die Tische. Die Provinzialverwaltungen arbeiten weit besser und schneller. Geht aus Schlesien eine Sache nach Berlin an das Eisenbahnministerium, so ist sie auf 6 Monate verschwunden, so triftig und dringend auch die Entscheidung begründet ist." [9]

Kritisiert wurde schließlich der Ausdruck „Bahnen niedrigster Ordnung". Wenn man von Vollbahnen spreche, so würden auch Halbvollbahnen und Leerbahnen da sein. Hauptbahnen führten zu enthaupteten Bahnen, Bahnen minderer oder unterster Ordnung zu Bahnen gar keiner Ordnung. Die Bezeichnung „Bahnen untergeordneter Bedeutung" hätte man in vielen Kreisen und Landstrichen übelgenommen und behauptet, es handele sich um Bahnen großer Bedeutung. Graf von Frankenberg schlug vor: Bahnen erster, zweiter, dritter und eventuell vierter Ordnung. Freiherr von Stumm-Halberg war der Auffassung, der Staat wolle den Bau von Sekundärbahnen auf private Schultern abwälzen. Doch Minister Thielen stellte klar, daß Sekundärbahnen weiter gebaut würden. Sie sollten je Kilometer 100 000 Mark, aber die Kleinbahnen wie der Chauseebau nur 20 000 Mark bis 30 000 Mark kosten.

Der Gesetzentwurf wurde nun an eine um fünf Mitglieder verstärkte Eisenbahnkommission überwiesen. Innerhalb von fünf Wochen erschien dann am 1. April 1892 der Kommissionsbericht, der an den Formulierungen wenig änderte, aber eine Resolution zur Unterstützung der Provinzialbaupläne durch den Staat beim Bau von Bahnen niedrigster Ordnung faßte. Im Plenum des Herrenhauses, wohin der Bericht überwiesen worden war, wurde der Entwurf am 5. April 1892 verabschiedet und ging am gleichen Tage an das Abgeordnetenhaus (Tabelle 1.1).

Die Rednerliste enthielt elf Wortmeldungen gegen das Gesetz, zehn dafür. Der Entwurf wurde an die Redaktionskommission überwiesen, diese gab nach zwölf Sitzungen ihre Beschlüsse heraus. Die Überschrift „Bahnen niedrigster Ordnung" wurde in „Lokalbahnen und Privatanschlußbahnen" geändert und der Paragraph 1 so gefaßt, wie wir ihn kennen, jedoch der Begriff „Lokalbahnen" verwendet. Die Kommission hatte ferner neu die Planfeststellung (Paragraph 17 des Gesetzes) aufgenommen. In der 2. Lesung des Abgeordnetenhauses erachtete man den Ausdruck „Lokalbahnen" als am passendsten und bezeichnendsten. Mehrere Mitglieder des Hauses verwarfen ihn als Fremdwort und beantragten, dafür „Kleinbahnen" einzusetzen. Die Mehrheit war dagegen, da das Wort fremdartig klinge und der Begriff „Lokalbahnen" dem Volk vertraut sei. In der Sitzung am 13. Juni 1892 stellte der Abgeordnete Jansen den Antrag, das Wort „Kleinbahnen" einzuführen und erhielt bei der Abstimmung eine Mehrheit.

Tabelle 1.1 Rechtsnormen für Schienenbahnen nach dem Kleinbahngesetz

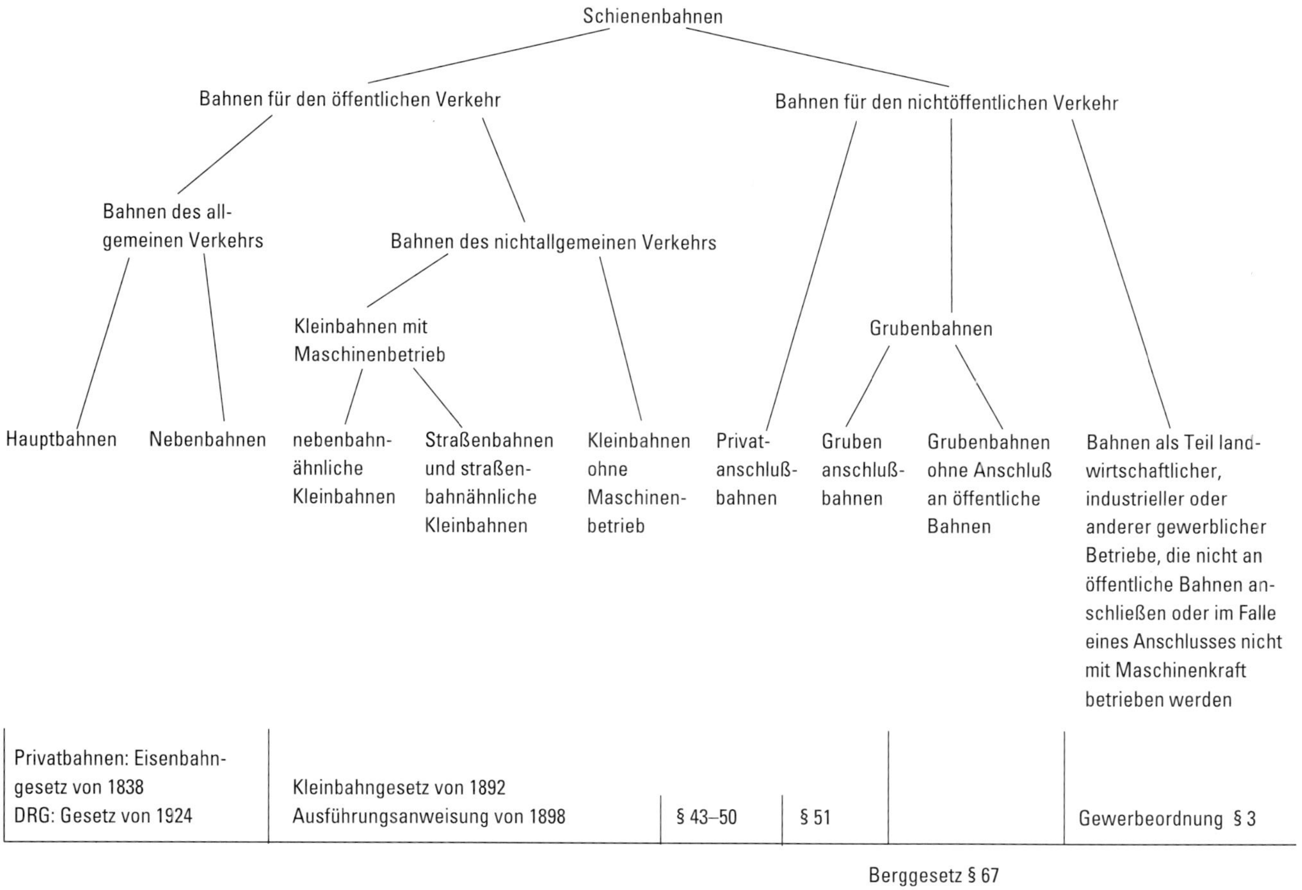

Den Schlußausführungen des Grafen von Frankenberg am 17. Juni 1892 entnehmen wir: „Unbedingt ist die Kleinbahn das billigste und sicherste Verkehrsmittel, was wir jetzt für das Land haben, nicht für den ganz großen Verkehr, wo die Vollbahnen laufen, aber für die ärmeren Gebietsteile und gerade für die Gebietsteile mit sehr lebhaftem Verkehr von einem Ort zum anderen. Wir wollen durch dieses Gesetz der Staatsregierung ein mächtiges und wirksames Mittel in die Hand geben, und ich spreche hier die Erwartung und die Hoffnung aus, daß die Staatsregierung dieses Gesetz in richtiger, in weitschauender und in förderlicher Weise handhaben wird." [11]

Und sie handhabte es. Die neuen Eisenbahnen mit dem etwas abwertenden Zusatz „Kleinbahn" umfaßten das weite Zwischengebiet, die ganze Spannweite von der primitivsten Eisenbahn direkt auf der Straße oder unmittelbar neben ihr bis zu den Eisenbahnen nach dem Gesetz von 1838, alle Arten des Antriebes, des Verkehrs, alle Stufen der wirtschaftlichen Bedeutung – von der Industriebahn bis zur reich ausgestatteten Lokalbahn, die zwischen benachbarten Kreisen und Gemeinden oder zu stark besuchten Ausflugszielen eine regelmäßige Verbindung herstellte. Von einem einheitlichen Netz konnte bei den Kleinbahnen keine Rede sein. Schon gar nicht zu erwarten war eine vergleichsweise einheitliche Betriebsweise und Verwaltung bei beispielsweise in Ost-

Titelblatt des alles verändernden preußischen Kleinbahngesetzes vom 28. Juli 1892.
Zentrales Staatsarchiv Merseburg

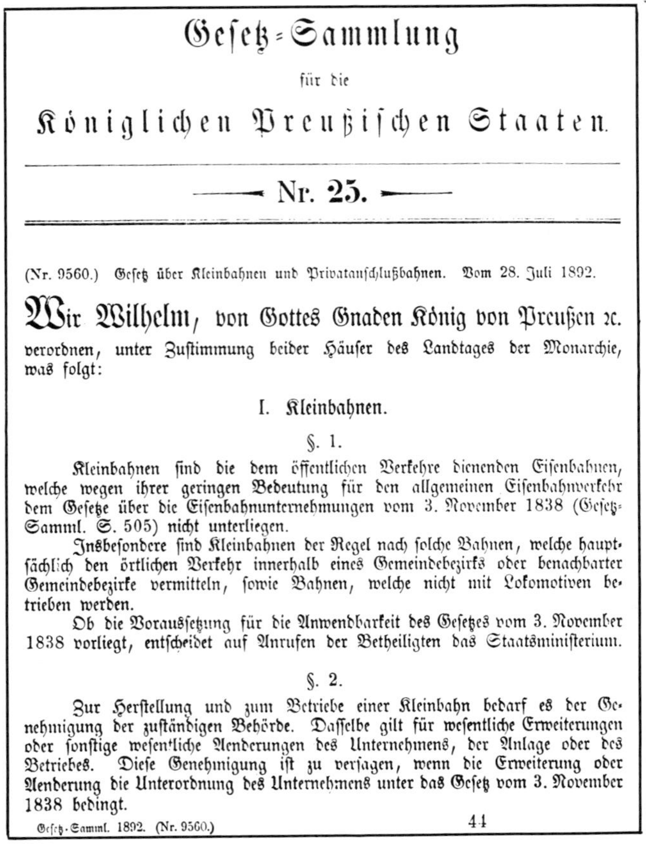

Gesetz-Sammlung

für die

Königlichen Preußischen Staaten.

Nr. 25.

(Nr. 9560.) Gesetz über Kleinbahnen und Privatanschlußbahnen. Vom 28. Juli 1892.

Wir Wilhelm, von Gottes Gnaden König von Preußen ꝛc. verordnen, unter Zustimmung beider Häuser des Landtages der Monarchie, was folgt:

I. Kleinbahnen.

§. 1.

Kleinbahnen sind die dem öffentlichen Verkehre dienenden Eisenbahnen, welche wegen ihrer geringen Bedeutung für den allgemeinen Eisenbahnverkehr dem Gesetze über die Eisenbahnunternehmungen vom 3. November 1838 (Gesetz-Samml. S. 505) nicht unterliegen.

Insbesondere sind Kleinbahnen der Regel nach solche Bahnen, welche hauptsächlich den örtlichen Verkehr innerhalb eines Gemeindebezirks oder benachbarter Gemeindebezirke vermitteln, sowie Bahnen, welche nicht mit Lokomotiven betrieben werden.

Ob die Voraussetzung für die Anwendbarkeit des Gesetzes vom 3. November 1838 vorliegt, entscheidet auf Anrufen der Betheiligten das Staatsministerium.

§. 2.

Zur Herstellung und zum Betriebe einer Kleinbahn bedarf es der Genehmigung der zuständigen Behörde. Dasselbe gilt für wesentliche Erweiterungen oder sonstige wesentliche Aenderungen des Unternehmens, der Anlage oder des Betriebes. Diese Genehmigung ist zu versagen, wenn die Erweiterung oder Aenderung die Unterordnung des Unternehmens unter das Gesetz vom 3. November 1838 bedingt.

Gesetz-Samml. 1892. (Nr. 9560.) 44

Das Kleinbahngesetz wurde auch zu einem Motor für die Wirtschaft. In den Lokomotiv- und Wagenfabriken entwickelten sich spezielle Abteilungen für den Bau von Betriebsmitteln für Kleinbahnen.
Sammlung Rammelt

preußen und im Rheinland gelegenen Bahnen. Güter und Personen, die man auf den Kleinbahnen kaum über die Provinz- oder Kreisgrenze hinaus bewegte, bedurften solcher Einheitlichkeit nicht. Wichtig war für diese Bahnen, mit möglichst geringen Mitteln in möglichst einfacher Weise dem Verkehrsbedürfnis zu genügen.

Das preußische Kleinbahngesetz überließ es den Kreisen, Kommunen, Provinzen, Genossenschaften, Industriellen, Großgrundbesitzern oder sonstigen leistungsfähigen Unternehmern, wie sie an solchen Kleinbahnen mitwirken oder ihre Interessen anderen Unternehmungen übertragen wollten. Es galt sich zu entscheiden für die Normal- oder Schmalspur bzw. eine einheitliche Betriebs- und Verkehrsleitung in zusammenhängenden Wirtschaftsgebieten. Sollte die Verwaltung einem Privatunternehmer (unter eingeschränkter oder voller Mitwirkung der beteiligten Kommunalbehörden), einer Aktiengesellschaft, einer Genossenschaft, einer Handelsgesellschaft oder einem Einzelunternehmer übertragen werden?

Das alles ließ sich in den ersten Jahren nach Inkrafttreten des Kleinbahngesetzes von vornherein nicht in jedem Fall klären. Daß 50 Jahre später die meisten Kleinbahnen als überholt, unrentabel, unzeitgemäß angesehen wurden, lag u. a. an dem Grundsatz vor der Jahrhundertwende: „Es müssen daher sämtliche, nicht allzuweit abliegende Ortschaften und selbst vereinzelt liegende landwirtschaftliche und industrielle Anlagen in das Projekt einbezogen werden, um möglichst viele Verkehrsquellen zu erschließen. Weicht auch eine solche Linie an einigen Stellen erheblich von der geraden Hauptrichtung ab, so wird sich dies durch einfache und billige Betriebsführung ... sehr bemerkbar machen; ... und zwar möglichst unter Anschmiegung an das Gelände." [12]

Die sächsische Schmalspurbahn Oschatz–Strehla wurde, wie viele andere, als Staatsbahn gebaut. Es ist also falsch, wenn man sie heute als Kleinbahn bezeichnet. In Sachsen gab es keine Kleinbahnen.
Sammlung E. Preuß

So entstanden vielerorts bescheiden ausgestattete Kleinbahnen, die nur den regionalen Belangen dienten. Sie kämpften stets um ihr wirtschaftliches Überleben, obwohl sie ja immerhin dem Kleinstädter, dem Bauern, dem Gutsbesitzer und anderen Interessenten Anschluß an den Verkehr mit der „großen Welt" boten. Damals waren diese Eisenbahnen die einzigen in Frage kommenden Verkehrsmittel. Es ist nur allzu verständlich, daß auch die Aktionäre dieser Kleinbahnen keine bzw. niedrige Dividenden erwarten konnten.

In den ersten sieben Geltungsmonaten des Gesetzes wurden neun Kleinbahnen genehmigt: drei im Regierungsbezirk Potsdam, drei in Stettin, zwei in Münster, eine in Westfalen. 51 Anträge warteten auf Genehmigung. Nicht sämtliche Absichten wurden verwirklicht. Sehen wir uns die 23 Genehmigungen zwischen dem 1. Oktober 1892 und 31. Dezember 1893 an. Was von ihnen tatsächlich ausgeführt wurde, wenn auch mit kleinen Abweichungen, betraf folgende Genehmigungen:

- Löwenberg (Mark)–Lindow–Rheinsberg–Wittstock

Mit dem Bau der Halle-Hettstedter Eisenbahn wurde kurz nach Inkrafttreten des Kleinbahngesetzes begonnen, nachdem zuvor verschiedene Anträge, die teilweise länger als ein Jahrzehnt zurücklagen, nicht genehmigt worden waren. Baustelle der HHE bei Polleben im Jahr 1894.
Sammlung Rammelt

- Horka–Priebus (und weiter nach Muskau)
- Görlitz–Weißenberg mit (nicht ausgeführter) Abzweigung von Dobschütz über Petershain nach Rietschen. [13]

Die Straßenbahnen erschienen nicht von Anfang an im Kleinbahnwesen. Das Gesetz von 1892 erwähnt sie an keiner Stelle, sondern erst die Ausführungsanweisung vom 13. August 1898.

Sie unterschied damals erstmals Kleinbahnen nach Zweckbestimmung und Ausdehnung in zwei Klassen, und zwar

1. Klasse: städtische Straßenbahnen und solche Unternehmungen, die trotz der Verbindung von Nachbarorten infolge ihrer hauptsächlichen Bestimmung für den Personenverkehr und ihrer baulichen und betrieblichen Einrichtungen einen den städtischen Straßenbahnen ähnlichen Charakter hatten;

2. Klasse: Kleinbahnen, welche darüber hinaus den Personen- und Güterverkehr von Ort zu Ort vermitteln und sich in ihrer Ausdehnung, Anlage und Einrichtung der Bedeutung nach dem Gesetz über die Kleinbahnunternehmungen vom 3. November 1838 konzessionierten Nebeneisenbahnen nähern (nebenbahnähnliche Kleinbahnen).

In jedem Falle hatte vor Erteilung der Genehmigung die Genehmigungsbehörde (und in Zweifelsfällen der Minister) zu entscheiden und in der Genehmigungsurkunde zum Ausdruck zu bringen, in welche der beiden Klassen das betreffende Unternehmen einzureihen war.

Für den Übergang der Wagen von und zur Staatseisenbahn erließ der Minister der öffentlichen Arbeiten „Allgemeine Bedingungen für den Wagenübergang auf Kleinbahnen" (vom 7. Mai 1900); bei den Personentarifen war vorgesehen, den Kleinbahnen direkte Tarife entsprechend ihrer geographischen Lage zu geben (westdeutsch, mitteldeutsch, ostdeutsch, süddeutsch). Der direkte Verkehr sollte jedoch auf das nachgewiesene Bedürfnis beschränkt bleiben. [14]

Mit dem Stichtag 31. März 1908 beschäftigten die Kleinbahnen in Preußen 5644 Beamte und 7310 ständige Arbeiter, so daß auf jede Kleinbahn durchschnittlich 52 Bedienstete kamen. Von den 234 preußischen nebenbahnähnlichen Kleinbahnen des Jahres 1908 blieben 29 ohne Reingewinn, bei 40 betrug er 1 Prozent und nur bei zwei Bahnen 10 Prozent des Anlagekapitals.

Nicht jede Gemeinde war selbst in der Lage, eine solche Kleinbahn oder Privatbahn aufzubauen, die Betriebsmittel zu beschaffen und die Bahn zu betreiben. Darauf hatten sich in Preußen bestimmte Firmen spezialisiert, die in allen möglichen Formen in Erscheinung traten. Sie übernahmen den Bau mit allen Formalitäten sowie auch die Betriebsführung, traten nach einer vereinbarten Zeit die Bahn an den Konzessionierten, an die Gemeinde oder an eine Aktiengesellschaft ab oder waren insgesamt Eigentümer und Betriebsführer – wenn auch mit veränderter Bezeichnung – bis in die Gegenwart!

Bekannte Namen sind die Firma Lenz & Co Berlin mit den Tochtergesellschaften Ostdeutsche Eisenbahngesellschaft, Ostpreußische Kleinbahn AG und Westdeutsche Eisenbahngesellschaft; Vering & Wächter, die Allgemeine Deutsche Eisenbahn-Betriebsgesellschaft mbH Berlin (ADEG), die Deutsche Eisenbahn-

Die elektrische Kleinbahn im Mansfelder Bergrevier schaffte eine günstige Verbindung zwischen Hettstedt und Eisleben; sie wurde nie als Straßenbahn geführt. Ein Triebwagen auf dem Plan in Eisleben um 1910.
Sammlung G. Meyer

Gesellschaft AG und die Vereinigte Kleinbahn AG, beide in Frankfurt am Main, sowie die Württembergische Eisenbahn-Gesellschaft und die Württembergische Nebenbahnen AG, beide in Stuttgart, außerdem die Centralverwaltung Secundairbahnen Herrmann Bachstein. Oft ging nur aus den Briefköpfen oder aus Statistiken exakt hervor, wer Eigentümer einer solchen Klein- oder Privateisenbahn war. Nicht einmal das Amtliche Kursbuch der Deutschen Reichsbahn-Gesellschaft nannte eindeutig den Eigentümer solcher Privateisenbahnen oder Kleinbahnen. Andere Bezeichnungen entsprachen nicht immer der amtlichen Darstellung.

Daß sich diese Eisenbahnen nicht völlig unkontrolliert, d.h. unter Vernachlässigung technischer Belange entwickelten, dafür sorgte eine angeordnete Aufsicht. Und zwar geschah dies bei Kleinbahnen durch die Staatseisenbahn über den Regierungspräsidenten und bei Privatbahnen durch die jeweilige Staatseisenbahn. In Preußen nahm die 2. Eisenbahnabteilung im Ministerium der öffentlichen Arbeiten diese Aufgabe wahr. Schon ab 1. April 1895 wurden dort Kommissare benannt, die die preußischen Privatbahnen zu beaufsichtigen hatten. Sie waren dem Präsidenten der Königlichen Eisenbahndirektion zugeteilt.

Nach 1920 oblag die Aufsicht der „Preußischen Kleinbahnaufsicht" der jeweiligen Reichsbahndirektion. Erst im April 1935 verfügte der Reichs- und Preußische Verkehrsminister, daß zukünftig der „Reichsbevollmächtigte für Bahnaufsicht" dafür verantwortlich sei. Er unterstand nicht der Reichsbahn-Hauptverwaltung, sondern dem Reichsverkehrsministerium. Neue politische wie gesellschaftliche Verhältnisse widerspiegelten sich auch hier. [15]

Die staatliche Aufsicht erstreckte sich auf die Betriebssicherheit, auf die Beschaffenheit der Bahnanlagen und Betriebsmittel und auf die Mitwirkung bei der Festsetzung von Fahrplänen und Beförderungspreisen. Das Wirken der ansonsten selbständigen Unternehmen kann nur unvollständig dargestellt werden. Deshalb wird in besonderen Abschnitten auf sie eingegangen. Wir dürfen davon ausgehen, daß in Preußen neben den Staatseisenbahnen (Haupt-, Neben- und Sekundärbahnen) die Privateisenbahnen und die Kleinbahnen recht einträchtig der Öffentlichkeit (und dem Militär) dienten, es aber bis zu Beginn des ersten Weltkrieges nicht beim „festgeschriebenen" Status blieb. Bis 1914 waren in Preußen rund 19 582 km Privateisenbahnen Staatseisenbahn geworden. 1918 kamen noch 70 km der preußischen Militäreisenbahn hinzu, so daß die Preußischen Staatseisenbahnen durch Verstaatlichungsmaßnahmen insgesamt 19 652 km Privateisenbahnstrecken übernommen hatten. Die Gesamtstreckenlänge der preußisch-hessischen Eisenbahngemeinschaft in der Zeit des ersten Weltkrieges betrug 40 200 km. [16]

Die Verstaatlichungen beschränkten sich nicht nur auf preußisches Staatsgebiet. Auch in Thüringen wurden verschiedene Bahnen übernommen. So sind die Walterhäuser Zweigbahn (Fröttstädt–Georgenthal, Friedrichsroda–Georgenthal [nach 1945 stillgelegt]) am 1. April 1889, die Schmalspurbahn Eisfeld–Unterschönbrunn am 27. Mai 1895, die Hildburghausen–Heldburger Eisenbahn am 16. Juli 1895 (1945 abgebaut) im Zusammenhang mit der Verstaatlichung der Werrabahn (Eisenach–Coburg) von der Königlich Preußischen Eisenbahn-Verwal-

Die Deutsche Reichsbahn löste auf den von Preußen verstaatlichten Schmalspurstrecken die leistungsschwachen Lokomotiven ab und rüstete z.B. die Strecke Eisfeld–Schönbrunn mit leistungsfähigen 1'E1'h2-Lokomotiven aus. Foto Töpelmann

tung übernommen worden. Das 1897 erschlossene Kaligebiet rechts und links der Feldabahn (Salzungen–Kaltennordheim/Vacha) bewog die Preußische Staatseisenbahn, allgemeine Vorarbeiten für mehrere Nebenbahnen in diesem Gebiet auszuführen. In diesem Zusammenhang übernahm die P.St.B. am 1. April 1904 die Betriebsführung der Feldabahn. Als am 7. Juli 1906 der Reiseverkehr und am 1. Dezember 1906 der Güterverkehr von Salzungen über Dorndorf nach Vacha aufgenommen war, stellte man den schmalspurigen Verkehr ein und baute die Gleise ab. Dorndorf wurde (bis 1934) Spurwechselbahnhof. [17]
Von 1902 bis 1904 sind unter dem preußischen Eisenbahnminister Budde abermals einige Privateisenbahnen von zusammen rund 1 000 km Länge verstaatlicht worden, wie die Ostpreußische Südbahn, Marienburg–Mlawka, Dortmund–Enschede u.a..

Die Entwicklung zwischen den beiden Weltkriegen

Für die Privateisenbahnen und Kleinbahnen bedeutete der erste Weltkrieg eine Zäsur. Einerseits ging mit beträchtlich gestiegenen Betriebs- und Verkehrsleistungen eine vernachlässigte Instandhaltung einher, andererseits folgte nach Beendigung des Krieges der wirtschaftliche Niedergang. Privateisenbahnen mußten die staatlichen Verkehrsknoten entlasten, so die Mecklenburgische Friedrich-Wilhelm-Eisenbahn, die Prignitzer Eisenbahn und die Wittenberge-Perleberger Eisenbahn während des Krieges und während der Demobilmachung die Berliner Bahnhöfe. Militärzüge, Flüchtlingszüge und andere Durchgangszüge nahmen den Weg über diese Privateisenbahnen, ohne daß deren Bahnanlagen für solchen Verkehr eingerichtet waren. Diese Aufgaben sind von den Militärs, wie wir noch sehen werden, sorgsam registriert und bei der Planung des zweiten Weltkrieges nicht vergessen worden.
Spätestens während des ersten Weltkrieges wurde den Ländern des Deutschen Reiches bewußt, daß das Eisenbahnwesen vereinheitlicht werden müsse. Auf die verschiedenen Bestrebungen soll hier nicht eingegangen werden. In der am 11. August 1919 verabschiedeten Verfassung des Deutschen Reiches hieß es im Artikel 89: „Aufgabe des Reichs ist es, die dem allgemeinen Verkehre dienenden Eisenbahnen in sein Eigentum zu übernehmen und als einheitliche Verkehrsanstalt zu verwalten. Die Rechte der Länder, Privateisenbahnen zu erwerben, sind auf Verlangen dem Reiche zu übertragen." Und im Artikel 171 hieß es dazu weiter: „Die Staatseisenbahnen, Wasserstraßen und Seezeichen gehen spätestens am 1. April 1921 auf das Reich über." Im November 1919 beschloß die Reichsregierung die Übernahme der Eisenbahnen durch das Reich bereits zum 1. April 1920, also ein Jahr vor dem vorgesehenen Zeitpunkt. Am 31. März 1920 schlossen Preußen, Hessen, Bayern, Sachsen, Württemberg, Baden, Mecklenburg-Schwerin und Oldenburg mit der Reichsregierung einen Staatsvertrag. Nach der Geburtsstunde der Deutschen Reichsbahn am 1. April 1920 blieben außerdem bestehen:

- Eisenbahnen des allgemeinen Verkehrs
- Eisenbahnen, die diese Eigenschaften nicht besitzen. [18]

Die Entscheidung über die Verkehrsbedeutung traf nach Paragraph 14 des Staatsvertrages über den Übergang der Staatseisenbahnen auf das Reich vom 30. April 1920 der Reichsverkehrsminister.
Die Verfassung gebot, die Bahnen des allgemeinen Verkehrs in das Eigentum des Reiches zu überführen. Bis 1938 kam der Staat diesem Verfassungsauftrag nicht nach, teils um die Reparationsleistungen nach dem ersten Weltkrieg nicht auch noch auf diese Bahnen auszudehnen, teils um nicht zusätzlich deren wirtschaftliche Lasten tragen zu müssen. In den zwanziger Jahren bestanden Bestrebungen, die Einzelgesetzgebungen der Länder durch ein sogenanntes Reichs-Kleinbahngesetz zu ersetzen. Auf diese Vorschläge wird an anderer Stelle noch ausführlich eingegangen.
Alle Bahnen, die nicht zu den Eisenbahnen des allgemeinen Verkehrs gehörten, wurden weiter Kleinbahnen oder nebenbahnähnliche Kleinbahnen genannt. Es sei hier nochmals betont, daß sowohl die Bahnen des allgemeinen Verkehrs (Privateisenbahnen) als auch die Kleinbahnen sowohl normalspurig als auch schmalspurig sein konnten.
Beispiele:

- Privateisenbahn normalspurig: Lübeck-Büchener Eisenbahn (sogar Hauptbahn!)
- Privateisenbahn schmalspurig: Nordhausen-Wernigeroder Eisenbahn
- Kleinbahn normalspurig: Königs Wusterhausen-Mittenwald-Töpchiner Kleinbahn
- Kleinbahn schmalspurig: Kleinbahnen des Kreises Jerichow I.

In der Zeit vom Beginn des ersten Weltkrieges bis zum Beginn des zweiten Weltkrieges veränderten sich Anzahl und Streckenausdehnung der Privateisenbahnen und

Tabelle 1.2 Entwicklung der Privateisenbahnen und Kleinbahnen von 1913 zu 1936 in Kilometer Streckennetz [24]

	Privateisenbahnen 1913	1936	Kleinbahnen 1913	1936	Zusammen 1913	1936
Preußen						
Provinzen						
Brandenburg						
und Berlin	609,4	635,7	1 065,4	1 108,6	1 674,8	1 744,3
Pommern	82,2	82,2	1 659,6	1 677,5	1 741,8	1 759,7
Sachsen (mit Anhalt)	253,1	266,8	843,7	1 027,2	1 096,8	1 294,0
Deutsche Länder						
Preußen	2 481,1	2 591,0	10 227,6	9 020,4	12 708,7	11 611,4
Sachsen	10,5	10,9	12,8	2,6	23,3	13,1
Thüringen	215,3	194,1	0,2	26,7	215,5	220,8
Mecklenburg	130,4	140,4	171,9	112,3	302,3	252,7

Kleinbahnen beachtlich. So verringerten sich die Privatbahnkilometer von 1913 bis 1936 um rund 200 km, die der Kleinbahnen gar um rund 1120 km. Das ist allerdings ein saldierter Wert. Tatsächlich hatten die Privateisenbahnen 530 km Abgang, davon 100 km schmalspurig, und einen Zugang von 330 km zu verzeichnen. Bei Kleinbahnen betrug der Abgang 3110 km, davon 800 km Schmalspur, der Zugang betrug 1990 km, davon 230 km Schmalspur [19] (Tabelle 1.2). Diese Veränderungen hatten verschiedene Ursachen:

1. Der Versailler Vertrag bestimmte die Rückgabe Elsaß-Lothringens an Frankreich und Gebietsabtretungen an Polen, Belgien, Litauen, Dänemark und die Tschechoslowakei. Die Streckenlänge der Klein- und Privatbahnen verringerte sich dabei um insgesamt 2 050 km. Das waren 13 Prozent der Gesamtlänge. Die Staatsbahn verlor unter Beachtung aller Gebietsabtretungen 13,5 Prozent ihres Gesamtnetzes. Für die Klein- und Privatbahnen handelte es sich bei den abgetretenen Gebieten zum Großteil um landwirtschaftliches Nutzgebiet, wo nach dem Kleinbahngesetz von 1892 zahlreiche Kleinbahnen entstanden waren. Diese Bahngruppe verlor deshalb mit 1 790 km, d. h. mit 16,3 Prozent, den größten Anteil; die Privatbahnen hatten mit 260 km (5,8 Prozent) die geringsten Verluste erlitten. [20]

2. Einige Bahnen erhielten einen neuen Rechtscharakter, so daß sie zwischen den Gruppen der Kleinbahnen und der Privateisenbahnen wechselten oder als Straßenbahn aus diesen Gruppen ausschieden.

Die Eberswalde-Schöpfurther Eisenbahn (10,1 km) war 1913 als Kleinbahn genehmigt worden und wurde 1924 als Privateisenbahn konzessioniert. Auch die Kleinbahn Sallgast–Lauchhammer änderte ihren Status, indem sie als Privatbahn zu ihrer Stammstrecke, der Zschipkau-Finsterwalder Eisenbahn, kam. Die schmalspurigen Bahnen Hohenstein-Ernstthal–Oelsnitz (11,5 km) und die Strandbahn Warnemünde–Markgrafenheide (4,7 km) gaben ihren Eisenbahnstatus auf und bezeichneten sich fürderhin als Straßenbahn. Es sei weiter erwähnt, daß einige Privateisenbahnen und Kleinbahnen wie die Haldenslebener Eisenbahn, die Boizenburger Stadt- und Hafenbahn, die Fürstenwalde-Beeskower Kreisbahn und einige Bahnen in Mecklenburg sowie die Kleinbahn Strausberg–Herzfelde (allerdings nur auf einer Teilstrecke von 12,9 km) den Personenverkehr auf den Kraftverkehr verlegten.

Außerdem setzten die Nordhausen-Wernigeroder Eisenbahn und die Gernrode-Harzgeroder Eisenbahn Autobusse für den Gelegenheitsverkehr ein. Die Forster Stadteisenbahn (12,0 km) war nach der Statistik von 1913 als Straßenbahn erfaßt, ließ sich jedoch Anfang der zwanziger Jahre als Kleinbahn einordnen.

3. Von 1938 an reduzierten Verstaatlichungen die Streckenlänge der Privateisenbahnen. Darauf wird noch besonders eingegangen. Schon vor 1938 führte die Deutschen Reichsbahn-Gesellschaft bzw. die Deutsche Reichsbahn den Betriebsdienst auf folgenden Bahnen aus:

a) Privateisenbahn:
- Mittweida-Dreiwerden-Ringethaler Eisenbahn

b) Kleinbahnen:
- Loitz–Toitz–-Rustow (7,2 km)
- Kleinschmalkalden–Brotterode (8,4 km)
- Neuwied–Augustental (5,2 km)
- Lohne–Dinklage (7,9 km)
- Bad Zwischenahn–Edewechterdamm (7,0 km)
- Grifte-Gudensberg (7,7 km).

4. Für die Zeit von 1913 bis 1939 sind sowohl Stillegungen als auch Eröffnungen von Privateisenbahnen und Kleinbahnen kennzeichnend.

Die Wirtschaftsstruktur hatte sich verändert. Und so kam es hauptsächlich in landwirtschaftlich genutzten Gebieten zu Stillegungen von Klein- und Privatbahnen; in Gegenden mit Industrie sowie in und in der Umgebung von Städten jedoch zu Streckeneröffnungen.

Unter den Privateisenbahnen legte die Halberstadt-Blankenburger Ei-

Große Bedeutung für den Umgehungsverkehr um Berlin hatte die Brandenburgische Städtebahn: der Bahnhof der Staatsbahn und der Bahnhof der Städtebahn in Neustadt (Dosse). Sammlung Verkehrsmuseum Dresden

Zug der privaten schmalspurigen Nordhausen-Wernigeroder Eisenbahn in den zwanziger Jahren auf dem Brocken.
Sammlung Rammelt

Die Lübeck-Büchener Eisenbahn, eine private normalspurige Hauptbahn, setzte seit 1912 pr. S 10 in etwas veränderter Form ein: Sie erhielten einen kleineren Kessel; das Führerhaus gestaltete Henschel der S 10[1] nach.
Foto Hubert

senbahn 1919 rund 7 km Strecke (Derenburg–Minsleben) still, die Lausitzer Eisenbahn AG den 6,9 km langen Abschnitt Priebus–Lichtenberg (Niederschlesien); dafür verlängerten folgende Privateisenbahnen ihre Strecken:

- Dessau-Wörlitzer Eisenbahn (5,3 km)
- Mecklenburgische Friedrich-Wilhelm-Eisenbahn (10,0 km)
- Neuhaldenslebener Eisenbahn (5,6 km)
- Ruppiner Eisenbahn (13,5 km).

Unter anderen eröffneten den Betrieb:

- 1919 Zschornewitzer Kleinbahn (16,9 km)
- 1922/23 Oberweißbacher Bergbahn (4,0 km)
- 1922 Kleinbahn Schildau–Mockrehna (10,5 km)
- 1925 Mecklenburgische Bäderbahn (10,3 km)
- 1926 Kleinbahn Erfurt–Nottleben (21,2 km)
- 1930 Kleinbahn Freienwalde–Zehden (17,5 km)
- 1930 Kleinbahn Gransee–Neuglobsow (31,8 km)
- 1930, 1932 Schleizer Kleinbahn (18,0 km).

Ursprünglich als Eisenbahn betrieben: die Straßenbahn Hohenstein-Ernstthal–Oelsnitz. Rathaus Oelsnitz im Sommer 1914. Sammlung E. Preuß

Insgesamt sind zwischen 1919 und 1931 18 Kleinbahnen mit 263,2 km Strecke, davon 40,5 km schmalspurig, eröffnet worden. Berücksichtigt man die vorhandenen Kleinbahnen einschließlich ihrer Erweiterungen, so kam es damals bei 33 Kleinbahnen zu einem Streckenzugang von 458,7 km, davon waren 184,9 km schmalspurig. Die größten Erweiterungen fanden bei den folgenden Kleinbahnen statt:
- der Genthiner Kleinbahn (49,3 km)
- der Delitzscher Kleinbahn (30,7 km)
- den Prenzlauer Kreisbahnen (13,3 km)
- der Kleinbahn Gardelegen–Neuhaldensleben–Weferlingen (5,9 km)
- den Kleinbahnen des Kreises Jerichow I (21,5 km)
- der Langensalzaer Kleinbahn (12,4 km).

Andere Kleinbahnen stellten ihren Betrieb von Schmalspur auf Normalspur um, wie die Altmärkische Kleinbahn, die Buckower Kleinbahn und die Salzwedeler Kleinbahn.

Am 1. April 1923 entstand aus der Eisenbahnabteilung des Provinzialverbandes der Provinz Mark Brandenburg die Landesverkehrsdirektion GmbH (aus ihr ging 1934 das Landesverkehrsamt hervor). Sie verwaltete zehn Klein- und Kreisbahnen (Betriebslänge 562,69 km) sowie zwei Nebenbahnen (Betriebslänge 138,11 km). Ferner bearbeitete die Direktion die Vorstandsgeschäfte von drei weiteren Bahnen (Betriebslänge 102,88 km). Zusammengefaßte Verwaltung, gegenseitige Nutzung von Kapazitäten sollten den personellen und technischen Aufwand mindern. Die Landesbahndirektion Pommern in Stettin umfaßte 24 Bahnen mit 1 545 km. Die Vereinigungen vor-, mittel- sowie hinterpommerscher Kleinbahnen, die Kleinbahnabteilung der Provinzialverwaltung in Merseburg für die Provinz Sachsen (mit 22 Bahnen und 755 km Strecke) sowie das Landeskleinbahnamt Hannover bildeten ähnliche zusammenfassende Verwaltungen. Spricht man von Konzentration, dürfen natürlich nicht die bestehenden Gesellschaften vergessen werden wie die erwähnte Centralverwaltung für Secundairbahnen Herrmann Bachstein (12 Bahnen), die ADEG (17 Bahnen) und Lenz & Co (30 Bahnen) (Anzahl der Bahnen nach dem Stand von 1927).

Im Mai 1937 tagten die Betriebsleiter der Privateisenbahnen und der Kleinbahnen in Düsseldorf. Am 24. Mai erschien Staatssekretär Kleinmann vom Reichsverkehrsministerium und erläuterte die künftige Verkehrspolitik seines Ministeriums, diese beiden Bahngruppen nicht allmählich in die Hand des Reiches zu überführen. Nur wenn es staats- und wirtschaftspolitische Interessen erforderten, sollte es vereinzelt zu Verstaatlichungen kommen. [22]

Die Betriebsleiter fuhren beruhigt nach Hause, obwohl es bei ihren Bahnen wirtschaftlich selten zum besten stand. Sie waren wie die übrige Wirtschaft den Auswirkungen der Krise ausgesetzt gewesen. Und ausgerechnet nach Inflation und Börsenkrach trat der Kraftwagen als Konkurrent in jenen Entfernungsbereichen auf, die bislang Domäne dieser Bahnen waren. Die Notverordnung vom 6. Oktober 1931 hatte ein Gesetz über den Überlandverkehr mit Kraftfahrzeugen gebracht, das eine Freizone bis 50 km für den Wettbewerb zwischen Bahn und Kraftwagen vorsah. [23]

Der Personenverkehr zeigte sich rückläufig. Die Privateisenbahnen

Bahnhof Kleinschmalkalden, von 1946 bis 1993 Pappenheim.
Foto Liebaug

Nach der Verlängerung der Strecke bis Delitzsch wurde die Crostitzer Kleinbahn A.-G. in Delitzscher Kleinbahn A.-G. umbenannt. In Delitzsch entstanden ein neuer Lokschuppen mit Gleisen für Triebwagen und eine Garage für den Omnibus.
Sammlung Heinrich

konnten darauf nur mit Tarifermäßigungen reagieren, obgleich diese zu weiteren Einnahmeausfällen führten. Als nach dem ersten Weltkrieg die 4. Klasse eingeführt wurde, ging der Bedarf in der 2. und 3. Klasse zurück. 1928 ordnete die DRG ihre Tarife neu und legte die 3. und 4. Klasse zu einer neuen 3. Klasse, einer Holzklasse, zusammen. Das bedeutete aber eine Erhöhung der Fahrtkosten für die früheren Benutzer der 4. Klasse. Soweit die Privateisenbahnen diese Klassen eingeführt hatten, führte das zur deutlichen Verminderung der Anzahl der Reisenden.

Im Güterverkehr konnten sich nach 1930 die Lübeck-Büchener Eisenbahn, die Halberstadt-Blankenburger Eisenbahn und die Mecklenburgische Friedrich-Wilhelm-Eisenbahn erholen. Insgesamt aber bedeutete die Ausweitung des Kraftwagenverkehrs, daß beispielsweise die Landwirte weniger Güterwagen zur Beladung bestellten. Mitte der dreißiger Jahre erfuhren Klein- und Privatbahnen im Gleichklang mit der Wirtschaft eine deutlich spürbare Belebung (Tabellen 1.3 und 1.4).

Die günstigen Ergebnisse dürfen nicht trügen; ihnen standen höhere Personal- und Unterhaltungskosten für Bahnanlagen und Fahrzeuge gegenüber. Letztere waren lange Zeit vernachlässigt worden.

Seit 1917 mußten alle Schienenbahnen Beförderungssteuer für jede Abfertigung von Personen und Gütern zahlen.[26]

Die Notverordnung vom 8. Dezember 1931 entsprach der kritischen Lage dieser Bahnen und erließ die Beförderungssteuer. Das bedeutete: Die Reisenden und Versender zahlten weiter zum Fahrpreis oder zur Fracht die Steuer, aber die Bahn führte sie nicht ab. Vor 1931 konnte lediglich auf Antrag die Beförderungssteuer zeitlich befristet ausgesetzt werden.

Hinzu kam, daß die Privateisenbahnen der DRG ständig Einnahmen aus dem Reise- und Güterverkehr schuldeten. Die Privateisenbahnen

Tabelle 1.3 Bilanz und Leistung der Eisenbahnen im Jahre 1936 in Prozent gegenüber Vorjahren

	Kleinbahnen gegenüber		Privateisenbahnen gegenüber		DRG gegenüber	
	1933	1935	1933	1935	1933	1935
Einnahmen	30,0	5,7	37,7	9,9	36,4	11,2
Ausgaben	25,0	8,0	33,6	6,5	14,7	2,3
Beförderte Personen	24,7	7,4	32,0	7,2	30,0	8,3
Beförderte Güter	49,3	9,0	47,7	9,7	47,0	10,9
Personen-km	–	–	37,4	7,9	44,6	10,0
Beförderungsleistung tkm	58,0	9,3	54,7	11,2	48,0	11,4

Tabelle 1.4 Verkehrsleistungen deutscher Privateisenbahnen 1935 und 1936 [25]

Bahn	Personenverkehr 1000 Personen		Einnahmen 1000 RM		Güterverkehr 1000 t		Einnahmen 1000 RM	
	1935	1936	1935	1936	1935	1936	1935	1936
Braunschweigische Landes-Eisenbahn	634	618	291	285	1346	1339	1949	2083
Eutin-Lübecker Eisenbahn	1181	1318	818	859	369	366	461	481
Halberstadt-Blankenburger Eisenbahn	828	910	387	413	1243	1436	2534	2995
Hildesheim-Peiner Eisenbahn	159	149	57	55	89	87	189	193
Königsberg-Cranzer Eisenbahn	1067	1124	612	654	241	151	398	266
Liegnitz-Rawitscher Eisenbahn	177	174	119	113	339	316	506	553
Lübeck-Büchener Eisenbahn	5572	6230	4885	5295	2420	2842	5581	6541
Mecklenburgische Friedrich-Wilhelm-Eisenbahn	1069	1148	454	469	694	697	1579	1661
Niederlausitzer Eisenbahn	215	252	106	121	299	350	591	722
Nordhausen-Wernigeroder Eisenbahn	703	739	471	494	226	184	457	425
Prignitzer Eisenbahn	416	359	187	184	610	665	1142	1293
Rinteln-Stadthagener Eisenbahn	210	216	91	90	943	903	811	787
Zschipkau-Finsterwalder Eisenbahn	221	217	57	57	1373	1382	1270	1295

Straßenbahn oder Kleinbahn? Die Forster Stadteisenbahn.
Foto ZBDR

fertigten – im Unterschied zu den Kleinbahnen – nach direkten Tarifen ab und erhoben dabei jenen Anteil mit, der entsprechend der benutzten DRG-Strecke an die DRG abzuführen war. Die Schuld betrug monatlich 6 Mrd. RM. [27]
Diese Beträge waren spätestens bis Ende des dem Rechnungsmonat folgenden zweiten Monats bei der Vereinsabrechnungsstelle des Deutschen Eisenbahn-Verkehrs-Verbandes (DEVV) zur Verfügung zu stellen. Nur vier Bahnen leisteten im Jahre 1938 Abschlagszahlungen, die jeweils am 15. des Rechnungsmonats fällig waren. Die Münchener Localbahn A.-G. und die Badischen Lokaleisenbahnen fristeten jahrelang ihr Dasein von den kassierten, aber nicht oder nur verspätet weitergegebenen Reichsbahneinnahmen. [28]
Sicherlich war das kein Hauptgrund, mit der Verstaatlichung der Privateisenbahnen zu beginnen; vielmehr waren eine bessere Einflußnahme und eine ungehinderte Verfügbarkeit über die Privatbahnen durch den Staat beabsichtigt. Die Akten des Reichsverkehrsministeriums sind – bedingt durch Kriegseinwirkungen – leider nicht mehr vollständig greifbar, so daß keine aktenkundigen Aussagen dazu möglich sind. Jedenfalls traf die Nachricht vom 11. November 1937 einige Privatbahnen wie der Blitz aus heiterem Himmel: „Die Lübeck-Büchener Eisenbahn-Gesellschaft und die Braunschweigische Landeseisenbahngesellschaft werden in das Eigentum des Reiches übergeführt. Die Verstaatlichung der beiden Privatbahn-Gesellschaften wird nach Paragraph 253 des neuen Aktiengesetzes durch Übertragung ihres Gesamtvermögens auf das Deutsche Reich unter Ausschluß der Liquidation durchgeführt. Die Aktiva und Passiva gehen damit an das Deutsche Reich über. Für den restlichen Aktienbesitz 14 v. H. bei der Lübeck-Büchener Eisenbahn, 24 v. H. bei der Braunschweigischen Landeseisenbahn, erfolgt ein Umtausch der Aktien in Reichsbahnschatzanweisungen 1936 im Verhältnis 1:1 (Verzinsung von 4 1/2 v. H., beginnend am 1. Januar 1938). Die Gefolgschaft der Gesellschaften wird unter Vermeidung von Nachteilen und sozialen Härten in den Reichsbahndienst übernommen ..."[29]
Was der Pressedienst ausgab, druckten fast sämtliche deutsche Tageszeitungen nach, wodurch wohl erstmals die Privateisenbahnen eine solche Publizität erhielten. Die „Berliner Börsen Zeitung" fügte in ihrer Ausgabe vom 12. November 1937 unter der Überschrift „Ausnahmefälle der Reichsverkehrspolitik" hinzu: „Die restlose Überführung der beiden Gesellschaften in Staatsbesitz ist nicht eher erfolgt, da früher die Reparationsgesetzgebung es als nicht wünschenswert erscheinen ließ, daß auch diese Privatgesellschaften unter die Belastung der Reparationen gebracht wurden." Eine Behauptung, die schon deshalb nicht haltbar ist, da die Reparationsleistungen 1930 beendet waren.
Die Vorstände der Gesellschaften der Lübeck-Büchener Eisenbahn und der Braunschweigischen Landeseisenbahn hatten mit dem Reich für die Überführung einen Vertrag abzuschließen. Ein Einspruch war praktisch zwecklos, „...weil das Reich für die Überführung die Wahrnehmung schutzwürdiger Belange geltend machen" konnte. [30] Mit dem 1. Januar 1938 hörten die beiden Gesellschaften auf zu bestehen,

Die Talstation der Oberweißbacher Bergbahn mit Personenzugwagen und Drehscheibe zur Beladung der Güterbühne.

Betriebsszene aus dem Jahre 1923; erst später wurde die Güterbühne mit Bohlen abgedeckt und mit Holz verkleidet. Beide Fotos stammen aus den dreißiger Jahren.
Sammlung Fromm

ohne daß es zu diesem Vorgang weitere Erklärungen gab. Auch Gottwaldt [31], der die Geschichte der Lübeck-Büchener Eisenbahn dargestellt hat, schreibt keine Einzelheiten über diese Verstaatlichung.

Zum gleichen Zeitpunkt löste Staatssekretär Kleinmann sein zweites, 1937 in Düsseldorf gegebenes Versprechen ein, den bisher ablehnenden Standpunkt des Reichsverkehrsministeriums zu direkten Tarifen mit Kleinbahnen aufzugeben. Denn mit Wirkung vom 1. Januar 1938 wurde die zur Westfälischen Provinzialverwaltung gehörende Kleinbahn Weidenau–Deuz als erste deutsche Kleinbahn in die direkten Tarife der Deutschen Reichsbahn einbezogen.

Zum Verständnis dieses Vorgangs sind einige Ausführungen zu den Tarifen und Abfertigungsbefugnissen der Privateisenbahnen und Kleinbahnen nötig. Die Privateisenbahnen und die Kleinbahnen übernahmen entweder die Tarifsätze der Staatsbahn oder erhöhten die Anteilsentfernungen ihrer Strecken durch Kilometerzuschläge. Meist lagen die Fahrpreise über denen der Staatseisenbahn, dafür gewährte man verbilligte Tagesrückfahrkarten. Im Personen-, Gepäck- und Expreßgutverkehr durfte von und nach Privateisenbahnen oder über diese direkt abgefertigt werden. Beispielsweise konnte ein Reisender in Perleberg (WPE) eine Fahrkarte nach Stendal (Deutsche Reichsbahn) lösen.

Um die Tarife (also Abfertigungsbestimmungen und Entfernungszeiger) einigermaßen übersichtlich zu halten, bestanden die Tarife „Reichsbahn-Norddeutscher Privatbahnverkehr" (in ihm waren 64 Privateisenbahnen und 119 Kleinbahnen erfaßt) sowie „Reichsbahn-Süddeutscher Privatbahnverkehr" mit 61 Privateisenbahnen (Stand vom 1. Mai 1934). Hier galt auch die Eisenbahnverkehrsordnung (EVO). Die Fahrpreise, die Höhe der Gepäck- oder Expreßgutfracht waren der „Erfurter Preistafel" zu entnehmen.

Im Güterverkehr umgingen die Privateisenbahnen mögliche Verzögerungen auf den Anschlußbahnhöfen, wenn sie dem Tarifverband der Deutschen Reichsbahn beitraten. Der Betriebsmittelaustausch wurde dadurch erreicht, daß die Privateisenbahn den Wagenpark bei der Staatseisenbahn einstellte, die ihrerseits den Bedarf der Privateisenbahn mit Güterwagen deckte, je nachdem, wie die Bahnhöfe der Staatseisenbahn bei der Wagenverteilung bedacht wurden. Entsprach die Zahl der von der Privateisenbahn eingestellten Wagen nicht deren Verkehrsbedürfnis, so konnte die Staatseisenbahn aller 4 Jahre eine Erhöhung oder Verringerung der eingestellten Wagen fordern. Güter durften – bislang – unmittelbar nach der Deutschen Reichsbahn nur von den Privateisenbahnen, nicht aber von den Kleinbahnen abgefertigt werden. [32]

Für die schmalspurige Altmärkische Kleinbahn lieferte Borsig 1905 die Lokomotive Nr. 3. Werkfoto

Die Lokomotive Nr. 23 BORNUM der Braunschweigischen Landes-Eisenbahn-Gesellschaft wurde bei der Reichsbahn als 89 7535 bezeichnet, bevor sie von der Kleinbahn Gardelegen–Neuhaldensleben–Weferlingen als 298 übernommen wurde. Die Deutsche Reichsbahn zeichnete die Lokomotive 1950 in 89 6220 um. Foto Hubert

Deshalb mußten die Kleinbahnen alle Gütersendungen gebrochen abfertigen. Sie wurden mit durchgehendem Frachtbrief aufgegeben, aber jede beteiligte Bahn berechnete die Fracht getrennt.

Daß man die Kleinbahnen in die direkten Tarife nicht einbezog, hat am umständlichen Abrechnungsverfahren über den Deutschen Eisenbahn-Verkehrsverband (DEVV) gelegen. Alle bisherigen Bedenken waren im Jahre 1938 plötzlich zerstreut. Woran lag es? Die Kleinbahnen wurden jetzt als wichtig angesehen; denn sie gehörten ins Konzept der politischen „Neuordnung“. Die folgenden Ereignisse bestätigen dies.

Am 1. August 1938 folgte die Verstaatlichung der Münchener Localbahn A.-G., am 1. Januar 1939 die der Lausitzer Eisenbahn A.-G. Die technische Sanierung einiger Kleinbahnen schien aufs neue gefährdet. Der Generalbevollmächtigte für die Eisen- und Stahlbewirtschaftung teilte der Reichsverkehrsgruppe Schienenbahnen nur ein bestimmtes Eisen- und Stahlkontingent zu, um den Betrieb aufrechtzuerhalten.

Diese Reichsverkehrsgruppen waren nach Paragraph 2 der „Verordnung über den organischen Aufbau des Verkehrs“ [33] staatlich verordnete Zusammenschlüsse der Verkehrsbetriebe. Über deren Zweckmäßigkeit ist wiederholt diskutiert worden. Die Reichsverkehrsgruppe Schienenbahnen stand unter dem Vorsitz des Generaldirektors Nitschmann von der Lübeck-Büchener Eisenbahn. Er schlug 1937 vor, diese Gruppe zu teilen und in eine für Privateisenbahnen, Kleinbahnen, Anschlußbahnen sowie eine für Straßenbahnen und Kraftverkehrsunternehmen, für die es bislang eine Reichsverkehrsgruppe Krafwagenverbände gegeben hatte, zu zerlegen. [34]

Am 31. Januar 1938 entschied das Reichsverkehrsministerium, die Fachgruppe Straßenbahnen aus der Reichsverkehrsgruppe Schienenbahnen zu lösen und in einer neuen Reichsverkehrsgruppe Schienenbahnen, zu der die Privateisenbahnen, Kleinbahnen und Privatanschlußbahnen gehörten und die sich fortan „Reichsverkehrsgruppe Eisenbahn“ nannte, zusammenzuschließen. Diese Reichsverkehrsgruppe sollte die Zusammenarbeit zwischen der Deutschen Reichsbahn und den nichtreichseigenen Eisenbahnen auf dem Gebiet des Güterkraftwagenverkehrs regeln und das Reichsverkehrsministerium bei der immer knapper werdenden Materialbereitstellung für die Privateisenbahnen und Kleinbahnen beraten. Sie strebten mit der Deutschen Reichsbahn eine Verkehrsgemeinschaft an. Denn Anfang 1938 wurde der Konkurrenzkampf zwischen dem Kraftwagen und der Eisenbahn – besonders im Nahbereich – härter. Das Reichsverkehrsministerium beschwichtigte den Verband, daß „...es sich zunächst in erster Linie um eine Reform der Verkehrsorganisation des Reichs-Kraftwagen-Betriebsverbandes und um die Stellung der Spedition

Eine bayerische Lokalbahnlokomotive kam mit der Verstaatlichung der Lausitzer Eisenbahn A.-G. zum Bahnbetriebswerk Forst, wo sie 1942 aufgenommen wurde.
Foto Hubert

Mit der Verstaatlichung der Lübeck-Büchener Eisenbahn erhielt die Deutsche Reichsbahn einige sehr moderne Fahrzeuge, u.a. zwei Stromlinienlokomotiven, die als 60 001 und 60 002 eingereiht wurden, und die dazugehörigen Doppelstockzüge. Ein Doppelstockzug verläßt den Bahnhof Lübeck, 1934.
Foto Hubert

zum Güterfernverkehr handeln wird." [35]
Außerdem gehörten dem DEVV, 1886 aus dem sogenannten Tarifverband hervorgegangen, fast sämtliche deutsche Eisenbahnen an. Zu seinen Aufgaben gehörten die einheitlichen Abfertigungsvorschriften für die Beförderung von Personen, Reisegepäck, Leichen, lebenden Tieren, Fahrzeugen, Eil- und Frachtgütern (am 1. Januar 1893 eingeführt). Zwischen diesen, dem DEVV angehörenden Eisenbahnen fand eine durchgehende Abfertigung und Fahrpreis- sowie Frachtberechnung statt. Kleinbahnen gehörten dem DEVV nicht an. Das Reichsverkehrsministerium war der Auffassung, deren Verkehrsbedeutung läge in der Hauptsache auf ihrem Binnenverkehr; eine einheitliche Abfertigung sei nicht erforderlich.
Als die Deutsche Reichsbahn die Lübeck-Büchener Eisenbahn übernahm, übertrug der DEVV der Teutoburger Waldeisenbahn und der Bentheimer Eisenbahn AG jene Aufgaben, die bislang die Lübeck-Büchener Eisenbahn ausgeführt hatte. In diesem Zusammenhang ist zu berücksichtigen, daß bereits seit dem 7. Oktober 1895 der „Verein deutscher Straßenbahn- und Kleinbahnverwaltungen" bestand. Im Jahre 1920 schlossen sich die in einem besonderen Verein zusammengefaßten Privateisenbahnen an. Aus ihm ging der Reichsverband Deutscher Verkehrsverwaltungen hervor, der 1935 in die erwähnte Reichsverkehrsgruppe Schienenbahnen überführt wurde.
Die Aufteilung der Reichsverkehrsgruppen geschah nicht nach den Aufgaben der Bahnen, sondern nach dem äußeren Merkmal des Verkehrsmittels, was zu ständigen Klagen und einigen Denkschriften von Betriebsleitern über eine zweckmäßige Struktur führte. Sie wünschten sich eine Zusammenfassung aller Bahnen, die Personenverkehr betrieben. Der Beginn des zweiten Weltkrieges verhinderte eine Neuorganisation. [36]
Der wichtigste Verein war wohl der Verein deutscher Eisenbahnverwaltungen (1846/47 „Verband der Preußischen Eisenbahnen", seit 1. Oktober 1932 „Verein Mitteleuropäischer Eisenbahn-Verwaltungen" – VMEV). Er wurde am 10. November 1846 gegründet, als zehn preußische Privatbahn-Verwaltungen Schritte berieten, die zu einer Änderung einiger drückend empfundener Bestimmungen des Eisenbahngesetzes vom 3. November 1838 führen könnten. Dieser Verein schuf anfangs die ersten technischen und verkehrsrechtlichen Grundlagen und Vereinbarungen, die einen durchgehenden Eisenbahnverkehr zwischen den verschiedenen Netzen ermöglichten. Später gingen die Schöpfungen dieses Vereins in Staatsverträge und in die Vereinbarungen der größeren internationalen Verbände über.

Die Lokomotive 99 791 kam von der Friedländer Bezirksbahn zur Deutschen Reichsbahn und wurde auf verschiedenen Schmalspurbahnen eingesetzt, u.a. zwischen Hetzdorf und Eppendorf und bei den ehemaligen Ost- und Westprignitzer Kreiskleinbahnen.
Sammlung Verkehrsmuseum Dresden

Die Lokomotive Nr. 1 der Eutin-Lübecker Eisenbahn, eine von Henschel gebaute T 4 aus dem Jahre 1904, wurde nicht mehr von der Deutschen Reichsbahn übernommen, eine Schwesterlokomotive aus dem Jahre 1909 wurde als 70 201 eingereiht.
Foto Hubert

Mit der Verstaatlichung der Mecklenburgischen Friedrich-Wilhelm-Eisenbahn am 1. Januar 1941 erhielt die Deutsche Reichsbahn einige moderne Lokomotiven. Die 93 1602 war der Baureihe 86 überlegen.
Foto Töpelmann

Welche Privateisenbahnen Mitglied des VMEV waren, geht aus Tabelle 1.5 hervor.
Am 1. Oktober 1938 trat die neue Eisenbahnverkehrsordnung (EVO) am 8. September 1938 in Kraft. Sie galt für alle dem öffentlichen Verkehr dienenden Eisenbahnen Deutschlands und damit auch für die Privateisenbahnen des am 12. März 1938 okkupierten Österreichs, zugleich für die Kleinbahnen, sofern sie in die direkten Tarife für den Güter- und Tierverkehr einbezogen worden waren, was von der Deutschen Reichsbahn nur schrittweise geschah. So bildeten die Kleinbahnen Nauen–Ketzin, Nauen–Velten–Spandau und Brandenburg–Röthehof (Ost- und Westhavelländische Kreiskleinbahnen) erst am 1. Oktober 1940 eine Tarifgemeinschaft untereinander und zur Reichsbahn. Am gleichen Tage wurde die Kleinbahn Küstrin–Hammer in die Reichsbahntarife aufgenommen, am 10. Januar 1940 folgte die Riesengebirgsbahn. Mit dieser Aufnahme in den Deut-

Tabelle 1.5 Privat- und Kleinbahnen auf dem Territorium der neuen Bundesländer, die Mitglieder des Vereins Mitteleuropäischer Eisenbahnverwaltungen waren (Stand 1936)

Verwaltung	Sitz	Betriebslänge km
Anhaltinische Landeseisenbahngemeinschaft, Direktion a) Dessau-Wörlitzer Eisenbahn b) Gernrode-Harzgeroder Eisenbahn	Dessau	75,92
Brandenburgische Städtebahn AG	LVA Brandenburg	125,58
Centralverwaltung für Secundairbahnen Herrmann Bachstein GmbH[1] a) Esperstedt-Oldislebener Eisenbahn b) Greußen-Ebeleben-Keulaer Eisenbahn c) Hohenebra-Ebelebener Eisenbahn d) Neubrandenburg-Friedländer Eisenbahn e) Neuhaldenslebener Eisenbahn f) Osterwieck-Wasserlebener Eisenbahn g) Ruhlaer Eisenbahn h) Südharz-Eisenbahn i) Weimar-Berka-Blankenhainer Eisenbahn k) Weimar-Buttelstedt-Großrudestedter Eisenbahn l) Wenigentaft-Oechsener Eisenbahn	Berlin	252,91
Dahme–Uckroer Eisenbahn	LVA Brandenburg	12,53
Deutsche Eisenbahn-Gesellschaft AG Eberswalde-Finowfurter Eisenbahn	Frankfurt (M)	11,00
Gera-Meuselwitz-Wuitzer Eisenbahn-Aktiengesellschaft, Direktion	Gera	33,25
Greifswald-Grimmener Eisenbahn-Gesellschaft	Lenz & Co Berlin	50,54
Halberstadt-Blankenburger Eisenbahn-Gesellschaft, Direktion[2]	Blankenburg (Harz)	80,01
Lausitzer Eisenbahn AG, Direktion a) Hansdorf–Priebus[3] b) Muskau–Teuplitz-Sommerfeld[4] c) Rauscha–Freiwaldau[3]	Sommerfeld (NL)[4]	73,97
Mecklenburgische Friedrich-Wilhelm-Eisenbahn-Gesellschaft, Direktion	Neustrelitz	112,14
Mühlhausen-Ebelebener, Eisenbahngesellschaft	Lenz & Co Berlin	25,33
Nauendorf-Gerlebogker Eisenbahn-Gesellschaft	Lenz & Co Berlin	15,15
Niederbarnimer Eisenbahn-AG Direktion	Berlin	62,02
Niederlausitzer Eisenbahn-Gesellschaft	ADEG Berlin	113,30
Nordhausen-Wernigeroder Eisenbahn-Gesellschaft, Direktion	Wernigerode (Harz)	81,39
Oschersleben-Schöninger Eisenbahn-Gesellschaft	ADEG	27,63
Prignitzer Eisenbahn AG, Direktion a) Prignitzer Eisenbahn b) Wittenberge-Perleberger Eisenbahn	Perleberg	73,83
Ruppiner Eisenbahn-Aktien-Gesellschaft, Direktion	Neuruppin	213,62
Stendal-Tangermünder Eisenbahn-Gesellschaft, Direktion	Tangermünde	13,38
Stralsund-Tribseeser Eisenbahn-Gesellschaft	Lenz & Co Berlin	36,22
Süddeutsche Eisenbahn-Gesellschaft, Direktion c) Thüringische Strecken: Arnstadt–Ichtershausen Ilmenau–Großbreitenbach	Darmstadt	193,44
Zschipkau-Finsterwalder Eisenbahn-Gesellschaft, Direktion	Finsterwalde (NL)	33,02

[1] Mitglied im Güterverkehrsausschuß
[2] Mitglied im Personenverkehrsausschuß
[3] heute in Polen gelegen
[4] zum Großteil heute in Polen gelegen

schen Eisenbahn-Güter-Tarif (DEGT) konnten Sendungen mit einem Frachtbrief von einer Kleinbahnstation nach allen Bahnhöfen im Deutschen Reich aufgegeben werden, ebenso umgekehrt.

Als nach dem „Münchener Diktat" vom 29. September 1938 die ČSR das Sudetenland an das Deutsche Reich abtreten mußte, gingen laut Verordnung vom 19. Oktober 1938 folgende Privateisenbahnen, deren Betrieb von den ČSD geführt worden war und deren Aktien zum Großteil den ČSD gehörten, an die Reichsbahn über:

- Lokalbahn Troppau–Grätz
- Lokalbahn Wekelsdorf–Parschnitz
- Lokalbahn Hermsdorf–Mährisch-Altstadt
- Lokalbahn Peterdorf–Winkelsdorf
- Lokalbahn Groß Priesen–Wernstadt–Auscha
- Lokalbahn Plan–Tachau
- Hohenfurther elektrische Lokalbahn
- Friedländer Bezirksbahnen
- Lokalbahn Lundenburg–Eisgrub.

Bis 1939 unterlagen einige Kleinbahnen der Konkurrenz auf der Straße, weshalb man 237 km stillegte.

Neben den Kraftwagen sahen die Kleinbahnen auch im Fahrrad eine zunehmende Konkurrenz. Die Langensalzaer Kleinbahn wollte sogar über die Reichsverkehrsgruppe Schienenbahnen gegen den angeblich unlauteren Wettbewerb eines Fahrradherstellers vorgehen, weil dieser seine Fahrräder zu äußerst günstigen Teilzahlungsbedingungen als billigstes und unentbehrlichstes Verkehrsmittel anpries. Die Merseburger Kleinbahnverwaltung lehnte allerdings die Eingabe ab.

Die Kleinbahnen wurden nicht erst seit Kriegsbeginn als kriegswichtig beurteilt. Bereits 1929 wurde vom Minister für Handel und Gewerbe, der die Nachfolge des Ministers der öffentlichen Arbeiten angetreten hatte, in Abstimmung mit dem Innenminister und dem Reichsverkehrsminister festgelegt, daß bei militärischen Anlagen, die über Kleinbahnen bedient werden, im Schriftverkehr nicht mehr von „Anlagen für die Wehrfähigkeit des Reiches", sondern nur noch von „Forderungen des Reiches" die Rede sein durfte.

Später wurden die militärischen Anschlüsse mit Decknamen getarnt. So erhielt beispielsweise der Anschluß des Flughafens Halle, der über die Halle-Hettstedter Eisenbahn bedient wurde, die Bezeichnung „Dr. Sagebiel".

Die Kleinbahnen trugen zu Kriegsbeginn 10 Prozent der Verkehrslast des Güterverkehrs, die durchschnittliche Transportweite war allerdings mit rund 10 km (bei der Reichsbahn 170 km) gering. Dafür glänzten sie mit dem geringen Personalaufwand, denn bei den Kleinbahnen kamen im Jahre 1939 auf den Kilometer 1,67 Arbeiter und Angestellte, bei den Privateisenbahnen 3,57 und bei der Deutschen Reichsbahn 13,38! [37]

Die strategische Bedeutung der nichtreichseigenen Strecken veranlaßte die staatlichen Stellen, weitere Privateisenbahnen zu verstaatlichen und den Rechtscharakter der Kleinbahnen zu ändern.

Als nächste Privateisenbahnen gingen am 1. Januar 1941 die Prignitzer Eisenbahn, die Wittenberge-Perleberger Eisenbahn und die Mecklenburgische Friedrich-Wilhelm-Eisenbahn-Gesellschaft an die Deutsche Reichsbahn über, die diesmal die Aktionäre über den Tageskurs abfand. Mit diesen drei Privateisenbahnen hatte man 150 km gut ausgebaute Strecken und eine gute Ost-West-Verbindung in die Hand bekommen. Hinzu kamen im Zusammenhang mit den Plänen zum Ausbau der „Vogelfluglinie" die Kreis Oldenburger Eisenbahnen.

Am 1. Mai 1941 hörte die Eutin-Lübecker Eisenbahn als Gesellschaft auf zu bestehen. Der Ausbau der „Vogelfluglinie" wurde hier ebenfalls als Verstaatlichungsgrund vorgeschoben, obwohl daran in den Kriegsjahren nicht zu denken war. Diese Verstaatlichung stieß auf Widerspruch: wegen Unzulässigkeit des Preises. Die Aktionäre fühlten sich zu billig abgefunden. [38] Auf den Protest gab es keine Reaktion.

Die Verordnung vom 7. Juli 1942 über den Bau und Betrieb von Kleinbahnen dehnte die Geltung der Eisenbahn-Bau- und Betriebsordnung (BO) vom 17. Juli 1928 und die Eisenbahn-Signalordnung (ESO) vom 24. Juni 1907 auf die Kleinbahnen aus. [39] Die Presse begründete diesen Schritt wie folgt: „Durch sie wird auch erreicht, daß für den Bau und Betrieb der Kleinbahnen in gleicher Weise Rechtsverordnungen gelten wie für den Bau und Betrieb von Eisenbahnen des allgemeinen Verkehrs. Das ist um so erwünschter, als sich die rechtliche Gleichstellung der Kleinbahnen mit den Bahnen des allgemeinen Verkehrs auch auf anderen Gebieten in fortschreitender Entwicklung vollzieht. Auf dem Gebiete des Betriebsrechts ist diese Angleichung besonders dringlich geworden, weil für den Betrieb der Eisenbahnen in den besetzten Gebieten in zunehmendem Maße auch Kleinbahnbedienstete herangezogen werden müssen." [40]

Zuvor, am 28. März 1940, hatten der Vorsitzende des Ministerrats für die Reichsverteidigung und der Reichsminister und Chef der Reichskanzlei die „Verordnung über die Verwal-

Personenzug der ehemaligen Halberstadt-Blankenburger Eisenbahn verläßt im Juni 1959 den Bahnhof Rübeland. An der Spitze eine Lok der BR 75.[67]
Foto Propp

tung und Betrieb nichtreichseigener Eisenbahnunternehmen des öffentlichen Verkehrs durch Treuhänder" erlassen. Darin hieß es u. a.: „Der Ministerrat für die Reichsverteidigung verordnet mit Gesetzeskraft:

§ 1

(1) Der Reichsverkehrsminister kann die Verwaltung und den Betrieb nichtreichseigener Eisenbahnunternehmen des öffentlichen Verkehrs oder einzelner Teile solcher Unternehmen einem Treuhänder übertragen, sofern und solange dies im Interesse der Landesverteidigung oder der öffentlichen Ordnung erforderlich ist ...

§ 2

Der Treuhänder hat die Verwaltung und den Betrieb für Rechnung des Eigentümers zu führen. Er ist zu allen gerichtlichen und außergerichtlichen Geschäften und Rechtshandlungen befugt, welche die ihm übertragene Aufgabe mit sich bringt ..." [41]

Das am 10. Juni 1940 erlassene Reichsgesetz über die Errichtung der Körperschaft des öffentlichen Rechts „Pommersche Landesbahnen" (PLB) löste die nachfolgend genannten Kleinbahnen unter Ausschluß der Abwicklung auf und brachte das Vermögen in die PLB ein.

§ 2

(1) Mit dem Inkrafttreten dieses Gesetzes geht das Vermögen der folgenden Kleinbahnunternehmen:

1. Rügensche Kleinbahnen Aktiengesellschaft
2. Aktiengesellschaft Franzburger Kreisbahnen
3. Aktiengesellschaft Franzburger Südbahn
4. Aktiengesellschaft Demminer Kleinbahnen Ost
5. Aktiengesellschaft Demminer Kleinbahnen West
6. Kleinbahngesellschaft Greifswald–Jarmen, Aktiengesellschaft
7. Kleinbahngesellschaft Greifswald–Wolgast, Aktiengesellschaft
8. Kleinbahngesellschaft Anklam–Lassan, Aktiengesellschaft
9. Randower Kleinbahn Aktiengesellschaft
10. Kleinbahn Casekow–Penkun–Oder, Aktiengesellschaft
11. Aktiengesellschaft Greifenhagener Kreisbahnen
12. Aktiengesellschaft Saatzinger Kleinbahnen
13. Greifenberger Kleinbahn Aktiengesellschaft
14. Kolberger Kleinbahnen Aktiengesellschaft
15. Regenwalder Kleinbahnen Aktiengesellschaft
16. Kleinbahnaktiengesellschaft Neustadt–Prüssau
17. Kleinbahnaktiengesellschaft Chottschow–Garzigar
18. Stolper Kreisbahnen A.-G.
19. Schlawer Kleinbahn GmbH
20. Köslin–Bublitz, Belgarder Kleinbahn Aktiengesellschaft
21. Kleinbahn-Aktiengesellschaft Virchow–Deutsch Krone Kreisgrenze

sowie das Sondervermögen der den Landkreisen Naugard, Pyritz und Deutsch Krone gehörenden Kleinbahnen auf die Körperschaft über.

(2) Mit dem Inkrafttreten dieses Gesetzes werden die im Abs. 1, Satz 1 genannten Gesellschaften unter Ausschluß der Abwicklung aufgelöst; sie sind im Handelsregister zu löschen.

§ 4

(1) Die Körperschaft hat die Aufgabe, in der Provinz Pommern Kleinbahnen zu bauen und zu betreiben. Sie kann ihre Aufgabe auf den Betrieb von Nebenbahnen, Hilfs- und Nebeneinrichtungen einschließlich Kraftfahrbetrieben sowie auf angrenzende Gebiete erstrecken.

§ 7
Die Genehmigungs- und Aufsichtshoheit über die Körperschaft übt der Reichsverkehrsminister aus, der sie, soweit kommunale Fragen berührt werden, im Einvernehmen mit dem Reichsminister des Innern handhabt. Die Ausübung der Aufsicht kann anderen Behörden übertragen werden." [42]

Die letzte Verstaatlichung einer Privateisenbahn betraf damals die Schipkau-Finsterwalder Eisenbahn, zu der die Zweigstrecke Sallgast–Lauchhammer gehörte. Hier übernahm man am 1. Juli 1943 wieder ein solides Unternehmen, denn die Schipkau-Finsterwalder Eisenbahn-Gesellschaft bediente das Lausitzer Braunkohlerevier und gehörte mit 7½ Prozent Dividende zu den rentabelsten Privateisenbahnen.

Bestehenblieben weitere Privateisenbahnen und Kleinbahnen mit Durchgangsverkehr zwischen Reichsbahn-Strecken, die – entsprechend früheren Bedürfnissen – ebenfalls zu verstaatlichen gewesen wären. Bei ihnen lagen die finanziellen Verhältnisse nicht so günstig. Investitionen wären notwendig gewesen, um die Bahnen der DR voll nutzbar zu machen; die Reichsbahn-Hauptverwaltung hatte an ihnen bestimmt den Appetit verloren. Man denke nur an die Halberstadt-Blankenburger Eisenbahn, die Halle-Hettstedter Eisenbahn, die Ost- und Westhavelländische Eisenbahn, die Niederlausitzer Eisenbahn, die Brandenburgische Städtebahn u.a..

Der zweite Weltkrieg und die Entwicklung in der SBZ bzw. in der DDR

Mußten die Privat- und Kleinbahnen bereits mit Beginn des ersten Weltkrieges mit ihren Mitteln haushalten, so wurde zu Beginn des zweiten Weltkrieges infolge Materialschwierigkeiten und Personalmangels die Instandhaltung der Anlagen und Fahrzeuge vernachlässigt. Zu Investitionen kam es kaum noch, obgleich die Verkehrsleistungen wie noch nie gestiegen waren, z.B. im Personenverkehr von 1939 zu 1941 um 50 Prozent. Denn der Kraftwageneinsatz unterlag im Kriege starken Einschränkungen. Ferner hatten einige Privat- und Kleinbahnen im Zusammenhang mit der Rüstungsproduktion besondere Aufgaben wahrzunehmen. [43]

In den letzten Kriegsmonaten wurden die verstaatlichten Privateisenbahnen und die nichtreichseigenen Bahnen mit Durchgangscharakter willkommene Entlastungsstrecken für die Deutsche Reichsbahn. Ein Zitat aus einer Veröffentlichung in „Das Reich" vom 21. März 1943 mag dies verdeutlichen:

„Der Krieg hat die Lage der nichtreichseigenen Bahnen grundlegend geändert. Weitgehende Ausschaltung des Kraftwagens, erhöhter Zustrom der Arbeitskräfte in die Rüstungswerke, Abwanderung des Fahrradverkehrs auf die Eisenbahn – wegen der Verdunkelung – haben zu einem starken Anstieg des Personenverkehrs geführt, der sich bereits 1941 im Durchschnitt um über 50 Prozent erhöht hatte und inzwischen weiter gewachsen ist. Auch der Güterverkehr hat merklich zugenommen. Zahlreiche Eisenbahngesellschaften haben ihre Rentabilität wiedergewonnen und schütten Dividenden aus. Wo dies nicht geschieht, dürfte die Zurückhaltung meistens aus dem Bestreben zu erklären sein, für die erhöhte Beanspruchung der Anlagen Rücklagen zu bilden."

Wurden die Klein- und Privatbahnen im zweiten Weltkrieg von Kampfhandlungen betroffen, so erlitten sie Verluste und Beschädigungen ihrer Anlagen und Fahrzeuge wie die der Deutschen Reichsbahn. So konnten die Strecke Röthehof–Brandenburg-Altstadt der Westhavelländischen Eisenbahn wegen einer zerstörten Kanalbrücke nur bis Brandenburg-Silokanalbrücke und die Strecke Nauen–Velten erst nach Behelfsmaßnahmen im Jahre 1946 wieder befahren werden. Die angloamerikanischen Luftangriffe im März und April 1945 hinterließen bei der Brandenburgischen Städtebahn zerstörte Gebäude und Werkstätten in Brandenburg. Bei Kriegsende waren nur noch die Streckenabschnitte Belzig–Temnitzbrücke (vor Golzow), Brandenburg-Altstadt–Fohrde und Pritzerbe–Rhinow befahrbar. Die wichtige Verbindung zwischen den beiden Brandenburger Bahnhöfen war infolge der gesprengten Havelbrücke unbefahrbar. [44]

Wegen der zerstörten Elbe-Havel-Kanalbrücke war ebenfalls die Strecke Güsen–Zerben unbefahrbar. Soweit es sich heute noch im Detail ermitteln läßt, wird bei den Einzeldarstellungen auf die Wiederaufnahme des Zugbetriebs im Jahre 1945 eingegangen. Nach dem zweiten Weltkrieg fielen einige Kleinbahnstrecken unter die Reparationsleistungen an die UdSSR. Darunter waren u. a. mehrere Schmalspurbahnen in Vorpommern, die Strekken Templin–Fürstenwerder/Prenzlau, der Prenzlauer Kreisbahnen (Prenzlau–Templin seit 14. Novem-

Torfbahn Nawaja bei Leningrad (heute wieder St. Petersburg) im Jahr 1977. Bei der abgebildeten Lok handelt es sich um die ehemalige 51^{M} der Kleinbahn Greifswald–Wolgast, die Bahn fiel 1945 mit allen Anlagen unter die Reparationslieferungen an die Sowjetunion.
Sammlung Machel

Grenze zwischen den Besatzungszonen. Zwischen dem Bahnhof Schöneicherplan der Neukölln-Mittenwalder Eisenbahn (NME) und dem Bahnhof Zossen an der Strecke Berlin–Dresden wurde aus strategischen Gründen während des zweiten Weltkrieges eine neue Bahnanlage in Angriff genommen. Dieses Projekt wurde überwiegend von der Firma Vering & Waechter im Auftrag der NME ausgeführt. Allerdings nahm man den Abschnitt Schöneicherplan–Dabendorf Ost erst am 15. September 1945 in Betrieb. Die selbständige, aber „herrenlose" Anlage hatte, wie die Deutsche Zentralverwaltung für Verkehr am 23. Juli 1947 feststellte, nicht als Eisenbahn des allgemeinen Verkehrs zu gelten. Die Deutsche Reichsbahn zeigte damals kein Interesse, sie in ihr Netz einzugliedern. Die Deutsche Zentralverwaltung für Verkehr wollte sie ebensowenig in eine andere Hand geben, womöglich in das Eigentum der NME. Der Bevollmächtigte für Bahnaufsicht bei der Reichsbahndi-

ber 1953 wieder in Betrieb), Rheinsberg–Zechlin der Ruppiner Eisenbahn, Lindow/Gransee–Neuglobsow der Kleinbahn Gransee–Neuglobsow (Gransee–Groß Woltersdorf seit 1954 wieder in Betrieb), Rathenow–Hauptkanalbrücke bei Kriele der Kreisbahn Rathenow–Nauen, im Eichsfeld die Kleinbahn Silberhausen–Hüpstedt. Die Dessau-Radegast-Köthener Bahn wurde 1946 bis auf ein Reststück, das als Anschlußgleis am Bahnhof Köthen bestand, abgetragen. Die Wenigentaft-Oechsener Eisenbahn nahm zwischen 1945 und 1947 den Zugverkehr nicht auf, ebenso nicht mehr die AG Ellrich-Zorge Eisenbahn wegen der entstandenen

Von der Gernrode-Harzgeroder Eisenbahn (GHE) war nach 1945 das Teilstück Straßberg–Stiege demontiert. 1984 wurde der durchgehende Betrieb von Gernrode bis Eisfelder Talmühle wieder möglich. Im Juli 1986 finden wir auf diesem Bahnhof rechts die Gleise der ehemaligen GHE und links die Gleise der Harzquerbahn; bei der Maschine handelt es sich um die 99 7234.
Foto Rammelt

rektion (Rbd) Berlin erhielt den Rat, die Angelegenheit hinauszuzögern. Im Januar 1947 wurde diese Strecke stillgelegt und später entsprechend einem Befehl der Sowjetischen Militäradministration abgebaut.
Damit kam es zu Nachteilen in der Transportsituation auf den meist eingleisigen Strecken rund um Berlin, und Generalmajor Kwaschnin äußerte sich am 29. September 1948 gegenüber dem stellvertretenden Generaldirektor der Hauptverwaltung der Deutschen Reichsbahn (DR), Erwin Kramer, in der Deutschen Wirtschaftskommission über einen möglichen Umleitungsverkehr zwischen den Bahnhöfen östlich Berlins. Dabei schlug Erwin Kramer vor, das abgebaute Verbindungsgleis zwischen der Militärbahn bei Zossen zur Neukölln-Mittenwalder Eisenbahn wieder herzustellen und durch eine Kurve vom Bahnhof Schönefeld der NME bis zur damaligen Kreuzungsstelle des Güteraußenrings eine direkte Verbindung zwischen den östlichen Rangierbahnhöfen und Jüterbog zu schaffen. Der Vorschlag wurde gebilligt und die Bahn am 3. Januar 1949 mit der Strecke (Zossen–) Abzweigstelle Zoa–Mittenwalde und entsprechenden Verbindungskurven bei Schönefeld in Betrieb genommen. Sie spielt heute noch für den Umleitungsverkehr eine Rolle.
Der Aufbau der schmalspurigen Strecke von Glöwen nach Havelberg anstelle der demontierten Normalstrecke war durch den Abbau des Abschnitts Viesecke–Kreuzweg und der Strecke Dahme (Mark)–Görsdorf der Ost- und Westprignitzer Kreiskleinbahnen möglich. Diese Kleinbahnen planten auch – zumindest ohne Widerspruch der Rbd Schwerin – den schmalspurigen Aufbau der Strecke Wittenberge–Lenzen für die abgetragene Normalspurstrecke Wittenberge–Dömitz. Der Bau wurde nicht ausgeführt.
Mehrere Bahnen lagen nach 1945 östlich der Oder-Neiße-Grenze und wurden von den PKP betrieben, andere lagen nun in den westlichen Besatzungszonen und behielten ihre Selbständigkeit. In der sowjetischen Besatzungszone blieben 105 Bahnen mit 3970 km Strecke, dazu kamen rund 100 gewerbsmäßig betriebene Privatanschlußbahnen.
Am 30. Oktober 1945 erließ der oberste Chef der Sowjetischen Militärverwaltung, Marschall Shukow, den Befehl Nr. 124, wonach das Eigentum des früheren nationalsozialistischen Staates, der NSDAP sowie der aktiven Nazis zu sequestieren, also vorläufig zu beschlagnahmen war. In Sachsen bekannten sich in einem Volksentscheid am 30. Juni 1946 77,62 Prozent der Bevölkerung zum „Gesetz über die Übergabe von Betrieben von Kriegs- und Naziverbrechen in das Eigentum des Volkes“. Dieser Befehl traf an sich nicht für das Eigentum der Privateisenbahnen und Kleinbahnen zu, obgleich sich einige Landesregierungen bei der Übernahme der Bahnen auf diesen Befehl beriefen.

Ein Personenzug der Lausitzer Eisenbahn AG überquert im Jahr 1938 die Neißebrücke bei Bad Muskau. Nach dem Krieg verlief hier die Grenze zwischen Polen und der sowjetischen Besatzungszone, der Zugverkehr wurde eingestellt.
Sammlung Nowak

Im Jahre 1946 begannen die Provinzialverwaltungen oder die Landesregierungen, das Vermögen vieler Betriebe unter Sequester zu stellen. Das Präsidium der Provinzialverwaltung Mark Brandenburg beschloß beispielsweise am 5. August 1946 eine Verordnung und enteignete am 9. September 1946 die Königs Wusterhausen-Mittenwalde-Töpchiner Eisenbahn. Am 19. Oktober 1946 erließ dieses Präsidium die „Verordnung über Organisation, Leitung und Verwaltung der provinzialeigenen industriellen und gewerblichen Unternehmungen in der Provinz Mark Brandenburg“ und faßte diese Unternehmungen zu einer selbsttäti-

Die einstige Gardelegen-Haldensleben-Weferlinger Kleinbahn hat auch in unseren Tagen auf dem verbliebenen Reststück Haldensleben–Weferlingen noch Bedeutung. Während der 171 029 im Sommer 1984 am Bahnsteig in Haldensleben auf die Abfahrt wartet, führt die 52 8071 einen Güterzug über die Strecke nach Weferlingen.
Foto Heym

gen Wirtschaftsorganisation zusammen. Mit Wirkung vom 1. Oktober 1946 unterstand entsprechend dieser Verordnung die Osthavelländische Eisenbahn AG der Generaldirektion der Provinzbahnen in der Hauptverwaltung Provinzialbetriebe zu Potsdam. Die Neukölln-Mittenwalder Eisenbahn widersetzte sich der Unterstellung, da, wie sie an die Reichsbahndirektion Berlin schrieb, „...wir weder ein provinzialeigener Betrieb (sind), noch haben wir unseren Sitz in der Provinz Mark Brandenburg". [45]

Tatsächlich befanden sich ein kleines Streckenstück und der Sitz der Betriebsleitung im amerikanischen Sektor von Berlin. Deshalb entschied am 6. Dezember 1946 der Präsident der Deutschen Zentralverwaltung für Verkehr (sie nahm am 1. August 1945 ihre Tätigkeit auf und wurde 1948 der 1947 gebildeten Deutschen Wirtschaftskommission unterstellt), daß die von der Generaldirektion der Privatbahnen Mark Brandenburg an die Neukölln-Mittenwalder Eisenbahn gerichtete Weisung jeder Berechtigung entbehre. Die Enteignung sei noch nicht durchgeführt, die Betriebsführung liege nicht in den Händen dieser Generaldirektion.

Die Landesregierung in Thüringen sequestierte ebenfalls Privatbahnen. Bei den der Süddeutschen Eisenbahn-Gesellschaft (SEG) gehörenden Bahnen Arnstadt–Ichtershausen, Ilmenau–Großbreitenbach, Hohenebra–Ebeleben führte dies zu einem Protest der Stadt Essen, des Hauptaktionärs, und zwar teilte man am 23. Oktober 1946 der – aufsichtsführenden – Reichsbahndirektion Erfurt mit, daß der Stadt Essen 66 Prozent des Stammkapitals gehöre.

Die Mecklenburgische Bäderbahn AG fiel gleichfalls unter Sequester; zum Verwalter wurde Liebig, Direktor der Städtischen Straßenbahn Rostock, bestellt.

In Demmin nannte sich die Verwaltung „Landesbahnen Mecklenburg-

Die Lokomotiven der Ilmenau-Großbreitenbacher Eisenbahn waren in den Nummernplan der Süddeutschen Eisenbahn-Gesellschaft eingereiht. Lokomotive 381 kam noch vor 1949 zu den hessischen Nebenbahnen.
Sammlung Rammelt

Vorpommern". Die Ruppiner Eisenbahn AG erhielt am 1. Januar 1947 die Weisung, die Bezeichnung „Betriebsverwaltung Neuruppin der Provinzbahnen Mark Brandenburg" zu führen. In Sachsen-Anhalt erhielten die „vorläufig noch treuhänderisch verwalteten Eisenbahnbetriebe" (sicher treuhänderisch nach der Verordnung von 1942) am 15. Dezember 1946 vom Ministerium für Wirtschaft und Verkehr ihrer Provinzialregierung folgende Mitteilung: „Durch Anordnung und Verfügung der Hauptabteilung Wirtschaft bzw. deren Abteilung ‚Sicherung der Wirtschaft' und ‚Neuordnung der Wirtschaft' wurde ihr Betrieb in das Eigentum der Provinz Sachsen vom 30. Juli 1946 unter die unmittelbare Wirtschaftsaufsicht... der Provinz Sachsen genommen." [46] Zum Jahreswechsel 1946/47 bildete sich hier eine Gesellschaft „Sächsische Provinzbahnen G.m.b.H.".

In Sachsen war die Lage eindeutig. Durch den erwähnten Volksentscheid war die Überlandbahn Hohenstein-Ernstthal–Oelsnitz enteignet und in das Eigentum des Landes Sachsen überführt worden. Die Landesregierung wollte die Bahn mit Wirkung vom 1. Januar 1947 in das Eigentum der Deutschen Reichsbahn überführen; die SMAD willigte aber nicht ein.

In den Jahren 1946/47 sah es so aus, als gelänge es den Landesregierungen, die Privateisenbahnen und Kleinbahnen zu übernehmen. Die Frage, welche Stellung die Privateisenbahnen und die Kleinbahnen in der sowjetischen Besatzungszone einnehmen sollten, ist von 1946 bis Anfang 1949 zwischen den Landesregierungen, der Zentralverwaltung für Verkehr bzw. der Hauptverwaltung der Deutschen Reichsbahn einerseits sowie der Deutschen Wirtschaftskommission und der Sowjetischen Militäradministration (SMAD) andererseits mitunter konträr erörtert worden. In Berlin gab es hierzu eine klare Haltung: Die Bahnen gehörten zur Deutschen Reichsbahn. Die SMAD hatte mit Befehl Nr. 17 vom 27. Juli 1945 die Deutsche Zentralverwaltung für Verkehr errichtet. Deren Aufgabe war es, den gesamten Verkehr innerhalb der sowjetischen Besatzungszone einheitlich zu führen und zu lenken. Der Präsident der Zentralverwaltung regte bei der SMAD an, sämtliche Privateisenbahnen und Kleinbahnen durch Erlaß eines Befehls in den Besitz der Deutschen Reichsbahn zu überführen. Die SMAD entsprach einem solchen Antrag in seiner allgemeinen Form jedoch nicht.

Nur ein Land, Sachsen, hatte nach der Enteignung dreier privater Eisenbahnen (Görlitzer Kreisbahn, Schleizer Kleinbahn AG, Industriebahn Mittweida–Ringethal/Dreiwerden) der Zentralverwaltung angeboten, diese zu übergeben und entsprach der Auffassung sowohl der Deutschen Wirtschaftskommission als auch der Zentralverwaltung für Verkehr.

Diese Bahnen sind dann auch vom 1. Januar 1947 an als Teile der Deutschen Reichsbahn verwaltet und betrieben worden (tatsächliche Übernahme der Görlitzer Kreisbahn: 11. Mai 1948, der Privatbahn Mittweida-Dreiwerden: 1. Januar 1949).

Die anderen Länder schufen sich Verwaltungsapparate (Generaldirektion u.ä.). Am 17. September 1947 ordnete der Chef der Transportabteilung der SMAD, Generalmajor Kwaschnin, an, Listen mit Begründungen für die Übernahme durch die Deutsche Reichsbahn zu überge-

Betriebsführer auf der 1947 enteigneten Straßenbahn Hohenstein-Ernstthal–Oelsnitz war bis Kriegsende die A.-G. für Bahnbau und -betrieb, Eigentümer die Sächsische Überlandbahn GmbH Frankfurt a. M.
Sammlung E. Preuß

1948: Mit der Übernahme der Klein- und Privatbahnen durch die Deutsche Reichsbahn im Land Sachsen bekam die ehemalige 181 der Görlitzer Kreisbahn die DR-Nr. 92 2901; aufgenommen 1962 in Görlitz.
Foto E. Preuß

ben. Die Deutsche Reichsbahn nannte 16 Bahnen, die als Verbindungsstrecken von Bedeutung waren. Generalmajor Kwaschnin forderte, auch jene noch in Privatbesitz befindlichen Bahnen zu überführen, um auszuschließen, daß noch private Interessen auf die Führung des Verkehrs Einfluß ausüben könnten. Die Deutsche Zentralverwaltung für Verkehr hatte gedacht, bei der Hauptverwaltung der Deutschen Reichsbahn eine kleine Abteilung mit eingeschränktem Beamtenapparat zur obersten Leitung und Lenkung der Bahnen der Länderregierungen einzurichten. Bis 1. Januar 1948 sollte alles geregelt sein. Hierzu wurden sämtliche Bahnen in Gruppen eingeteilt. Die Zuordnung zu den einzelnen Gruppen ist der Tabelle 1.6 (s. S. 44/45) der 1949 übernommenen Bahnen zu entnehmen.

Diese Vorstellungen lösten bei den Landesregierungen unterschiedliche Reaktionen aus. So legte der Vertreter der Provinz Mark Brandenburg eine Karte vor, nach der nur die wichtigsten Hauptstrecken zur Deutschen Reichsbahn gehört hätten, der Rest hingegen den Ländern. Die Haltung der damaligen Regierungen – außer Sachsen – wird verständlich, wenn man die allgemeine Verkehrsnot nach 1945 berücksichtigt. Versorgungstransporte mußten zentral gelenkt werden, ebenso die Beschaffung von Material; die Landesregierungen fühlten sich von der Deutschen Zentralverwaltung für Verkehr benachteiligt und versuchten, so ihren Einfluß geltend zu machen. In der Sitzung am 24. November 1947 versuchte der stellvertretende Generaldirektor der Hauptverwaltung der DR, Erwin Kramer, die Vertreter der Landesregierungen zu überzeugen, daß die Privateisenbahnen und die Kleinbahnen die Lenkung des Verkehrs erschwerten: „Wir wollen uns nicht dem Vorwurf aussetzen, die Rosinen aus dem Kuchen zu suchen. Ich bin durchaus bereit, sämtliche Privateisenbahnen und Kleinbahnen zu übernehmen, auch die ungünstigen Strecken." [47] Kramer verwies darauf, daß bei 750 km von 1200 km Strecken Zuschläge erhoben werden und nannte außerdem die techni-

Der 1921 eingeführte Name hielt sich bis heute. An dem im August 1983 im Bahnhof Strausberg aufgenommenen Straßenbahnzug steht immer noch Strausberger Eisenbahn!
Foto Rammelt

Tabelle 1.6 Verzeichnis der nicht reichsbahneigenen Eisenbahnen des öffentlichen Verkehrs , die nach der Verfügung vom 1. April 1949 (Verordnungsblatt Nr. 23/1949) von der DR übernommen wurden. Vorgesehene Zuordnung der Klein- und Privatbahnen nach den Vorstellungen von 1947/48
A - Bahnen, die nach dem Stand vom 1. Januar 1948 für die DR von besonderem Interesse waren
B - Bahnen, die nach dem Stand vom 1. Januar 1948 bei den Ländern verbleiben sollten.

Name der Bahn	Eigentümer	Stand 1.1.1948
Land Brandenburg		
Brandenburgische Städtebahn	volkseigen	A
Ruppiner Eisenbahn	volkseigen	A
Altlandsberger Kleinbahn	volkseigen	B
Buckower Kleinbahn	volkseigen	B
Königs Wusterhausen-Mittenwalde-Töpchiner Eisenbahn	volkseigen	B
Lehniner Kleinbahn	volkseigen	B
Neukölln-Mittenwalder-Eisenbahn	volkseigen	
Oderbruchbahn	volkseigen	
Osthavelländische Eisenbahn (soweit außerhalb des Stadtgebietes Berlin gelegen)	volkseigen	A
Strausberg-Herzfelder-Kleinbahn	volkseigen	B
Teltower Eisenbahn	volkseigen	B
Niederlausitzer Eisenbahn	volkseigen	A
Spreewaldbahn	volkseigen	B
Eberswalde-Finowfurther Eisenbahn	volkseigen	B
Kleinbahn Freienwalde–Zehden	volkseigen	B
Kleinbahn Brandenburg–Röthehof	Kreis Westhavelland	A
Kleinbahn Beeskow–Fürstenwalde (Scharmützelseebahn)	Kreis Beeskow-Storkow	B
Industrie- und Hafenbahn Frankfurt (Oder)	Stadt Frankfurt (Oder)	B
Kreiskleinbahn Rathenow–Senzke–Nauen	Kreis Westhavelland Nauen	B
Kleinbahn Luckenwalde–Jüterborg	volkseigen	B
Dahme-Uckroer Eisenbahn	Land Brandenburg	B
Spremberger Stadtbahn	Stadt Spremberg	B
Prenzlauer Kreisbahn	volkseigen	B
Kleinbahn Klockow–Pasewalk	volkseigen	B
Prignitzer Kreiskleinbahnen	volkseigen	B
Havelberger Eisenbahn Havelberg–Glöwen	Kreis Westprignitz	
Schönermark-Dammer Eisenbahn	Kreis Angermünde und Prenzlau	
Kleinbahn Gransee–Neuglobsow	volkseigen	

Name der Bahn	Eigentümer	Stand 1.1.1948
Land Mecklenburg		
Neubrandenburg-Friedländer Eisenbahn	volkseigen	B
Greifswalder Bahnen	volkseigen	
Mecklenburg-Pommersche Schmalspurbahn	volkseigen	B
Mecklenburgische Bäderbahn	volkseigen	
Bolzenburger Stadt- und Hafenbahn	Stadt Bolzenburg	B
Franzburger Bahnen	volkseigen	B
Demminer Bahnen	volkseigen	B
Rügensche Bahnen	volkseigen	B
Kleinbahn Neuhaus–Brahlstorf	volkseigen	B
Kleinbahn Anklam–Lassan	volkseigen	B
Greifswald-Grimmener-Eisenbahn		B
Stralsund-Tribseeser Eisenbahn	volkseigen	
Kleinbahn Casekow–Penkun (O)–Landesgrenze	Land Mecklenburg-Vorpommern	
Schweriner Hafenbahn	Stadt Schwerin	
Land Sachsen		
Privatbahn Mittweida–Dreiwerden–Ringethal	Hauptverwaltung volkseigener Betriebe Sachsens	
Kleinbahn Horka–Rothenburg–Priebus	Kleinbahn Horka–Rothenburg–Priebus AG., Rothenburg (Lausitz)	
Land Sachsen-Anhalt		
Dessau-Wörlitzer Eisenbahn	volkseigen	B
Halberstadt-Blankenburger Eisenbahn	volkseigen	B
Nauendorf-Gerlebogker Eisenbahn	volkseigen	B
Haldenslebener Eisenbahn	volkseigen	A
Bebitz-Alslebener Eisenbahn	volkseigen	B
Eisenbahn Bergwitz–Kemberg	volkseigen	B
Gardelegen–Haldenslebener-Weferlinger Eisenbahn	volkseigen	A
Eisenbahn Heudeber–Mattierzoll	volkseigen	B
Könnern-Rothenburger Eisenbahn	volkseigen	B

Name der Bahn	Eigentümer	Stand 1.1.1948
Eisenbahn Osterburg–Pretzier	volkseigen	A
Eisenbahn Schildau–Mockrehna	volkseigen	B
Wallwitz-Wettiner Eisenbahn	volkseigen	B
Eisenbahn Wolmirstedt–Colbitz	volkseigen	B
Kyffhäuser Kleinbahn	volkseigen	B
Prettin-Annaburger Eisenbahn	volkseigen	B
Salzwedeler Eisenbahn	volkseigen	A
Stendaler Eisenbahn	volkseigen	A
Kleinbahnen des Kreises Jerichow (Kreisbahn Burg b. Magdeburg)	volkseigen	B
Kleinbahn Wegenstedt–Calvörde	volkseigen	B
Zschornewitzer Kleinbahn	volkseigen	
Dessau-Radegast-Köthener Bahn	volkseigen	
Marienborn-Beendorfer Kleinbahn	Marienborn-Beendorfer Kleinbahn AG, Beendorf	
Oschersleben-Schöninger Eisenbahn	volkseigen	B
Osterwieck-Wasserlebener Eisenbahn	volkseigen	B
Stendal-Tangermünder Eisenbahn	volkseigen	B
Gernrode-Harzgeroder Eisenbahn	volkseigen	B
Nordhausen-Wernigeroder Eisenbahn	volkseigen	B
Altmärkische Eisenbahn	volkseigen	A
Aschersleben-Schneidlingen-Nienhagener Eisenbahn	volkseigen	B
Delitzscher Eisenbahn	volkseigen	B
Eisenbahn Neuburxdorf–Mühlberg	volkseigen	B

Name der Bahn	Eigentümer	Stand 1.1.1948
Genthiner Eisenbahn	volkseigen	A
Goldbeck-Werbener Eisenbahn	volkseigen	B
Halle-Hettstedter Eisenbahn	volkseigen	A
Ausbesserungswerk Stendal	volkseigen	
Ausbesserungswerk Blankenburg	als Ausbesserungswerk der Landesbahnen Sachsen-Anhalt	
Land Thüringen		
Esperstedt-Oldislebener Eisenbahn	volkseigen	B
Greußen-Ebeleben-Keulaer Eisenbahn	volkseigen	A
Weimar-Berka-Blankenhainer Eisenbahn	volkseigen	B
Kleinbahn Erfurt–Nottleben	volkseigen	B
Eisenbahn Hohenebra–Ebeleben	volkseigen	A
Obereichsfelder Eisenbahn	volkseigen	
Gera-Meuselwitz-Wuitzer Eisenbahn	volkseigen	
Eisenbahn Mühlhausen–Ebeleben	volkseigen	A
Wutha-Ruhlaer Eisenbahn	volkseigen	B
Weimar-Großrudestedter Eisenbahn	volkseigen	B
Kleinbahn Pappenheim–Brotterode	Kreis Schmalkalden	B
Schleizer Kleinbahn	Schleizer Kleinbahn	B
Eisenbahn Arnstadt–Ichtershausen	volkseigen	
Eisenbahn Ilmenau–Großbreitenbach	volkseigen	
Thüringerwaldbahn	Thüringer ELG	

Zu den 1948 unberücksichtigten Bahnen waren in den Akten keine Aussagen vorhanden.
Die Bezeichnungen in dieser Tabelle sind von der Verfügung 23/1949 übernommen und entsprechen nicht in jedem Fall der amtlichen Bahnbezeichnung.

schen Vorteile, die das einheitliche Eisenbahnwesen böte. Entgegen diesen Wünschen zentralisierten die Landesregierungen die Privateisenbahnen und Kleinbahnen weiter.

Der Verwaltungsrat der VVB Verkehr Land Mecklenburg verfaßte eine Art Denkschrift (und das war nicht die einzige dieser Art) und bemerkte: „Unseres Erachtens würde die Einrichtung einer Generaldirektion ‚Privat- und Kleinbahnen' (oder ‚Länderbahnen') Schwierigkeiten nicht bereiten und besondere Mehrkosten kaum verursachen, wenn das für diese Generaldirektion erforderliche Personal aus den Direktoren bzw. den Belegschaftsmitgliedern der jeweiligen Ländervereinigungen entnommen wird... Den Länderbahnen sollte ihre Selbständigkeit belassen und nach wie vor ihr eigener Tarif belassen werden."[48]

Am 20. Dezember 1948 kam es in der Deutschen Wirtschaftskommission zu einer Vorbesprechung, die die Übernahme der Privateisenbahnen und Kleinbahnen betraf. Damals äußerten die Länder den Wunsch, nicht nur die in der Liste verzeichneten, sondern alle von der Reichsbahn in Verwaltung und in Betrieb genommenen Bahnen zu übernehmen. Hier wurde erstmals der – später „berühmte" – Termin 1. April 1949 genannt. Jetzt meldeten die Reichsbahndirektionen jene Bahnen, die in der genannten Aufstellung der bis 1. Januar 1948 zu übernehmenden Bahnen nicht aufgeführt waren:

1. Arnstadt–Ichtershausen
2. Ilmenau–Großbreitenbach
3. Gera–Wuitz
4. Rennsteig–Frauenwald
5. Langensalza–Haussömmern,

die noch in Privatbesitz befindlichen Bahnen:

6. Wernshausen–Herges–Auwallenburg (Trusebahn A.-G. Schmalkalden Kreishaus)
7. Obstfelderschmiede–Cursdorf (Oberweißbacher Bergbahn GmbH Lichtenhain (Kr. Rudolstadt))
8. Buttstädt–Rastenberg (Eisenbahnzweckverband Rastenberg)
9. Artern–Berga-Kelbra
10. Zschornewitzer Kleinbahn (zur Grube Golpa gehörend, zum Teil wegen fortschreitenden Tagebaus bereits stillgelegt, Reststrecke soll Werkbahn werden)
11. Mecklenburgische Bäderbahn (noch nicht enteignet, bestand als A.-G. weiter, Aktionäre: Berliner Verkehrsgesellschaft, die Stadt Rostock, Gemeinde Graal-Müritz)
12. Stralsund–Tribsees
13. Greifswald-Grimmener Eisenbahn.

Daß die Deutsche Reichsbahn dann doch nicht sämtliche Bahnen in ihre Verwaltung nahm, hatte verschiedene Ursachen, die in den anderen Bänden dieses Archivs dargestellt werden. So wies der Rat der Stadt Strausberg darauf hin, daß die Strausberger Eisenbahn schon 1921 auf Straßenbahnbetrieb umgestellt wurde, eine Namensänderung da-

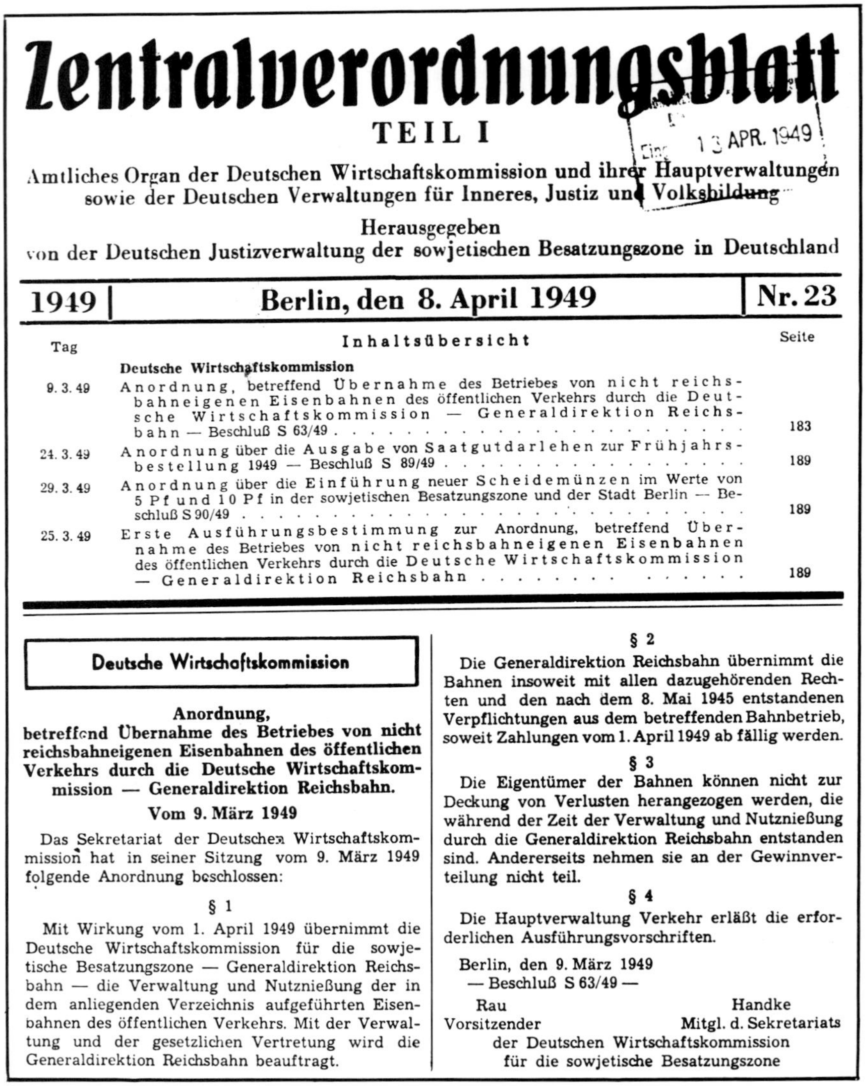

Zentralverordnungsblatt

TEIL I

Eing. 13. APR. 1949

Amtliches Organ der Deutschen Wirtschaftskommission und ihrer Hauptverwaltungen sowie der Deutschen Verwaltungen für Inneres, Justiz und Volksbildung

Herausgegeben von der Deutschen Justizverwaltung der sowjetischen Besatzungszone in Deutschland

1949 | Berlin, den 8. April 1949 | Nr. 23

Inhaltsübersicht

Tag		Seite
	Deutsche Wirtschaftskommission	
9. 3. 49	Anordnung, betreffend Übernahme des Betriebes von nicht reichsbahneigenen Eisenbahnen des öffentlichen Verkehrs durch die Deutsche Wirtschaftskommission — Generaldirektion Reichsbahn — Beschluß S 63/49	183
24. 3. 49	Anordnung über die Ausgabe von Saatgutdarlehen zur Frühjahrsbestellung 1949 — Beschluß S 89/49	189
29. 3. 49	Anordnung über die Einführung neuer Scheidemünzen im Werte von 5 Pf und 10 Pf in der sowjetischen Besatzungszone und der Stadt Berlin — Beschluß S 90/49	189
25. 3. 49	Erste Ausführungsbestimmung zur Anordnung, betreffend Übernahme des Betriebes von nicht reichsbahneigenen Eisenbahnen des öffentlichen Verkehrs durch die Deutsche Wirtschaftskommission — Generaldirektion Reichsbahn	189

Deutsche Wirtschaftskommission

Anordnung, betreffend Übernahme des Betriebes von nicht reichsbahneigenen Eisenbahnen des öffentlichen Verkehrs durch die Deutsche Wirtschaftskommission — Generaldirektion Reichsbahn.

Vom 9. März 1949

Das Sekretariat der Deutschen Wirtschaftskommission hat in seiner Sitzung vom 9. März 1949 folgende Anordnung beschlossen:

§ 1

Mit Wirkung vom 1. April 1949 übernimmt die Deutsche Wirtschaftskommission für die sowjetische Besatzungszone — Generaldirektion Reichsbahn — die Verwaltung und Nutznießung der in dem anliegenden Verzeichnis aufgeführten Eisenbahnen des öffentlichen Verkehrs. Mit der Verwaltung und der gesetzlichen Vertretung wird die Generaldirektion Reichsbahn beauftragt.

§ 2

Die Generaldirektion Reichsbahn übernimmt die Bahnen insoweit mit allen dazugehörenden Rechten und den nach dem 8. Mai 1945 entstandenen Verpflichtungen aus dem betreffenden Bahnbetrieb, soweit Zahlungen vom 1. April 1949 ab fällig werden.

§ 3

Die Eigentümer der Bahnen können nicht zur Deckung von Verlusten herangezogen werden, die während der Zeit der Verwaltung und Nutznießung durch die Generaldirektion Reichsbahn entstanden sind. Andererseits nehmen sie an der Gewinnverteilung nicht teil.

§ 4

Die Hauptverwaltung Verkehr erläßt die erforderlichen Ausführungsvorschriften.

Berlin, den 9. März 1949
— Beschluß S 63/49 —

Rau, Vorsitzender — Handke, Mitgl. d. Sekretariats
der Deutschen Wirtschaftskommission für die sowjetische Besatzungszone

Gesetzliche Grundlage für die Übernahme der Klein- und Privatbahnen durch die Deutsche Reichsbahn im Jahr 1949: erste Ausführungsbestimmung zum Übernahmegesetz. Sammlung Rammelt

Erste Ausführungsbestimmung zur Anordnung, betreffend Übernahme des Betriebes von nicht reichsbahneigenen Eisenbahnen des öffentlichen Verkehrs durch die Deutsche Wirtschaftskommission — Generaldirektion Reichsbahn.

Vom 25. März 1949

Auf Grund § 4 der Anordnung, betreffend Übernahme des Betriebes von nicht reichsbahneigenen Eisenbahnen des öffentlichen Verkehrs durch die Deutsche Wirtschaftskommission für die sowjetische Besatzungszone — Generaldirektion Reichsbahn —, vom 9. März 1949 (ZVOBl. I S. 183) wird bestimmt:

§ 1

(1) Die bisherigen Rechtsträger bzw. Eigentümer der Eisenbahnen haben die Bahnen, die in Verwaltung und Nutznießung der Reichsbahn übergehen und in dem der Anordnung vom 9. März 1949 anliegenden Verzeichnis aufgeführt sind, vom 1. April 1949 ab der Deutschen Wirtschaftskommission — Generaldirektion Reichsbahn —zu übergeben.

(2) Zwecks Durchführung der Übernahme und Übergabe der Bahnen sind gemischte Kommissionen aus Vertretern der bisherigen Rechtsträger bzw. Eigentümer und der Reichsbahndirektionen zu bilden. Bei Unstimmigkeiten ist zunächst, um Störungen des Betriebes zu vermeiden, nach der Weisung des Reichsbahndirektionspräsidenten zu verfahren.

§ 2

(1) Die Verwaltung und Nutznießung der Bahnen umfaßt auch das Betriebszubehör und das Betriebsvermögen, Konten und Guthaben sowie alle unmittelbaren Hilfs- und Nebenbetriebe, z. B. Ausbesserungswerkstätten, Tränkanstalten, Sägewerke, Steinbrüche, Ziegeleien und Betriebsvorräte sowie die dem Schienenverkehr dienenden Kraftfahrzeuge des Werkverkehrs, Fähren und Boote.

(2) Der Deutschen Wirtschaftskommission (Reichsbahn) sind auch die Oberbaustoffe aus den demontierten Strecken- oder Gleisanschlüssen zu übergeben.

(3) Akten, Verträge, Pläne, Betriebsvorschriften, Geschäftspapiere, Bilanzen und andere Urkunden, welche die Bahnen betreffen, sind der Deutschen Wirtschaftskommission (Reichsbahn) zu übergeben.

§ 3

Wenn die Deutsche Wirtschaftskommission (Reichsbahn) für Zwecke der übernommenen Bahnen Grundstücke erwirbt, so werden, falls es sich um Bahnen handelt, die im Landes- oder Kommunaleigentum stehen, die Eigentümer dieser Bahnen im Grundbuch als Eigentümer eingetragen.

§ 4

Zu Vermietungen, Verpachtungen oder zur Einräumung sonstiger Rechte an dem Bahnvermögen bedarf die Deutsche Wirtschaftskommission (Reichsbahn) nicht der Zustimmung der bisherigen Rechtsträger bzw. Eigentümer der Bahnen.

§ 5

Die bisherigen Rechtsträger bzw. Eigentümer der Bahnen dürfen über die Bahnen und die zu ihnen gehörigen Einrichtungen, Rechte u. dgl. nicht ohne Einwilligung der Deutschen Wirtschaftskommission (Reichsbahn) verfügen. Sie haben sich jedes Eingriffes in die Maßnahmen der Deutschen Wirtschaftskommission (Reichsbahn) zu enthalten. Abweichende Willenserklärungen der bisherigen Rechtsträger bzw. Eigentümer der Bahnen sind nichtig.

§ 6

Die noch in einzelnen Ländern bestehenden zusammenfassenden Verwaltungen der nicht reichsbahneigenen Bahnen werden aufgelöst.

§ 7

Die Arbeitsbedingungen, Löhne und Gehälter, Kranken- und Sterbegeldbezüge sowie Sozialeinrichtungen sind gemäß dem Tarifvertrag für die Reichsbahn festzusetzen.

§ 8

Die Steuerpflicht und die sonstigen Verpflichtungen zu öffentlichen Abgaben der übernommenen Bahnen gehen vom Tage der Übernahme an zu Lasten der Deutschen Wirtschaftskommission (Reichsbahn) nach den für die übernommenen Bahnen bisher geltenden Vorschriften.

§ 9

Soweit Bahnen bereits vor Erlaß der Anordnung, betreffend Übernahme des Betriebes von nicht reichsbahneigenen Eisenbahnen des öffentlichen Verkehrs durch die Deutsche Wirtschaftskommission, vom 9. März 1949 in die Verwaltung der Deutschen Wirtschaftskommission (Reichsbahn) übernommen worden sind, hat die Anpassung der Rechtsverhältnisse vom 1. April 1949 ab nach dieser Anordnung zu geschehen. § 7 gilt auch hier.

§ 10

Im Falle der Rückgabe der Bahnen an die bisherigen Rechtsträger bzw. Eigentümer kann die Deutsche Wirtschaftskommission (Reichsbahn) die von ihr eingebauten Einrichtungen entfernen, unter Wiederherstellung des bisherigen Zustandes und mit Gutschrift des noch vorhandenen Wertes, falls die Anschaffung aus Einkünften der Bahnen bezahlt worden sind.

§ 11

(1) Die übernommenen Kleinbahnen können von der Deutschen Wirtschaftskommission, Hauptverwaltung Verkehr, zu Bahnen des allgemeinen Verkehrs erklärt werden. Sie kann auch umgekehrt Bahnen zu Kleinbahnen erklären.

(2) Stillegung, Abbau, Ausbau oder Umlegung von Strecken kann ohne Zustimmung der bisherigen Rechtsträger bzw. Eigentümer der Bahnen erfolgen, wenn das Sekretariat der Deutschen Wirtschaftskommission diese Maßnahmen bestätigt.

Berlin, den 25. März 1949

Handke Mitgl. d. Sekretariats	Kühne Stellv. Leiter d. Hauptverwaltg. Verkehr

der Deutschen Wirtschaftskommission
für die sowjetische Besatzungszone

mals aber unterlassen worden ist. Im Januar 1947 ist in einer Beratung mit der Landesregierung zugesichert worden, daß diese Eisenbahn der Stadt Strausberg als Kommunalbetrieb überlassen werde.
Am 10. Februar 1949 stellte die Deutsche Wirtschaftskommission in einem Vermerk fest, daß sich 101 Bahnen bereits im Eigentum des Staates befinden. Es blieben noch ungefähr 18 (zum Teil demontierte) Bahnen übrig, die im Eigentum von Ländern, Gemeinden oder Aktiengesellschaften standen (z.B. Wenigentaft-Oechsener Eisenbahn im Eigentum der Heinrich Hagemeier GmbH Mansbach). Und: „Die Reichsbahn ist nicht privatrechtlicher Vertragspartner der Bahneigentümer, sondern sie ist öffentlich-rechtliches Verwaltungsorgan der Deutschen Wirtschaftskommission." [49]
In einer Kommissionssitzung am 18. Februar 1949 bestand noch keine Klarheit, ob diese Bahnen den Reichsbahndirektionen zugeteilt werden oder eine selbständige Verwaltung bei der Deutschen Reichsbahn bilden sollten. Das Eigenleben der Privateisenbahnen und Kleinbahnen war in den Anschauungen so verwurzelt, daß es wiederholt zu solchen und ähnlichen Vorschlägen und Zusicherungen von Reichsbahnämtern, Gewerkschaftsleitungen, Verwaltungsräten kam. Am 9. März 1949 faßte das Sekretariat der Deutschen Wirtschaftskommission den denkwürdigen Beschluß S 63/49. [50]
Am 26. März 1949 benachrichtigte die Zentralverwaltung für Verkehr

Erste Ausführungsbestimmungen zur Anordnung, betreffend Übernahme des Betriebes von nichtreichseigenen Eisenbahnen des öffentlichen Verkehrs durch die Deutsche Wirtschaftskommission – Generaldirektion Reichsbahn. Sammlung Rammelt

die Reichsbahndirektionen und teilte ihnen u.a. mit, daß zur Übernahme und Übergabe der Ländereisenbahnen eine gemischte Kommission aus Vertretern der Landesministerien und der Generaldirektion der Deutschen Reichsbahn gebildet werde, die ihre Arbeit bis zum 1. Juni 1949 abschließe. Weiter hieß es:
„5. Ab 1. April 1949 sind alle Länder-Eisenbahndirektionen zu liquidieren und die zu übergebenden Bahnen in operativer und wirtschaftlicher Leitung den bestehenden Rbd'en und der DR zu unterstellen." [51]
Die Generaldirektionen der Länder wurden dem jeweils zuständigen Reichsbahnamt bzw. der jeweiligen Reichsbahndirektion zugewiesen.
Aus den früheren Listen waren herausgenommen und deshalb nicht übernommen worden:

1. Industrie- und Hafenbahn Frankfurt (Oder)
2. Forster Stadteisenbahn
3. Spremberger Stadteisenbahn
4. Schweriner Hafenbahn
5. Zschornewitzer Kleinbahn
6. Thüringerwaldbahn.

Beschriftung an der normalspurigen Lokomotive Nr. 38 der Forster Stadteisenbahn.
Foto G. Meyer

Rangierbetrieb mit der Lokomotive Nr. 38 auf dem Bahnhof Forst, 1965.
Foto Laursen

Als zur Übernahme ungeeignet ließ die Landesregierung Sachsen die Überlandbahn Hohenstein-Ernstthal streichen (obwohl deren Mitarbeiter gern Eisenbahner geworden wären, wie sie am 13. Dezember 1946 dem stellvertretenden Generaldirektor der Deutschen Reichsbahn, Schramm, mitteilten) und überführte sie in das Kommunalwirtschaftsunternehmen der Stadt Glauchau.
Die von der Deutschen Reichsbahn übernommenen Bahnen mußten sich der Struktur der Deutschen Reichsbahn anpassen, was zunächst für die Bahn selbst ohne Bedeutung war. Beispielsweise blieb die Nordhausen-Wernigeroder Eisenbahn in ihrer Gesamtheit beim Rba Halberstadt, später Rba Aschersleben, so daß der Bahnhof Nordhausen zum Rbd-Bezirk Erfurt gehörte, der unmittelbar benachbarte Bf Nordhausen Nord aber zum Rbd-Bezirk Magdeburg.
Die Eisenbahner erhielten gemäß den Bedingungen der Deutschen Reichsbahn neue Arbeitsverträge, von der sie in den meisten Fällen weiterbeschäftigt wurden; die Betriebsleitungen bestanden bis etwa November 1949. Mit Wirkung vom 1. Januar 1950 mußten die Fahrzeuge umgezeichnet werden; Eigentumsmerkmal und von der Deutschen Reichsbahn abweichende Numerierung waren letzte Merkmale der einstigen Eigenständigkeit gewesen. In den öffentlichen Fahrplänen war der Hinweis auf die jeweilige Bahngesellschaft bereits zum Sommer 1949 getilgt worden. Andere Bahnen waren verwaltungsseitig zerrissen worden. Man denke an die ehemalige Ruppiner Eisenbahn A.-G. Die Strecken Kremmen–Neuruppin, Löwenberg–Rheinsberg, Herzberg–Neuruppin unterstanden dem Rba Berlin 6, die Strecken Paulinenaue-Neuruppin, Neustadt (Dosse)–Neuruppin dem Rba Berlin 5, die Strecke Neuruppin–Meyenburg der Rbd Schwerin. Dieser Zustand wurde am 1. Januar 1954 beseitigt, indem man den Rbd-Bezirk Schwerin erweiterte und diese ehemalige Privateisenbahn (außer dem Gemeinschaftsbahnhof Kremmen) in einen Rbd-Bezirk kam. [52]
Nachzutragen ist, daß die am 5.

Oktober 1947 der Generaldirektion der Landesbahnen Provinz Brandenburg unterstellte Neukölln-Mittenwalder Eisenbahn ebenfalls von der Deutschen Reichsbahn übernommen worden ist. Ihr durchgehender Zugbetrieb endete am 25. Oktober 1948 durch Ausbau einer Schiene an der Grenze. Die Züge verkehrten nun zwischen Schönefeld (Krs. Teltow) und Mittenwalde (Mark) Ost. Die Betriebsleitung im amerikanischen Sektor unterhielt den Reiseverkehr von Neukölln Hermannstraße bis zur Rudower Chaussee weiter; heute werden von der Neukölln-Mittenwalder Eisenbahn nur noch Anschlußbahnen bedient. Die britische Militärregierung stellte die Osthavelländische Eisenbahn, soweit sich die Strecke im britischen Sektor befand, am 30. November 1948 gemäß Gesetz 52 unter ihre Kontrolle. Diese 4,498 km lange Bahn betreibt heute Anschlußbahnen von Spandau West bis Bürgerablage.

Bevollmächtigte der Niederbarnimer Eisenbahn A.-G. unterschrieben erst am 28. Juni 1950 einen privatrechtlichen Vertrag mit dem Generaldirektor der Deutschen Reichsbahn:

„§1 Die Bahnen der Niederbarnimer Eisenbahn
a) Industriebahn Tegel–Friedrichsfelde (1945 nicht mehr durchgehend befahren – die Autoren),
b) Berlin-Wilhelmsruh–Liebenwalde,
c) Basdorf–Groß Schönebeck über-übernimmt die Generaldirektion Reichsbahn vom 1. Juli 1950 in Verwaltung und Nutznießung." [53]

Tags darauf wurde der Vertrag so ergänzt, daß die Generaldirektion mit Wirkung vom 15. Juli 1950 den Vororttarif bis Basdorf einführte. Die Aktiengesellschaft der Niederbarnimer Eisenbahn – Sitz in Berlin (West) - blieb bestehen.

Im amerikanischen Sektor von Berlin verbliebene Dampflokomotiven der Neukölln-Mittenwalder Eisenbahn, abgestellt im Jahr 1958 im Bahnhof Teltow Kanal, dem Sitz der Betriebsverwaltung. Sammlung Umlauft

Die Entwicklung in der Bundesrepublik Deutschland und in den neuen Bundesländern

Das Eigentum der Privat- und Kleinbahnen in der Bundesrepublik Deutschland (und in Berlin [West]) wurde vom Staat nicht angetastet. Auch die früher bereits bekannten großen Betriebsgesellschaften blieben bestehen, wie die Deutsche Eisenbahn-Gesellschaft in Frankfurt (Main) – DEG –, die 1990 auf 35 NE-Bahnen die Betriebsführung hatte. Seitdem die Deutsche Bundesbahn durch das 1951 in Kraft getretene Bundesbahngesetz als nicht rechtsfähiges Sondervermögen der Bundesrepublik Deutschland mit eigener Wirtschafts- und Rechnungsführung nach kaufmännischen Grundsätzen behandelt wurde, bezeichnete man die früheren Privat- und Kleinbahnen des öffentlichen Verkehrs in ihrer Gesamtheit als Nebenbahnen nichtbundeseige-

ner Eisenbahn- oder Verkehrsunternehmen, kurz NE-Bahnen.
Am 10. Mai 1950 wurde in Konstanz der Verband Deutscher Nichtbundeseigener Eisenbahnen (VDNE) gegründet. Da später auch Kraftverkehrsbetriebe und Seilbahnen aufgenommen wurden, beschloß der VDNE am 2. Dezember 1965 eine neue Satzung und änderte seinen Namen in „Bundesverband Deutscher Eisenbahnen“ (BDE) mit dem Untertitel „Eisenbahnen des öffentlichen und nichtöffentlichen Verkehrs – Berg- und Seilbahnen – Kraftverkehrsbetriebe“.
Die ersten Jahre waren bei den NE-Bahnen wie in der ganzen Bundesrepublik Deutschland vom Aufbau und von der wirtschaftlichen Stabilisierung geprägt. [190] Etwa von der Mitte der fünfziger Jahre an setzte jedoch eine Verkehrspolitik ein, die den Straßenverkehr und dabei den Individualverkehr bevorzugte. Das bekamen die Nebenbahnen in der Region besonders zu spüren. Zum Beispiel durfte die Bundesregierung von 1956/57 an 10 Jahre lang den NE-Bahnen jährlich bis zu 10 Mill. DM Darlehen gewähren. Die NE-Bahnen erhielten insgesamt nur 81 Mill. DM, die mit Zinsen zurückzuzahlen waren. Für die Deutsche Bundesbahn wurden die Darlehen 1961

Triebwagen T 202 der Bad Eilsener Kleinbahn fuhr nach Bückeburg. Das war ein 1907 für die Preußische Staatsbahn gebauter Personenwagen. (1959)
Foto Milberg

VT 4...

... und VT 5 der Verkehrsbetriebe des Kreises Schleswig in Süderbrarup (1966).

in Zuschüsse umgewandelt. Die Stellung der NE-Bahnen als Träger des schienengebundenen Verkehrs in der Region wurde immer schwächer, obgleich das Brand-Gutachten 1960 den hohen Verkehrswert der NE-Bahnen für die Deutsche Bundesbahn herausstellte.
Der Konkurrenzkampf mit dem Individual- und dem Straßengüterverkehr wurde immer unerbittlicher und für die NE-Bahnen auch dadurch erschwert, daß sie nicht dem Bund, sondern dem jeweiligen Bundesland unterstehen. Die Folgen ließen nicht auf sich warten: die Stilllegung zahlreicher Nebenbahnstrecken, besonders der schmalspurigen, und die umfangreiche Verlagerung besonders des Personenverkehrs von der Schiene auf die Straße. Dieser Strukturwandel vollzog sich schneller als bei der Deutschen Bundesbahn, waren doch die für die auf Individualverkehr setzenden Regional-Verantwortlichen meist gleichzeitig Eigentümer der NE-Bahn, die den „Konflikt" Bahn – Bus–Straße sehr schnell lösen konnten.
Strukturelle Veränderungen waren nun an der Tagesordnung. Sie können hier nur mit einigen Beispielen belegt werden. So wurde 1955 die Hessische Landesbahn als Auffanggesellschaft für die Kleinbahn Gießen–Bieber (die jetzt noch aus einer Autobuslinie besteht) und die

ET 204 der Bad Eilsener Kleinbahn in Bad Eilsen (1964).

Nummer 5 der Extertalbahn in Barntrup...(1964)

...und bei der Stadtdurchfahrt in Rinteln (1964). Fotos Lübbers

Rheinheim-Reichelsheimer Eisenbahn gegründet. Beide Bahnen waren ohnehin 1953 bzw. 1954 in das Eigentum des Landes Hessen übergegangen. Zur Hessischen Landesbahn kamen Anteile der Aktiengesellschaft für Verkehrswesen und Industrie an der Kleinbahn Frankfurt–Königstein, der Kleinbahn Kassel–Naumburg, der Butzbach-Licher Eisenbahn und der Hersfelder Kreisbahn.
Ein Auszug aus der Chronik der Rinteln-Stadthagener Eisenbahn kann als exemplarisch für viele NE-Bahnen gelten:

1949	höchste Zahl der Beförderungsfälle
bis 1958	schrittweise werden Dampflokomotiven durch Diesellokomotiven ersetzt
1952	erster Busverkehr
1961	durch Schließung der Bergwerke Fortfall der Kohlentransporte
1965	Einstellung des Schienenpersonenverkehrs
1991	Aufgabe des Bus-Personenverkehrs. [196]

Die anhaltenden Verluste infolge steigender Kosten im Sach- und Personalbereich sowie die wegen der aus sozial- und strukturpolitischen Gründen stark ermäßigten Tarife im Schüler- und Arbeiterverkehr versuchten die NE-Bahnen durch Ratio-

Sonderzug mit Ellok 22 der Exertalbahn in Rinteln (1966).

V 5 der Söhrebahn in Wellerode Wald (1964).

Triebwagenzug (VS 2.53 + VT) der Eisenbahn Altona–Kaltenkirchen–Neumünster in Ulzburg (1967).
Fotos Lübbers

nalisierung wettzumachen. Dazu gehörten:

- Anwendung vereinfachter zentralisierter Betriebsverfahren
- Vereinfachung der Gleisanlagen
- Einbau selbsttätig wirkender Fahrstraßen-Sicherungselemente
- Einsatz moderner Funksprechanlagen
- Automatisierung der Sicherung der Bahnübergänge
- allgemeine Einführung der Einmannbesetzung
- Einsatz verschleiß- und wartungsarmer sowie verbrauchsgünstiger Triebwagen und Lokomotiven
- Einsatz zeit- und kostensparender Umschlagtechnik
- Einführung automatisierter Fahrscheinverkaufsverfahren.

Dennoch sind jene Unternehmen verlustreich, wo der Schienenpersonenverkehr einen besonders großen Anteil hat. Eine Ausnahme ist lediglich die meterspurige Bayerische Zugspitzbahn.
1988 reichte die Betriebslänge der 110 NE-Bahnen des öffentlichen Verkehrs bis zu 3100 km, und fast 5000 km Gleislänge wurden im Güterverkehr bedient. Darunter sind in Ausdehnung, Bedeutung und technischer Ausstattung höchst unterschiedliche Unternehmen, wie die Osthannoverschen Eisenbahnen, die beispielsweise Fernsteueranla-

V 62 der Eisenbahn Bremen–Thedinghausen in Leeste (1967).
Foto Lübbers

VT 508 der Osthannoverschen Eisenbahnen auf der Strecke Soltau–Lüneburg (1973).
Foto Stefanski

VT 04 + VB 04 der Regentalbahn mit DB-VT und DB-VB 98 in Kötzting (1966).
Foto Lübbers

gen für die Strecke Celle–Hützel besitzt, die Verkehrsbetriebe Peine–Salzgitter oder die Köln-Bonner Eisenbahn, deren Rheinuferbahn bis zur Umstellung auf Stadtbahnbetrieb 1978 die letzte private Hauptbahn in Deutschland war. Die Albtal-Verkehrs-Gesellschaft und die Karlsruher Straßenbahn besitzen moderne Zweisystem-Triebwagen für 750 V Gleichspannung und 15 kV, 16 2/3 Hz Wechselspannung, die sowohl auf den städtischen Straßenbahngleisen als auch auf den Gleisen der Albtalbahn und auf Strecken der Deutschen Bahn AG verkehren.

Einige Bahnen transportieren jährlich einige Millionen Tonnen, kleinere kommen auf ein Aufkommen von 30 000 bis 100 000 t im Jahr. Wieder einige haben fast ausschließlich touristische Bedeutung, wie die Drachenfels-, die Chiemsee- oder die Wendelsteinbahn. Solche, die lediglich als Anschlußbahn eines Werkes dienen, obendrein mit Betriebsführung der Deutschen Bahn (Rhein-Sieg-Kreis-Eisenbahn, Birkenfelder Eisenbahn, Verkehrsbetrieb Lahr), sind von wenigen oder einem Großkunden abhängig. Der Verlust von einigen 1000 t – beispielsweise durch Verlagerung einer Produktionsstätte – kann das Ende der Bahn besiegeln.

Nummer 14 der Tegernseebahn in Schaftlach (1992).
Foto R. Preuß

D 25 der Bentheimer Eisenbahn in Bad Bentheim (1991).
Foto E. Preuß

Triebwagen der Frankfurt-Königsteiner Eisenbahn nach Frankfurt-Höchst in Königstein (Taunus) (1992).
Foto R. Preuß

Tabelle 1.7 Übersicht der NE-Bahnen, Stand 1. Januar 1988 [197]

Land	Anzahl der Eisenbahnen des öffentlichen Verkehrs	des nichtöffentlichen Verkehrs
Baden-Württemberg	22	7
Bayern	9	6
Berlin (West)	3	3
Bremen	2	–
Hamburg	1	1
Hessen	6	3
Niedersachsen	23	10
Nordrhein-Westfalen	28	22
Rheinland-Pfalz	5	5
Saarland	–	1
Schleswig-Holstein	7	2
Gesamt	106	60

Von den NE-Bahnen wurden bis 1988 jährlich 15 Mill. Personen (mit Nahverkehrsbahnen in Ballungsgebieten sogar 90 Mill. Personen) und 120 Mill. Personenkilometer (790 Mill. Personenkilometer) geleistet, im Güterverkehr waren es rund 20 Mill. t (mit Industrie- oder Hafenbahnen des öffentlichen Verkehrs 85 Mill. t) bzw. 250 Mill., (1 Mrd.) Nettotonnenkilometer. Jede vierte im öffentlichen (west-)deutschen Eisen-

Die Gelnhauser Kreiswerke betreiben die Strecke Gelnhausen–Bad Orb (1994).
Foto R. Preuß

Triebwagen 100 der meterspurigen Oberrheinischen Eisenbahn-Gesellschaft in Seckenheim (1992).
Foto R. Preuß

Triebwagenzug der Württembergischen Eisenbahn-Gesellschaft nach Vaihingen Nord in Vaihingen (Enz) (1993).
Foto R. Preuß

bahngüterverkehr transportierte Tonne rollte auch über die Gleise von NE-Bahnen. Züge der NE-Bahnen fuhren und fahren auf den Gleisen der Deutschen Bundesbahn bzw. Deutschen Bahn AG, wie die Kassel-Naumburger Eisenbahn in den Rangierbahnhof von Kassel. Den Aktionsradius werden die NE-Bahnen nach dem 1. Januar 1996 ausdehnen, wenn der Zugang zum Netz der Deutschen Bahn tatsächlich diskriminierungsfrei ist. Andererseits erstrecken sich einige Zug- oder Kurswagenläufe der Deutschen Bahn bis zu den Endpunkten der NE-Bahnen. So gibt es Kurswagen von FD- bzw. IC-Zügen von Dortmund nach Lenggries oder von Berlin nach Dagebüll Mole.

1988 wurden die Unternehmen der NE-Bahnen des öffentlichen Verkehrs und ihrer regionalen Kraftverkehrsbetriebe zu rund 81 Prozent in Form von handelsrechtlichen Gesellschaften betrieben und zu rund 15 Prozent als Eigenbetriebe geführt. Das Stamm-, Grund- bzw. Eigenkapital befindet sich zu 90 Prozent in öffentlicher Hand (Bund 6 Prozent, Bundesländer 16 Prozent, Kreise/Städte/Gemeinden über 65 Prozent, privat 10 Prozent).

Primär aus wirtschaftlichen Gründen – vorgeblich einer Qualitätsverbesserung des öffentlichen Personennahverkehrs (ÖPNV) – wird die stärkere Rolle des ÖPNV ins Spiel gebracht. Ausgangpunkt der Regionalisierung des ÖPNV vom 1. Januar 1996 an war die unklare Zuständigkeit für Organisation und Finanzierung. Lieblingsspruch der Politiker war und ist, der ÖPNV sei am besten „vor Ort" zu organisieren. Im Herbst 1989 forderte die Bundesregierung in ihrem Bericht über den ÖPNV vor dem Deutschen Bundestag, die Länder sollten diese Fragen klären. Die Regierung setzte eine Arbeitsgruppe ein, die im August 1991 eine Reihe von Veränderungen vorschlug. Sie hier aufzuführen, sprengt den Rahmen dieses Buches. Sie sind in [192] nachzulesen.

Obwohl die Übergabe von Strecken der Deutschen Bundesbahn an NE-Bahnen weder den Vorstellungen der Länder noch den Grundsätzen der Regionalisierung des ÖPNV entspricht, kam es zu solch einem Vorgriff. Am 5. November 1991 wurde die erste Vereinbarung zur Übertragung von über 150 km DB-Strecke im „Nassen Dreieck" an die Eisenbahnen und Verkehrsbetriebe Elbe-Weser (EVB) unterzeichnet. 1992 kam der Übergang der DB-Strecken Düren–Heimbach und Düren– Jülich an die Dürener Kreisbahn. Andererseits gibt die Deutsche Bahn ihre letzte, aber profitable ex-DB-Schmalspurbahn auf der Insel Wangerooge nicht auf. Sie blieb mit dem Schiffsbetrieb im Geschäftsbereich Personenfernverkehr der DB AG.

Die Karlsruher Verkehrsbetriebe und die Albtalbahn GmbH nutzen seit dem Sommerfahrplan 1992 die DB-Strecke Karlsruhe–Pforzheim. Die Regental Bahnbetriebs GmbH und die Eisenbahn AG Altona–Kaltenkirchen–Neumünster (seit 1994 AKN Eisenbahn AG) übernahmen am 24. Mai 1993 die Zugförderung im Auftrag der Deutschen Bundesbahn auf 156,7 km Strecke. Eigens, um anstelle des Busverkehrs auf der DB-Strecke Ravensburg–Friedrichshafen Nahverkehrszüge einzusetzen, gründeten der Kreis Ravensburg und die Stadt Friedrichshafen die Bodensee-Oberschwaben-Bahn, deren Betrieb die Hohenzollerische Landesbahn führt.

Bis zum Manuskriptschluß dieses Buches zeichneten sich in den einzelnen Bundesländern für den ÖPNV drei Modelle ab, die, gleichwohl ob der Schienennahverkehr dem Land oder der Kommune untersteht, die NE-Bahnen in den „Nahverkehr aus einer Hand" einbeziehen. Die Eigen-

Die Bayerische Zugspitzbahn – hier Triebwagen 11 in Garmisch-Partenkirchen (1990) – ist die einzige rentable NE-Bahn.
Foto E. Preuß

An der Strecke Osterholz-Scharmbeck–Bremervörde (Eisenbahnen und Verkehrsbetriebe Elbe-Weser) liegt das vorbildlich restaurierte Jugendstil-Empfangsgebäude von Worpswede, das der Maler Heinrich Vogeler entworfen hatte. Die Wartesäle 2. und 3. Klasse sind ein Nobelrestaurant und die Fahrkartenausgabe eine Weinhandlung (1991).
Foto E. Preuß

tumsverhältnisse werden grundsätzlich nicht angetastet, wenn es aus wirtschaftlichen Gründen auch weiterhin Veränderungen geben wird. So fusionierten am 1. Januar 1993 die Hümmlinger Kreisbahn und die Meppen-Haselünner Eisenbahn zur Emsländischen Eisenbahn, ließen sich die Verkehrsbetriebe des Kreises Schleswig-Flensburg von der Betriebspflicht für die Strecke Süderbrarup–Kappeln entbinden. Stattdessen wollen die „Freunde des Schienenverkehrs Flensburg" den Verkehr dort weiterführen und ihn bis Flensburg ausdehnen. 1993 kam es zur Einstellung des Zugverkehrs auf 104,8 km Strecke. Die Trossinger Eisenbahn, deren Fehlbeträge aus Überschüssen der Stadtwerke gedeckt wurden, soll bis 1997 stillgelegt werden. Die Hersfelder Eisenbahn kann ihre Strecken nicht sanieren und stellte den Zugverkehr am 31. Dezember 1993 ein. Ihre besondere Funktion, Kali unter Umgehung der DR-Strecken abzutransportieren, hatte sich mit der Einheit Deutschlands erübrigt. Demnächst wird die Rinteln-Stadthagener Eisenbahn stillgelegt, weil sie 1993 mit einem Verlust von 280 000 DM abgeschlossen hatte und weitere Fehlbeträge zu erwarten seien. Dabei hätte gerade sie, wenn das Verkehrspolitik wäre, in ein Regionalverkehrskonzept von Hannover eingebunden werden können.
Andererseits übernehmen immer mehr Museumsbahnen den Regionalverkehr, zumindest während der Sommersaison und an Wochenenden. Als NE-Bahnen des öffentlichen (Personen-) Verkehrs konzessioniert und/oder betrieben werden u. a. die meterspurige Selfkantbahn (1000 mm Spurweite) Gillrath–Schierwaldenrath und die normalspurige Wutachtalbahn Weizen-Zollhaus– Blumenberg, die Dampfbahn Fränkische Schweiz Ebermannstadt–Behringermühle, die Museumsbahn Merzig–Neunkirchen sowie Museumsbahnen im Donau-Ries.
Nach der Wiedervereinigung bildeten sich in den neuen Bundesländern ebenfalls Bahnen, die nicht zum Eigentum der Deutschen Reichsbahn und damit nicht zum Sondervermögen der Bundesrepublik Deutschland gehörten. Am 19. März 1992 verselbständigte sich die Anschlußbahn des Automobilwerkes Eisenach und nannte sich

NVAG-Zug von Dagebüll Mole in Niebüll mit Kurswagen für den InterCity Westerland–Dresden (1994).
Foto E. Preuß

Hörseltalbahn, die am 15. Januar 1993 zu einer NE-Bahn des öffentlichen Güterverkehrs aufrückte. Aus der Anschlußbahn des VEB Zementwerke Karsdorf bzw. der Karsdorfer Zement GmbH ging im Oktober 1992 die Karsdorfer Eisenbahngesellschaft hervor, die zunächst nur dem Werkverkehr dient, mit aufgearbeiteten Triebwagen der AKN-Eisenbahn aber den öffentlichen Personenverkehr auf den Strecken Naumburg (Saale) Hbf–Artern und Laucha (Unstrut)–Lossa (Finne) übernehmen möchte.

An die Stelle der DR-Strecke Oschatz–Kemmlitz trat am 10. März 1993 die von einem kommunalen Zweckverband des Landkreises Oschatz und dem Fahrgastverband PRO BAHN gegründete Döllnitzbahn. Am 1. Februar 1993 gingen die ehemalige Nordhausen-Wernigeroder und die Gernrode-Harzgeroder Eisenbahn von der Deutschen Reichsbahn auf die Harzer Schmalspurbahnen über. Die Deutsche Bahn AG möchte ihre sämtlichen Schmalspurstrecken noch vor dem 1. Januar 1996 regionalisieren, wobei bis zum Manuskriptschluß dieses Buches über die geeignete Form (Eigentumsübergang an die Landkreise mit eigener Betriebsführung oder Betriebsführung durch die DB AG oder Betriebsgesellschaften) verhandelt wurde.

Die drei Modelle für die künftige Gestaltung des ÖPNV lauten:

Modell A

Der gesamte ÖPNV wird in den Kreisen und kreisfreien Städten, den überörtlichen kommunalen Zusammenschlüssen (zum Beispiel Zweckverbänden) und/oder den kreisangehörigen Gemeinden mit eigenem Verkehrsbetrieb übertragen. Eine solche Lösung ist nur dort zweck-

Tabelle 1.8 Die Nichtbundeseigenen Eisenbahnen einschließlich Berlin (West) Stand 1. Januar 1994

Name[1]	Spurweite mm	Eigentumslänge km	Güter- bzw. Personenverkehr
a) Berlin			
Neukölln-Mittenwalder Eisenbahn (NME)	1435	17,2	G
Osthavelländische Eisenbahn Berlin–Spandau	1435	14,5	G
b) Hamburg und Schleswig-Holstein			
AKN Eisenbahn[2]	1435	115,2	G, P
Hafen- und Verkehrsbetriebe der Landeshauptstadt Kiel	1435	22,45	G
Nordfriesische Verkehrsbetriebe	1435	16,8	G, P
Verkehrsbetriebe Kreis Plön	1435	20,5	G, P
Verkehrsbetriebe des Kreises Schleswig-Flens-burg	1435	14,6	G
Uetersener Eisenbahn	1435	4,1	G
c) Bremen			
Bremische Hafeneisenbahn	1435	51,7	G
Farge-Vegesacker Eisenbahn	1435	10,4	G
d) Niedersachsen			
Ankum-Bersenbrücker Eisenbahn	1435	5,3	G
Bentheimer Eisenbahn	1435	72,5	G
Borkumer Kleinbahn und Dampfschiffahrt	900	7,3	P
Bremisch-Hannoversche Eisenbahn	1435	26,2	G
Bruchhausen-Vilsen–Asendorf	1000	7,8	P
Delmenhorst-Harpstedter Eisenbahn	1435	22,6	G
Eisenbahnen und Verkehrsbetriebe Elbe-Weser	1435	86,2	G, P
Emsländische Eisenbahn	1435	77	G
Extertalbahn	1435	23,3	G
Verkehrsbetriebe Grafschaft Hoya	1435	37	G
Ilmebahn	1435	13,1	G
Schiffahrt der Inselgemeinde Langeoog	1000	4,5	G, P
Lüchow-Schmarsauer Eisenbahn	1435	0,8	G
Verkehrsgesellschaft des Landkreises Osnabrück[3]	1435	46,9	G
Osthannoversche Eisenbahnen	1435	336,4	G
Verkehrsbetriebe Peine-Salzgitter[4]	1435	69,4	G
Rinteln-Stadthagener Eisenbahn	1435	20,4	G
Steinhuder Meer-Bahn	1435	5,9	G
Verden-Walsroder Eisenbahn	1435	24,9	G
Vorwohle-Emmerthaler Verkehrsbetriebe	1435	31,8	G
e) Nordrhein-Westfalen			
Ahaus-Alstätter Eisenbahn	1435	9,3	G
Bergbahnen im Siebengebirge	1000	1,5	P
Industriebahn Beuel	1435	4,7	G
Dortmunder Eisenbahn	1435	17,7	G
Dürener Kreisbahn	1435	15,2	G, P
Kreiswerke Heinsberg	1435	0,5	G
Industriebahn Kaldenkirchen	1435	10,7	G
Kölner Verkehrsbetriebe	1435	79,7	P
Häfen und Güterverkehr Köln	1435	35,4	G
Eisenbahn Köln-Mülheim–Leverkusen	1435	18,6	G
Städtische Eisenbahn Krefeld	1435	23,6	G
Krefelder Verkehrs-AG	1435	17,2	G

Name[1]	Spurweite mm	Eigentumslänge km	Güter- bzw. Personenverkehr
Märkische Eisenbahngesellschaft	1435	1,1	G
Mindener Kreisbahnen	1435	57,1	G
Bahnen der Stadt Monheim	1435	9,5	G
Regionalverkehr Münsterland	1435	48,1	G
Neusser Eisenbahn	1435	19,6	G
Niederrheinische Verkehrsbetriebe	1435	35,8	G
Rhein-Sieg-Kreis-Eisenbahn	1435	15,2	G
Siegener Kreisbahn	1435	29,1	G
Teutoburger Wald-Eisenbahn	1435	103,2	G
Wanne-Bochum-Herner Eisenbahn	1435	12,4	G
Werne-Bockum-Höveler Eisenbahn	1435	12	G
Westfälische Verkehrsgesellschaft[5]	1435	93,4	G
Westfälische Landes-Eisenbahn	1435	140,2	G
Industriebahn der Stadt Zülpich	1435	4,5	G
f) Hessen			
Butzbach-Licher Eisenbahn	1435	24,5	G
Frankfurt-Königsteiner Eisenbahn	1435	16,1	P
Groß Bieberau-Reinheimer Eisenbahn	1435	3,7	G
Kreiswerke Gelnhausen	1435	6,5	G, P
Hersfelder Eisenbahn-Gesellschaft	1435	26,1	G, P
Kassel-Naumburger Eisenbahn	1435	32,6	G
Verkehrsverbund Hochtaunus	1435	28	P
g) Rheinland-Pfalz			
Birkenfelder Eisenbahn	1435	5,3	G
Brohltal-Eisenbahn	1000	19,6	G, P
Moselbahn	1435	4,6	G
Rhein-Haardt-Bahn	1000	16,4	P
Westerwaldbahn	1435	21,6	G
h) Baden-Württemberg			
Albtal-Verkehrs-Gesellschaft	1435	46,3	G, P
Bodensee-Oberschwaben-Bahn			P
Oberrheinische Eisenbahn-Gesellschaft	1000	58,8	P
Hohenzollerische Landesbahn	1435	107,4	G, P
Südwestdeutsche Verkehrs-AG[6]	750	39,2	
	1435	160,6	G, P
Trossinger Eisenbahn	1435	4	G, P
Bahngesellschaft Waldhof	1435	4,5	G
Württembergische Eisenbahn-Gesellschaft[7]	1435	97,7	G, P
i) Bayern			
Augsburger Localbahn	1435	26,1	G
Bayerische Zugspitzbahn	1000	19,7	G, P
Chiemseebahn	1000	1,7	P
Hafenbahn Aschaffenburg und Regensburg	1435	7,7	G
Regentalbahn	1435	60,7	G, P
Tegernseebahn	1435	12,4	G, P
Wendelsteinbahn	1000	7,7	G, P
Würzburger Hafenbahn	1435		G

mäßig, wo sich geeignete Strukturen gebildet haben, zum Beispiel Zweckverbände. Nordrhein-Westfalen, Rheinland-Pfalz und Hessen neigen diesem Modell zu, dessen Nachteil ist, daß viele kommunale Körperschaften die Angebote koordinieren müssen und im Schienenverkehr die Sicherung der notwendigen Trassenslots schwierig wird. Da Einzelbesteller beim Kauf der DB-Trassen den Rabattvorteil eines Großabnehmers nicht nutzen können, wollte Nordrhein-Westfalen, das dieses Modell einführt, einen „federführenden Verband" zum alleinigen Besteller bei der Deutschen Bahn bestimmen.

Modell B
Der Schienenpersonennahverkehr wird auf Landesebene (etwa als GmbH), der „übrige ÖPNV" auf kommunaler Ebene organisiert. Vorgesehen ist diese Form in Bayern, Thüringen und Sachsen-Anhalt. Hier entsteht eine Art von Landeseisenbahnen, doch der ÖPNV liegt nicht in einer Hand. Wird eine Eisenbahnstrecke stillgelegt, bleiben die Finanzmittel nicht in der jeweiligen

Fußnoten zur Tabelle:
1 ohne die Zusätze AG, GmbH usw.
2 bis 31.12.1993 Eisenbahn-Aktiengesellschaft Altona-Kaltenkirchen-Neumünster
3 zusammengeschlossen aus der Ankum-Bersenbrücker Eisenbahn, der Georgsmarienhütten-Eisenbahn und der Wittlager Kreisbahn (Umfirmierung)
4 1971 zusammengeschlossen aus der Peine-Ilseder Eisenbahn, der Kleinbahn Groß Ilsede–Broistedt und der Salzgitter Eisenbahn
5 hervorgegangen aus der Kleinbahn Neheim-Hüsten–Sundern, dem Regionalverkehr Ruhr-Lippe und der Tecklenburger Nordbahn
6 aus den Mittelbadischen Eisenbahnen und der Südwestdeutschen Eisenbahn fusioniert, Möckmühl–Dörzbach (750 mm) zur Zeit keine Verkehrsbedienung
7 Gruppe von Bahnen, u.a. aus der Württembergischen Nebenbahnen GmbH hervorgegangen, Jagsttalbahn zur Zeit keine Verkehrsbedienung

Auf einigen NE-Bahnen fahren Museumsfahrzeuge, wie dieser WUMAG-Triebwagen in Bremervörde (1994), die wegen der hohen Sicherheitsansprüche auf DB-Strecken nicht verkehren dürfen.
Foto E. Preuß

Region, sondern kommen dem Bundesland zugute, so daß kaum Interesse an Streckenstillegungen bestehen dürfte. Der Verband Deutscher Verkehrsunternehmen forderte, derartige Landeslösungen, wie sie sich in Bayern abzeichnen, mit der Maßgabe zu befristen, regionale Kooperationsräume aufzubauen.

Modell C
Außerdem wurde ein Modell vorgesehen, dem Niedersachsen zuneigte. Bei ihm wird der überregionale Schienennahverkehr dem Land oder einer landesweiten Gesellschaft übertragen, der regionale bzw. lokale Schienennahverkehr sowie der „übrige ÖPNV" auf die Kreise und Städte.

Zu diesen Modellen und zur Regionalisierung des ÖPNV gibt es auch kritische Stimmen, die darauf hinweisen, daß Kommunalpolitik immer auch Kirchturmpolitik ist und der Zusammenhang zwischen Fern- und Regionalverkehr verlorengeht. Eine Errungenschaft früherer Jahre, daß man beispielsweise unabhängig von den Eigentumsformen der Bahn Fahrausweise durchgehend lösen und Gut durchgehend abfertigen konnte, scheint trotz der Dementi der Deutschen Bahn verlorenzugehen. Bereits 1993 war es nicht mehr möglich, bei der Deutschen Bundesbahn oder der Deutschen Reichsbahn Fahrausweise zu Bahnhöfen der Harzer Schmalspurbahn zu lösen. 1994 hob die Deutsche Bahn die durchgehende Abfertigung zu ihren – noch – eigenen Strecken Putbus–Göhren und Bad Doberan–Ostseebad Kühlungsborn West auf.
In den neuen Bundesländern vollzog sich inzwischen ein schleichender Übergang zu Bahnen, die weder Sondervermögen des Bundes sind noch zur Deutschen Bahn AG gehören. 1994 verhandelten Deutsche Bahn AG und Land Thüringen über die Abgabe der wenig benutzten Strecken und teilweise ehemals Privat- oder Kleinbahnen Schmalkalden–Kleinschmalkalden, Bufleben–Friedrichswerth, Dingelstädt–Birkungen und Ilmenau–Großbreitenbach an das Land Thüringen. Der von den fünf Vogtlandkreisen Plauen, Auerbach, Reichenbach, Oelsnitz und Klingenthal gegründete Zweckverband Nahverkehr will von der Deutschen Bahn AG die Nebenbahnen Herlasgrün–Falkenstein–Klingenthal sowie Zwickau–Falkenstein–Adorf übernehmen. Das soll eines von fünf Pilotprojekten zur Regionalisierung des Nahverkehrs in Sachsen sein. Mitte 1995 wurde die Usedomer Bäderbahn, eine hundertprozentige Tochter der Deutschen Bahn, gegründet, die den Betrieb

Einer der neun von der AKN gekauften und modernisierten Triebwagen in Karsdorf (1994). Foto E. Preuß

Die modernisierten DR-Leichttriebwagen – hier in Zinnowitz (1993) – sind der Fahrzeug-Grundstock der Usedomer Bäderbahn.
Foto E. Preuß

auf den Strecken Wolgaster Fähre–Ahlbeck, Zinnowitz–Peenemünde und nach Eröffnung der Brücke über die Peene von Wolgaster Fähre bis Züssow führt.
Die bestehenden Privatbahnen mit Sitz im Westteil von Berlin haben ihr Wirkungsfeld verstärkt. So ist die Neukölln-Mittenwalder Eisenbahn in den Mülltransport zur Deponie Schöneiche einbezogen, allerdings nicht auf ihrer Strecke, da diese von der Stadtgrenze bis Mittenwalde Ost nicht mehr besteht. Auf dem NME-Bahnhof Teltowkanal werden die Müllcontainer vom Lkw auf Eisenbahnwagen umgeschlagen und über die DB AG-Strecke Lichtenrade – Mahlow–Zossen versandt. Die Niederbarnimer Eisenbahn beschaffte 20 Zweiseitenkippwagen und transportiert Kies und Splitt auf DB AG-Strecken von Straßgräbchen-Bernsdorf nach Bernau bzw. über ihre Strecke nach Wandlitz. Sie wird ihren 1950 abgetretenen Fahrweg vollständig von der Deutschen Bahn übernehmen und ihn für Betreiber des Zugverkehrs öffnen. Auch die von der DR abgetragene bzw. vernachlässigte Strecke Berlin-Wilhelmsruh–Schönwalde wird wieder aufgebaut und teilweise für 100 km/h eingerichtet. Im Zusammenhang mit der Regionalisierung des ÖPNV und der sinnvolleren Nutzung des bestehenden Schienennetzes gibt es Studien und Projekte, die zur Bildung weiterer Eisenbahnunternehmen führen könnten, etwa im Raum Dessau/Wörlitz oder Salzwedel.
Deshalb bleibt die Geschichte der Privat- und Kleinbahnen und der aus ihnen hervorgegangenen NE-Bahnen bewegt, abgesehen davon, daß Deutsche Bundesbahn und Deutsche Reichsbahn zum 1. Januar 1994 aus dem Sondervermögen der Bundesrepublik Deutschland in eine Aktiengesellschaft übergingen, die aber noch voll in der Hand des Bundes geblieben ist.

Die Harzer Schmalspurbahnen änderten das Eigentumsmerkmal, vorerst aber nicht die Betriebsnummern der Deutschen Reichsbahn. 99 7239 in Wernigerode (1993).
Foto E. Preuß

2 Finanzierung und Organisationsformen

Allgemeine Finanzierungsfragen

Kaum jemand hatte nach den Verstaatlichungen der großen Privatbahnen in den siebziger und achtziger Jahren, also zu einem Zeitpunkt, als der Ausbau des Eisenbahnnetzes mit gewinnbringenden Bahnen im großen und ganzen abgeschlossen war, den Drang, Eisenbahnbauten durch Privatkapital zu finanzieren. An den Bahnen III. Ordnung bestand bei den Privatunternehmern ebenfalls wenig Interesse, da es sich gezeigt hatte, daß die nach dem Gesetz vom 12. Juni 1878 (die Eisenbahnen untergeordneter Bedeutung betreffend) errichteten Linien wegen der viel zu kostenaufwendigen Hauptbahnnormen nicht rentabel arbeiten konnten. Außerdem waren die Bahnen in ihrer Verwaltung für die bevorstehenden bescheidenen Aufgaben zu schwerfällig. Trotzdem kam es in den kleineren deutschen Ländern zum Bau von Privatbahnen, so z. B. in thüringischen und mecklenburgischen Staaten, vereinzelt auch in Preußen. Eine andere Möglichkeit, regionale Verkehrsverbindungen zu errichten, war mit der Reichsgewerbeordnung vom 21. Juni 1869 gegeben. Allerdings hatten die nach diesem Gesetz erbauten Bahnen keinen Anspruch, als Eisenbahnen anerkannt zu werden. Sie unterstanden lediglich der Aufsicht der Ortspolizei und wurden von der Staatseisenbahn nicht anerkannt.
Mit dem Inkrafttreten des Kleinbahngesetzes war für den Bau von Eisenbahnen untergeordneter Bedeutung in Preußen jedoch eine neue Rechtsgrundlage geschaffen, die auch die Finanzierungsfrage für den Bau von nebenbahnähnlichen Kleinbahnen und von Straßenbahnen belebte. Das preußische Ministerium der öffentlichen Arbeiten hoffte bei dem Ausbau des unbedingt erforderlichen Nahverkehrsnetzes auf die Bildung von Kapitalgemeinschaften, bestehend aus Zunächstbeteiligten, privaten Kapitalgebern und Kommunalverbänden. Die in den ersten Jahren gebauten Kleinbahnstrecken galten von vornherein als rentabel, so daß teilweise die geplante Rechnung aufging. Bei den Straßenbahnen war eine positive Verzinsung des Anlagekapitals und somit eine Gewinnausschüttung abzusehen, da sie einen bereits vorhandenen Verkehr durch verbesserte Beförderungsmöglichkeiten an sich zogen und durch die zeitliche Verkürzung der Entfernungen eine weitere Ausdehnung des Stadtgebietes ermöglichten. Dadurch war ein Verkehrszuwachs zu erwarten.
Es ist also verständlich, daß sich für diese Form der Kleinbahnen genügend finanzkräftige Geldgeber fanden. Die nebenbahnähnlichen Kleinbahnen dagegen bauten ihren Verkehr nicht auf bereits vorhandenen Strukturen auf, sondern sollten in erster Linie fördernd auf die landwirtschaftliche und gewerbliche Produktion einwirken und im Ergebnis dieser Veränderung ihren Verkehr steigern. Die Amortisationszeit dieser Kleinbahnen war über einen längeren Zeitraum anzusetzen. Die Unternehmungen benötigten deshalb in den meisten Fällen langfristige, aus den wachsenden Betriebsüberschüssen rückzahlbare Kredite oder Darlehen. Für diese Kreditformen fanden sich nur schwer private Kapitalgeber. Mit dem Eisenbahnpfandgesetz vom 19. August 1895 wurde die privatrechtliche Stellung der Kleinbahnen fixiert. Danach war die Möglichkeit geschaffen, eine Kleinbahn als eine Gesamtheit auf gesetzlicher Grundlage zu verpfänden. Die Preußische Pfandbriefbank nahm auf der Grundlage dieser Regelung die Finanzierung von Kleinbahnen in ihr Geschäftsprogramm auf. Bis zum Jahr 1900 hatte die Bank bei einer Gesamtaufwendung von 5,6 Mill. Mark unter anderen folgende Kleinbahnen beliehen:

- Provinz Brandenburg
  Rixdorf–Mittenwalde mit 830 000 Mark
- Provinz Sachsen
  Aschersleben–Schneidlingen–Nienhagener Kleinbahn mit 175 000 Mark
  Clötze–Wernstädt mit 480 000 Mark
  Salzwedel–Dülseburg mit 190 000 Mark.

Die Preußische Pfandbrief-Bank unterschied drei Arten zur Gewährung von Kleinbahndarlehen:

Eröffnungszug der Weimar-Rastenberger Eisenbahn am 26. Juni 1887 im Bahnhof Weimar Sekundär Bahnhof – später Weimar Nord. Sammlung Rammelt

1. Ohne Verpfändung der Bahn in Höhe des Kapitals, für das durch eine Körperschaft des öffentlichen Rechts die volle Gewährleistung übernommen wurde.
2. Gegen Verpfändung der Bahn bis zu Hälfte der Herstellungskosten, die in Gegenden mit regelmäßig steigender Bevölkerungszahl und mit entwickelten Wirtschaftsverhältnissen bis zu drei Fünftel der Herstellungskosten betrug.
3. Gegen Verpfändung der Bahn bei hinzutretender Gewährleistung seitens einer deutschen Körperschaft des öffentlichen Rechts bis zur Hälfte der Herstellungskosten zuzüglich desjenigen Teilbetrages, für den die Gewährleistung durch eine solche Körperschaft übernommen wurde.

Die Kleinbahnen mußten die in dieser Form gewährten Darlehen mit Beginn einer vorher festgesetzten Amortisationszeit jährlich mit einem bestimmten Betrag zurückzahlen. Der Beginn der Amortisationszahlungen konnte sich je nach Vereinbarung bis zu 10 Jahren hinauszögern. Die Amortisation betrug 0,5 Prozent der Darlehenssumme. Natürlich hatte sich die Bank verschiedene Rechte eingeräumt, die ihr eine nach dreimonatiger Frist angekündigte Rückzahlung zusicherte. Gründe für ein derartiges Verhalten sah die Bank z.B. in einem über 3 Jahre anhaltenden Verlustgeschäft einer Kleinbahn oder im nicht eingehaltenen Baubeginn oder in der nicht vereinbarten Bauausführung. Eine sofortige Rückzahlung war bei Ablauf der Genehmigung zum Betrieb einer Bahn bzw. dem Konkursgang des Schuldners fällig. Auch bei Zwangsversteigerung oder Zwangsverwaltung der Bahn zog die Bank ihr Restkapital aus dem Unternehmen zurück.

Neben der Preußischen Pfandbrief-Bank haben auch Gemeinden und Kreise von dem Gesetz über das Pfandrecht an Privateisenbahnen und Kleinbahnen Gebrauch gemacht. Die Provinz Hannover hatte z.B. der Kleinbahn Voldagsen–Duingen ein Darlehen in Höhe von 800 000 Mark gegen die Garantie des Kreises Hameln gewährt. [54] Bereits nach der Vorlage des ersten Entwurfes des Gesetzes wurde durch den Minister der öffentlichen Arbeiten von Thielen und den Ju-

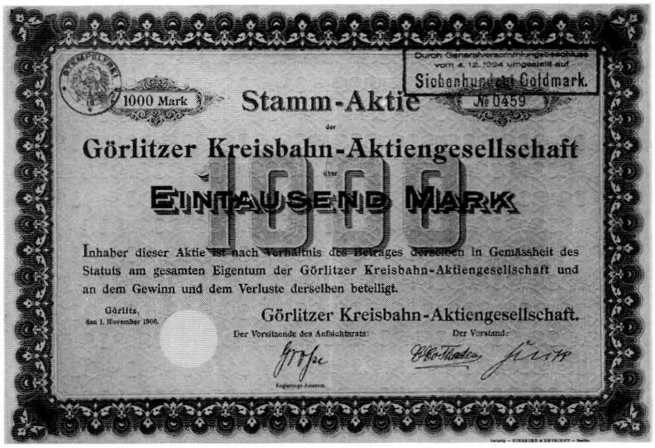

Stamm-Aktie der Görlitzer Kreisbahn über 1000 Mark, laut Beschluß der Generalversammlung vom 4. Dezember 1924 auf 700 Goldmark umgestellt.
Sammlung Rammelt

Anzeige der Preußischen Pfandbrief-Bank.
Staatsarchiv Weimar, Außenstelle Gotha

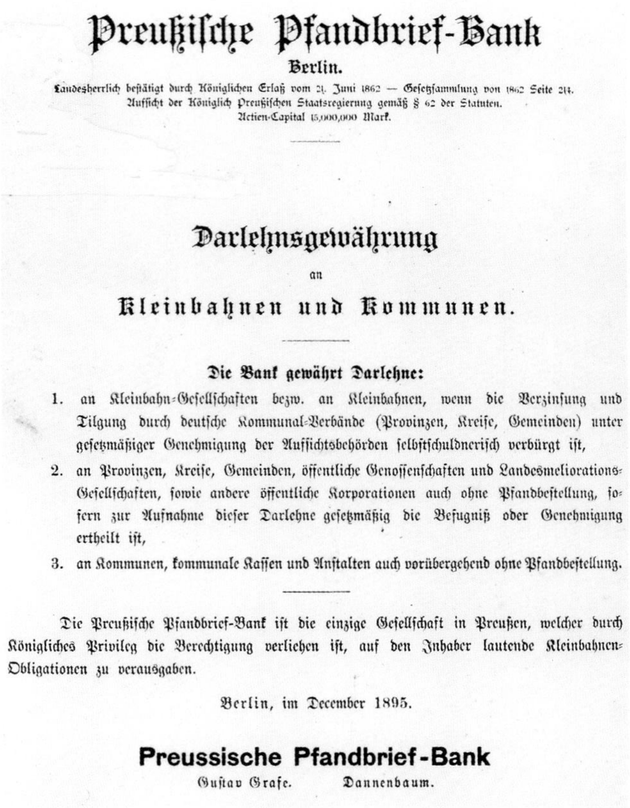

Preußische Pfandbrief-Bank

Berlin.

Landesherrlich bestätigt durch Königlichen Erlaß vom 21. Juni 1862 — Gesetzsammlung von 1862 Seite 214.
Aufsicht der Königlich Preußischen Staatsregierung gemäß § 62 der Statuten.
Actien-Capital 15,000,000 Mark.

Darlehnsgewährung

an

Kleinbahnen und Kommunen.

Die Bank gewährt Darlehne:

1. an Kleinbahn-Gesellschaften bezw. an Kleinbahnen, wenn die Verzinsung und Tilgung durch deutsche Kommunal-Verbände (Provinzen, Kreise, Gemeinden) unter gesetzmäßiger Genehmigung der Aufsichtsbehörden selbstschuldnerisch verbürgt ist,
2. an Provinzen, Kreise, Gemeinden, öffentliche Genossenschaften und Landesmeliorations-Gesellschaften, sowie andere öffentliche Korporationen auch ohne Pfandbestellung, sofern zur Aufnahme dieser Darlehne gesetzmäßig die Befugniß oder Genehmigung ertheilt ist,
3. an Kommunen, kommunale Kassen und Anstalten auch vorübergehend ohne Pfandbestellung.

Die Preußische Pfandbrief-Bank ist die einzige Gesellschaft in Preußen, welcher durch Königliches Privileg die Berechtigung verliehen ist, auf den Inhaber lautende Kleinbahnen-Obligationen zu verausgaben.

Berlin, im December 1895.

Preussische Pfandbrief-Bank

Gustav Grafe. Dannenbaum.

stizminister Schönstedt eine Erweiterung dahingehend eingebracht, daß schon bei dem Bau einer Kleinbahn, also nach Anlage eines Grundbuchblattes, eine Hypothek gewährt werden konnte. Damit wurden finanzielle Schwierigkeiten in der Bauphase überwunden.[55]

Die Abgeordneten entsprachen diesen Wünschen und begrüßten die Aufbringung der erforderlichen Gelder in Form von Hypotheken für solche Bahnen. Das Gesetz wurde am 19. August 1895 von den beiden Häusern des Landtags verabschiedet und trat am 1. Oktober 1895 in Kraft.

In der Folgezeit unterschied die Kleinbahnstatistik bei der Finanzierung einer Bahn nach folgenden Gruppen: Staat, Provinz, Kreis, Zunächstbeteiligte und in sonstiger Weise. Im unterschiedlichen Zusammenwirken dieser Gruppen bildeten sich Kapitalgemeinschaften in Form von Aktiengesellschaften (A.-G.), Gesellschaften mit beschränkter Haftung (GmbH) oder, bei reinen Gemeindeunternehmungen, Kreisbahnen.

Die ersten drei Gruppen waren für den nicht eingeweihten Betrachter durchschaubar. Unklarheiten traten bei den Gruppen „Zunächstbeteiligte" und „in sonstiger Weise" auf. Bei den „Zunächstbeteiligten" waren neben dem privaten Kapital der anliegenden, vom Bahnbau unmittelbar profitierenden Grundbesitzer und Industriellen auch gesellschaftliche Einlagen der Städte und Gemeinden sowie staatliche Gelder aus dem Forst- und Domänenfiskus enthalten. Diese Kapitalien konnten als Aktienbeteiligung, aber auch als zeitlich befristete Darlehen oder Anleihen enthalten sein.

Betrachtet man die Kapitalbeteiligung dieser Rubrik bis etwa 1920, so schwankten sie zwischen 10 und 15 Prozent vom Gesamtkapital.

In der zweiten, nicht klar definierten Gruppe „in sonstiger Weise" waren die Aufwendungen der nicht unmittelbar interessierten Kapitalgeber enthalten. Dazu zählten neben den Einlagen der Bau- und Betriebsunternehmer die bei Privatleuten aufgenommenen Darlehen bzw. Anleihen oder deren Aktienbeteiligung. Darlehen und Anleihen konnten allerdings auch von der öffentlichen Hand kommen. Außerdem waren in dieser Gruppe die aufgewendeten Erwerbskapitalien von Privatunternehmungen aufgeführt.

Zu einer reinen Privatunternehmung ist die im Regierungsbezirk Potsdam gelegene Industriebahn des Rittergutes Rödersdorf zu rechnen. Für diese 12,5 km lange, 1872 eröffnete Bahn wurden die gesamten Ausführungskosten in Höhe von 360 000 Mark vom dortigen Gutsbesitzer aufgebracht. Diese Zusammenstellung der Finanzierungen gibt kein klares Bild, da nicht in jedem Fall ersichtlich ist, ob unter den Gruppen „Zunächstbeteiligte“ und „in sonstiger Weise“ privates oder öffentliches Kapital enthalten war. Nach der Kleinbahnstatistik für die Jahre 1920/21 ergaben sich aus den aufgeführten sieben Gruppen folgende Kombinationen für die Finanzierung von 81 Prozent der Kleinbahnen [56]:

1. Staat, Provinz, Kreis, Zunächstbeteiligte, in sonstiger Weise
   67 Bahnen = 21,6 Prozent
2. Staat, Provinz, Kreis, Zunächstbeteiligte
   48 Bahnen = 15,5 Prozent
3. in sonstiger Weise
   40 Bahnen = 13 Prozent
4. Staat, Provinz, Kreis
   28 Bahnen = 9 Prozent
5. Staat, Provinz, Kreis, in sonstiger Weise
   26 Bahnen = 8,4 Prozent
6. Zunächstbeteiligte
   22 Bahnen = 7,1 Prozent
7. Zunächstbeteiligte, in sonstiger Weise
   20 Bahnen = 6,45 Prozent.

Eine weitere Unterscheidung fanden die Kleinbahnen im Zusammenwirken von privatem und öffentlichem Kapital. Danach konnte man drei Formen finden:

- Finanzierung mit nur privatem Kapital als privatwirtschaftliche Form
- Finanzierung mit privatem und öffentlichem Kapital als gemischtwirtschaftliche Form
- Finanzierung mit rein öffentlichem Kapital als gemeinwirtschaftliche Form.

Als Beispiel für eine gemeinwirtschaftliche Form seien die Jüterbog-Luckenwalder Kreiskleinbahnen angeführt. Die Ausführungskosten in Höhe von 2 681 258 Mark teilten sich mit je 622 297 Mark der preußische Staat und die Provinz Branden-

Das Kapital der Kleinbahnen des Kreises Jerichow I (KJK) setzte sich 1920 wie folgt zusammen: Staat 629 000 Mark und 178 739 Mark verlorene Zuschüsse; Provinz 683 666 Mark; Kreis 1 180 966 Mark; in sonstiger Weise 2 559 Mark.
Lokomotiven Nr. 16 und Nr. 14 der KJK im Bahnhof Burg in den dreißiger Jahren.
Sammlung E. Preuß

burg sowie mit 1 436 664 Mark die Kreise. [57]

Neben Vorzugs- und Stammaktien gaben die großen Gesellschaften je nach Lage der Verhältnisse Schuldverschreibungen aus, teilweise wurden Obligationen, Darlehen und Hypotheken aufgenommen. Die Aktien der kleineren privaten Nebenbahnen und später auch der Kleinbahnen wurden bis auf wenige Ausnahmen nicht an der Börse gehandelt, da sie keinen Gewinn versprachen. Ausnahmen bildeten die Halberstadt-Blankenburger und die Halle-Hettstedter Eisenbahn. Abhilfe schafften einige privatwirtschaftliche Gesellschaften, indem sie sich unter Dachgesellschaften zusammenschlossen. Diese Gesellschaften, zu denen unter anderem die Aktiengesellschaft Verkehrswesen (AGV) als größtes Unternehmen dieser Art gehörte, verfügten über ein beachtliches Aktienkapital, das an der Börse Interesse fand. Bei den Eisenbahnunternehmungen hatte sich die Form der Aktiengesellschaft besonders bewährt, in der man durch Übernahme eines Kapitalanteils Mitglied wurde. Die Aktionäre beteiligten sich nur mit ihren Einlagen, waren also darüber hinaus persönlich nicht haftbar.

Staatliche Unterstützung

Über die Frage, ob Kleinbahnen vom Staat unterstützt werden sollten, entbrannten bereits in den Debatten zur Verabschiedung des Kleinbahngesetzes im Abgeordnetenhaus und im Herrenhaus heftige Diskussionen. Die verstärkte Kommission für Eisenbahnangelegenheiten hatte im Herrenhaus die einmalige Dotation von 12 Mill. Mark als Starthilfe für die Kleinbahnen beantragt. Diese Mittel sollten unter Beachtung der flächenmäßigen Ausdehnung und der Bevölkerungszahlen der Provinzen als Unterstützung und zur Förderung der Kleinbahnen verwendet werden. Schon 1892 hatte der Finanzminister Miguel im Abgeordnetenhaus erklärt, daß der Kleinbahnbau von lokalen Interessengemeinschaften auszuführen sei. Aus finanziellen Gründen scheiterte der Antrag; damit war eine durch Gesetzeskraft festgelegte staatliche Unterstützung vorerst abgelehnt. Die weiteren Anträge im Abgeordnetenhaus, die die Entscheidungen über staatliche Zuwendungen in die Hände der Provinzen legen wollten, lehnte die Regierung ab.

Die Gemeinden und ortsansässigen Unternehmer waren dann in der Tat in den meisten Fällen die Initiatoren zum Bau von Kleinbahnen. Nach Gründung von Gesellschaften wandten sich diese zur Klärung der technischen Einzelfragen und zur Mitfinanzierung an gewerbsmäßige Eisenbahnbau- und Betriebsunternehmen. Der Einfluß der Provinzialbehörden wurde dabei geschwächt, da sich die Baugesellschaften durch Aktienbeteiligung ein Mitspracherecht im Aufsichtsrat sicherten.

Da der staatliche Einfluß jedoch gesichert bleiben sollte, wenn auch nur über den Umweg über die Provinz, kam es nach einer nochmaligen Diskussion im Abgeordnetenhaus zur Annahme des Kommissionsantrages aus der 2. Beratung des Kleinbahngesetzes vom 14. Juni 1892. Dieser Antrag wurde als Paragraph 41 in das Kleinbahngesetz eingefügt. Darin wurden die Provinzen zu einer Unterstützung durch Umschreibung der Mittel aus dem Fonds für die Wegunterhaltung sowie durch Bereitstellung von Baugrund angehalten. Diese Hilfe reichte allerdings nicht aus, da die Mittel der Provinzen insgesamt zu gering waren. [58]

Der gewünschte Aufschwung, den sich die preußische Regierung mit

Die Franzburger Kreisbahn wurde auf Initiative des Kreises Franzburg gegründet. Die Bauausführung und die Betriebsführung übernahm die Eisenbahnbau- und Betriebsgesellschaft Lenz & Co Stettin. Lokomotive Nr. 3 der Lenz-Gattung i 1929 im Bahnhof Barth.
Sammlung Verkehrsmuseum Dresden

Drucksache 207. Zusammenfassung aller 1895/96 für Kleinbahnen verwendeten Mittel. Zentrales Staatsarchiv Merseburg

№ 207.

Haus der Abgeordneten.
18. Legislaturperiode.
IV. Session 1896/97.

Berlin, den 23. April 1897.

Eurer Excellenz beehre ich mich gemäß den Bestimmungen des Gesetzes vom 8. April 1895, betreffend die Erweiterung und Vervollständigung des Staatseisenbahnnetzes und die Betheiligung des Staates an dem Bau von Kleinbahnen, (Gesetzsamml. S. 91) und des Gesetzes vom 3. Juni 1896, betreffend die Erweiterung des Staatseisenbahnnetzes und die Betheiligung des Staates an dem Bau von Privateisenbahnen und von Kleinbahnen sowie an der Errichtung von landwirthschaftlichen Getreidelagerhäusern, (Gesetzsamml. S. 100)

1. **eine Nachweisung der Staatsbeihilfen, welche aus dem durch § 1 Ziffer III des ersteren Gesetzes bereitgestellten Fonds von 5 000 000 Mark zur Förderung des Baues von Kleinbahnen im Etatsjahre 1896/97 bewilligt sind,**
2. **eine Nachweisung der Staatsbeihilfen, welche aus dem nämlichen Fonds sowie aus dem durch § 1 Ziffer III des Gesetzes vom 3. Juni 1896 bereitgestellten gleichartigen Fonds von 8 000 000 Mark bis zum Schlusse des Etatsjahres 1896/97 in Aussicht gestellt sind,**

mit dem ergebensten Ersuchen zu übersenden, diese Nachweisungen geneigtest zur Kenntniß der Herren Mitglieder des Abgeordnetenhauses bringen zu wollen.

Nach der Zusammenstellung am Schlusse der Nachweisung zu 1 belaufen sich die bis zum Schlusse des Etatsjahres 1896/97 bewilligten Staatsbeihilfen für Kleinbahnen zusammen auf .... 3 050 563 ℳ,
die bis dahin nur in Aussicht gestellten Staatsbeihilfen nach der Nachweisung zu 2 zusammen auf .... 5 563 750 = ,
in 12 Fällen liegen noch Anträge auf Gewährung von Staatsbeihilfen in zahlenmäßig bestimmter Höhe, nämlich im Gesammtbetrage von .... 5 562 000 =
vor, so daß sich die bewilligten, in Aussicht gestellten und in zahlenmäßig bestimmter Höhe beantragten Staatsbeihilfen zusammen auf .... 14 176 313 ℳ
belaufen. Da der Fonds zur Förderung des Baues von Kleinbahnen aber nur (5 000 000 + 8 000 000) .... 13 000 000 =
beträgt, so würde, falls die Bewilligung der in Aussicht gestellten sowie der in zahlenmäßig bestimmter Höhe beantragten Staatsbeihilfen demnächst ebenfalls für angezeigt erachtet werden sollte, sich ein Fehlbetrag von .... 1 176 313 ℳ
ergeben. Durch die bereits erfolgte Bewilligung von Staatsbeihilfen ist das Zustandekommen von 476 km Kleinbahnen gesichert worden, mithin entfallen auf je ein Kilometer im Durchschnitt 6 400 Mark Staatsbeihilfe.

Außer den erwähnten Anträgen liegen Anträge auf Staatsbeihilfen vor oder stehen noch zu erwarten in nicht

1

2

weniger als 26 Fällen; letztere sind aber noch nicht soweit vorbereitet, daß die Höhe der etwa in Frage kommenden Staatsbeihilfen sich übersehen ließe.

Die nach dem Rechenschaftsbericht vom 22. April v. J. (Drucksache des Hauses der Abgeordneten, Session 1896 Nr. 163) dem Kreise Höxter ertheilte Zusage der Bewilligung einer Staatsbeihilfe von 425 000 Mark für den Bau einer Kleinbahn von Höxter nach Brakel und Steinheim ist zurückgezogen worden, da das Unternehmen nicht zur Ausführung kommt.

Abgelehnt sind folgende Anträge auf Gewährung von Staatsbeihilfen:

1. Der Antrag des Kreises Regenwalde, Provinz Pommern, auf Gewährung einer Beihilfe behufs Entlastung in seinen Aufwendungen für den Bau der Kleinbahn von Labes bis zur Grenze der Kreise Regenwalde und Naugard bei Meesow mit Abzweigung nach Sallmow, da für Bahnen, welche wie diese sich bereits im Betriebe befinden, die nachträgliche Gewährung von Staatsbeihilfen grundsätzlich und zur Vermeidung andernfalls schwer abzuweisender Berufungen abgelehnt werden muß.
2. Der Antrag des Kreises Dramburg auf Gewährung einer Beihilfe behufs Entlastung in seinen Aufwendungen für den Bau der Kleinbahnstrecke Zamzow—Janikow (Unternehmer: Aktiengesellschaft Saatziger Kleinbahnen) mit Rücksicht auf die Geringfähigkeit seiner Leistung für das Gesammtunternehmen dieser Gesellschaft, zumal der Leistung des Kreises, soweit sie nicht in freier Hergabe des erforderlichen Grund und Bodens, d. i. nur in der Uebernahme von Stammaktien besteht, noch die von einem Dritten eingegangene Bürgschaft für Verzinsung des Betrages der übernommenen Stammaktien zu 2½ Prozent gegenübersteht.
3. Der Antrag der Plettenberger Straßenbahngesellschaft zu Plettenberg, Provinz Westfalen, auf Gewährung einer Beihilfe für den Bau der Straßenbahn von der Stadt nach dem Bahnhofe Plettenberg wegen mangelnden Bedürfnisses.

An Einnahmen auf Staatsbeihilfen für Kleinbahnen sind bis zum Schlusse des Etatsjahres 1896/97 nur 650,22 Mark und zwar Zinsen der vom Staate übernommenen Aktien der Löwenberg—Lindower Kleinbahn-Aktiengesellschaft (Anlage des Rechenschaftsberichts vom 22. April v. J.) für die Zeit von der Volleinzahlung der Aktien bis zum Ablaufe des Monats, in welchem der Betrieb auf der ganzen Bahn eröffnet ist, eingegangen, ihre Verrechnung erfolgt unter dem neu zu bildenden Tit. 8a des Kap. 24 des Hauptetats der General-Staatskasse. Künftig werden Einnahmen dieser Art unter dem im Entwurfe des Staatshaushaltsetats für 1897/98 vorgesehenen neuen Tit. 8a des Kap. 24 (Allgemeine Finanzverwaltung): „Rückzahlungen und Zinsen ꝛc. auf Ausgaben, welche auf Grund von Anleihegesetzen zur Förderung des Baues von Kleinbahnen geleistet sind" zur Verrechnung gelangen.

Der Minister der öffentlichen Arbeiten.
Thielen.

An
den Präsidenten des Hauses der Abgeordneten,
Wirklichen Geheimen Rath
Herrn v. Köller
Excellenz.

III. 5022.
IV. A. 2728.

der Verabschiedung des Kleinbahngesetzes erhofft hatte, trat in den ersten Jahren nicht ein, so daß sie sich nun doch veranlaßt sah, mit finanziellem Aufwand die weitere Entwicklung in die beabsichtigte Richtung zu lenken. Minister von Thielen hatte zu diesem Zeitpunkt noch grundsätzliche Bedenken, da seiner Auffassung nach durch die Aussicht auf direkte Staatsbeihilfen der Wille zur Eigenleistung gelähmt und dem Staat eine zu große Last auferlegt werde. Trotzdem wurden dem Minister der öffentlichen Arbeiten zur Förderung des Kleinbahnwesens Mittel zur Verfügung gestellt. Danach konnten die Kleinbahngesellschaften über die Provinzen einen Antrag auf Unterstützung an das Ministerium stellen.

Die Kleinbahnunterstützungskommission, die aus Vertretern des Ministeriums der öffentlichen Arbeiten, des Finanzministeriums, des Ministeriums für Landwirtschaft, Domänen und Forsten und später auf Antrag des Abgeordentenhauses auch des Ministeriums des Innern bestand, entschied über die Gewährung der Staatsbeihilfen.

Der erstmals in dem „Gesetz, betreffend die Erweiterung, Vervollständigung und bessere Ausrüstung des Staatsbahnnetzes und die Beteiligung des Staates am Bau von Kleinbahnen“ vom 8. April 1895 mit 5 Mill. Mark dotierte Kleinbahnunterstützungsfonds, der in den darauffolgenden Jahren immer wieder neu festgelegt wurde, war für den Ausbau des Kleinbahnnetzes sehr hilfreich. Die Regierung maß den Stellungnahmen der Provinzialregierungen zu den Unterstützungsanträgen größte Bedeutung bei. Grundlage der Vorprüfungen waren die unterschiedlichsten Gesichtspunkte. So mußte die Bahn nach § 1 des

Bau der Schmalkaldener Kleinbahn; erste Gleise von Kleinschmalkalden nach Brotterode, 1898.
Foto Liebaug

Haltepunkt Phillipshagen der Rügenschen Kleinbahnen mit einer Lokomotive der Lenz-Gattung nn um 1930.
Sammlung Rammelt

Nicht nur preußisches Kapital war Bestandteil der Brandenburgischen Städtebahn, sondern auch preußische Lokomotiven der Gattung T13 (links). Sie waren im Vergleich zu den früher beschafften D-Kupplern (rechts) ein Rückschritt zum Naßdampf.
Sammlung Schulze

Kleinbahngesetzes als solche anerkannt und genehmigt sein. Beachtet wurden die Bedeutung für das öffentliche Verkehrsinteresse und der wirtschaftliche Nutzen, der nach ersten Schwierigkeiten zu erwarten war. Bei der Beteiligung von gewerbsmäßigen Unternehmern wurden die Vorteile mit den Aufwendungen gegenüber den ihnen unterstehenden Bahnen verglichen.
Diese Art der Untersuchung wurde ebenso gegenüber den Bahnen angewendet, die den Provinzen und Kreisen unterstanden. Nur wenn sich in allen Punkten eine Leistungsfähigkeit der beteiligten Institutionen nachweisen ließ, wurde die staatliche Unterstützung gewährt. Der Erlaß regelte von vornherein eine Ablehnung für Bahnen, die lediglich dem Personenverkehr der Großstädte und ihrer Vororte oder einzelnen Verkehrsinteressen dienten. [59]
Die Höhe der Staatsbeihilfen richtete sich nach der Unterstützungswürdigkeit und Bedürftigkeit des jeweiligen Unternehmens, wobei die Leistungen der Kommunalverbände die Grundlage bildeten. Die Mittel aus dem Kleinbahnunterstützungsfonds legte der Staat in den meisten Fällen in Form von Aktien an. Der Bewilligung von Darlehen sollte ebenso wie der Gewährung von verlorenen, nicht rückzuzahlenden Zuschüssen (à fonds perdu) nur in Ausnahmefällen stattgegeben werden.
Mit diesen Unterstützungen war der Staat darauf bedacht, gegenüber den genannten Gruppen nicht schlechter gestellt zu sein und sich gleichzeitig ein Mitspracherecht in Form eines Sitzes im Aufsichtsrat zu sichern. Trotz der schwierigen Bedingungen und diversen Prüfungsverfahren wurden in den folgenden Jahren vom Staat beträchtliche Mittel für die Kleinbahnen gewährt. Nachdem mit Gesetz vom 3. Juni 1896 für das Rechnungsjahr 1896/97 weitere 8 Mill. Mark zur Verfügung gestellt waren, legte der Minister der öffentlichen Arbeiten

Tabelle 2.1 Unterstützung des Staates für Kleinbahnen nach den Gesetzen von 1895 und 1921

Jahr	Summe Mark	Zweck
1895	5 000 000,–	
1896	8 000 000,–	
1897	8 000 000,–	
1898	8 000 000,–	
1900	20 000 000,–	
1902	20 000 000,–	
1903	20 000 000,–	
1904	5 000 000,–	
1905	5 000 000,–	
1906	5 000 000,–	
1907	5 000 000,–	
1908	5 000 000,–	
1909	3 000 000,–	
1910	5 000 000,–	
1911	6 000 000,–	
1912	7 000 000,–	
1913	7 500 000,–	
1914	6 500 000,–	
1915	1 500 000,–	
1916	1 000 000,–	
1917	2 000 000,–	
1918	1 500 000,–	
1919	5 000 000,–	
1921	10 000 000,–	Förderung[1]
	40 000 000,–	Darlehen[2]
1923	450 000 000,–	Förderung
	6 000 000,–	Darlehen
1925	2 000 000,–	Förderung
1927	5 000 000,–	Förderung
1930	1 500 000,–	Darlehen

[1] zur Förderung von Kleinbahnbauten
[2] zur Gewährung von Darlehen an notleidende Kleinbahnen

mit der Drucksache 207 dem Landtag eine Zusammenfassung aller verwendeten Mittel aus den Gesetzen von 1895 und 1896 vor.

Von 1895 bis 1919 wandte der preußische Staat 160 Mill. Mark zur Förderung der Kleinbahnen auf (Tabellen 2.1 und 2.2).

1921 wurde das Gesetz vom 8. April 1895 zur Erweiterung und Vervollständigung der Staatsbahnen und zur Beteiligung des Staates an den Kleinbahnen durch das „Anleihegesetz zur Bereitstellung von Mitteln für Kleinbahnen" abgelöst. Dieses eigene Kleinbahn-Unterstützungsgesetz war notwendig geworden, da durch die Gründung der Deutschen Reichsbahn die Mittel für die Staatsbahn nunmehr vom Reichsverkehrsministerium geplant wurden.

Dieses neue Gesetz vom 14. Januar 1921 gewährte erstmals neben dem Fonds zur Förderung von Kleinbah-

Tabelle 2.2 Aufschlüsselung der bewilligten Staatsbeihilfen (1896/97)

Bezeichnung der Kleinbahn	Unternehmer	Veranschlagte Kosten Mark	Davon als Staatsbeihilfen bewilligt in Form	Betrag Mark
Provinz Ostpreußen, Kreis Rastenburg und Sensenburg Rastenburg–Skandlack Abzw. Wenden–Drengfurth	Kreise Rastenburg und Sensburg	1 885 539 ohne Grunderwerb	eines Darlehns in Höhe eines Drittels des Anlagekapitals ohne Grunderwerb	628 513
Provinz Brandenburg, Kreis Ost-Prignitz Pritzwalk–Putlitz	Kreis Ost-Prignitz	684 00	einer Beteiligung mit einem Fünftel des aufzuwendenden Kapitals ohne Grunderwerb	136 800
Provinz Pommern, Kreis Rügen Rügensche Kleinbahnen 1. Altefähr–Sellin 2. Bergen–Altenkirchen	Rügensche Kleinbahnen-Aktiengesellschaft zu Putbus	Aktienkapital 2 032 000	eines Darlehens an den Kreis Rügen	300 000
Kreis Greifswald Greifswald–Jarmen Abzw. Züssow und Gützkower Fähre	Kleinbahngesellschaft Greifswald-Jarmen (Aktiengesellschaft) zu Greifswald	1 274 400 ohne Grunderwerb, Aktienkapital 1 210 000	der Übernahme von Aktien wie die Provinz	339 000
Provinz Sachsen, Kreis Jerichow Vom Ihlekanal Groß-Lübars, Abzw. nach Lüttgenziatz	Kreis Jerichow I	1 061 000 ohne Grunderwerb	eines Darlehens in Höhe von einem Drittel des Anlagekapitals	354 000
Provinz Hannover, Kreis Stadthagen Wunstorf–Uchte	Kreise Stolzenau, Neustadt a./Rdge.sowie der Schaumburg-Lippische Kreis Steinhuder Meerbahn	Aktienkapital der Übernahme von Aktien 1 456 000		200 000
Kreise Fallingbostel und Hoya Rethem–Eystrup	Kleinbahn Rethem–Eystrup, Gesellschaft m.b.H	340 000 mit Grunderwerb	einer Beteiligung mit einer Stammeinlage	100 000
Kreis Hümmling Dortmund Emshäfen-Kanal bei Lathen nach Werlte	Kreis Hümmling	470 000 mit Grunderwerb	einer Beteiligung	160 000
Provinz Westfalen, Kreis Soest Reheim–Hüsten der Eisenbahn Schwerte–Arnsberg über Soest nach Hovestad	Kreis Soest	1 670 000 mit Grunderwerb	eines Darlehens von einem Drittel des Gesamtbetrages der Anlagekosten	557 000

Summe der in Etatsjahr 1896/97 bewilligten Staatsbeihilfen:	2 896 563 Mark
die nach dem Rechenschaftsbericht vom 22. April 1896 bewilligte Staatsbeihilfe:	154 000 Mark
Summe der bis zum Schluß des Etatjahres 1896/97 bewilligten Staatsbeihilfen:	3 050 563 Mark

nen Darlehen an notleidende Kleinbahnen. Die allgemein schlechte wirtschaftliche Lage in der Nachkriegszeit, die sich abzeichnende Inflation und der damit verbundene Verkehrsrückgang wirkten sich auf alle Verkehrsunternehmen aus. Diese Entwicklung hatte vor allem für die Kleinbahnen, die schon vor dem Kriege meist nur bescheidene Gewinne abwarfen, verheerende Folgen. Die Defizite waren nicht allein durch Tariferhöhungen auszugleichen, da die Bahnen wegen ihres verhältnismäßig kleinen Einflußbereiches sehr schnell mit der Abwanderung ihrer Benutzer rechnen mußten. Die kurzen Entfernungen konnten mit dem Rad oder sogar zu Fuß zurückgelegt werden. Andererseits war mit einer Verlagerung des Güterverkehrs von der Bahn auf die Straße zu rechnen, sobald die Benutzung der Kleinbahn für die Verfrachter unwirtschaftlich wurde.

Einer Stillegung von Kleinbahnen mußte staatlicherseits möglichst kurzfristig entgegengewirkt werden, da ansonsten mit einer wirtschaftlichen Verschlechterung großer Gebiete sowie mit einer Zunahme der Arbeitslosigkeit gerechnet werden konnte. Die preußische Regierung war erst nach langen Verhandlungen mit den Provinzen und dem Deutschen Reich zu einer Unterstützung bereit. Man schätzte den dafür erforderlichen Betrag auf 80 Mill. bis 100 Mill. Mark. Ein Fünftel sollte durch das Reich, je zwei Fünftel durch die Provinzen und durch die preußische Regierung aufgebracht werden.

Als Voraussetzung für die Unterstützung galten verschiedene Vorbedingungen, die der Kleinbahndarlehensausschuß prüfte. Danach mußte eine Bahn nicht mehr in der Lage sein, ihren Betrieb selbst aufrechtzuerhalten, aber unter Bereitstellung staatlicher Mittel in absehbarer Zeit über diese Notlage hinwegkommen können. Die staatliche Unterstützung wurde nur dann gewährt, wenn sich die Provinzen und das Reich zu den vereinbarten Hilfsleistungen bereit erklärten. Darlehen dieser Art durften allerdings nicht zur Erhöhung des Anlagewertes verwendet werden. Alle Anträge wurden vom Kleinbahndarlehensausschuß, der sich aus Kommunalvertretern unter Beteiligung der betreffenden Bahn zusammensetzte, vorgeprüft und dem Kleinbahndarlehen-Hauptausschuß vorgelegt.

Er setzte sich aus je einem Vertreter des preußischen Finanzministers, des Reichsverkehrsministers, des Reichsministers für Finanzen sowie zwei durch den Landesdirektor der Provinz Brandenburg bestellte Vertreter dieser Verbände zusammen.

Die Landesdirektion der Provinz Brandenburg fungierte als Geschäftsstelle der vereinigten Provinzialverbände. Als Beispiel für die Gewährung eines derartigen Darlehens sei die Crostitzer Kleinbahn A.-G. angeführt. Am 26. April 1922 erhielt sie 270 000 Mark unter Beteiligung des preußischen Staates, des Reiches und der Provinz Sachsen für folgende Zwecke [64]:

Auffüllung des Erneuerungsfonds	27 000 Mark
Erneuerung von Schwellen	103 000 Mark
Instandsetzung einer Lokomotive	90 000 Mark
Elektrisierung der Übernahmegleise	80 000 Mark
	300 000 Mark

Die restlichen 30 000 Mark mußte die Bahn selbst aufbringen.

Während die staatlicherseits den Kleinbahnunternehmungen zum Bau von Kleinbahnen gewährten Darlehen nach Abwertung durch die Goldmarkeröffnungsbilanz 1924 und nach dem Aufwertungsgesetz vom 1. Juli 1925 um 25 Prozent aufzuwerten waren, betraf diese Regelung, abgestimmt mit dem preußischen Finanzminister und dem Minister für Handel und Gewerbe, nicht die Darlehen an die notleidenden Kleinbahnen. Die Kleinbahndarlehensausschüsse und der Kleinbahndarlehens-Hauptausschuß waren nach der Umstellung auf Reichsmark aufgelöst worden.

Nach dem Übergang der Preußisch-Hessischen Staatseisenbahnen auf das Reich wurden die Eisenbahndirektionen 1920 beauftragt, die mit der Genehmigung und Beaufsichtigung der Klein-, Privat- und Privatanschlußbahnen verbundenen Aufgaben auf Rechnung Preußens weiterhin wahrzunehmen. Das für die Eisenbahnen zuständige Ministerium der öffentlichen Arbeiten wurde bis Ende September 1921 aufgelöst und die verbliebenen Amtsgeschäfte der Klein- und Privatbahnen dem Ministerium für Handel und Gewerbe unterstellt.

Der preußische Staat, der nun über keine eigene Staatseisenbahnen verfügte, stellte weiterhin den Kleinbahnen Mittel zur Verfügung. Dem letzten Gesetz (vgl. Übersicht vom 17. Juli 1930) folgte am 26. April 1933 [65] das Gesetz über die Anleiheermächtigung, nach dem nur die bereits in Anspruch genommenen Beträge frei verfügbar blieben. Für das Gesetz aus dem Jahre 1930 wurden danach nur die bewilligten 682 888,95 RM zugelassen und die restlichen Mittel gestrichen. Das Land Preußen blieb mit seinen Aktien Teilhaber bei den Kleinbahnen.

Bei einer Betrachtung über das Anlagekapital von 293 Kleinbahnen, die im Archiv für Eisenbahnwesen über das Jahr 1933 veröffentlicht wurde, betrug der Staatsanteil unter Aufwendung von 75,15 Mill. RM 13,8 Prozent gegenüber 12,2 Prozent, die durch die Provinzen, 1,2 Prozent, die durch das Reich, 33,6 Prozent, die durch die Kreise, 15,4 Prozent, die durch Zunächstbeteiligte und 23,8 Prozent, die in sonstiger Weise aufgebracht worden waren.

Neben der Finanzierung der Kleinbahnen nahm der preußische Staat durch Aktienbeteiligung oder durch Staatsanleihen Einfluß auf die Entwicklung der Bahnen des allgemeinen Verkehrs. Dieser Einfluß konnte allerdings nicht nur in Preußen, sondern ebenso in anderen deutschen Ländern beobachtet werden. Innerhalb des Deutschen Reiches wurden bis 1890 insgesamt rund 8,5 Mrd. Mark für den Bau von Eisenbahnen oder den Ankauf von Privatbahnen aufgebracht. Im einzelnen entfielen dabei auf Preußen 6 Mrd., Bayern 959,1 Mill., Sachsen 621,7 Mill., Württemberg 463,4 Mill. und Baden 420,5 Mill. Mark. Auch bei den privaten Nebenbahnen wurde nicht das gesamte Kapital durch die Ausgabe von Aktien aufgebracht, sondern ein anderer, nicht unbedeutender Teil durch Aufnahme von Staats-Eisenbahnanleihen oder durch Anleihen von Eisenbahn-Gesellschaften bereitgestellt.

Der Zinssatz der Staatsanleihen lag niedrig, und die Rückzahlung war nach dem Gesetz über die Tilgung der Eisenbahnschulden vom 27. März 1882 festgesetzt, wobei die Ertragsüberschüsse nicht zur Abzahlung der Schuld verwendet werden mußten. Vielmehr konnten mit diesen Geldern auch neue Anlagen errichtet oder übernommen werden. Dabei blieb die Höhe der Schuld bestehen, aber das zur Deckung vorhandene Wertobjekt war durch die Erweiterung größer geworden. Die Anleihen übernahm im Auftrag der Staatsregierung eine Bank oder ein Konsortium, wofür der Staat an diese Institution im Gegenwert Obligationen ausgab, die dann an das Publikum abgesetzt werden konnten. Diese Obligationen konnten durch Makler oder Agenten an der Börse zum laufenden Kurs verkauft werden. Die Teilschuldverschreibungen für Eisenbahnanleihen bezeichnete man als Prioritätsobligationen, die gegenüber den Aktien vorrangig behandelt wurden. Das heißt, sie erhielten vor den Aktien ihre Zinsen und Tilgungssätze. Erst wenn diese Zahlungen erledigt waren, wurden mit den restlichen Finanzmitteln die Dividenden an die Aktionäre verteilt. Bei den Privatbahnen war die Aktienbeteiligung des Staates ebenso verbreitet.

Diese Beträge wurden in den Gesetzen betreffend die Erweiterung und Vervollständigung sowie bessere Ausrüstung des Staatseisenbahnnetzes und die Beteiligung des Staates am Bau von Kleinbahnen eingegliedert. Das wird am Gesetz vom 25. Mai 1900 und an der Bereitstellung von 4 Mill. Mark für die Brandenburgische Städtebahn zum Bau einer Eisenbahn von Treuenbrietzen nach Neustadt (Dosse) ersichtlich. Einen Teil dieser Beteiligung bot das Land Preußen im Jahre 1929 an. Der vom Finanzminister im preußischen Landtag eingebrachte Antrag berief sich auf den Übergang der Staatseisenbahn an das Reich und den damit verbundenen Wegfall der Voraussetzungen, unter denen der Staat sich früher beteiligt hatte.

Ein gleichartiger Versuch war bereits zu Beginn der zwanziger Jahre daran gescheitert, weil sich das Reich nur zur Übernahme der Aktien eines einzelnen Unternehmens bereitfand, während Preußen sämtliche Beteiligungen abstoßen wollte. In den folgenden Jahren ruhte die Angelegenheit, und Ende der zwanziger Jahre sollten die Anteile von den öffentlichen Verbänden übernommen werden, die ohnehin über den Großteil der Anteile verfügten. Die Vorverhandlungen verliefen erfolgversprechend, so daß es nur von der Entscheidung des Landtags abhing, wann die Anteile zu annehmbaren Preisen abgegeben werden konnten.

Der Staat als Zunächstbeteiligter

Wie bereits festgestellt, waren in der Gruppe der Zunächstbeteiligten unmittelbare Interessenten, also die Anlieger der Kleinbahn mit ihren Kapitalzuschüssen und Aufwendungen für den Grunderwerb enthalten. In einigen Fällen trat auch der Staat als wirtschaftlicher Interessent, und nicht wie bei der sonstigen Staatsunterstützung als wahrendes Organ der Gesamtinteressen auf. Zu den staatlichen Zunächstbeteiligungen kam es, wenn auf den fiskalischen Grundbesitzen, also den staatlichen Domänen und Waldgebieten, die Kleinbahn vorteilhafte Abfuhrbedingungen versprach. Wie jeder andere Anlieger konnte der Fiskus über seine finanzielle Beteiligung am Kapital der Kleinbahn Einfluß auf die Lage der Halte- und Ladestellen nehmen.

Die Interessenwahrung für den fiskalischen Domänen- und Forstbesitz ging auf einen Erlaß des Landwirtschaftsministers vom 4. Mai 1893 zurück, in dem alle Regierungen angewiesen wurden, die Bedeutung der Kleinbahn sowohl in der Rich-

tung wie in der Lage der Halte- und Ladestellen entsprechend den staatlichen Bedürfnissen zu berücksichtigen. Nach Beratungen im Abgeordnetenhaus 1893 wurden in den Etat der Forstverwaltung für das Rechnungsjahr 1894/95 erstmalig 200 000 Mark und für den gleichen Zeitraum in den der Domänenverwaltung 50 000 Mark eingeordnet. Weitere Zuwendungen in den nächsten Jahren brachten bis 1913 einen Anstieg der Gesamtzuschüsse auf 2 Mill. Mark für den Forstfiskus. Die Domänenverwaltung kam bis 1901 auf insgesamt 400 000 Mark.
Daneben wurden die zum Bahnbau erforderlichen domänen- und forstfiskalischen Grundstücke unentgeltlich für den Bahnbau zur Verfügung gestellt. Eine entsprechende Ermächtigung wurde dem Landwirtschaftsministerium bereits mit der königlichen Verordnung vom 12. Oktober 1881 zuteil, indem er für den Bau von nichtfiskalischen Eisenbahnen, Chausseen, Kanälen usw. domänen- und forstfiskalische Grundstücke im Wert bis zu 10 000 Mark selbständig und unentgeltlich bereitstellen konnte. Der dem Domänen- und Forstfiskus daraus erwachsende Vorteil mußte nach Meinung der staatlichen Vertreter den eigentlichen Grundstückswert übersteigen. Die bereitliegenden Mittel waren bescheiden, so daß weder der Domänen- noch der Forstfiskus eine Kleinbahn auf eigene Rechnung erbaute, obwohl diese Möglichkeit in den Grundsätzen für die Verwendung der Mittel mit dem Finanzminister am 9. Juni 1893 vereinbart war. Als Beispiele dafür, wie sich der Fiskus beteiligte, werden in Tabelle 2.3 Kleinbahnen im Regierungsbezirk Magdeburg aufgeführt. [66] Alle Beteiligungen des Forst- und Domänenfiskus waren bis zur Enteignung in den Jahren 1945/46 feste Bestandteile des Aktienkapitals der Gesellschaften.

Tabelle 2.3 Finanzierung von Kleinbahnen im Regierungsbezirk Magdeburg unter Beteiligung des Fiskus [66]

Finanzbeteiligung Mark	Kleinbahn AG Wolmirstedt–Colbitz	Kleinbahn AG Gardelegen–Neuhaldensleben
Staat	162 000,–	597 000,–
Provinz	162 000,–	597 000,–
Kreis	30 000,–[1]	145 000,–[2]
Zunächstbeteiligte	131 000,–[3]	671 000,–[4]
In sonstiger Weise		50 000,–

[1] Kreis Wolmirstedt
[2] 100 000,– Mark Kreis Gardelegen
45 000,– Mark Kreis Neuhaldensleben
[3] davon 30 000,– Mark Domänen
15 000,– Mark Forstfiskus
[4] davon 50 000,– Mark Forstfiskus

Die Stellung des Deutschen Reiches zu den Kleinbahnen

Mit dem Übergang der Staatseisenbahnen auf das Reich hatte das Reich nach § 20 des Reichsgesetzes vom 30. April 1920 die Verpflichtung übernommen, den Bau von Kleinbahnen und Bahnen, die den Kleinbahnen gleichzusetzen sind, in dem Umfang zu unterstützen, wie das bis zu diesem Zeitpunkt mit diesen Verkehrsunternehmen durch staatliche Unterstützung, vornehmlich in Preußen, geschah. Ausgenommen waren Straßenbahnen. Diese Unterstützung hing von der Bereitschaft der anderen Beteiligten, in erster Linie der Länder und Provinzen ab. [67] Hierfür galten die zwischen dem Deutschen Reich und dem Land Preußen abgeschlossenen Richtlinien, die wiederum auf dem preußischen Erlaß vom 25. April 1895 basierten. [68]

Der Haushalt des Reichsverkehrsministeriums stellte deshalb für das Geschäftsjahr 1920/21 5 Mill. Mark für den Bau und je 20 Mill. Mark für Darlehen zur Verfügung. Diese Entwicklung vollzog sich auch in den Folgejahren. So wurden 1922 erstmals 10 Mill. Mark für die Unterstützung des Bauwesens und abermals 20 Mill. Mark für Darlehen zur Verfügung gestellt. Die Bereitschaft, notleidende Kleinbahnen zu unterstützen, ist erklärlich. Schließlich benötigten die Reichseisenbahnen die Kleinbahnen als Zubringer, um Einnahmeausfälle und Erweiterungsbauten zu vermeiden. Die Höhe des Reichsdarlehens sollte nicht über 25 Prozent der Summen liegen, die gemeinsam von der Landesregierung und den Provinzen für die Unternehmen aufgewendet wurden. In jedem Fall ist nachgeprüft worden, ob das Interesse des Deutschen Reiches eine Beteiligung für Darlehensgewährung rechtfertigte.
Die Nachkriegszeit, stark beeinflußt von der inflationären Geldentwertung und den Reparationsleistungen, hemmte den weiteren Ausbau der Kleinbahnen. Viele Bahnen mußten nach einem 30- bis 40jährigen Bestehen an eine Erneuerung ihrer Betriebsmittel und Anlagen denken. Für diesen Zweck hatten die Gesellschaften aufgrund der gesetzlichen Vorschriften jährlich Rücklagen in ihren Erneuerungsfonds gezahlt. Diese Spareinlagen waren durch die Inflation vernichtet. In der Zwischenzeit verbuchten die Bahnen durch den wachsenden Konkurrenzkampf des motorisierten Straßenverkehrs kaum noch Gewinne.
Neben dem preußischen Staat, den Provinzen, Kreisen und Gemeinden stellte nun auch das Deutsche Reich Mittel für die Unterstützung der notleidenden Kleinbahnen zur Verfü-

gung. Doch diese reichten insgesamt nicht aus, um den dringenden Bedarf zu decken. Beispielsweise wurden im Geschäftsjahr 1925/26 mehr als 10 Mill. RM für die Förderung des Kleinbahnwesens zur Verfügung gestellt. [69]
Aus diesen Mitteln unterstützte man in den darauffolgenden Jahren die Erweiterung der Crositzer Kleinbahn bis Delitzsch. Die Baukosten waren auf 2 250 000 RM veranschlagt, von denen die Provinz Sachsen 500 000 RM nur unter der Bedingung übernehmen wollte, wenn sich das Deutsche Reich und das Land Preußen in gleicher Höhe beteiligten. Die Finanzierung dieser Kleinbahn entwickelte sich zu einem komplizierten Vorgang, auf den bei der Streckenbeschreibung näher eingegangen wird.
Neben der Delitzscher Kleinbahn, die aus der Crostitzer Kleinbahn hervorgegangen war, unterstützte das Deutsche Reich auch den Neubau der Kleinbahn Erfurt–Nottleben in der Provinz Sachsen. 1943 sollten diese Staatsbeteiligungen gegen preußische Aktien getauscht werden. Das Land Preußen hatte an den Aktien der Kleinbahn A.-G. Marienwerder sowie der Westpreußischen Kleinbahn A.-G. kein unmittelbares Interesse mehr; sie lagen außerhalb des Einflußbereiches preußischer Verwaltungen, und zwar im neugeschaffenen „Reichsgau Danzig-Westpreußen“.
Das preußische Kapital betrug bei der Marienwerder Bahn 372 000 RM und bei der Westpreußischen Kleinbahn 2 927 000 RM. In den preußischen Provinzen standen dagegen folgende staatliche Beteiligungen zu Gebot [70]:

Neumarkter Kleinbahn AG	180 000 RM
Eisenbahn AG Erfurt–Nottleben	366 000 RM
Kleinbahn AG Schönberg–Nikolausdorf	220 000 RM
Salzwedeler Eisenbahn AG	406 000 RM
Delitzscher Eisenbahn AG	444 000 RM
Tecklenburger Nordbahn AG	535 000 RM
Rosenberger Kleinbahn AG	528 000 RM
Kleinbahn GmbH Buxtehude–Harsefelde	365 000 RM
Kleinbahn AG Gransee–Neuglobsow	600 000 RM

Lok Nr. 2 der Kleinbahn AG Marienwerder vor der Kulisse der gotischen Kirchenburg aus dem 14. Jahrhundert im Bahnhof Mareese.
Sammlung Rammelt

Mit finanzieller Unterstützung des Deutschen Reiches wurde die Kleinbahn AG Erfurt–Nottleben erbaut. Am 10. November 1926 fuhr der VT 72 als Eröffnungszug über die verlängerte Strecke.
Sammlung Amthor

Die Deutsche Reichsbahn rüstete Anfang der sechziger Jahre einige Maschinen der ehemaligen Oderbruchbahn mit dreiachsigen Tendern aus. Im Oktober 1963 kommt die umgerüstete 89 6223 mit einem G-Zug bei Wriezen angedampft.
Foto Kieper

Mit der Gründung der Reichseisenbahnen am 1. April 1920 waren in allen deutschen Ländern 4 673 km Privateisenbahn und 9 705 km nebenbahnähnliche Kleinbahnen, also 14 378 km, die zwar dem öffentlichen Interesse dienten, aber nicht zu den Reichseisenbahnen gerechnet werden konnten, vorhanden. Um diese Eisenbahnen unter der Gesetzgebung des Deutschen Reiches zusammenfassen zu können, brachte der Regierungsbaumeister Baschwitz Mitte der zwanziger Jahre einen Vorschlag zur Änderung des Kleinbahngesetzes ein. Er wollte die Einzelgesetzgebungen der Länder durch ein Reichs-Kleinbahngesetz ablösen: Danach sollten Kleinbahnen alle Eisenbahnen des öffentlichen Verkehrs umfassen, auf deren Bau und Betrieb das Reich nach Artikel 89 der Verfassung keinen Anspruch erhob. Innerhalb zusammenhängender Wirtschaftsgebiete sollten Kleinbahn-Körperschaften entstehen, die zugleich Träger der Genehmigungen und Geldgeber sein sollten. Der Staat aber sollte sich nur noch mit einer Zinsgarantie beteiligen.

Die Vorstellungen von Baschwitz beruhten auf der in Belgien praktizierten Kleinbahn-Gesetzgebung und setzten sich über die in Preußen geschichtlich begründete Trennung von Klein- und Privatbahnen hinweg. Von der preußischen Kleinbahnaufsicht äußerte sich Oberregierungsrat Dr. Hein auf der Tagung des Vereins Deutscher Straßenbahnen, Kleinbahnen und Privatbahnen am 30. September 1925 dahingehend, daß ein derartiges Gesetz nach der Reichsverfassung nicht zulässig wäre, da der Staat nur gegenüber den Bahnen des allgemeinen Verkehrs eine gesetzgeberische Handhabe hätte. Weiterhin stellte Dr. Hein noch einmal die Verschiedenartigkeit der Rechtsverhältnisse bei den Bahnen des allgemeinen Verkehrs, an die höhere Anforderungen gestellt wurden, gegenüber denen der Kleinbahnen heraus. Auf der gleichen Tagung äußerte sich der Reichsbahndirektionspräsident Münchens, Geheimrat Ritter von Völcker, als Vertreter der bayerischen Kleinbahnaufsichtsbehörde. Er verwies wie Dr. Hein auf die verfassungsrechtlichen Gründe. Außerdem ging er auf die Struktur des Kleinbahnwesens ein und brachte zum Ausdruck, daß sich die Kleinbahnen eng an die wirtschafts- und verwaltungspolitischen Formen sowie die technisch-organisatorischen Verhältnisse der Länder anpassen müßten. [71]

In der Zeit der Vorbereitung auf den zweiten Weltkrieg versuchte das Deutsche Reich erneut, die Klein- und Privatbahnen unter seine Kontrolle zu bringen. Aus diesem Grund mußten die Reichsbahndirektionen nach einer Verfügung vom 10. Februar 1937 dem Reichsverkehrsministerium das Ergebnis einer geheimen Überprüfung der Bahnen des allgemeinen Verkehrs und der nebenbahnähnlichen Kleinbahnen vorlegen (Tabelle 2.4).

Die Betriebsleiter lehnten allerdings eine Übernahme ihrer Bahnen durch das Reich strikt ab. Die enormen finanziellen Belastungen für das Reich bei einer Übernahme aller Bahnen führten schließlich zum Scheitern des Planes.

Das Kleinbahngesetz offenbarte während der sich verschlechternden Wirtschaftslage seine Nachteile. So durften Kleinbahnen keinen Durchgangsverkehr haben, selbst wenn es

Tabelle 2.4 Vorläufige Zusammenstellung der Prüfungsergebnisse aufgrund der Berichte der Reichsbahndirektionen zur Verfügung vom 10. Februar [72]

1.	**Allgemeine Angaben der zu übernehmenden Bahnen**	
1.1.	Gesamtzahl der Unternehmen	399
	davon Bahnen des allgemeinen Verkehrs	123
	Kleinbahnen	276
1.2.	Streckenlänge und Spurweite	
	Bahnen des allgemeinen Verkehrs	
	normalspurig	3 754 km
	schmalspurig	810 km
	gesamt	4 564 km
	Kleinbahnen	
	normalspurig	5 309 km
	schmalspurig (1 000 mm)	1 781 km
	schmalspurig (< 1 000 mm)	2 182 km
		9 272 km
1.3.	Lebenswichtig eingeschätzte Bahnen	
	Bahnen des allgemeinen Verkehrs	116 = 94%
	Kleinbahnen	247 = 90%
1.4.	Auf Selbständigkeit legen Wert, soweit das ermittelt werden konnte	
	Bahnen des allgemeinen Verkehrs	91 = 74%
	Kleinbahnen	134 = 49%
1.5.	Anlagekapital und Zuschüsse der öffentlichen Hand	
	Bahnen des allgeimenen Verkehrs	
	– Anlagekapital	480 249 000,– RM
	– Zuschüsse einmalig	21 953 000,– RM
	Kleinbahnen	
	– Anlagekapital	578 925 000,– RM
	– Zuschüsse einmalig	36 713 000,– RM
	– Zuschüsse laufend	760 000,– RM
1.6.	Aktienkapital und Beteiligung der öffentlichen Hand	
	Bahnen des allgemeinen Verkehrs	
	– Aktienkapital	320 995 000,– RM
	– davon Beteiligung der öffentlichen Hand	67 370 000,– RM
	Kleinbahnen	
	– Aktienkapital	309 341 000,– RM
	– davon Beteiligung der öffentlichen Hand	202 699 000,– RM
1.7.	Angaben über das Personal	
	– persönliche Ausgaben	
	Gehälter und Löhne	65 904 177,– RM
	davon	
	für 13 509 Angestellte	36 980 689,– RM
	für 18 515 Arbeiter	27 882 878,– RM
	– Ruhegehälter	5 805 143,– RM
	sonstige persönliche Ausgaben	7 070 187,– RM
1.7.1.	Höhe der Besoldung	
	– es zahlen die Sätze der Reichsbesoldung	137 Bahnen
	– es zahlen die Sätze der Reichsbahnlöhne	148 Bahnen
	– weniger als die Reichsbesoldung zahlen	241 Bahnen
	– weniger als die Reichsbahnlöhne zahlen	196 Bahnen
	– mehr als die Reichsbahnlöhne zahlen	21 Bahnen
2.	**Aufwendungen für das Reich bei Übernahme der Bahnen**	
2.1	Einmalige Aufwendungen	
2.1.1.	Übernahmepreis geschätzt	
	Bahnen des allgemeinen Verkehrs	218 000 000,– RM
	Kleinbahnen	228 000 000,– RM
		446 000 000,– RM
2.1.2.	Rückwirkung der Übernahme auf Bau und Unterhaltung, Höhe der zu erwartenden Aufwendungen für Ausbau und Mehrunterhaltung	
	– einmalig sofort	241 706 030,– RM
	– einmalig auf 10 Jahre verteilbar	76 245 000,– RM
		317 951 030,– RM
2.1.3.	Rückwirkung der Übernahme auf den Fahrzeugpark	
	– Höhe der Aufwendungen für Lokomotiven	12 866 700,– RM
	– Höhe der Aufwendungen für Personenwagen	11 940 150,– RM
	– Höhe der Aufwendungen für Güterwagen	8 984 096,– RM
	– Höhe der Aufwendungen für Triebwagen	1 066 120,– RM
	– Höhe der Aufwendungen für Kraftwagen	535 000,– RM
		35 392 066,– RM
	Summe der einmaligen Aufwendungen	
	– geschätzter Übernahmepreis	446 000 000,– RM
	– Ausbau	317 951 000,– RM
	– Fahrzeuge	35 392 000,– RM
		799 343 000,– RM
2.2.	Laufende Mehrausgaben und Mindereinnahmen der Reichsbahn bei Übernahme der privaten Bahnen	
2.2.1.	Höhe der Mindereinnahmen bei Einführung der Reichsbahntarife auf allen Strecken	33 000 000,– RM

2.2.2.	Mindereinnahme bei den sonstigen Einnahmen	1 423 000,– RM
2.2.3.	Höhe der von den privaten Bahnen erhobenen Zuschläge im Jahr 1935	20 777 000,– RM
2.2.4.	Höhe der 1935 erlassenen Beförderungssteuer	8 808 000,– RM
2.2.5.	Laufende Aufwendungen für den Fahrzeugpark	
	– Lokomotiven	1 770 000,– RM
	– Personenwagen	2 538 000,– RM
	– Güterwagen	1 670 000,– RM
	– Triebwagen	250 000,– RM
	– Kraftwagen	263 000,– RM
		6 491 000,– RM
2.2.6.	Ausbau und Mehrunterhaltung laufende Ausgaben	11 856 000,– RM
2.2.7.	Erhöhung der Personalausgaben – geschätzt auf +20% der bisherigen	13 000 000,– RM
	– Summe der laufenden Mehrausgaben	95 355 000,– RM
3.	**Ersparnisse werden erwartet**	
3.1.	durch Aufhebung von Werkstätten	2 358 000,– RM
3.2.	durch Fortfall von Zentral- und Bahnverwaltungen	7 231 000,– RM
		9 589 000,– RM
4.	**Zusammenfassung**	
	Summe der einmaligen Aufwendungen	799 343 000,– RM
	Summe der Mehrausgaben und Mindereinnahmen	95 355 000,– RM
	abzüglich der Ersparnisse	9 589 000,– RM
	Gesamtlohn für das Reich bei Übernahme der Bahnen	885 109 000,– RM

technisch möglich gewesen wäre. Als im zweiten Weltkrieg Fliegerangriffe wichtige Eisenbahnknoten zerstörten, boten sich die Kleinbahnen für einen Umleitungsverkehr geradezu an. Seltsamerweise reagierte man im Reichsverkehrsministerium schwerfällig, wohl nur eigene Interessen bedenkend.

Die Reichsverkehrsgruppe Schienenbahnen hatte bereits am 22. April 1942 eine Aufstellung der Bahnen, bei denen ein Wegfall der Verkehrsbeschränkung für die Reichsbahn vorteilhaft sein könnte, an den Reichsverkehrsminister gesandt. Am 20. Februar 1943 wurde gemahnt und ausdrücklich eine Entscheidung für die Oderbruchbahn A.-G. gefordert. Gerade bei dieser Bahn waren durch den Zusammenschluß der Müncheberger Kleinbahn mit der Oderbruchbahn A.-G. und den Anschluß der Oderbruchbahn an fünf Reichsbahnstationen (Fürstenwalde/Spree, Dolgelin, Golzow, Wriezen und Dahmsdorf-Müncheberg) eine Verkürzung der Gesamtentfernungen und demzufolge eine Frachtverbilligung und Laufzeitverkürzung der Wagenladungen möglich. [73]

Das Reichsverkehrsministerium kam jedoch zum Ergebnis, daß unter den Bedingungen des Krieges an einen Wegfall der Beschränkungen nicht gedacht werden könnte, da die geänderten Tarife unter Beachtung der Entfernungsveränderung neu aufgeteilt werden müßten. Erst gegen Kriegsende entfielen bei vielen Kleinbahnen die Beschränkungen.

Förderung durch die Provinzen

Nach der Schlußakte des Wiener Kongresses vom 9. Juni 1815 erhielt Preußen als Entschädigung für verlorengegangene Landesteile folgende Gebiete neu hinzu: Danzig mit Westpreußen, Posen und einen Teil des Königreiches Sachsen sowie des Rheinlandes. Durch den Gebietszuwachs wurde eine Verwaltungsreform erforderlich. Preußen teilte sein Gebiet in die Provinzen Ostpreußen, Westpreußen, Posen, Pommern, Brandenburg, Schlesien, Sachsen, Westfalen, Niederrhein und Jülich-Kleve-Berg ein. Später ging aus dem Zusammenschluß der Provinzen Niederrhein und Jülich-Kleve-Berg die Rheinprovinz hervor, außerdem kamen die Provinzen Hannover, Hessen-Nassau und Schleswig-Holstein hinzu. Weitere Veränderungen ergaben sich mit Inkrafttreten des Versailler Vertrages von 1919 und den damit verbundenen Gebietsabtretungen. Es kam zum Zusammenschluß der verbliebenen Teile von Posen und Westpreußen zur Provinz Posen-Westpreußen.

Als Ergänzung zur Verwaltungsreform verfügte Friedrich Wilhelm III. mit Erlaß vom 5. Juni 1823, daß in jeder Provinz Landtage und sogenannte Provinziallandstände gebildet werden sollten. Die Provinzen wurden mit staatlichen Mitteln unterstützt, unter anderem mit dem Dotationsfonds für den Straßen- und Wegebau. [74] Bereits im Jahre 1877 legte der Staat den Provinzialverwaltungen einen Gesetzentwurf über eine Erweiterung der Verwendungszwecke der den Provinzial- und Kommunalverbänden überwiesenen Dotationsfonds vor. Diese Mittel sollten zur Erweiterung und Förderung des Neubaues von Sekundär- und Pferdebahnen verwendet werden. In der Stellungnahme der Landtage erkannten diese zwar die Bedeutung der Förderung und Entwicklung derartiger Bahnen und die Zuständigkeit der Provinzialverbände an, sahen sich aber wegen der wirtschaftlichen Situation und der ihnen aus den Dotationsfonds zur Verfügung stehenden Mittel nicht in der Lage, diese Aufgabe zu übernehmen. So zeigten die Vertreter der Altmark bei den Landtagssitzungen in der Provinz Sachsen Bereitschaft zu einer Unterstützung, scheiterten aber an den zu geringen Mitteln. Als einzige Provinz stellte Brandenburg bereits im Jahr 1878 für den Bau einer Eisenbahn von Perleberg nach Wittenberge der Stadt Perleberg 45 000 Mark zur Verfügung. [75]

Das Gesetz vom 28. Juli 1892 sah die Unterstützung der Kleinbahnunternehmen durch die Provinzen in mehreren Paragraphen vor. Die Mitbenutzung öffentlicher Wege und die dafür erforderliche Zustimmung wurden nach §§ 6 und 7 dem Beschluß des Provinzialrates übertragen. Das traf aber nur zu, soweit die Provinz oder ein gleichstehender Kommunalverband beteiligt waren. Die Schwierigkeiten bei der Aufnahme des § 41 in das Kleinbahngesetz, der den Provinzialverbänden eine Förderung der Kleinbahnen durch die diesen zur Verfügung stehenden Kapitalien ermöglichte, wurden bereits bei der Beschreibung der staatlichen Unterstützung erwähnt. Der § 41 enthielt in der Endfassung lediglich, daß die Provinzial- und Kommunalverbände die ihnen vom preußischen Staat überwiesenen Kapitalien auch zur Förderung des Kleinbahnbaues verwenden konnten. Man kann aus heutiger Sicht dem § 41 nicht auf Anhieb entnehmen, wie gerade er zur Belebung der Kleinbahnen beigetragen hat. Nach Verabschiedung des Gesetzes haben sich die einzelnen Provinziallandtage eingehend mit der Kleinbahnfrage beschäftigt und sich ausnahmslos für eine nachdrückliche Förderung ausgesprochen. Die Unterstützung sollte nach folgenden Gesichtspunkten gewährt werden [76]:

1. Erlaubnis zur Benutzung der Provinzialwege und unentgeltliche Bereitstellung von provinzial- und kommunaleigenen Grundstücken.
2. Finanzielle Unterstützung in Gestalt von Darlehenshingabe zu außergewöhnlich billigem Zinsfuß oder gar ohne Rückerstattungspflicht oder in Beteiligung an dem Unternehmen durch Übernahme eines Teils der Anlagekosten in Form von Aktien usw.
3. Technische Hilfe durch Erarbeitung der Projekte durch die Provinz.

Diesem Entgegenkommen der Provinzen stand der Anspruch auf die Anteile am Bau und an der Verwaltung sowie an der Festsetzung der Tarife und eine Beteiligung an den Gewinnen gegenüber.

In der weiteren Entwicklung haben die Provinziallandtage erhebliche Mittel für die Erschließung der vorwiegend ländlichen Gebiete mit Kleinbahnen bereitgestellt. Die Provinzialverwaltungen von Brandenburg, Pommern und Westfalen haben sich außerdem an der Förderung von Privateisenbahnen beteiligt (Tabelle 2.5).

Bis zum März 1921 hatten die Provinzen zur Unterstützung der Kleinbahnen 99 469 084 Mark bewilligt, wovon 72 001 551 Mark auf Beteiligungen, 27 250 533 Mark auf Darlehen an Gemeinden und Kreise und 217 000 Mark auf sonstige Zuschüsse entfielen. Die Beteiligung am Gesellschaftskapital, welches meist in Gemeinschaft mit dem preußischen Staat, den örtlichen kommunalen und privaten Beteiligten und den Provinzialverbänden erstellt wurde, geht aus Tabelle 2.6 hervor.

Neben den finanziellen Zuwendungen für die Kleinbahnen zentralisierten verschiedene Provinzen die Verwaltung der von ihnen unterstützten Bahnen durch eigene Kleinbahnabteilungen. Diese ermöglichten eine wirtschaftlichere Betriebsführung, da das Nebeneinander vieler kleiner Verwaltungen unnötige Kosten verursachte, die im Gegensatz zu der Sparsamkeit und der möglichst billigen Betriebsführung bei den Kleinbahnen standen. Zuerst wollte man den Kreisverwaltungen die Leitung der Kleinbahnunternehmen übertragen, fand von dieser Seite allerdings wenig Entgegenkommen, da sich diese Vertretungen überfordert fühlten. Nach und nach setzte sich bei den die Kleinbahnunternehmen finanziell unterstützenden Provinzen die Erkenntnis durch, daß nur auf der Grundlage einer Gemeinschaftsarbeit unrentable Kleinbahnen gefördert werden könnten. Notwendig erschien vor allem, den Unternehmen die technische und administrative Erfahrung der Provinzialverwaltungen zur Verfügung zu stellen. Erfahrungen haben gelehrt, daß der Neubau einer Bahn in eigener Regie, also ohne Zwischenschaltung eines Generalunternehmers, wesentlich billiger sei. Die Aufgaben des Bau- und Betriebsunternehmers wurden von der Provinz übernommen, und diese erarbeitete das Pro-

Tabelle 2.5 Förderung der Privatbahnen in Preußen durch die Provinzialverbände. Stand 1935 [77]

Provinz	Anzahl der Privatbahnen	Betriebslänge km	Anzahl der geförderten Bahnen	Betriebslänge km	Gesamtkapital RM	Provinzbeteiligung RM	In Prozent des Gesamtkapitals
Brandenburg	10	726	7	547	29 972 938,–	4 058 460,–	14
Pommern	2	85	2	85	2 604 000,–	176 400,–	7
Westfalen	5	435	1	166	12 015 000,–	6 291 900,–	52

Tabelle 2.6 Förderung der Kleinbahnen in Preußen durch die Provinzialverbände. Stand 1935 [77]

Provinz	Anzahl der Kleinbahnen	Betriebslänge km	Anzahl der geförderten Bahnen	Betriebslänge km	Gesamtkapital RM	Provinzbeteiligung RM	In Prozent des Gesamtkapitals
Brandenburg	35	1 102	26	867	26 456 868,–	6 142 945,–	23
Hannover	37	1 081	35	965	31 193 730,–	7 847 650,–	25
Hessen-Nassau	16	322	3	105	7 953 300,–	953 800,–	12
Hohenzollern	1	107	1	107	6 372 100,–	2 531 200,–	40
Niederschlesien	21	591	6	103	6 031 400,–	596 700,–	10
Oberschlesien	6	130	1	22	2 776 000,–	528 000,–	19
Ostpreußen	15	878	14	831	32 992 900,–	6 574 150,–	20
Pommern	26	1 692	25	1 630	35 226 679,–	9 603 555,–	27
Posen-Westpreußen	3	89	1	9	605 000,–	121 000,–	20
Rheinprovinz	27	697	1	22	450 000,–	150 000,–	33
Sachsen	30	1 035	22	763	37 960 300,–	12 775 700,–	34
Schleswig-Holstein	17	587	2	84	3 360 000,–	280 000,–	8
Westfalen	16	473	3	103	4 015 000,–	1 073 500,–	27

jekt, leitete den Bau und unterstützte die Kleinbahnen in deren Verwaltungsarbeit und Betriebsführung. Erste Anregungen zur zentralen Leitung der mit öffentlichen Geldern geförderten Kleinbahnen erhielten die Provinzen durch den Erlaß des Ministeriums der öffentlichen Arbeiten vom 31. Juli 1895.

Der Erlaß basierte auf logischen Überlegungen, war aber nicht ohne weiteres in die Tat umzusetzen. So wollten die Kreise, die in den meisten Fällen finanziell am stärksten bei den einzelnen Unternehmen beteiligt waren, zumindest nach außen ihre federführende Stellung beim Kleinbahnbau nicht aufgeben, obwohl sie Unterstützung bei privaten oder öffentlichen Bauunterneh-

Die Kleinbahn Greifswald–Wolgast und damit die im Jahr 1935 fotografierte Lokomotive 11[nn] gehörten zu der von der Provinz Pommern geleiteten Vereinigung vorpommerscher Kleinbahnen.
Sammlung Umlauft

An der Kleinbahn Casekow-Penkun war die Provinz Pommern mit 341 500 Mark (Stand 1920) beteiligt, das entsprach ungefähr einem Fünftel des Anlagekapitals. Die Nr. 3° und 4° im Bahnhof Penkun.
Sammlung G. Meyer

men suchten. Auf Drängen des Staates, der in manchen Fällen sogar seine finanzielle Beteiligung von einer Provinzialleitung des Unternehmens abhängig machte, übernahmen die Provinzen nach und nach die Planung und Leitung des Kleinbahnbaues. Der Staat erkannte richtig, daß durch die Zusammenfassung der Betriebsführungen in einer zentralen Leitung, durch den gemeinschaftlichen Einkauf der Betriebsmittel und -materialien sowie durch die Bereitstellung von geschultem Personal für die Betriebsleitung erhebliche Vorteile erzielt werden könnten.

Die Provinz Sachsen, die lange auf einer von staatlichem Einfluß freien Entwicklung des Kleinbahnbaues beharrt hatte, wurde mit Erlaß vom 10. Oktober 1907 angewiesen, derartige Einrichtungen zu fördern. Auflagen und Eingriffe, die nicht durch kleinbahngesetzliche Vorgaben zur Wahrung staatlicher Interessen bei finanzieller Beteiligung des Staates gesichert waren, sollten gegenüber der von den Provinzen übernommenen Betriebsleitung vermieden werden. [78]

Die Provinz Hannover hatte bereits 1906 das Amt eines Landesbaurates für den Kleinbahnbau geschaffen. Daraus entstand dann später das Landeskleinbahnamt der Provinz Hannover. Neben dieser Einrichtung, die beispielgebend für die massiven staatlichen Forderungen gegenüber den anderen Provinzen war, entstanden bei den Provinzialverwaltungen von Brandenburg, Pommern, Sachsen, Ostpreußen und Westfalen Landeskleinbahnämter.

Private Eisenbahnbau- und Betriebsgesellschaften

Neben den öffentlich-rechtlichen Klein- und Privatbahneinrichtungen der Gemeinden, Kreise und Provinzen, zu denen auch die am 22. November 1920 gegründete Anhaltische Landes-Eisenbahngemeinschaft zu rechnen war, gestattete das Kleinbahngesetz privaten Bau- und Finanzierungsgesellschaften die Beteiligung an Kleinbahnen. Unabhängig vom preußischen Kleinbahngesetz hatte die Centralverwaltung für Secundairbahnen Herrmann Bachstein vereinzelt in Preußen, vor allem aber in Thüringen, Hessen und Mecklenburg Nebenbahnen gebaut und betrieben. Auf diese 1879 gegründete Gesellschaft wird gemeinsam mit der auf Initiative von Herrmann Bachstein 1895 gegründeten Süddeutschen Eisenbahn-Gesellschaft in einem anderen Band, in dem die ehemaligen Klein- und Privatbahnen in den heutigen Bundesländern Thüringen und Sachsen beschrieben werden, eingegangen. Das Kleinbahngesetz regte, wenn zuerst auch zurückhaltend, die Gründung neuer Gesellschaften an. Verschiedene kleinere Unternehmen konnten sich nur für kurze Zeit gegenüber der wachsenden Konkurrenz der sich nach Überwindung der ersten Schwierigkeiten schnell entwickelnden Kleinbahnkonzerne behaupten.

Zu den kleineren Gesellschaften zählten u. a. die halleschen Bauunternehmen Knoch & Kallmeyer und Emil Ferber. Die Firma Knoch & Kallmeyer hatte zuerst in Ostpreußen und später auch in der Provinz Sachsen Eisenbahnen gebaut, u.a. die Strecken Stendal–Arneburg, Giesenslage–Werben, Salzwedel–Diesdorf und Wegenstedt–Calvörde. Letztere lag zum Großteil im Herzogtum Braunschweig. [79] Nachdem Knoch & Kallmeyer die Hafenbahn Halle gebaut und die Entwürfe für die Halle-Hettstedter Eisenbahn erarbeitet hatte, gingen den Interessenten der Kleinbahnen die Bauarbeiten zu schleppend voran. Die Aktionäre der Halle-Hettstedter Eisenbahn wandten sich aus diesem Grund an die Eisenbahnbau- und Betriebsfirma Lenz & Co GmbH, die dann die Arbeiten vorantrieb und termingerecht beendete.

Emil Ferber hatte unter anderem die am 2. Mai 1902 eröffnete Kleinbahn Crensitz–Crostitz gebaut, bei der er zugleich die Betriebsführung übernahm. Mit dem wirtschaftlichen Niedergang der Firma gelangte die Kleinbahn in den finanziellen Ruin. Daraufhin kam es im März 1911 zur Einleitung der Zwangsversteigerung, welche nur durch die Unterstützung des preußischen Staates und der Provinz Sachsen abgewendet werden konnte.

Nach der Statistik aus dem Jahr

Schmalspurige Bachstein-Bahn. Im Bahnhof Brunnenbachsmühle der Südharz-Eisenbahn treffen sich Personenzüge aus Tanne und Walkenried, gezogen von einer Henschel-Mallet aus dem Jahr 1925 und einer Mallet der Fa. Jung, Baujahr 1898.
Sammlung Rammelt

1928 waren außer der Aktien-Gesellschaft für Verkehrswesen folgende Bau- und Betriebsgesellschaften bei den deutschen Klein- und Privatbahnen beteiligt bzw. durch Betriebsführungsverträge gebunden [80]:

Eisenbahn-Gesellschaft Becker & Co GmbH

Diese Gesellschaft führte 1928 den Betrieb folgender Bahnen:

	Betriebseröffnung	Spurweite mm	Länge km
Isergebirgsbahn	31.10.1909	1435	10,8
Kleinbahn Bielstein–Waldbröl	16.10.1915	1435	18,3
Spreewaldbahn	20.5.1899	1000	85,5
Kleinbahn Kreuz–Schloppe–Deutsch Krone	12.12.1899	1435	60,2
Beuthener Straßenbahn (von der Stadt Beuthen gepachtet)	20.11.1913	1435	17,7

Die Kleinbahn Wallwitz–Wettin wurde von Becker & Co gebaut und am 7. Mai 1903 eröffnet. Die Betriebsführung übernahm später die Kleinbahnabteilung der Provinz Sachsen in Merseburg. Nach der Firmenerweiterung übernahm die Nachfolgerin der Firma Becker, die A.-G. für Energiewirtschaft, in den dreißiger Jahren die Betriebsführung der Eisenbahnen.

Auf der Hildburghausen-Heldburger Eisenbahn und der Eisfeld-Unterneubrunner Eisenbahn führte die Firma Vering & Waechter den Betrieb bis zur Verstaatlichung beider Schmalspurbahnen im Jahre 1895. [81] Auf anderen Bahnen übernahm die Gesellschaft die Betriebsführung nur für kurze Zeit nach der Eröffnung und gab sie dann an die 1898 gegründete Deutsche Eisenbahn-Betriebsgesellschaft A.-G. (DEBG) ab. Dazu zählten folgende Bahnen [82]: Achtertalbahn (erste Teilstrecke eröffnet am 3. September 1898), Haltingen–Kandern (1. Mai 1895), Voldagsen–Duingen–Delligsen (16. Juni 1896), Vorwohle-Emmenthaler Eisenbahn (9. Oktober 1900) und die Dessau–-Wörlitzer Eisenbahn (22. September 1894). Die Bahnen der DEBG lagen vorwiegend in Baden-Württemberg und Braunschweig.

Die Anhaltische Landes-Eisenbahngemeinschaft führte den Betrieb auf der Dessau-Wörlitzer Eisenbahn, der Gernrode-Harzgeroder Eisenbahn, der Zschornewitzer Kleinbahn und der Straßenbahn Staßfurt–Löderburg. Das Bild zeigt den Betriebsbahnhof dieser Straßenbahn in Staßfurt.
Sammlung Rammelt

Vering & Waechter, Eisenbahn- und Betriebsgesellschat mbH & Co

Sie führte 1928 den Betrieb der im Berliner Raum befindlichen Bahnen:

	Betriebseröffnung	Spurweite mm	Länge km
Neukölln-Mittenwalder Eisenbahn	28.9.1900	1435	32,0
Königs Wusterhausen-Mittenwalde-Töpchiner Kleinbahn	11.11.1894	1435	19,0
Sie trat außerdem als Bauunternehmer bei der Wächterbach-Birsteiner Kleinbahn in Erscheinung.	30.6.1898	1435	12,1
Emsdorf–Wallerfangen gebaut von Vering & Waechter gemeinsam mit der Eisenbahn-Gesellschaft Becker & Co	30.7.1897	1435	11,0

Die Vering & Waechter-Gesellschaft hatte im Laufe der Zeit alle Bahnen abgestoßen und führte bis 1945 nur den Betrieb auf der Neukölln-Mittenwalder Eisenbahn sowie der Königs

Wusterhausen-Mittenwalde-Töpchiner Eisenbahn.
Die Münchener Localbahn A.-G. (LAG) wurde am 9. Februar 1887 unter Beteiligung der Lokomotivfabrik Krauss & Co gegründet. Bereits neun Jahre früher hatte sich die Mitbegründerin am Bau der Feldabahn beteiligt. Gemeinsam mit dem Lokalbahn-Bau- und Betriebsunternehmen Lechner & Krüzner führte sie anschließend den Betrieb auf der am 1. Juni 1879 eröffneten Bahn. Der bis 1906 laufende Pachtvertrag wurde seitens der Großherzoglichen Regierung von Sachsen-Weimar gekündigt, und die Preußische Staatsbahn konnte mit dem Gesetz vom 20. Mai 1902 die Feldabahn erwerben. Das Gesetz verpflichtete Preußen gegenüber der Großherzoglichen Regierung von Sachsen-Weimar und dem Herzogtum Sachsen-Meiningen, die schmalspurige Strecke Vacha–Dorndorf auf Normalspur umzubauen, damit der wachsende Verkehr zu den großen Kalilagern bewältigt werden konnte.
1892 wandte sich die Stadt Forst an die LAG, um den Bau einer Stadteisenbahn zu konzipieren. Ein am 16. Oktober 1892 unterzeichneter Vertrag zwischen der Königlichen Eisenbahn-Direktion Erfurt (Halle war zu diesem Zeitpunkt nur Königliches Eisenbahnbetriebsamt) und der LAG gestattete dieser die Herstellung und Benutzung einer normalspurigen Anschlußgleisanlage, die vom Bahnhof Forst abzweigend die Verbindung mit einer schmalspurigen Forster Stadtbahn bezweckte. [83] Danach baute die Preußische Staatsbahn die Anschlußgleise selbst, soweit diese auf dem Gelände der Staatseisenbahn lagen. Alle anderen Anlagen wurden von der LAG gebaut. Neben zwei Normalspurlokomotiven lieferte Krauss sechs schmalspurige Tramlokomotiven, von denen eine 1966 in das Verkehrsmuseum Dresden aufgenommen wurde.
Die guten Erfahrungen, die die Stadt Forst mit der LAG gemacht hatte, bewogen Kreise in den Provinzen Brandenburg und Schlesien, sich ebenfalls an das bayerische Unternehmen zu wenden. Danach baute die LAG dort noch folgende normalspurige Bahnen [84]:

Bahn	Betriebseröffnung	Länge km
Hansdorf–Priebus	1.10.1895	23,0
Rauscha–Freiwaldau	1.12.1896	8,6
Teuplitz–Sommerfeld	1.10.1897	20,0
Muskau–Teuplitz	15.6.1898	22,8

Lokomotive CENTRUM der Königs Wusterhausen-Mittenwalde-Töpchiner Kleinbahn. Sammlung Schulze

Dem preußischen Staat war ein bayerisches Unternehmen auf seinem Staatsgebiet ein Dorn im Auge; er forderte zur Erleichterung der Staatsaufsicht die Gründung einer preußischen Aktiengesellschaft. Aus diesem Grund wurde am 25. September 1899 die Lausitzer Eisenbahn AG gegründet, die sämtliche Bahnen übernahm, die Strecke Hansdorf–Priebus jedoch erst am 1. April 1901. Die Staatsbahnstrecke Muskau–Weißwasser war von der Lausitzer Eisenbahn gepachtet, so daß Krauss-Lokomotiven auch auf dem preußischen Bahnhof in Weißwasser gesehen werden konnten. Später wurde die Lausitzer Eisenbahn AG in die Verstaatlichungswelle einbezogen und am 1. September 1939 von der Reichsbahn übernommen. Ein Großteil der Lokomotiven war in den ersten Kriegsjahren im Bw Forst beheimatet. Die D-Kuppler konnte man später vor allem im mitteldeutschen Raum antreffen.

Blick aus dem Forster Lokomotivschuppen auf die Stadtbahnmaschinen 1, 36 und 2 (v. l. n. r.) im Juli 1965.
Foto G. Meyer

Unverkennbar eine Vorgängerin der späteren ELNA-Lokomotiven aus dem Jahre 1904, gebaut von Krauss unter der Fabriknummer 5160, für die Lausitzer Eisenbahn AG.
Werkfoto, Sammlung Verkehrsmuseum Dresden

Die Lokomotive DERMBACH lieferte Krauss 1899 an die Feldabahn. Nach deren Verstaatlichung wurde sie in die Reihe T34 eingeordnet und von der Preußischen Staatsbahn auf der Hildburghausen-Heldburger Eisenbahn eingesetzt.
Werkfoto, Sammlung Rammelt

Friedrich Lenz und seine Gesellschaften

Friedrich Lenz wurde 1846 in der Nähe von Stettin geboren. Seine technische Grundausbildung erhielt er an der Berliner Gewerbeakademie, wonach er eine Anstellung im technischen Büro der Berlin-Stettiner Eisenbahn bekam. Er wechselte vor dem Ausbruch des Deutsch-Französischen Krieges in den Dienst eines Stettiner Bauunternehmens für Hoch- und Tiefbau und wurde nach dem Krieg dessen Teilhaber. Nach Bautätigkeiten in und um Stettin kamen auch Bauaufträge für Eisenbahnen in die Auftragslisten. Er leitete teilweise selbständig den Bau einer Teilstrecke der Saalbahn, erhielt ein Baulos der Saale-Unstrut-Eisenbahn und ließ Erdarbeiten an einer Bahnstrecke nach Stettin ausführen. Nach diesen Arbeiten gründete Lenz 1876 ein eigenes Tiefbauunternehmen. Die ersten Eisenbahnaufträge kamen von den Preußischen Staatseisenbahnen und betrafen Erdarbeiten für die Strecke Stolp–Stolpmünde–Rummelsburg in Pommern. [85])

Mit der Verstaatlichung der Altdamm-Colberger Eisenbahn übernahm die Preußische Staatsbahn die Lokomotive Nr. 16 (Borsig 1898/4685) und reihte sie als „Stettin 1745" ein. Nach 1906 lautete die neue Bezeichnung „Stettin 6145", und bei der DR fuhr die Lok unter der Nr. 89 7571, zuletzt noch als Werklok im Raw Dresden. Sammlung transpress

Altdamm-Colberger Eisenbahn, vor dem Bahnhof des Ostseebades Colberg warten die „Taxis" auf Kunden aus Richtung Stettin, Altdamm, Greifenberg.
Sammlung Rammelt

700 Reichsmark

Ostpreussische Kleinbahnen-Aktiengesellschaft
zu KÖNIGSBERG-PR.

700 R.-Mark **AKTIE LITT. B** Nr. 1921

über

SIEBENHUNDERT REICHSMARK

(Gemäß Umstellungsbeschluß der Generalversammlung vom 20. Dezember 1924)

Inhaber dieser Aktie ist nach Verhältnis des Betrages derselben am gesamten Eigentum der **Ostpreußischen Kleinbahnen-Aktiengesellschaft** und an dem Gewinn derselben nach Maßgabe des Gesellschaftsvertrages beteiligt.

Königsberg i. Pr., den 1. April 1925.

Ostpreußische Kleinbahnen-Aktiengesellschaft.

Der Aufsichtsrat: Der Vorstand:

Vorsitzender.

Den Vorschriften des Kapitalverkehrssteuergesetzes über die Gesellschaftssteuer ist nach der Bescheinigung des Finanzamts Stadt Abt. C in Königsberg i. Pr. vom 21. Febr. 1925, Nr. 1573 des Anmeldungsbuchs genügt.

Eingetragen in das Aktienbuch Seite

Der Kontrolleur:

Aktie der Ostpreußischen Kleinbahn AG. Die AG blieb auch nach der Gründung der Ostdeutschen Eisenbahngesellschaft bestehen. Sammlung Rammelt

Die erste durch das Bauunternehmen Lenz selbständig gebaute, mit Betriebsmitteln und Anlagen ausgerüstete und anschließend auch betriebene Eisenbahn wurde die am 4. Oktober 1880 konzessionierte Altdamm-Colberger Eisenbahn. Sie sollte die Provinzialhauptstadt Stettin mit dem landwirtschaftlich reichen Norden Pommerns verbinden. Das Anlagekapital einschließlich Grunderwerb legte man mit 6 300 000 Mark fest. Bei der Suche nach einem geeigneten Bauunternehmer fiel die Wahl auf Friedrich Lenz, welcher den Bau unter Generalvollmacht zum Betrag von 5 400 000 Mark ausführte. Die Altdamm-Colberger Eisenbahn wurde etappenweise in der Zeit vom 1. Januar 1882 bis zum 25. Mai 1882 eröffnet. Aufgrund des Beschlusses der Generalversammlung vom 27. Februar 1883 führte der Bauunternehmer auch den Betrieb. Vertraglich war eine Betriebsführungszeit von 10 Jahren vereinbart, doch bereits im Juni 1885 wurde der Vertrag gekündigt, und die Direktion führte nach der Maßgabe für Bahnen untergeordneter Bedeutung den Betrieb in eigener Regie. Am 18. Mai 1903 wurde diese erste von Friedrich Lenz gebaute Eisenbahn von der Königlich Preußischen Eisenbahn-Verwaltung übernommen. [86] Nachdem der Mecklenburg-Schweriner Staat mit dem Staatsbahnsystem keine guten Erfahrungen gesammelt hatte, entschloß er sich, den weiteren Ausbau vor allem der Nebenbahnen wieder der Privatinitiative zu überlassen. Die mecklenburgische Regierung wandte sich 1882 an das Bauunternehmen Lenz und knüpfte die Konzession für Nebenbahnen an folgende Bedingungen:

- Lenz mußte das Geld für den Bau und die Betriebsmittel beschaffen,
- den Betrieb anschließend für 10 bis 15 Jahre pachten und
- das volle unternehmerische Risiko über diese Zeitdauer tragen.

Vom Staat erhielt er zwar einen Zuschuß, der aber bei weitem nicht ausreichte. Aus diesem Grund gründete Lenz Aktiengesellschaften, an denen sich Städte, Gemeinden und Privatpersonen beteiligen konnten. Für die in Tabelle 2.7 aufgeführten mecklenburgischen Strecken war ein Gesamtkapital von 12 Mill. Mark erforderlich; ein Drittel dieser Summe wurde von Lenz aufgebracht. Gegen diese Finanzlast konnte er den Baugewinn verrechnen, der im Durchschnitt 20 Prozent der Bausumme betragen hat; trotzdem blieben 2 Mill. Mark fest investiert. Damit war Lenz Finanzier, Bau- und Betriebsunternehmer.

Friedrich Lenz (1846 bis 1930). Sammlung Rammelt

Tabelle 2.7 Klein- und Privatbahnen, die von Lenz in Deutschland gebaut wurden oder wo die Gesellschaft die Betriebsführung übernommen hatte

Bahn	Betriebs-eröffnung	Spurweite mm	Länge km
Altendamm-Colberger Eisenbahn	1.2.1882	1 435	122,13
Wismar-Rostocker Eisenbahn	22.12.1883	1 435	58,8
Teterow-Gnoiener Eisenbahn	5.11.1884	1 435	26,5
Güstrow-Plauer Eisenbahn	1886	1 435	69,43
Doberan-Heiligendammer Eisenbahn	9.7.1886	900	6,67
Wismar-Karower Eisenbahn	14.11.1887	1 435	71,52
Kleinbahn Goldbeck–Werben	1.4.1886	1 435	22,0
Boizenburger Stadt- und Hafenbahn	1890	1 435	2,6
Osthavelländische Kreisbahnen	4.10.1893	1 435	18,59
Stolpetalbahn	15.8.1894	1 435	37,13
Euskirchner Kreisbahnen	26.1.1895	1 000	
Greifenhagener Kreisbahnen	1.2.1895	1 435	74,5
Wirsitzer Kreisbahnen	21.2.1895	600	50,8
Franzburger Kreisbahnen	4.5.1895	1 000	66,04
Saatziger Kleinbahnen	12.5.1895	1 000/1 435	119,92
Bromberger Kreisbahnen	18.5.1895	600	24,45
Colberger Kleinbahn	27.5.1895	1 000	122,72
Franzburger Südbahn	19.5.1895	1 435	39,48
Rügensche Kleinbahnen	22.7.1895	750	105,42
Bleckeder Kreisbahn	17.12.1895	750/1 435	61,15
Kleinbahn Anklam–Lassan	17.4.1896	600	28,39
Kleinbahn Groß Peterwiz–Katscher	28.4.1896	1 435	8,7
Halle-Hettstedter Eisenbahn	29.5.1896	1 435	53,6
Hallesche Hafenbahn	9.1.1895	1 435/1 000	6,0 (1,1)
Bergheimer Kreisbahn	23.6.1896	1 000	67,1
Greifenberger Kleinbahnen	1.7.1896	1 000/1 435 (urspr. teilweise 750)	178,53
Regenwalder Kleinbahn	26.7.1896	1 000	52,91
Kleinbahn Löwenberg–Lindow	11.8.1896	1 435	21,3
Strausberg-Herzfelder Kleinbahn	22.9.1896	1 435	12,2
Neustadt-Gogoliner Eisenbahn	22.10.1896	1 435	41,6
Rosenberger Kreisbahn	13.11.1896	750/1 435[1]	22,34
Greifswald-Grimmener Eisenbahn	26.11.1896	1 435	54,9
Kleinbahn Cüstrin–Hammer	15.12.1896	1 435	42,73
Demminer Kleinbahnen Ost	23.1.1897	750	66,37
Randower Kleinbahn	11.5.1897	1 435	48,6
Mühlhausen-Ebelebener Eisenbahn	4.6.1897	1 435	25,3
Kreisbahn Gummersbach	5.9.1897	1 000	18,5
Kleinbahn Kiel–Schönberg	7.7.1897	1 435	25,8
Stolper Kreisbahnen	14.9.1897	750/1 435	80,1
Kleinbahn Greifswald–Jarmen	16.9.1897	750	53,2
Eisenbahngesellschaft Oldenburg–Heiligenhafen	17.1.1898	1 435	20,5
Göttinger Kleinbahn	19.12.1897	750	36,1
Liegnitz-Rawitscher Eisenbahn	5.2.1898	1 435	129,1
Alsener Kleinbahn	6. 2.1898	1 000	50,5
Wehlau-Friedländer Kreisbahnen	9.4.1898	750	68,7
Rastenburger Kleinbahnen	1.5.1898	750	122,3
Haffuferbahn	20.5.1899	1 435	48,3
Kleinbahn Heudeber–Mattierzoll	1.8.1898	1 435	20,9
Mindener Kreisbahn	4.12.1898	1 000	85,6
Kleinbahn DeutschKrone–Virchow	5.12.1898	1 435	38,3
Kremmen-Neuruppin-Wittstocker Eisenbahn	16.12.1898	1 435	66,1
Uckermärkische Lokalbahn (Löcknitz–Brüssow)	17.12.1898	1 435	10,7
Kleinbahn Greifswald–Wolgast	20.12.1898	1 435	57,2
Schleswiger Kreisbahn	15.9.1899	1 435	110,9
Genthiner Kleinbahn nur die Strecken Genthin–Schönhausen und Genthin–Milow	25.10.1899	1 435	49,4
Kleinbahn Casekow–Penkun/Oder	8.4.1899	750/1 435	42,24
Kleinbahn Bismark–Kalbe (M)–Beetzendorf	18.12.1899	1 435	42,3
Oschersleben-Schöninger Eisenbahn	20.12.1899	1 435	27,6

Bahn	Betriebseröffnung	Spurweite mm	Länge km
Königsberger Kleinbahn	15.1.1900	750/1 435	59,7
Polkwitz-Randteuer Kleinbahn	1.4.1900	1 435	17,4
Eulengebirgsbahn mit Heuscheuerbahn	1.7.1900	1 435	61,12
Samlandbahn	14.7.1900	1 435	45,1
Nauendorf-Gerlebogker Eisenbahn	18.7.1900	1 435	16,4
Fischhausener Kreisbahn	1.10.1900	1 435	23,8
Kleinbahn Alsdorf–Geilenkirchen	7.10.1900	1 000	38,1
Stralsund-Tribseeser Eisenbahn	23.12.1900	1 435	36,2
Kleinbahn Culmsee–Melno	30.9.1901	1 435	46
Kleinbahn Ziesar–Großwusterwitz	1.10.1901	1 435	16,2
Pillkaller Kleinbahn	24.12.1901	1 000	60,8
Insterburger Kleinbahnen	1.8.1902	750/1 000 /1 435	357,8
Naugarder Kleinbahnen	30.8.1902	1 435	38,1
Kleinbahn Jauer–Maltsch	1.10.1902	1 435	30,9
Kleinbahn Neustadt–Prüssau und Chottschow–Gariger	25.11.1902	1 435	37,8
Ratzeburger Kleinbahn	27.6.1903	1 435	18,3
Kleinbahn Putzig–Krockow	26.9.1903	1 435	18,3
Kleinbahn Bismark–Kalbe (M)–Beetzendorf–Diesdorf (nur Teilstrecke Beetzendorf–Diesdorf)	24.12.1904	1 435	17,2
Butzbach-Licher Eisenbahn	28.3.1904	1 435	56,4
Gostyner Kreisbahn	12.12.1904	1 435	27,3
Görlitzer Kreisbahn	30.3.1905	1 435	26,3
Kleinbahn Bunzlau–Neudorf	10.4.1906	1 435	28,3
Kleinbahn Horka–Rothenburg–Priebus	15.12.1907	1 435	25,8
Frankenstein-Münsterberg-Nimptscher Kreisbahn	1.11.1908	1 435	49,8
Kleinbahn Kirchbarkau–Preetz–Lütjenburg	1.10.1910	1 435	41,6
Ohlauer Kleinbahn	1.10.1910	1 435	29,9
Oletzkoer Kleinbahn	18.9.1911	1 000	43,1
Kleinbahn Grünberg–Sprottau	1.10.1911	1 435	50,8
Kleinbahn Kiel–Segeberg	2.12.1911	1 435	48,9
Neißer Kleinbahn	5.12.1911	1 435	40,5
Demminer Kleinbahnen West	1.7.1913	750	93,1
Lycker Kleinbahnen	22.10.1913	1 000	47,8
Kleinbahn Kohlfurth–Rothwasser	22.10.1913	1 435	6,4
Kleinbahn Guttentag–Vorsowka	2.12.1913	1 435	10,9
Kleinbahn Lüben–Kotzenau	21.2.1916	1 435	28,1
Lissa-Guhrau-Steinauer Kleinbahn	15.9.1916	1 435	46,7
Mecklenburgische Bäderbahn	1.7.1925	1 435	10,3

[1] später Umbau in Normalspur

Gründung und Ausweitung der Bau- und Betriebsgesellschaft

Auf der Grundlage der ersten Erfolge beim Bau und Betrieb von Eisenbahnen gründete F. Lenz 1883 die Eisenbahnbau- und Betriebsgesellschaft Lenz. Unmittelbar nach Inkrafttreten des Kleinbahngesetzes wurde die Eisenbahnbau- und Betriebsgesellschaft Lenz in eine GmbH mit einem Startkapital von 4 Mill. Mark umgewandelt. Beteiligt waren die Berliner Handels-Gesellschaft (BHG), Friedrich Lenz und die Bank Bleichröder. Als einzige Industriegesellschaft beteiligte sich der Schienenlieferant für Lenz, die Firma Krupp, an der neuen Gesellschaft. Friedrich Lenz wurde alleiniger Geschäftsführer der GmbH. Der gute Ruf, den sich Lenz einst mit dem Bau der Altdamm-Colberger Eisenbahn in der Provinz Pommern erworben hatte, sicherte ihm die Bauausführung fast aller Kleinbahnen in dieser preußischen Provinz. Von der Preußischen Staatseisenbahn übernahm er einige erfahrene Mitarbeiter, die durch ihre technischen Kenntnisse den schnellen wirtschaftlichen Aufstieg des Unternehmens förderten. Zu diesen ehemaligen Beamten zählte u.a. der Königliche Eisenbahnbau- und Betriebsinspektor Fuchs, der die Vorschriften „Der Bau und die Betriebseinrichtungen der Kleinbahnen" für Lenz verfaßte. 1896 trat Baurat Lucht nach seinem Austritt aus dem preußischen Staatsdienst in die Lenzsche Verwaltung ein. Er übernahm die Stellung eines Betriebsleiters bei den Bromberger und Wirsitzer Kreisbahnen, die der Lenz-Tochtergesellschaft der Ostpreußischen Kleinbahngesellschaft angehörten. Nach der Gründung der Ostdeutschen Eisenbahn-

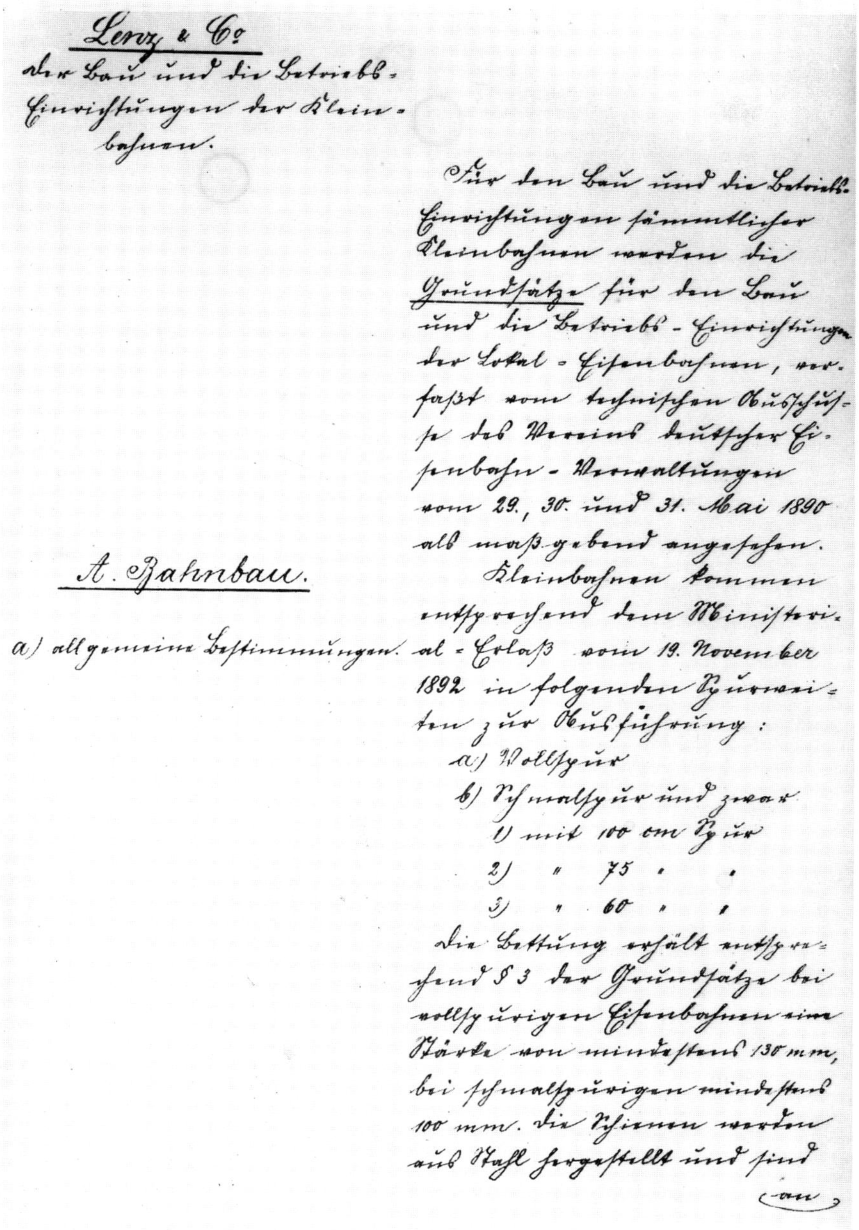

Lenz & Co

Der Bau und die Betriebs-Einrichtungen der Kleinbahnen.

Für den Bau und die Betriebs-Einrichtungen sämmtlicher Kleinbahnen werden die Grundsätze für den Bau und die Betriebs-Einrichtungen der Lokal-Eisenbahnen, verfaßt vom technischen Ausschusse des Vereins deutscher Eisenbahn-Verwaltungen vom 29., 30. und 31. Mai 1890 als maßgebend angesehen.

A. Bahnbau.

a) allgemeine Bestimmungen.

Kleinbahnen kommen entsprechend dem Ministerial-Erlaß vom 19. November 1892 in folgenden Spurweiten zur Ausführung:

a) Vollspur
b) Schmalspur und zwar
1) mit 100 cm Spur
2) " 75 " "
3) " 60 " "

Die Bettung erhält entsprechend § 3 der Grundsätze bei vollspurigen Eisenbahnen eine Stärke von mindestens 130 mm, bei schmalspurigen mindestens 100 mm. Die Schienen werden aus Stahl hergestellt und sind

an

Die Lenz-Normalien existieren nur als handgeschriebene Ausgabe, Seite 1.
Sammlung Dobbert

Geprägter Einband, mit Goldbuchstaben geschmückt: die Lenz-Normalien.
Sammlung Dobbert

Gesellschaft übersiedelte Lucht von Bromberg nach Königsberg und leitete von dort aus den Ausbau der Kleinbahnen in den Provinzen Ost- und Westpreußen sowie Posen.
Die Ostdeutsche Eisenbahn-Gesellschaft übernahm nach ihrer Gründung 1899 auch die seit 1894 bestehende Ostpreußische Kleinbahn AG, die ihren Sitz in Bromberg hatte. Letztere trat als selbständige Körperschaft unter der Leitung der Ostdeutschen Eisenbahn-Gesellschaft auf. Beide Unternehmen bauten Kleinbahnen und übernahmen anschließend die Betriebsführung. Zur Finanzierung seiner Eisenbahnunternehmen gründete Lenz weitere Kapitalgemeinschaften. So entstand 1895 die Westdeutsche Eisenbahn-Gesellschaft in Köln. Diese löste sich allerdings bis zum Ende der neunziger Jahre völlig von Lenz und bilde-

te ein unabhängiges eigenständiges Unternehmen.

Die über das gesamte preußische Staatsgebiet verstreuten Lenz-Bahnen wurden von verschiedenen Betriebsabteilungen betreut. Der Stammsitz mit angegliederter Betriebsabteilung für die pommerschen Bahnen befand sich in Stettin, bis im Juni des Jahres 1897 die Betriebsabteilung nach Stargard verlegt wurde, um von dort die späteren mittel- und hinterpommerschen Bahnen zu leiten. Für den Ausbau und die Betriebsleitung der Klein- und Privatbahnen in Vorpommern gründete die Firma Lenz & Co GmbH am 1. Mai 1897 die Betriebsabteilung Greifswald. [87] In Stargard wurde das Verwaltungsgebäude der Saatziger Kreisbahnen mitbenutzt.

Nach dem Umzug der Firmenleitung von Stettin nach Berlin zog die Betriebsabteilung der mittel- und hinterpommerschen Bahnen im Mai 1899 nach Stettin zurück. Damit war die Stargarder Betriebsabteilung aufgelöst, und die von ihr verwalteten Bahnen wurden unter die Leitung der pommerschen Betriebsdirektion in Stettin gestellt.

In Berlin befand sich schon eine eigene Betriebsabteilung für die Osthavelländische sowie die Genthiner und Ruppiner Bahnen und die Kleinbahn Strausberg–Herzfelde. Kurz nach der Jahrhundertwende bauten die bis zu diesem Zeitpunkt nur als Teilstrecken existierenden Bahnen ihr Streckennetz unter eigener Regie oder unter Leitung der Provinzialverbände aus und kündigten die mit der Lenz & Co GmbH geschlossenen Betriebsverträge. Die Betriebsabteilung Altona, zuständig für die Kieler, Bleckeder, Oldenburger und altmärkischen Lenz-Bahnen, wurde bereits nach der Jahrhundertwende aufgelöst. Die Leitung übernahm die Berliner Abteilung. Betriebswirtschaftliche und finanzpolitische Erwägungen sowie das Auslaufen der Betriebsverträge bei den pommerschen Bahnen zum 31. März 1910 führten zur Auflösung der Stettiner und Greifswalder Betriebsabteilungen, so daß nur die drei Abteilungen Berlin, Halle und Breslau übrigblieben. Letztere war zuständig für die schlesischen Lenz-Bahnen und verwaltete in der Zeit von 1900 bis 1945 zwischen vier und 13 Bahnen, darunter die bedeutende Liegnitz-Rawitscher Eisenbahn (LRE).

Die Halle-Hettstedter Eisenbahn (HHE) hatte eine eigene Betriebsabteilung in Halle, die schon vor der Jahrhundertwende gegründet worden war. Anfänglich verwaltete sie zugleich die Goldbeck-Werbener und die Mühlhausen-Ebelebener Eisenbahn. Letztere wurde später von der Berliner Abteilung übernommen. Zwischendurch wurden die zwei gegen Ende der zwanziger Jahre betrieblich übernommenen Bahnen Nauendorf–Gerlebogk und Horka–Rothenburg–Priebus von Halle aus geleitet. Nach 1943 wurde die Betriebsleitung Halle aufgelöst und die verbliebene Bahn der Berliner Direktion angegliedert. [88] Die HHE war neben der LRE immer die größte Lenz-Bahn gewesen, aus diesem Grund blieb wahrscheinlich auch die Betriebsabteilung Halle bis 1943 bestehen.

Zur Verdeutlichung seien die Betriebseinnahmen der beiden größten Gesellschaften dem Durchschnittswert der restlichen Bahnen gegenübergestellt: Im November 1906 hatten die HHE eine Monatseinnahme von 103 760 Mark und die LRE von 106 740 Mark, während die restlichen 39 Lenz-Bahnen im gleichen Zeitraum im Durchschnitt jeweils eine Monatseinnahme von 16 000 Mark aufzuweisen hatten. [89]

Die Bauabteilung der Lenz & Co GmbH hatte sich dabei schon vor der Jahrhundertwende zum bedeutendsten Unternehmen dieser Art in Deutschland entwickelt. Lenz & Co projektierte und baute im Auftrag von Interessengemeinschaften Kleinbahnen, wobei er sich durch Aktienkapital an den neuen Unternehmen beteiligte und damit gleichzeitig einen Sitz im Aufsichtsrat bekam. Diese Verfahrensweise wurde ihm durch den Zusammenschluß mit der Berliner Handelsgesellschaft ermöglicht, die als Geldgeber an der Lenz & Co GmbH beteiligt war. Sobald eine Bahn fertiggestellt war, übernahm Lenz & Co für eine vereinbarte Zeit den Betrieb. Dadurch erhielt die Firma sämtliche Einnahmen des neuen Unternehmens, von denen alle Ausgaben beglichen werden mußten. Die Lenz & Co GmbH trug bei dieser Verfahrensweise allerdings in den ersten Jahren das Betriebsrisiko. Das Entgelt für die Betriebsführung betrug beispielsweise bei den Franzburger Kreisbahnen in den ersten Betriebsjahren 10 Prozent des Nettoüberschusses. Der darüber hinaus erwirtschaftete Reinerlös wurde dem Vorstand der Bahn überschrieben. Von diesem Betrag mußten die Aktionäre ausgezahlt werden, wobei zuerst die Prioritäts-Stammaktien, von denen Lenz in den meisten Fällen bereits einen Großteil besaß, berücksichtigt wurden. [90]

Oberstes Gebot für die Lenz-Bahnen war billigste Bauausführung. Die Bereitschaft des Militärs, sich bei Manövern und für die militärische Ausbildung der Pioniertruppen am Bau von Eisenbahnen zu beteiligen,

Von der Liegnitz-Rawitscher Eisenbahn (Nr. 182) kam die spätere 92 6488 zur Halle-Hettstedter Eisenbahn, hier am 6. Mai 1956 auf der durch die Stadt Halle führenden Hafenbahnstrecke aufgenommen.
Foto Propp

Der alte Bahnhof Calbe (Milde), von Lenz & Co gebaut, um 1925.
Sammlung G. Meyer

E-Schlepptenderlokomotive für die in Deutsch-Südwestafrika gelegene Strecke Lüderitzbucht–Keetmannshoop, die Triebwerksverkleidung bot Schutz vor den Sandstürmen.
Sammlung Arndt

kam der Firma besonders entgegen. Auf diese Weise entstanden unter anderem die Liegnitz-Rawitscher Eisenbahn, die Franzburger Südbahn, die Kleinbahn Bismark–Calbe (Milde), die Eulengebirgsbahn, die Stolpetalbahn und die Naugarder Kleinbahnen. Bei letzteren verlegte die Eisenbahntruppe mit 186 Mann pro Tag 1,7 km Oberbau.
Alle von Lenz gebauten Kleinbahnen wurden nach den 1894 erarbeiteten Normalien gebaut. Sie enthielten Angaben über Oberbau, Gleisverlegung, Ausrüstung der Bahnhöfe und Betriebsmittel je nach Spurweite. Grundlage für die von Fuchs aufgestellten Normalien waren die Grundsätze für den Bau und die Betriebseinrichtungen der Lokal-Eisenbahnen, die vom Technischen Ausschuß des Vereins Deutscher Eisenbahnverwaltungen vom 29. bis 31. Mai 1890 erarbeitet worden waren. Als im ersten Jahrzehnt dieses Jahrhunderts das Ministerium der öffentlichen Arbeiten die vom Staat und von den Provinzen unterstützten Kleinbahnen unter die Leitung der Provinzialverwaltungen stellte, gab Lenz die Betriebsführung der Kleinbahn Bismark–Calbe–Beetzendorf im Jahr 1904 an die Provinz

Sachsen ab. Ihr folgten 1908 die Genthin-Milower, die Genthin-Schönhausener und die Ziesar-Groß Wusterwitzer Kleinbahn. Die Provinz übernahm den bis dahin im Dienst stehenden Betriebsleiter und setzte ihn in den Rang eines Provinzialbeamten. Die Provinz Pommern beschloß in der Sitzung vom 18. März 1909, daß der Provinzialverband vom 1. April 1910 an den Betrieb der pommerschen Kleinbahnen übernehme. Auch in Pommern wurden die Lenz-Fachleute entsprechend dem Vertrag von der Provinz übernommen und in deren Dienst gestellt (Tabelle 2.7).

Neben dem Bau der Klein- und Privatbahnen im eigenen Land begann Deutschland um die Jahrhundertwende auch mit dem Ausbau des Eisenbahnnetzes in seinen Kolonien. Als einer der Direktoren der für diesen Zweck gegründeten Kolonial-Eisenbahn-Bau- und Betriebsgesellschaft (K.E.B.B.G.) und der Ostafrikanischen Eisenbahngesellschaft fungierte neben den Regierungsbaumeistern Hillenkamp und Habich nicht nur Friedrich Lenz, sondern die K.E.B.B.G. war sogar eine Tochtergesellschaft von Lenz & Co und bestand auch nach 1920 weiter. Außer für afrikanische Bahnen war die Firma Lenz in der Türkei, in Polen, auf dem Balkan und in Kleinasien am Eisenbahnbau beteiligt.

Der Ausgang des ersten Weltkrieges und der Versailler Vertrag reduzierten das Lenzsche Imperium beträchtlich. Trotzdem umfaßten die unter seiner Verwaltung stehenden deutschen Kleinbahnen im Jahr 1920 immer noch die beachtliche Streckenlänge von rund 735 km, hinzu kamen verschiedene deutsche Privatbahnen mit insgesamt 330 km Länge.

Fusionen unter Leitung der AGV

Als Dachgesellschaft zur Kontrolle und Leitung der angeschlossenen Firmen hatte Lenz unter Beteiligung der Berliner Handelsgesellschaft 1901 die Aktiengesellschaft Verkehr (AGV) gegründet. Die AGV fusionierte 1922 mit der im Auftrag von Lenz & Co arbeitenden Ostdeutschen Eisenbahn-Gesellschaft, die danach weiterhin unter der Leitung der AGV als selbständiges Unternehmen bestehenblieb. Eine weitere Fusion folgte mit der Allgemeinen Deutschen Eisenbahn-Betriebs-Gesellschaft mbH (ADEG), die wiederum aus der Allgemeinen Deutschen Kleinbahn-Gesellschaft (ADKG) hervorging. Diese Gesellschaft war 1893 gegründet worden. Ihre ersten Aktivitäten hatten sich auf den Bau eines verzweigten Kleinbahnnetzes um Danzig konzentriert. Der ab 1910 als Generaldirektor dieser Gesellschaft tätige Max Dräger hatte seine Laufbahn 1893 bei der Lenz & Co GmbH begonnen und war 1896 zur ADKG übergewechselt. Die Streckenlänge der von der AGV verwalteten 58 Bahnen betrug ab 1922 ca. 2 160 km. Durch die Verschmelzung mit den 17 Bahnen der ADEG stieg die Gesamtstreckenlänge auf insgesamt 3 100 km. Die ADEG hatte erst 1927 die Betriebsführung der Nebenbahn Farge–Vegesack und der Kleinbahn Kirchbarkau–Preetz–Lütjenburg übernommen. Auch die Lenz & Co GmbH erweiterte wieder ihren Einflußbereich durch die Betriebsleitung der Nauendorf-Gerlebogker Eisenbahn. Ein Jahr später übernahm sie die Betriebsführung der Kleinbahn Horka–Rothenburg–Priebus.

In Polen gebaute ELNA. Die Lokomotivfabrik Chrzanow in Krakau baute für das nach dem Versailler Vertrag an Polen abgegebene Teilstück der LRE unter den Fabriknummern 348/349 1930 zwei ELNA-Maschinen, die nach 1939 unter den Nummern 92 2601 und 92 2602 von der Deutschen Reichsbahn übernommen wurden. Diese Aufnahme der 92 2602 entstand 1943.
Sammlung Umlauft

Tabelle 2.8 Struktur der Aktiengesellschaft für Verkehrswesen 1928

Lenz & Co GmbH

Bahn	Betriebs-eröffnung	Spurweite mm	Länge km
Halle-Hettstedter Eisenbahn	29.5.1896	1 435 (1 000)	59,6
Strausberg-Herzfelder Kleinbahn	22.9.1896	1 435	12,2
Neustadt-Gogoliner Eisenbahn	22.10.1896	1 435	41,6
Greifswald-Grimmener Eisenbahn	26.11.1896	1 435	54,9
Mühlhausen-Ebelebener Eisenbahn	4.6.1897	1 435	25,3
Kleinbahn Kiel–Schönberg	7.7.1897	1 435	25,8
Göttinger Kleinbahn	19.12.1897	750	36,1
Liegnitz-Rawitscher Eisenbahn	5.2.1898	1 435	129,1
Mindener Kreisbahn	4.12.1898	1 000	85,6
Kleinbahn Deutsch Krone–Virchow	16.12.1898	1 435	37,7
Eulengebirgsbahn	1.7.1900	1 435	61,1
Nauendorf-Gerlebogker Eisenbahn	18.7.1900	1 435	16,4
Stralsund-Tribseeser Eisenbahn	23.12.1900	1 435	36,2
Kleinbahn Jauer–Maltsch	1.10.1902	1 435	30,9
Kleinbahn Neustadt–Prüssau	25.11.1902	1.435	37,8
Ratzeburger Kleinbahn	26.6.1903	1 435	18,3
Butzbach-Licher Eisenbahn	28.3.1904	1 435	56,4
Görlitzer Kreisbahn	30.3.1905	1 435	26,3
Bunzlauer Kleinbahn	10.4.1906	1 435	28,3
Kleinbahn Horka–Rothenburg–Priebus	15.12.1907	1 435	25,8
Frankenstein-Münsterberg-Nimptscher Kreisbahn	1.11.1908	1 435	49,8
Kleinbahn Chottschow–Garzigar	7.5.1910	1 435	25,9
Ohlauer Kleinbahn	1.10.1910	1 435	29,9
Kleinbahn Grünberg–Sprottau	1.10.1911	1 435	50,8
Kleinbahn Kiel–Segeberg	2.12.1911	1 435	48,9
Neißer Kleinbahn	5.12.1911	1 435	40,5
Kleinbahn Kohlfurth–Rothwasser	22.10.1913	1 435	6,4
Kleinbahn Guttentag–Vorsowka	2.12.1913	1 435	10,9
Lissa-Guhrau-Steinauer Kleinbahn	15.9.1916	1 435	46,7
Mecklenburgische Bäderbahn	1.7.1925	1 435	10,3

Fortsetzung Tabelle 2.8 auf Seite 94/95

Ostdeutsche Eisenbahn-Gesellschaft (OEG)

Bahn	Betriebs-eröffnung	Spurweite mm	Länge km
Königsberg-Crazer Eisenbahn-Gesellschaft	31.12.1885	1 435	48,5
Rastenburger Kleinbahnen	1.5.1898	750	121,4
Samlandbahn	14.7.1900	1 435	47,3
Fischhausener Kreisbahn	1.10.1900	1 435	18,5
Marienwerder Kleinbahnen	28.9.1901	750	34,6
Memeler Kleinbahnen	22.10.1906	1 000	50,4
Wörterkeim-Schippenbeiler Kleinbahn	30.6.1907	1 435	5,0
Kleinbahn Tharau–Creuzberg	26.7.1908	1 435	13,7
Kleinbahn Groß-Raum–Ellerkrug (Betriebsführung durch OEG)	9.5.1916	1 435	10,2
Ostpreußische Kleinbahnen[1]			
Königsberger Kleinbahn und Wehlau-Friedländer Kreisbahnen	6.8.1898 30.3.1898	750	102,5
Haffuferbahn	20.5.1899	1 435	48,3
Pillkaller Kleinbahnen	24.12.1901	1 000	61,1
Insterburger Kleinbahn und Niederungsbahn	1.8.1902	750	274,9
Kleinbahn Tilsit–Mikieten–Pogegen-Schmalleningken	12.8.1902	1 000	61,6
Oletzkoer Kleinbahnen	18.9.1911	1 000	43,0
Lycker Kleinbahn	20.10.1913	1 000	47,8
Kleinbahn Heydekrug–Kolleschen	13.12.1913	1 435	14,7
Ortelsburger Kleinbahn	7.6.1920	600	15,8

[1] Eigentümer: Ostpreußische Kleinbahn AG Königsberg
Betriebsführer: Ostdeutsche Eisenbahn-Gesellschaft Königsberg

Allgemeine Deutsche Eisenbahn-Gesellschaft mbH (ADEG)

Bahn	Betriebs-eröffnung	Spurweite mm	Länge km
Farge-Vegesacker Eisenbahn	31.12.1888	1 435	10,4
Trachenberg-Militscher Kreisbahn	8.12.1894	750	67,6
Riesengebirgsbahn	6.6.1895	1 435	6,9
Kleinbahn Groß Peterwiz–Katscher[1]	28.4.1896	1 435	8,0
Dessau-Radegast-Cöthener Eisenbahn[1]	28.11.1896	750/1 435	43,7
Aschersleben-Schneidlingen-Nienhagener-Kleinbahn	1.4.1897	1 435	46,5
Hildesheim-Peiner Kreisbahn	1.10.1897	1 435	31,4
Niederlausitzer Eisenbahn	20.12.1897	1 435	113,3
Breslau-Trebnitz-Prausitzer-Kleinbahn	1.7.1898	750	37,1
Biebertalbahn[1]	19.8.1898	1 000	9,8
Rinteln-Stadthagener Eisenbahn	3.3.1900	1 435	20,4
Kleinbahn Philippsheim–Binsfeld	6.5.1900	750	8,1
Teltower Eisenbahn	21.7.1909	1 435	7,9
Nassauische Kleinbahn	18.9.1900	1 000	73,9
Kleinbahn Kirchbarkau–Preetz–Lütjenburg	1.10.1900	1 435	42,0
Westpreußische Kleinbahnen	15.10.1900	750	312,7
Teutoburger Wald-Eisenbahn	1.11.1900	1 435	101,3

[1] Eigentum der Vereinigten Kleinbahn AG Köln

Weitere Fusionsbestrebungen der AGV orientierten sich zunächst auf die Westdeutsche Eisenbahn-Gesellschaft (WEG). Diese hatte sich durch den am 31. Dezember 1919 auslaufenden Garantievertrag von der Vereinigten Westdeutschen Kleinbahn AG gelöst. Das Interesse der Gründergesellschaft, der Lenz & Co GmbH, bekräftigte der 1926 abgeschlossene Interessengemeinschaftsvertrag. Danach erhielt die Lenz & Co GmbH bis 1936 den bilanzmäßig festgestellten Überschuß, sicherte aber der WEG für diesen Zeitraum eine jährliche Dividende von 5 Prozent zu.
1928 kam es zur Fusion mit der AGV. Die Bahnen der WEG gingen danach zum Großteil auf die neue Betriebsgesellschaft, die Vereinigte Kleinbahnen AG in Köln (VKAG), die unter der Leitung der AGV stand, über. Die VKAG übernahm alle von ihrer Vorgängerin abgeschlossenen Verträge wie z. B. mit den Kreisen Euskirchen, Geilenkirchen und Jü-

Deutsche Eisenbahn Aktien-Gesellschaft (DEAG)[1]

Bahn	Betriebs-eröffnung	Spurweite mm	Länge km
Kleinbahn Bremen–Tarmstedt	22.7.1898	1000	26,5
Höxtersche Kleinbahn	28.4.1899	1435	3,4
Württembergische	1.6.1900	1435	85,2
Eisenbahngesellschaft[3]		1000	28,2
Kleinbahn Beuel–Großenbusch	20.12.1900	1435	6,3
Kleinbahn Kaldenkirchen–Brüggen	19.2.1901	1435	12,0
Kleinbahn Höchst–Königstein	24.2.1902	1435	15,9
Kleinbahn Kassel–Naumburg	29.10.1903	1435	33,4
Eberswalde-Schöpfurther Eisenbahn[2]	1.4.1907	1435	11,0
Frelen Grunder Eisenbahn AG	28.8.1907	1435	13,7
Kleinbahn Bremen–Thedinghausen	1.10.1908	1435	26,1
Straßenbahn Neustadt a.d. Haardt–Landau[2]	13.1.1913	1000	23,0
Straßenbahn Hohenstein-Ernstthal–Oelsnitz	17.2.1913	1000	11,5
Gummersbacher Kleinbahnen	27.3.1915	1435	15,1

[1] Gehörte ab 1.Januar 1929 zur AGV

[2] Eigentum der Deutschen Eisenbahn-Gesellschaft AG Frankfurt am Main

[3] Nur diese Gesellschaft wurde zunächst ab 1.Januar 1929 der Betriebsführung der AGV unterstellt.

Vereinigte Kleinbahn AG (VKAG)

Bahn	Betriebs-eröffnung	Spurweite mm	Länge km
Euskirchener Kreisbahnen	26.1.1895	1000	57,4
Kreuznacher Kleinbahnen	1.4.1897	750	27,7
Kleinbahn Engelskirchen–Marienheide	5.9.1897	1000	18,5
Oschersleben-Schöninger Eisenbahn	20.12.1899	1435	27,6
Hohenzollerische Landesbahn	28.3.1900	1435	107,4
Geilenkirchener Kreisbahn	7.4.1900	1000	38,1
Kleinbahn Neheim–Hüsten–Sundern	1.6.1900	1435	14,3
Württembergische Kleinbahn AG[1]	31.10.1901	1000/1435	94,2
Braunschweig-Schöninger Eisenbahn	15.2.1902	1435	73,6
Moselbahn	2.4.1903	1435	102,2
Jülicher Kreisbahn	1.7.1911	1435	15,2

[1] An Verwaltung und Betriebsführung beteiligt

Die Württembergische Eisenbahngesellschaft gelangte über die Deutsche Eisenbahn-Gesellschaft unter das AGV-Dach. Die Lokomotive WEG 7 (D-n2v, Esslingen 1904, Fabriknummer 3314) war bis zu ihrer Ausmusterung 1963 auf den Strecken Vaihingen–Enzweihingen und Ebingen–Onstmettingen eingesetzt.
Werkfoto

Noch 1941 erhielt die Kleinbahn Kassel–Naumburg von Krauss-Maffei einen E-Kuppler mit der Betriebsnummer 206, hier 1967 am Wasserkran in Naumburg.
Foto Stemmler

Lenz-ELNA 142 der Mühlhausen-Ebelebener Eisenbahn, noch ohne elektrische Beleuchtung.
Foto Töpelmann

lich, mit der Hohenzollernschen Landesbahnen AG, der Moselbahn AG und der Firma Lenz & Co GmbH bezüglich der Betriebspacht, Betriebsführung und Verwaltung. Durch die Verschmelzung mit der WEG bzw. mit der VKAG übernahm die AGV rund 700 km Strecken.
Der Zusammenschluß von Verkehrsunternehmen unter der Holdinggesellschaft AGV wurde mit der Übernahme der Deutschen Eisenbahn-Aktiengesellschaft (DEAG) 1929 fortgesetzt. Dadurch kamen auch die Aktiengesellschaften für Bahnbau und Betrieb (AGBB) sowie die eng mit der DEAG verbundene Württembergische Eisenbahn-Gesellschaft AG (WÜEG) in Stuttgart unter die Verwaltung der AGV. Die Württembergische Nebenbahn-Gesellschaft (WÜEN) war bereits durch die Fusion mit der KVAG in den Einflußbereich der AGB gelangt. Die AGV erhöhte ihr Grundkapital von bisher 30 Mill. RM auf 50 Mill. RM. Aus der Zusammenstellung aller unter Leitung der AGV stehenden Bahnen des Jahres 1928 wird ersichtlich, wie die Bahnen durch die gemeinsamen Vorstandsmitglieder verflochten waren und wie damit die AGV ihren Einfluß auf diese Bahnen durchsetzen konnte (Tabelle 2.8).
Neben dem Generaldirektor Dr. jur. Lübbert, dem direkten Nachfolger von Lenz, der gleichzeitig Vizepräsident des Verbandes Deutscher Verkehrsverwaltungen und in der Leitung weiterer Verkehrsgremien war, tat sich besonders der Technische Direktor der Firma Lenz & Co GmbH, Eisenbahndirektor Regierungs-Baumeister a. D. Max Semke, hervor. Max Semke wurde 1872 in Magdeburg geboren, und nach seinem Studium lernte er als Regierungsbauführer in Magdeburg und bei der Königlichen Eisenbahndirektion Breslau die praktischen Erfahrungen im Eisenbahnbau. Um die Jahrhundertwende kreuzte Semke den Weg

von Friedrich Lenz und wechselte in dessen Gesellschaft. Nach anfänglichen Erfolgen bei deutschen Klein- und Privatbahnen übertrug die Gesellschaft dem noch jungen Fachmann den Bau von Werkstatteinrichtungen und Wasserversorgungsanlagen der ersten Kolonialbahnen in Deutsch-Südwestafrika während des Hottentottenfeldzuges 1905. Er bewältigte die schwierige Aufgabe, die dampfbetriebene Eisenbahn von der Lüderitzbucht über 140 km durch die Namibwüste nach Kubub mit den erforderlichen maschinentechnischen Ausrüstungen zu realisieren. Bis zum Ausbruch des ersten Weltkrieges stellte Semke seine Erfahrungen bei Eisenbahnbauten in den anderen deutschen Kolonien Kamerun, Togo und Deutsch-Ostafrika zur Verfügung. Zu diesem Zeitpunkt war er zum Vorstand der Deutschen Kolonialen Eisenbahn-Bau- und Betriebs-Gesellschaft aufgestiegen. Seine Kenntnisse wurden in der „Deutschen Kolonialen Eisenbahn-Bau- und Betriebsordnung“ für die Bahnen in den deutschen Kolonien verbindlich.

Nach dem Krieg verschlugen die aktuellen Aufgaben der Gesellschaft ihn nach Polen, Rumänien, Ungarn und Jugoslawien. Neben seinen Arbeiten in der AGV war Semke gleichzeitig noch in der Reichsverkehrsgruppe Schienenbahnen in den Ausschüssen für Oberbau, Fahrzeuge, Triebwagen und Betrieb aktiv eingebunden. Bei den fast 100 Bahnen, welche unter der AGV zusammengefaßt waren, war Max Semke in den Vorständen vertreten. Beschäftigt man sich heute mit der Geschichte der Kleinbahnen, stößt man bei fachspezifischer Literatur immer wieder auf Max Semke. Besonders bei der Normung der Fahrzeuge und der Gestaltung des Oberbaus trat er hervor. Aber auch in puncto Sparsamkeit legte er bei den dem AGV-Imperium angehörenden Bahnen außerordentlich strenge Maßstäbe an.

Die größte Lenz-Bahn, die Halle-Hettstedter Eisenbahn, wurde auf ihrer Hauptstrecke erst gegen Ende der zwanziger Jahre durchgehend mit Schienen der Form 6 ausgestattet. Bis zu diesem Zeitpunkt war diese Schienenform nur stellenweise bei Ausbesserungen eingebaut worden. Infolge des schlechten

Auch die Dessau-Radegast-Cöthener Eisenbahn, Eigentum der Vereinigten Kleinbahnen AG, kam über ihre Betriebsführungsgesellschaft, die Allgemeine Deutsche Eisenbahnbetriebs-Gesellschaft mbH zur Holdinggesellschaft AGV.
Sammlung G. Meyer

Lokomotiven Nr. 142 und Nr. 146 der Butzbach-Licher Eisenbahn im Bahnhof Butzbach Ost im März 1967. Die 146 war ursprünglich an die Schlesische Kleinbahn Jauer–Maltsch geliefert worden und 1945 nach Hessen gekommen. Foto Stemmler

Oberbaues konnten die an die HHE gelieferten ELNA-Lokomotiven nicht ihrer Leistung entsprechend eingesetzt werden.

Kriegsende und Übergang zur DR

Neben den Kriegsauswirkungen durch Luftangriffe, bei denen vereinzelt auch Fahrzeuge und Anlagen der AGV-Bahnen getroffen wurden, wirkte sich vor allem der Rückzug aus den deutschen Ostgebieten sehr strukturverändernd auf das Gesamtunternehmen aus. Der Konzern hatte an allen örtlichen Betriebsverwaltungen die Weisung erlassen, beim Vorrücken der Front alle betriebsfähigen Fahrzeuge Richtung Westen abzuziehen und vorerst in Luckau, in der Betriebswerkstatt der Niederlausitzer Eisenbahn, zu konzentrieren. Diese Weisung konnten natürlich nur die Normalspurbahnen befolgen, da bei den Wirren des Krieges keine Transportwagen für Schmalspurfahrzeuge vorhanden waren. In den Monaten März und April 1945 kamen in Luckau Fahrzeuge von folgenden Bahnen an: Bunzlauer Kleinbahn, Guhrauer Kreisbahn, Kleinbahn Guttentag–Voßwalde, Liegnitz-Rawitscher, Neustadt-Gogliner Eisenbahn und Ohlauer Kleinbahn. Auch auf anderen Konzern-Bahnen kamen Betriebsmittel aus den Ostgebieten zum Einsatz, so auf der Halle-Hettstedter Eisenbahn Fahrzeuge aus Liegnitz.

Von diesen Fahrzeugen kamen einige zu den Bahnen im Westen Deutschlands, die Mehrzahl verblieb aber in der sowjetischen Besatzungszone, und damit waren sie für die AGV verloren. Die Bahnen in diesem Teil Deutschlands wurden unter Sequester gestellt und den Landesbahnen Brandenburg, Sachsen-Anhalt, Thüringen bzw. Mecklenburg angegliedert. Die Görlitzer Kreisbahn kam unter merkwürdigen Bedingungen, welche im Band Thüringen/Sachsen näher erläutert sind, bereits 1948 zur Deutschen Reichsbahn. Auf den restlichen unter der Holding AGV einst zusammengeschlossenen Bahnen übernahm die Deutsche Reichsbahn nach der Anordnung zur Übernahme der nichtreichseigenen Eisenbahnen vom 8. April 1949 die Verwaltung und Nutznießung. In den westlichen Besatzungszonen konnte sich die AGV in der Nachkriegszeit bestätigen und ihren Einfluß im Laufe der Jahre ausbauen.

Nachdem sich die AGV an verschiedenen Industriebetrieben, u. a. auch an der Orenstein & Koppel AG, beteiligt hatte, änderte sie ihren Firmennamen in Aktiengesellschaft für Verkehr und Industrie (AGVI). Neben diesen Kapitalbeteiligungen hat sich die AGVI durch die 1974 vollzogenen Fusion mit der Allgemeinen Lokalbahn und Kraftwerke AG wieder verstärkt an Verkehrsunternehmen beteiligt. In den siebziger Jahren war die AGVI an folgenden Eisenbahngesellschaften beteiligt:

- Bayerische Zugspitzbahn
- Deutsche Eisenbahn-Gesellschaft (Betriebsführerin von 31 Eisenbahnen bzw. Straßenbahnunternehmungen),
- Farge-Vegesacker Eisenbahn-Gesellschaft mbH,
- Industriebahn-Gesellschaft (Eigentümerin von zwei Bahnen),
- Vereinigte Kleinbahn GmbH,
- Württembergische Eisenbahn-Gesellschaft mbH (Eigentümerin von sieben Bahnen),
- Rinteln-Stadthagener Eisenbahn-Gesellschaft,
- Teutoburger Wald-Eisenbahn-Gesellschaft,
- Hildesheim-Peiner-Kreis-Eisenbahn-Gesellschaft,
- Kleinbahn Kiel–Segeberg.

Betriebsmittel der Lenz-Bahnen

Nachdem Friedrich Lenz 1892 die Eisenbahnbau- und Betriebsgesellschaft Lenz & Co in Stettin gegrün-

det hatte, lag es nahe, für die zu bauenden und zu betreibenden Kleinbahnen einheitliche Betriebsmittel zu beschaffen. Das schien nicht unmöglich, denn bei vielen Kleinbahnen lagen mehr oder weniger gleichartige Streckenverhältnisse vor. Zum anderen wollte Lenz preiswerte Lokomotiven kaufen.
In den Lenz-Normalien führte der Königliche Eisenbahnbau- und Betriebsinspektor Fuchs folgendes aus:

„B. Betriebsmittel
a) Allgemeine Bestimmungen
Der größte Raddruck bei sämtlichen Fahrzeugen bei Ausnutzung der festgesetzten Tragfähigkeit wird angenommen im Allgemeinen zu
5 000 kg für Vollspur
3 000 kg für 100 cm Spurweite
2 000 kg für 75 cm Spurweite
1 500 kg für 60 cm Spurweite
Für die Räder, Radreifen, Abmessungen der Achsen sind die § 44 bis 48 der Grundsätze maßgebend mit dem Hinzufügen, daß bei 60 cm Spur die Breite der Radreifen mindestens 60 mm betragen muß.
Die Vorderseite der Lokomotiven und die Rückseite der Tender, sowie die beiden Stirnseiten der Untergestelle der Tenderlokomotiven und aller Wagen erhalten, da die größte zulässige Fahrgeschwindigkeit 20 km und mehr in der Stunde beträgt, federnde Zug- und Stoßvorrichtungen.
Bei den Schmalspurstrecken werden elastische Mittelpuffer mit zentraler darunter liegender durchgehender Zugvorrichtung zur Anwendung gelangen. In Beziehung auf die Bremskurbeln, Signalstützen und Signallaternen wird nach den § 48 – 49 der Grundsätze verfahren. Dampfheizung, Luftdruck- und Luftsaugbremsen kommen zunächst nicht zur Anwendung.

b) Bau und Einrichtung der Lokomotiven
Für den Bau und die Einrichtung der Lokomotiven sind maßgebend die § 51 bis 79 der Grundsätze, jedoch sollen dreiachsige Lokomotiven nicht zur Anwendung gelangen, und soll jede Lokomotive mit einem Dampfläutewerk versehen werden. Sofern nach den örtlichen Verhältnissen die zu befördernden Lasten nicht mehr mit einer zweiachsigen Maschine befördert werden können, so gelangen sowohl bei den vollspurigen als auch bei den schmalspurigen Kleinbahnen vierachsige Duplex-Compound-Lokomotiven mit Drehgestellen zur Verwendung, welche die volle Ausnutzung des Adhäsionsgewichtes gestatten und die geringste Abnutzung an den Lokomotiv-Radreifen und dem Oberbau veranlassen. Außerdem sollen die Bahnräumer wie bei den neueren Lokomotiven der sächsischen Schmalspurbahnen, zugleich als Schneeräumer ausgebildet werden. Sämtliche Lokomotiven sind in der Einrichtung zur Dampfentnahme für Pulsometerbetrieb der Wasserkräne eingerichtet.

c) Bau und Einrichtungen der Tender
Besondere Tender kommen bei den Kleinbahnen nicht zur Verwendung."

Die nach diesen technischen Bedingungen in Dienst gestellten Gattungen unterschied man durch einen Index zur Betriebsnummer, beispielsweise 1^b, 1^c, 1^d, 1^{nn} usw. Die Bedeutung der Indizes änderte sich jedoch in einigen Fällen, so daß ein Index nur in Verbindung mit dem Baujahr eine bestimmte Lokomotivgattung kennzeichnet.
Die engen Verbindungen mit der Heimatstadt und vor allem die ersten Kleinbahnbauten in Vorpommern bewogen Lenz, die Firma Vulcan als Hauslieferant seines Unternehmens auszuwählen. Andere Lieferanten traten erst später in Erscheinung. Vorteilhaft wirkte sich die sofortige Auswahl der entsprechenden Betriebsmittel für Voranschläge aus, er konnte auf Typenzeichnungen zurückgreifen, die zu einem festen Preis von Vulcan geliefert wurden. So liegt die Vulcan-Lichtpause einer Bn2t-Lokomotive der Gattung c vor, die den handschriftlichen Vermerk trägt „Halberstädter Kreisbahn Nr. 3^c“ sowie den Sichtvermerk „Br. 10.4.95“. Auch die Pause für einen BCi-Wagen der Fa. Wumag trägt einen Sichtvermerk für die gleiche Bahn. Daraus kann man entnehmen, daß die Fa. Lenz für eine „Halberstädter Kreisbahn“, welche übrigens nie gebaut wurde, Angebote abgegeben hat.
Der in den Jahren 1896/97 schrittweise aufgestellte Plan umfaßte folgende Lokgattungen:

Gattung a
Diese Lokomotiven wurden erstmals 1892 von Vulcan für die Osthavelländische Kreisbahn in zwei Exemplaren gebaut, eine dritte Lok folgte 1893. Weiterhin bekamen die Stolpetalbahn und die Saatziger Kreisbahn Maschinen dieser Bauart. Unter den Fabriknummern 1361 bis 1363 folgten 1894 noch drei Loks für die Greifenhagener Kleinbahn. Nach dem derzeitigen Kenntnisstand wurden insgesamt neun Lokomotiven der Gattung a in den Jahren 1892 bis 1894 gebaut.
Die danach gebauten Bn2t-Lokomotiven wurden in die Gattung d eingegliedert. Die Gattung a wurde 1900 mit den Cn2t-Maschinen der Eulengebirgsbahn wieder neu besetzt, welche den preußischen T 7 nach Musterblatt II-4c entsprachen.

Die Osthavelländische Kreisbahn stellte 1892 drei Lokomotiven der Lenz-Gattung a in Dienst. Von diesen Maschinen existieren sehr wenig Unterlagen. Neben einer Orginalzeichnung im Verkehrsmuseum Dresden, die nicht mehr kopiert werden kann, existiert nur dieses Foto. Das Bild zeigt eine der OHKB-Loks im Jahr 1896 in Ketzin.
Sammlung Schulze

Gattung b

Nach den ersten Vorstellungen sollte diese Gattung von einer Bn2t-Lok mit 12 t Achsfahrmasse belegt werden. Entgegen den Ausführungen in den „Lenz-Normalien" wurden auf den Normalspurbahnen Cn2t-Lokomotiven benötigt. Diese Gattung wurde speziell für Lenz durch die Fa. Vulcan nach den preußischen Normalien von 1883 entworfen. Dabei handelte es sich um das Musterblatt M III-4e, 1. Ausführung. Die Maschinen nach den Bromberger-Normalien hatten auf dem ersten Kesselschuß einen Regleraufsatz, und die Lenz-Gattung b hatte an dieser Stelle einen Dom von 780 mm Höhe und 600 mm Durchmesser. Die später von den Staatsbahnen bestellten T 3 hatten den Dom, als wichtigstes Unterscheidungsmerkmal zu den Lenz-Gattungen b, auf dem zweiten Kesselschuß. Die Gattung b entwickelte sich zu der Standardlokomotive der Lenz-Bahnen, insgesamt wurden von verschiedenen Herstellern ca. 80 Lokomotiven gebaut. In die Gattung b wurden später aber auch neu oder gebraucht gekaufte Lokomotiven der preußischen Gattung T 3 nach Musterblatt III-4e eingegliedert.
Unter der Nr. 4^{b} reihte die Stolpetalbahn 1911 eine von Vulcan gelieferte Lok ein. Dabei handelt es sich weder um eine Lenz-Gattung b noch, wie in der Literatur behauptet, um eine Lok der Gattung T 3.

Gattung c

Bereits 1881/82 lieferte Vulcan für die Altdamm-Colberger Eisenbahn insgesamt zehn Bn2t-Lokomotiven, welche ab 1896 neu aufgelegt und als Lenz-Gattung c an die Haffuferbahn geliefert wurden. Bis 1903 wurden einschließlich der Loks für die Haffuferbahn insgesamt zwölf Maschinen an die Greifswald-Grimmener Eisenbahn, die Naugarder Kleinbahn, die Ratzeburger Kleinbahn und die Randower Kreisbahn geliefert.
Ab 1907 erhielten Cn2t-Lokomotiven, welche den Musterblättern III-4e (2) und III-4p entsprachen, diese Gattungsbezeichnung. Eine c-Lok war die 24^{c} der ehemaligen Kleinbahn Grünberg–Sprottau, welche bei der DR die Nummer 89 953 erhielt.

Eine Lenz-Gattung a, wie sie die Eulengebirgsbahn ab 1900 einsetzte. Das Bild aus dem Jahr 1935 zeigt einen GmP noch auf der Fahrt der Talstrecke hinter Reichenbach (Schlesien)
Sammlung Traditionsbahn Radebeul

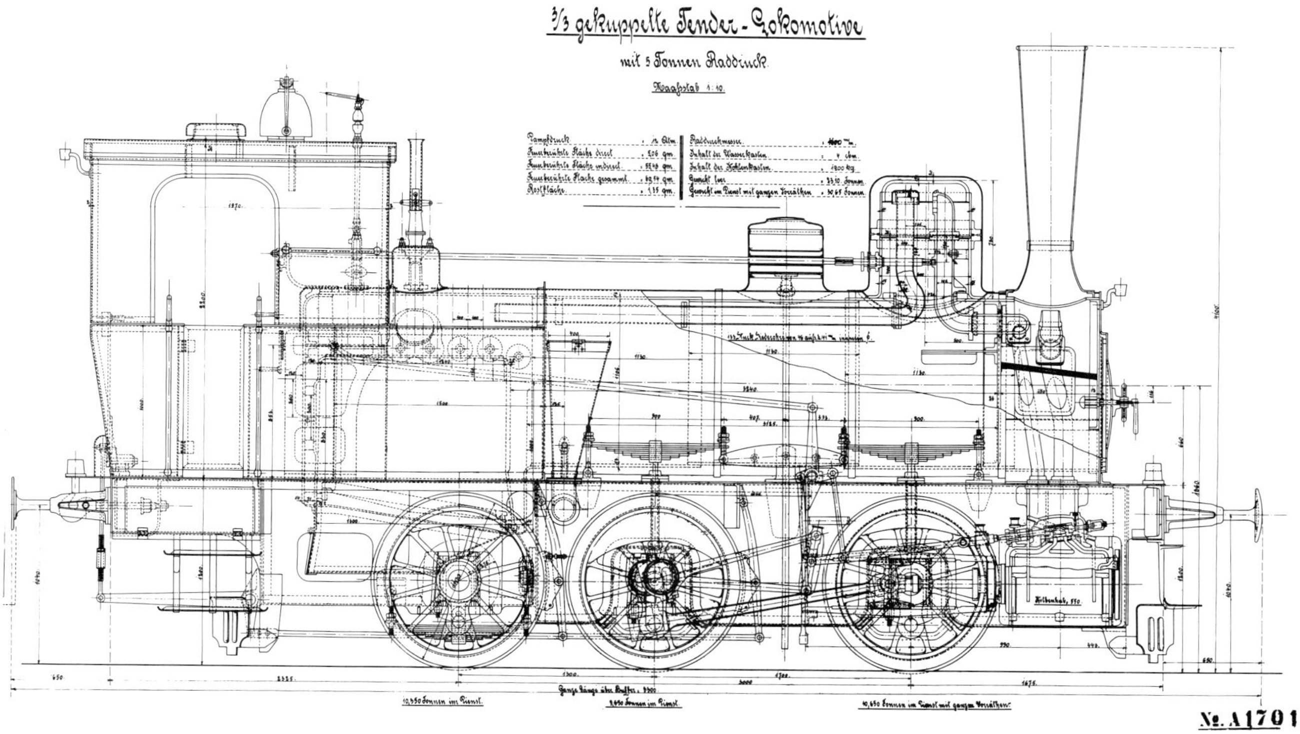

Gattung b – Werkzeichnung Vulcan – Zeichnungsnummer A 1701.
Sammlung Verkehrsmuseum Dresden

Auf Vorrat gebaute Lokomotiven der Gattung b auf dem Werkhof der Firma Vulcan in Stettin. Insgesamt neun Loks stehen für Lenz bereit, wahrscheinlich handelt es sich um einen Teil der Lieferungen aus dem Jahr 1897 (Fabriknummern 1954 bis 1604 und 1614 bis 1618), die an die Liegnitz-Rawitscher Eisenbahn, die Ruppiner Kreisbahn und die Kremmen-Wittstocker Eisenbahn geliefert wurden.
Sammlung Rammelt

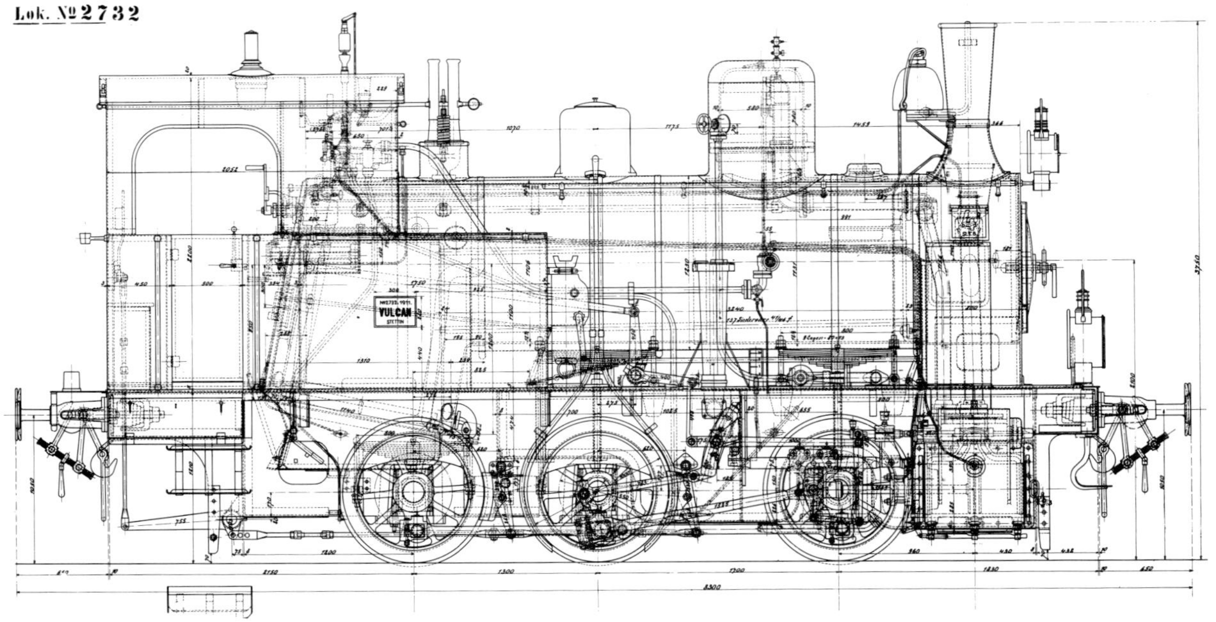
Lok. № 2732
VULCAN
STETTIN

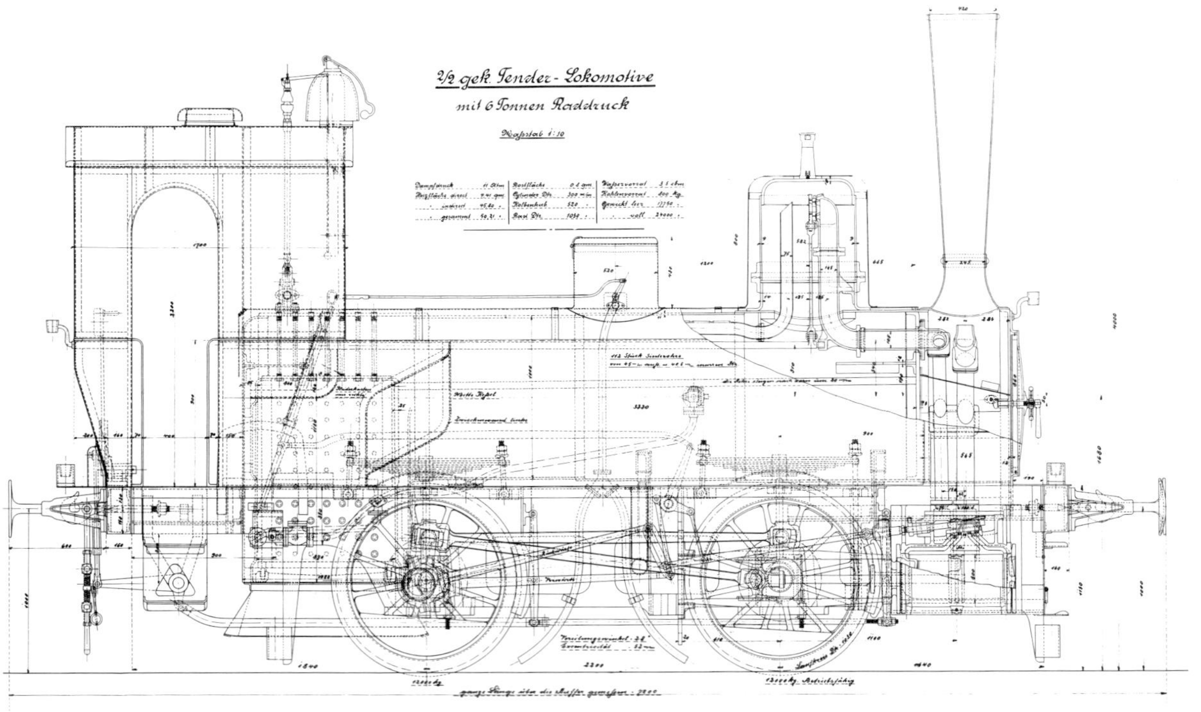
2/2 gek. Tender-Lokomotive
mit 6 Tonnen Raddruck
Maßstab 1:10

linke Seite:
1911 lieferte Vulcan diesen größeren C-Kuppler (Fabriknummer 2732) mit der Bezeichnung 4[b] an die Stolpetalbahn, Werkzeichnung Vulcan – Zeichnungsnummer A 3558.
Sammlung Verkersmuseum Dresden

Gattung c – wie sie ab 1897 von Vulcan geliefert wurde.
Sammlung Verkehrsmuseum Dresden

Gattung c – als Gattung b an die Liegnitz-Rawitscher Eisenbahn geliefert, dort aber als 21[c] eingesetzt. Die Lok entsprach dem Musterblatt M III-4p.
Sammlung Rammelt

Zeichnung Lok 21[c]. der LRE.
Sammlung Verkerhsmuseum Dresden

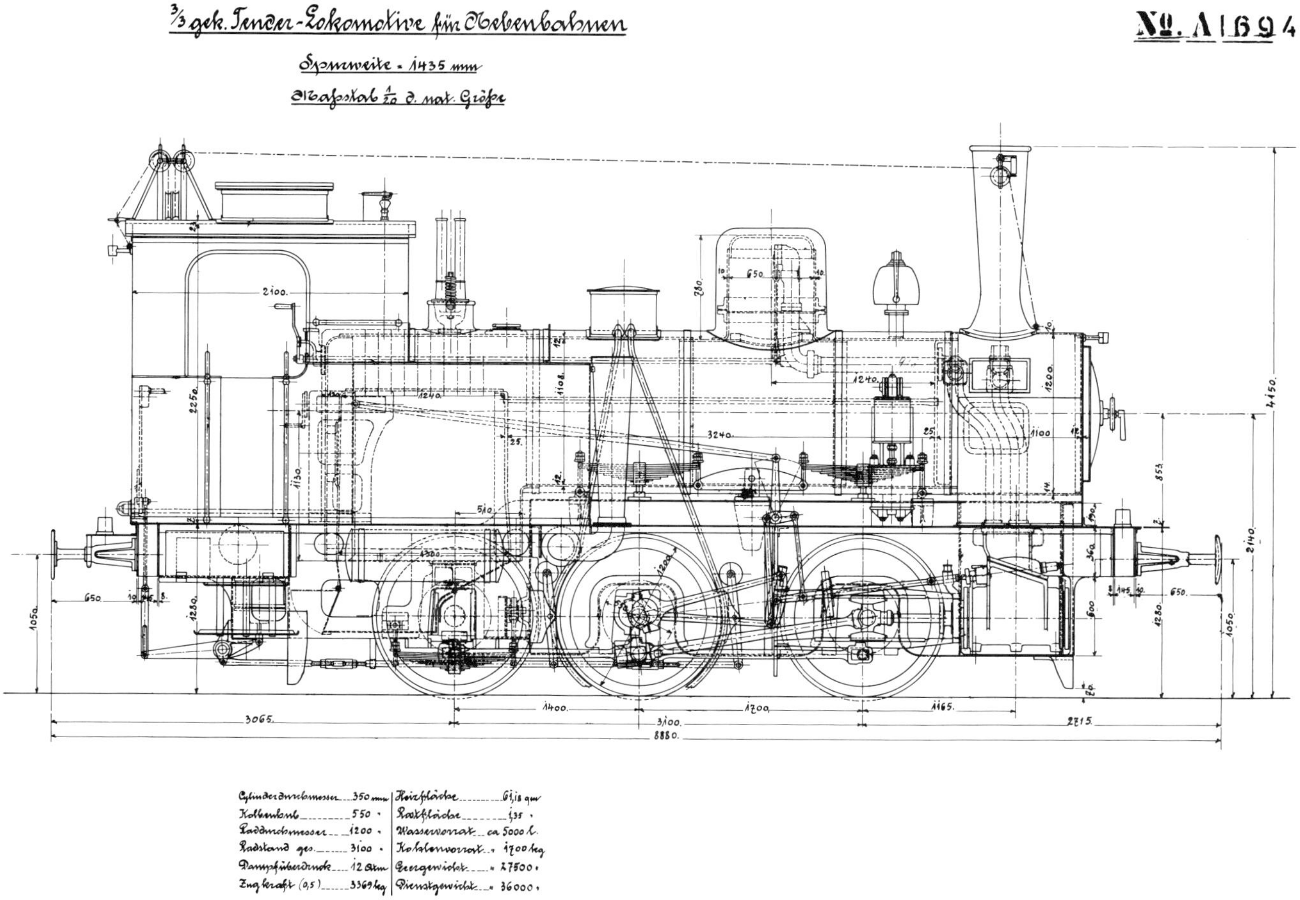

Gattung cc – als normalspurige Duplex-Compound-Lokomotive nach den Normalien an die Halle–Hettstedter Eisenbahn geliefert. Sammlung Rammelt

Gattung cc

In den Jahren 1903 und 1906 bekam die Halle-Hettstedter Eisenbahn von Vulcan je zwei „Duplex-Compound-Lokomotiven“ (Bauart Mallet) geliefert. Den Steigungen und zunehmenden Zugmassen auf dieser Strecke waren die Loks in den zwanziger Jahren nicht mehr gewachsen, und die Bahn bestellte bei Krauss/München als Ersatz die ersten ELNA-Lokomotiven. Die über 20 Jahre alten Mallets kaufte die SEG für die Ilmenau-Großbreitenbacher Eisenbahn. Von hier gelangte die ehemalige 24^{cc} 1937 an die hessische SEG-Bahn Worms–Offstein.

Gattung d

In Anlehnung an die Gattung a beschaffte Lenz für Strecken, auf denen Geschwindigkeiten bis 35 km/h gefahren wurden, ab 1894 die Gattung d. Sie entsprach den Staatsbahnlokomotiven der Gattung T 1, Bauart Magdeburg, welche Vulcan im Jahr 1882 geliefert hatte. Die Gattungen b und d waren die am meisten für Lenz gebauten Normalspurlokomotiven. Bis 1907 wurden insgesamt 23 Maschinen an Lenzsche Kleinbahnen geliefert.
Eine Besonderheit stellte die 11^{d} der Greifenhagener Kleinbahn dar. Dabei handelte es sich um eine Cn2t-Lok, die die Nachfolge der T 3-Maschinen antreten sollte. Die 1914 von Vulcan gelieferte Lok blieb aber ein Einzelgänger.

Gattung e

Diese Gattung der B1'n2t wurde nur an die Braunschweig-Schöninger Eisenbahn in fünf Exemplaren geliefert. Die Loks entsprachen nicht den preußischen Normalien, sondern stellten eine eigene Bauart dar. Der Kessel ähnelte mit dem Dom auf dem ersten Kesselschuß äußerlich dem der Gattung b. Genauere Überprüfungen waren nicht möglich, da für die Gattung e keine Zeichnung vorlag.

Gattung g

Die nur für Meterspurbahnen gebaute Gattung g kam auf der Alsener Kreisbahn mit insgesamt acht Loks zum Einsatz. Gebaut wurde diese Cn2t-Bauart in den Jahren von 1897 bis 1907.

Gattung d – Lokomotive 3^{d} (Vulcan 1894/1366) der Greifenhagener Kreisbahnen, 1913 aufgenommen in Klein-Schönfeld. Sammlung Meyer

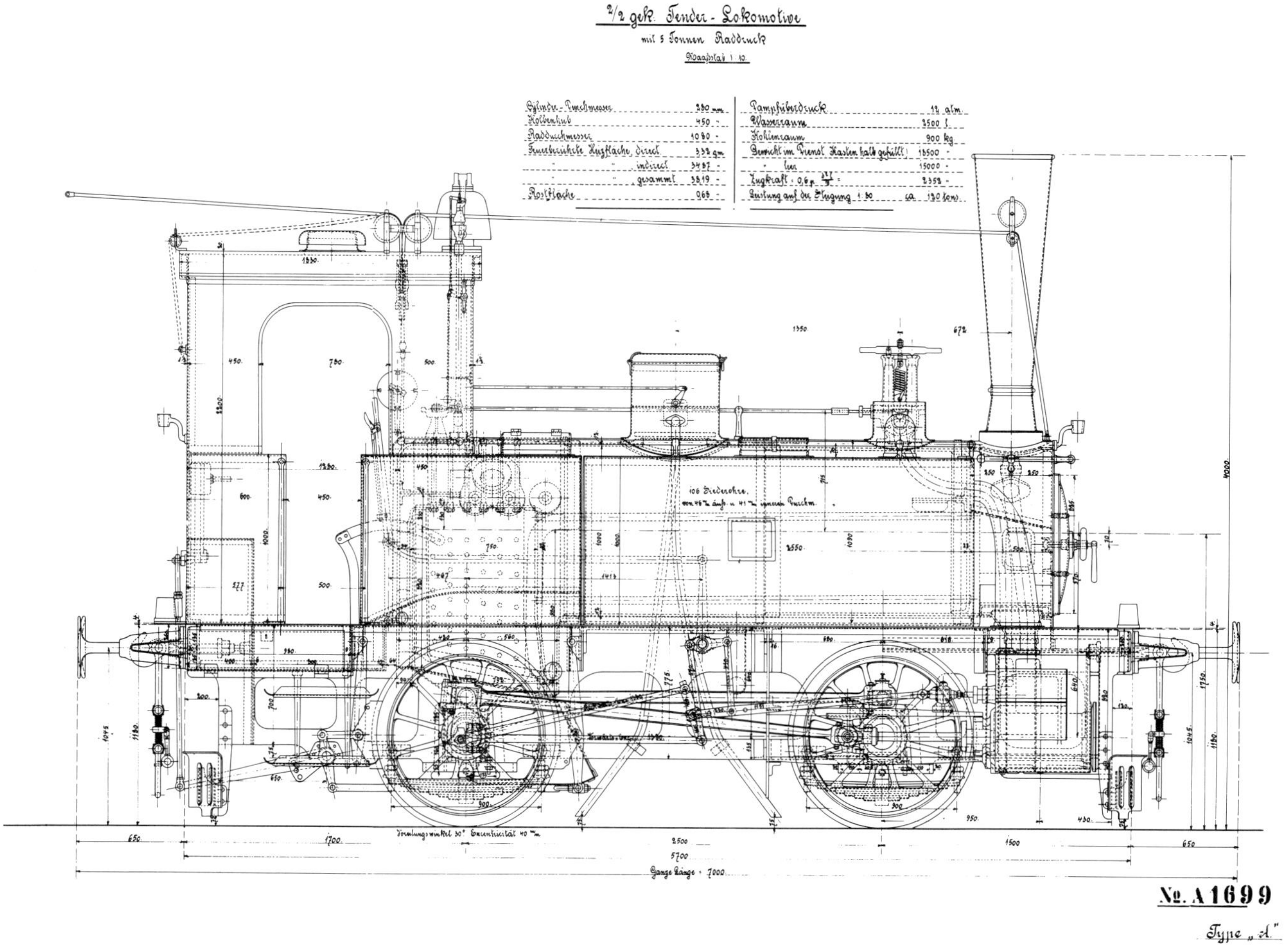

Gattung d – Werkzeichnung Vulcan – Zeichnungsnummer A 1699.
Sammlung Verkehrsmuseum Dresden

Das Vulcan-Werkfoto zeigt die 11ᵈ der Greifenhagener Kreisbahnen. Diese Lok paßte an sich nicht zur Gattung d, warum sie hier eingereiht wurde, konnte nicht ermittelt werden.
Sammlung Rammelt

Ein Werkfoto der Vulcan-Werke zeigt die 1894 für die Euskirchener Kreisbahn gebaute Lok 3^h (Vulcan 1437).
Sammlung Rammelt

Gattung h
Im Jahr 1894 lieferte Vulcan für die Euskirchner Kreisbahn acht Bn2t-Lokomotiven mit einer Achsfahrmasse von 8 t ebenfalls in 1000-mm-Spur.

Gattung i
Diese Gattung bezeichnete man als Typ „Pommern“, was auch auf einer alten Vulcan-Zeichnung vermerkt war. Wie die Gattung b wurde auch diese Gattung bei Vulcan auf Vorrat bestellt und bei Bedarf abgerufen. Auf allen Meterspurbahnen in Pommern und Ostpreußen konnte man diese Maschinen antreffen. In den Jahren von 1893 bis 1901 baute Vulcan 43 Lokomotiven der Gattung i. Ab 1895 hatten die Maschinen einen Domaufsatz, während die bis dahin gebauten Loks mit einem Regleraufsatz mit Ramsbottom-Sicherheitsventil ausgerüstet waren.

Lok der Gattung i noch mit Regleraufsatz. Bei der Lok 99 5601 handelt es sich um die ehemalige 1^i (Vulcan 1893/1347) der Franzburger Kreisbahnen, aufgenommen am 24. September 1957 in Damgarten.
Foto Meyer

Die Lok 4^i der Greifenberger Kreisbahn (Vulcan 1901/1926) gehörte zur letzten Bauserie und hatte einen Domaufsatz, hier in den dreißiger Jahren auf ihrer Stammstrecke.
Sammlung Meyer

Gattung ii
Hinter dieser Bezeichnung verbirgt sich die Ausführung der „Duplex-Compound-Lokomotiven" für 750 mm Spurweite. Die Franzburger Kreisbahn beschaffte zwei Exemplare von Vulcan. Beide wurden von der DR als 99 5621 und 5622 übernommen.
Orenstein & Koppel lieferte von 1903 bis 1910 sieben Lokomotiven der Gattung ii an die Meterspurbahnen in Pommern. Auch Hanomag beteiligte sich an Baulosen für die Gattung ii. Ab 1911 wurden ebenfalls sieben Maschinen geliefert. Die drei Lieferfirmen bauten jeweils nach eigenen Zeichnungen, so daß äußerlich unterschiedliche Lokomotiven entstanden.

Gattung j
Die 1912 von Vulcan für die meterspurige Greifenberger Kleinbahn AG gelieferten En2t-Lokomotiven werden gern als Vorgänger einer „Schmalspur-ELNA" bezeichnet. Beide Maschinen kamen nach 1945 zu den PKP und wurden erst 1970/71 ausgemustert.

Gattung k
Für die Marienwerder und die Königsberger Kleinbahn baute die Union Königsberg analog den B-gekuppelten Loks der Gattung m Dn2t-

Gattung ii wurde von Vulcan in nur zwei Exemplaren für die Franzburger Kreisbahnen gebaut. Sammlung Rammelt

Gattung ii der Greifenberger Kleinbahn, gebaut unter der Fabriknummer 1099 im Jahr 1903 von der Fa. Hanomag.
Sammlung Rammelt

Gattung ii – gebaut von Orenstein & Koppel (1911/6100) als Nr. 8^{ii} der Kohlberger Kleinbahn. Sammlung Rammelt

Gattung j – im Jahr 1912 lieferte Vulcan für die Greifenberger Kleinbahn zwei En2t-Lokomotiven.
Sammlung Rammelt

nen des Lenz-Unternehmens. Vor allem in Pommern und Ostpreußen, aber auch auf der Göttinger und der Bleckeder Kleinbahn kam diese Gattung zum Einsatz. Wie bei der Gattung i war der Rahmen als Wasserkasten ausgebildet.
Die DR übernahm drei Maschinen und gab ihnen die Nummer 99 4601 bis 4603.
Neben diesen Vulcan-Maschinen bezog Lenz acht Bn2t-Loks von der Union-Gießerei Königsberg. Diese Lokomotiven. Sie hatten schrägliegende Zylinder, Außenrahmen und Joysteuerung. Insgesamt wurden 1902 drei Maschinen gebaut. Für die Rastenburger Kleinbahn kamen zwei 1Cn2t ähnlicher Bauart zum Einsatz, welche aber keine Lenz-Gattungsbezeichnung erhielten.

Gattung m

Von 1895 bis 1902 lieferte Vulcan ca. 40 Lokomotiven dieser Bn2t mit 6 t Achsfahrmasse für die 750-mm-Bah-

Gattung m – Vulcan lieferte die Lok 3^{m} im Jahr 1896 an die Demminer Kleinbahnen unter der Fabriknummer 1518.
Sammlung Rammelt

Die Gattung nn gab es ebenfalls von zwei Herstellern. Erstmals 1902 lieferte Vulcan diese Gattung an die Pillkallener Kleinbahn, bei der 99 4524 handelt es sich um die ehemalige 34^{nn} der Rügenschen Kleinbahnen (Vulcan 1908/2451). Zu diesem Zeitpunkt hatte Lenz die Betriebsführung an die Kleinbahnabteilung des Provinzialverbandes Pommern übergeben.
Sammlung Rammelt

Gattung nn der Fa. Hanomag, ebenfalls an die Rügenschen Kleinbahnen geliefert (Hanomag 1911/6227). DR-Nr. 99 4525
Sammlung Rammelt

Maschinen hatten wie die Gattung k Außenrahmen, schräg geneigte Zylinder und eine Joysteuerung.

Gattung n
Im Gegensatz zur Gattung m war die ebenfalls für 750 mm Spur gebaute Gattung n kleiner und hatte nur eine Achsfahrmasse von 5 t. Vulcan lieferte im Jahr 1895 neun Loks an die Rügensche und die Greiffenberger Kleinbahn. Die Maschinen wurden schon vor Kriegsende ausgemustert, so daß die DR keine der Loks mehr übernahm.

Gattung nn
Ebenfalls für die 750-mm-Bahnen wurden ab 1902 die „Duplex-Compound-Lokomotiven" mit 5 t Achsfahrmasse ausgeliefert. Neben Vulcan lieferte Hanomag derartige Lokomotiven an die Bahnen in Pommern und Ostpreußen. Die DR übernahm 1950 fünf Lokomotiven dieser Gattung auf den Rügenschen Kleinbahnen und reihte sie als 99 4521 bis 4525 ein.

Gattung o
Hierbei handelt es sich um eine für 750 mm Spur gebaute Cn2t-Lok. Die Maschinen wurden nicht von Vulcan, sondern 1889 von Hohenzollern für die Kleinbahn Casekow–Penkun und 1902 sowie 1910 von Hanomag für die Rügenschen Kleinbahnen gebaut.

Gattung q
Die kleinste Lok, die nach den Normalien gebaut wurde, war die für 600 mm Spurweite gebaute Gattung q. Sie finden wir in den Loklisten der Anklam-Lassaner Kleinbahn sowie bei den Wirsitzer und Bromberger Kreisbahnen. Insgesamt baute der Hauslieferant 20 Maschinen dieser Gattung für die besagten Bahnen.

Gattung M
Von Lenz noch geplant, aber 1913 bereits an die Kleinbahnverwaltung des Provinzialverbandes Pommern geliefert: die für 750 mm Spur gebauten Dn2t-Lokomotiven der Gattung M. Die Maschinen kamen auf den Kleinbahnen in Vorpommern zum Einsatz. Eine weitere Lok lieferte Vulcan 1925 als Dh2t unter

Gattung 0 – hierbei handelte es sich um eine für 750 mm Spur gebaute Cn2t-Lok. Die Maschinen wurden nicht von Vulcan, sondern 1889 von Hohenzollern für die Kleinbahn Casekow–Penkun sowie 1902 und 1910 von Hanomag für die Rügenschen Kleinbahnen gebaut.
Sammlung Rammelt

der Bezeichnung 53[Mh] an die Rügenschen Kleinbahnen, diese Bestellung hatte aber mit der Fa. Lenz nichts mehr zu tun.

Gattung q – Werkzeichnung Vulcan. Sammlung Verkehrsmuseum Dresden

Gattung q – diese für die 600-mm-Bahnen gebauten Maschinen kamen auf der Wirsitzer, Bromberger und Anklam-Lassaner Kleinbahn zum Einsatz. Lok 1[q] der Anklam-Lassaner Kleinbahn wurde 1895 von Vulcan gebaut. Sammlung Rammelt

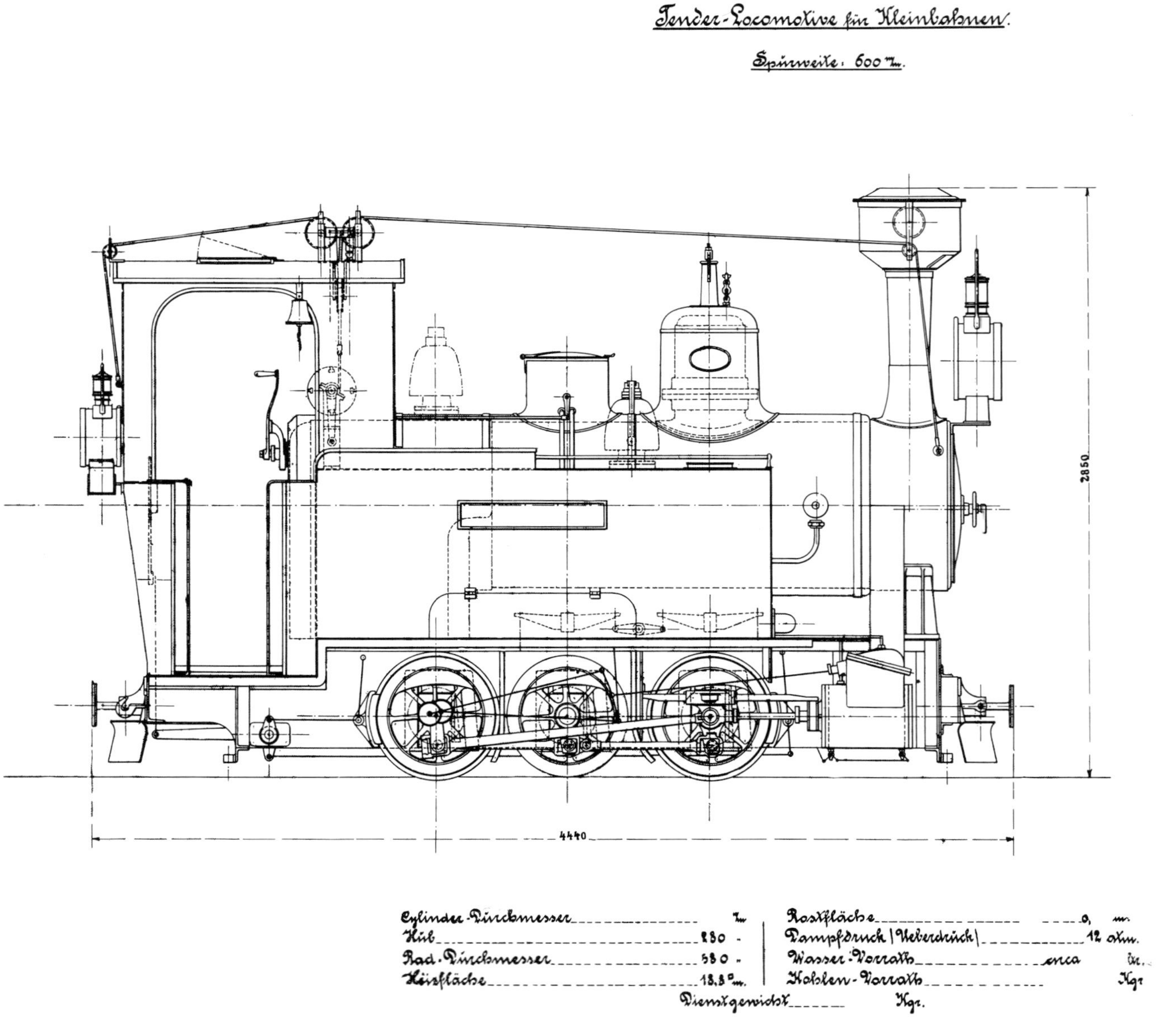

Gattung M – von diesen Vorläufern der ELNA-Lokomotiven kamen acht Maschinen auf den Rügenschen Kleinbahnen, den Demminer Kleinbahnen Ost und West, den Kleinbahnen Greifswald–Wolgast und Greifswald–Jarmen sowie der Kleinbahn Casekow–Penkun–Oder zum Einsatz.
Sammlung Rammelt

Sonderbauarten

Gattung hg

Für die Braunschweig-Schöninger und die Halle-Hettstedter Eisenbahn lieferte Vulcan je eine Hagans-Leitzmann-Lok. Sie sind bei den Sonderbauarten beschrieben.

Gattung z

Für die Steigungen auf der in Schlesien gelegenen Eulengebirgsbahn Waldenburg–Glatz lieferte die für den Bau von Zahnradlokomotiven spezialisierte Esslinger Maschinenfabrik 1900 drei C1'/b-n4-Lokomotiven.

Gattung bz

Zur Unterscheidung von den drei Zahnradmaschinen der Eulengebirgsbahn führte Lenz die Gattungsbezeichnung bz für die drei 1904 an die Görlitzer Kreisbahn gelieferten Zahnradlokomotiven ein. Bilder dieser Gattung sind im Band Thüringen/Sachsen unter der Görlitzer Kreisbahn enthalten.

Die technische Ausführung der Lokomotiven nach den Lenz-Normalien konnte als vorbildlich für Kleinbahn-Lokomotiven gelten. Sie waren genausogut für gleichartige Dienste geeignet wie die preußischen Normalien-Lokomotiven. Die zweifach gekuppelten Lokomotiven erwiesen sich zwar bald als zu wenig leistungsfähig und bei Erhöhung der zulässigen Geschwindigkeiten in den Laufeigenschaften als nicht befriedigend, aber das traf genauso für ähnliche preußische Lokomotiven zu.

Die Instandhaltung der ersten Lenz-Lokomotiven bot keine erheblichen Schwierigkeiten. Die anfallenden Arbeiten konnten in den bescheiden ausgerüsteten Werkstätten der Kleinbahnen durchgeführt werden. Das ist beachtenswert, da Lenz diese Arbeiten dem Kleinbahnpersonal übertragen hatte und höchstens die Lokomotiven benachbarter Kleinbahnen in einer gemeinsamen Werkstatt behandeln ließ.

Es kann festgehalten werden, daß die Kleinbahn-Lokomotiven des Lenz-Konzerns ein mitbestimmendes Element in der Entwicklung derartiger Lokomotiven darstellten.

Diese Tendenz wurde auch nach

ELNA-Typ 6 Dn2t – von Krauss & Co München (1922/8059) unter der Nr. 102 an die Halle-Hettstedter Eisenbahn geliefert und später eingesetzt mit der Betriebsnummer 182. Bei der DR bekam die Lok 1950 die Nummer 92 6477. Auf dem Bild steht sie 1965 vor der Versuchs- und Entwicklungsstelle für die Maschinenwirtschaft in Halle.
Sammlung Rammelt

dem ersten Weltkrieg im „Engeren Lokomotiv-Normen-Ausschuß“ (ELNA) fortgesetzt.
An dieser Stelle muß noch einmal dem Technischen Direktor der Lenz-Gesellschaft gedacht werden, der wesentlich zum Gelingen der ELNA-Lokomotiven beigetragen hat. Er arbeitete sehr aktiv im besagten

Tabelle 2.9 Technische Daten nach Lenz-Normalien gebauter Tenderlokomotiven (Auswahl)

Gattung		a/d	b	c	c	hg	cc	i	m	n	q	ii	nn	M[3]
Bauart		B-n2	C-n2	B-n2	C-n2	B'C-n2	B'B-n4v	B-n2	B-n2	B-n2	C-n2	B'B-n4v	B'B-n4v	D-n2
Baujahr		1892/1894	1894	1887[1]	1907	1901	1903	1893	1895	1895	1895	1902	1902	1913
Spurweite	mm	1 435	1 435	1 435	1 435	1 435	1 435	1 000	750	750	600	1 000	750	750
Höchstgeschwindigkeit	km/h	35	40	30	40–50	30		30	30	25	25	30	30	30
Länge über Puffer	mm	7 000	8 300	7 200	8 880	10 900	10 472	5 794	5 860		4 400	7 000	7 062	7 500
Achsstand	mm	2 500	3 000	2 200	3 100	5 700	5 400	1 700	1 700	1 500	1 330	3 900	3 750	3 400
Kuppelraddurchmesser	mm	1 080	1 100	1 030	1 200	1 100	1 100							
Zylinderdurchmesser	mm	280	350	300	350	500	360/ 560	210	230	210	210	225/ 340	225/ 340	350
Kolbenhub	mm	450	550	520	550	550	550	400	360	300	280	360	360	400
Kesseldruck	bar	12	12	11	12	12	14	12	12	12	12	12	12	12
Rostfläche	m^2	0,68	1,35	0,8	1,35	2,6	1,8	0,4	0,44	0,43	0,4	0,73	0,75	0,9
Heizfläche	m^2	38,17	60,5	50,21	61,15	120,3	88,9	20,48	21,5	17,25	18,8	34,9	34,9	46,68
Wasservorrat	m^3	2,5	4,0	3,5	5,0	8,0	6,0	1,9	1,3	1,2	1,2	2,0	2,0	2,2
Kohlevorrat	t	0,9	1,2	0,8	1,7	2,0	2,0	0,45	0,5	0,5	0,4	0,8	0,7	0,8
Leermasse	t	15,0	23,1	17,75	27,5		40,7	9,0				17,2	15,5	19,0
Reibungsmasse	t	18,5	30,65	24,0	36,0		56,5	12,0	12,5	10,6	10,7	20,6	20,0	24,0
Zugkraft	kN	23,52	52,50			75,00 90,00		15,88	19,10	14,60	15,00	31,20	32,10	45,00
Nach Vulcan-Zeichnung[2]		A 1677/ A 1699	A 1701	A1700	A1694	A1684	A1689	A 2523					A1686	A5943
Für Fabriknummer		1351/ 1352			2325 2327	1886 1887	2046, 2047, 2242, 2243						2009 2020	2894 2896

[1] Gattung ist Weiterbau der bereits 1881/1882 von Vulcan an Lenz-eigene Altdamm-Colberger Eisenbahn gelieferten Lokomotiven 1-8 (Fabriknr. 807–814) und 9–10 (Fabriknr. 820–821)
[2] Die Zeichnungen wurden wahrscheinlich später numeriert.
[3] Gattung wurde nicht mehr von Lenz, sondern von der Kleinbahnabteilung des Provinzialverbandes Pommern bestellt.

Lokausschuß mit. Ihm sind auch die ersten Lieferungen an die Halle-Hettstedter Eisenbahn im Jahr 1922 zu verdanken. Dabei handelte es sich um Lokomotiven der Gattung ELNA 6, die von Krauss & Co München gebaut wurden. Die Halle-Hettstedter Eisenbahn war die Bahn in Deutschland mit den meisten ELNA-Lokomotiven, sie hatte fast ihren gesamten Betriebspark auf die vereinheitlichte Bauart umgestellt. Immerhin hatte sie elf ELNAs im Einsatz, später kamen noch Mietloks von der Nauendorf-Gerlebogker und der Liegnitz-Rawitscher Eisenbahn sowie der Kleinbahn Strausberg–Herzfelde hinzu.

Aufsicht, Verwaltung, Betriebs- und Geschäftsführung

Unabhängig davon, ob Kleinbahnen im Auftrag von einem Bau- und Betriebsunternehmer oder von der zuständigen Provinzialbehörde projektiert und gebaut wurden oder gar die Kleinbahn als selbständiges Unternehmen auftrat, mußte nach den §§ 2 und 3 des Kleinbahngesetzes eine vom jeweiligen Regierungspräsidenten ausgestellte Genehmigungsurkunde vorliegen. Darin waren u. a. grundsätzliche Bestimmungen über den Bau und die Unterhaltung der Bahnanlagen und der Betriebsmittel, die Fahrplangestaltung, die Höhe der Tarife und Anweisungen über einzugehende Rechtsverhältnisse zwischen der Kleinbahn und öffentlichen Körperschaften enthalten.

Die endgültige Genehmigung zum Betrieb setzte eine polizeiliche Prüfung voraus. Bei dieser wurden die Betriebssicherheit der Bahn, die Berücksichtigung der Interessen des öffentlichen Verkehrs, der Schutz gegen schädliche Einwirkungen der Anlage und des Betriebs sowie die technische Befähigung der Bediensteten kontrolliert. Für alle baulichen Veränderungen sowie für die Abnahme neuer oder instand gesetzter Betriebsmittel war die bei den Königlichen Eisenbahndirektionen tätige Kleinbahn-Aufsichtsbehörde zuständig. Nach Gründung der Deutschen Reichsbahn im Jahr 1920 war es die Preußische Kleinbahnaufsicht, die dem Präsidenten der Reichsbahndirektion unterstand. Sie dehnte ihre Tätigkeit auch auf nichtpreußisches Gebiet aus. 1935 oblagen Kontrolle und Abnahme bei den Klein- und Privatbahnen dem in der zuständigen Direktion sitzenden Reichsbevollmächtigten für Bahnaufsicht, der dem Reichsverkehrsministerium unterstand.

Grundlage für die Finanzierung einer Kleinbahn durch eine Aktiengesellschaft waren die Statuten. In diesen waren der Name der Bahn, der Sitz der Betriebsleitung, die Höhe des Grundkapitals, die Aktienform, die Höhe der Rücklagen in den Erneuerungs- und Reservefonds und die Dauer des Betriebes fixiert.

Die Rücklagen in den Erneuerungsfonds wurden staatlicherseits vorgeschrieben, um auch in finanziell schlechten Zeiten der Betriebspflicht nachkommen zu können. Allgemein wurden folgende Rücklagen, die aus dem jährlichen Betriebsüberschuß abzuzweigen waren, als Mindestsätze vorgegeben [118]:

- vom Beschaffungswert der Lokomotiven 1,8 Prozent
- vom Beschaffungswert der Wagen 1,25 Prozent

Zug der Altmärkischen Kleinbahn im Bahnhof Gardelegen steht abfahrbereit in Richtung Kalbe (Milde) 1935.
Sammlung G. Meyer

Gewinn- und Verlust-Conto.

Debet.	ℳ	Pf.	Credit.	ℳ	Pf.
An Geschäfts-Unkosten-Conto	12 340	20	Per Gewinn-Vortrag	680	02
„ Theilschuldverschreibungs-Zinsen-Conto	52 500	—	„ Zinsen-Conto vereinnahmte Banquier-Zinsen	18 388	24
„ Betriebsführungs-Conto, Lenz & Co. vertragsmässige Zahlung an Lenz & Co. für Führung des Betriebes	22 800	06	„ Betriebs-Conto Betriebs-Ueberschuss	258 871	55
„ Ueberschuss	208 924	55	„ Garantie-Conto Zuschuss von Lenz & Co.	18 625	—
ℳ	296 564	81	ℳ	296 564	81

Der obige Ueberschuss von ℳ 208 924,55 gelangt wie folgt zur Vertheilung:

Rückstellung in den Bilanz-Reservefonds	ℳ 10 620,98
„ „ „ Erneuerungsfonds	„ 15 000,—
„ „ „ Betriebsreservefonds	„ 5 250,—
$3^1/_2$ % Dividende auf ℳ 3 725 000 Aktien La. A.	„ 130 375,—
3 % Dividende auf ℳ 1 525 000 Aktien La. B.	„ 45 750,—
Vortrag auf neue Rechnung	„ 1 928,57
	ℳ 208 924,55

Halle a. S., den 1. April 1899.

Der Aufsichtsrath: Lehmann.

Der Vorstand: Czarnikow.

Bilanz am 31. März 1899.

Activa.	ℳ	Pf.	Passiva.	ℳ	Pf.
An **Eisenbahn-Conto Halle-Hettstedt**	6518939	30	Per **Actien-Capital-Conto** 3725 Stück Actien Lit. A ℳ 3 725 000,— 1525 Stück Actien Lit. B ℳ 1 525 000,—	5250000	—
„ **Eisenbahn-Conto Gerbstedt-Friedeburger Hütte**	381	73	„ **Theilschuldverschreibungs-Conto** ausgegebene Theilschuldverschreibungen	1500000	—
„ **Cautions-Conto** gestellte Cautionen	21364	50	„ **Theilschuldverschreibungs-Zinsen-Conto** am 1. April 1899 fällige Zinsscheine	26022	50
„ **Effecten-Conto** Bestand	48493	32	„ **Dividenden-Conto** noch nicht abgehobene Dividendenscheine pro 1896/7. ℳ 175,— „ 1897/8. „ 315,—	490	—
„ **Cassa-Conto** Bestand	192	96	„ **Grunderwerbs-Conto** noch zu zahlende Grunderwerbskosten	114673	30
„ **Conto-Corrent-Conto** Debitoren	559231	86	„ **Bilanz-Reservefonds-Conto** Bestand	14497	96
			„ **Erneuerungsfonds-Conto** Bestand	27131	15
			„ **Betriebs-Reservefonds-Conto** Bestand	6864	21
			„ **Gewinn- und Verlust-Conto** Gewinn	208924	55
ℳ	7148603	67	ℳ	7148603	67

Halle a. S., den 1. April 1899.

Der Aufsichtsrath der Halle-Hettstedter Eisenbahn-Gesellschaft. Lehmann.

Der Vorstand der Halle-Hettstedter Eisenbahn-Gesellschaft. Czarnikow.

Den vorstehenden Rechnungs-Abschluss habe ich geprüft und mit den ordnungsmässig geführten Büchern der Gesellschaft in Uebereinstimmung gefunden.

Halle a. S., den 15. Juli 1899.

Hugo C. Zander, gerichtlich vereideter Bücherrevisor.

Geschäftsbericht der HHE für das Rechnungsjahr 1898.
Staatsarchiv Magdeburg

- vom Beschaffungswert des eisernen Oberbaumaterials 7,3 Prozent
- vom Beschaffungswert der Holzschwellen 3,5 Prozent.

Unvorhergesehene Kosten, die durch Unfälle oder Naturereignisse verursacht wurden, konnten nicht aus dem Erneuerungsfonds bestritten werden; dafür wurde ein Spezialreservefonds angelegt. In diesen wurden, aufbauend auf einem Grundkapital, die jährlichen Zinsen, die bei den einzelnen Bahnen unterschiedlich geregelt waren, eingezahlt. Einen weiteren Fonds bildete der im Handelsgesetzbuch vorgeschriebene Bilanzreservefonds, aus dem eventuell auftretende Negativbilanzen ausgeglichen werden sollten. Vorwiegend in der wirtschaftlich sehr schlechten ersten Hälfte der zwanziger Jahre und auch vereinzelt in den Folgejahren bewirkten die Bahnen eine Auflösung dieser Fonds.

Unabhängig von der Laufzeit des Geschäftsjahres – es konnte vom 1. April bis 31. März, vom 1. Oktober bis 30. September oder als Kalenderjahr gerechnet werden – verfaßte der Vorstand der Aktiengesellschaft nach Abschluß des Jahres eine Gewinn- und Verlustrechnung samt einer Jahresbilanz, die einen Geschäftsbericht enthielt, und legte diese Unterlagen dem Aufsichtsrat vor. Die Jahresbilanz mußte vor der Generalversammlung der Aktionäre vertreten werden. Diese Verteidigung war nicht in jedem Fall einfach, rechnete doch ein Großteil der Bahnen jährlich mit Verlust ab. Tabelle 2.10 enthält den Abschluß des Rechnungsjahres 1935/36 für die 22 der Kleinbahnabteilung der Provinz Sachsen unterstellten Kleinbahnen.

Tabelle 2.10 Geschäftsbericht der provinzial-sächsischen Kleinbahnen im Rechnungsjahr 1935/36 [119]

Unternehmen	Gewinn RM	Dividende %	Verlust RM
Altmärkische Kleinbahn AG	409,34		
Stendaler Kleinbahn AG			16 717,57
Kleinbahn AG Osterburg–Pretzier			21 556,20
Genthiner Kleinbahn		2	
Kleinbahn AG Gardelegen–Haldensleben–Weferlingen		4	
Kleinbahn AG Wolmirstedt–Colbitz			9 301,85
Kleinbahn AG Heudeber–Mattierzoll		1	
Kleinbahn AG Burxdorf–Mühlberg		2	
Prettin-Annaburger Kleinbahn AG			2 643,18
Kleinbahn AG Schildau–Mockrehna		1	
Kleinbahn Bergwitz–Kemberg GmbH		1	
Delitzscher Kleinbahn AG			20 277,13
Kleinbahn AG Wallwitz–Wettin		1	
Kleinbahn AG Könnern–Rothenburg	15 441,35[1]		
Kleinbahn AG Bebitz–Alsleben		2	
Kyffhäuser Kleinbahn AG	3 629,70[1]		
Kleinbahn AG Ellrich–Zorge	394,69		
Obereichsfelder Kleinbahn AG			14 407,29
Langensalzaer Kleinbahn AG			5 141,70
Kleinbahn AG Rennsteig–Frauenwald			2 737,89
Kleinbahn AG Erfurt–Nottleben			11 409,71
Salzwedeler Kleinbahnen GmbH			6 480,66

[1] Gewinn wurde zur Abdeckung der Verluste aus dem Vorjahr verwendet

An dieser Stelle muß noch einmal verdeutlicht werden, daß sowohl die Kleinbahnen als auch die Privatbahnen keine eigentlichen Erwerbsunternehmen waren. Ihr Vorteil kam indirekt den Zunächstbeteiligten, den Gemeinden und Kreisen zugute, indem sie zur Anhebung der wirtschaftlichen Lage des Interessengebietes wesentlich beitrugen.

Gestaltung der Personen- und Gütertarife

Die Bedeutung der Kleinbahnen war nur für den örtlichen Verkehr festgeschrieben. Eine Einbeziehung in den Geltungsbereich der Eisenbahnverkehrsordnung (EVO) galt als ebenso ausgeschlossen, wie der vertragliche Abschluß mit einer Eisenbahn des allgemeinen Verkehrs über direkte Tarife nicht möglich war. Die Staats- und Privatbahnen hatten sich allerdings zu verschiedenen Tarifverbänden zusammengeschlossen und konnten damit Güter über größere Entfernungen und vor allem über die Grenzen der eigenen Eisenbahnverwaltung hinaus direkt abfertigen. Die Verteilung der aus dem gemeinsamen Verkehr stammenden Einnahmen war innerhalb eines Tarifverbundes unter Festlegung gleicher Beförderungsbedingungen und Einrichtungen direkter Tarife vertraglich vereinbart. Ein Entgegenkommen gegenüber den Kleinbahnen und den von diesen berührten Verkehrsgebieten zeigte die Staatsbahn mit der Einführung des Übergangtarifes, wonach die Frachtsätze für Wagenladungen, die von der Staatsbahn auf die Kleinbahn übergingen, von der Staatsbahn um 2 Pfennig pro 100 kg gekürzt wurden. Der Übergangstarif wurde 1921 aufgehoben.

Die Beschränkungen gegenüber dem durchgehenden Güterverkehr wurden schon in den Anfangsjahren, je nach den örtlichen Bedingungen, teilweise unterlaufen. So wurden Güter von einer Staatsbahn auf eine Anschlußbahn, die von einer Kleinbahn bedient wurde, durchgehend abgefertigt, obwohl die Anschlußbahn eigentlich hinter der Kleinbahn lag. Bei anderen Bahnen waren nur der Wagenladungs- oder nur der Stückgutverkehr von den Beschränkungen betroffen. Zu den ersten Kleinbahnen, die schon vor dem ersten Weltkrieg direkte Tarife mit der Staatsbahn hatten, zählten:

- die Riesengebirgsbahn, die für alle Verkehrsbeziehungen und Güterarten mit der Staatsbahn direkte Tarife hatte,
- die Franzburger Südbahn für Rüben und Schnitzel im Verkehr mit Barth und Stralsund und
- die Mecklenburg-Pommersche Schmalspurbahn für Steinkohle von Ober- und Niederschlesien [120]

Ansonsten gestalteten die Kleinbahnen in der Anfangszeit ihre Beförderungspreise unter den Gesichtspunkten des öffentlichen Bedarfs. Es gab weder ein einheitliches Tarifschema noch Beförderungspreise.

Die Vielgestaltigkeit der Verkehrsverhältnisse und die wirtschaftliche Lage der Kleinbahn waren bestimmende Faktoren für die Tarife. Das Kleinbahngesetz ließ den Unternehmen nach § 14 eine gewisse Bewegungsfreiheit hinsichtlich der Bemessung ihrer Beförderungspreise zu. Dort war lediglich ausgeführt: „Die Feststellung der Beförderungs-

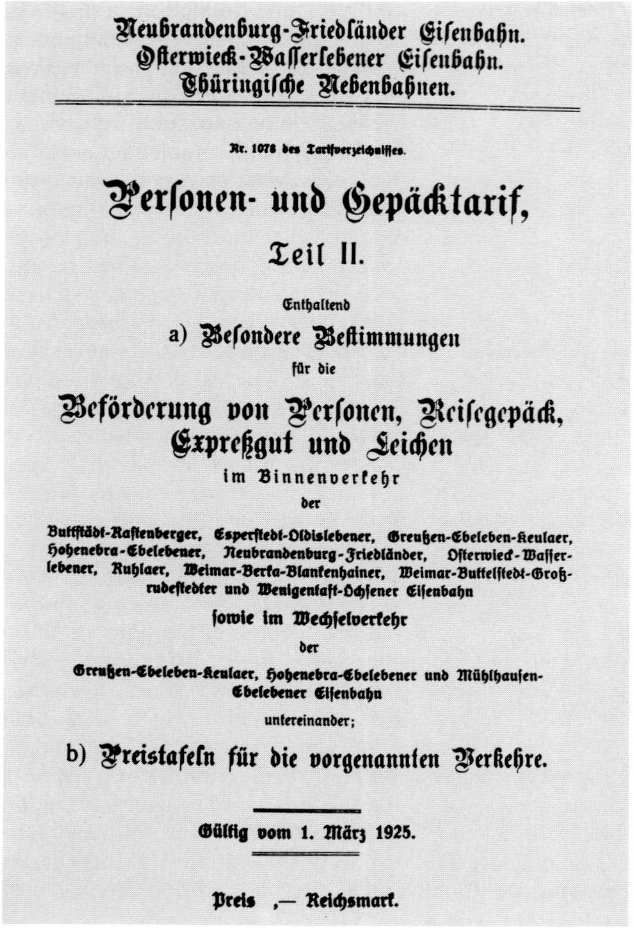

Neubrandenburg-Friedländer Eisenbahn.
Osterwieck-Wasserlebener Eisenbahn.
Thüringische Nebenbahnen.

Nr. 1078 des Tarifverzeichnisses.

Personen- und Gepäcktarif,

Teil II.

Enthaltend

a) Besondere Bestimmungen

für die

Beförderung von Personen, Reisegepäck, Expreßgut und Leichen

im Binnenverkehr

der

Buttstädt-Rastenberger, Esperstedt-Oldislebener, Greußen-Ebeleben-Keulaer, Hohenebra-Ebelebener, Neubrandenburg-Friedländer, Osterwieck-Wasserlebener, Ruhlaer, Weimar-Berka-Blankenhainer, Weimar-Buttelstedt-Großrudestedter und Wenigentaft-Oechsener Eisenbahn

sowie im Wechselverkehr

der

Greußen-Ebeleben-Keulaer, Hohenebra-Ebelebener und Mühlhausen-Ebelebener Eisenbahn

untereinander;

b) Preistafeln für die vorgenannten Verkehre.

Gültig vom 1. März 1925.

Preis ,— Reichsmark.

Titelblatt des Personen- und Gepäcktarifs der Centralverwaltung für Secundairbahnen Herrmann Bachstein.
Staatsarchiv Weimar

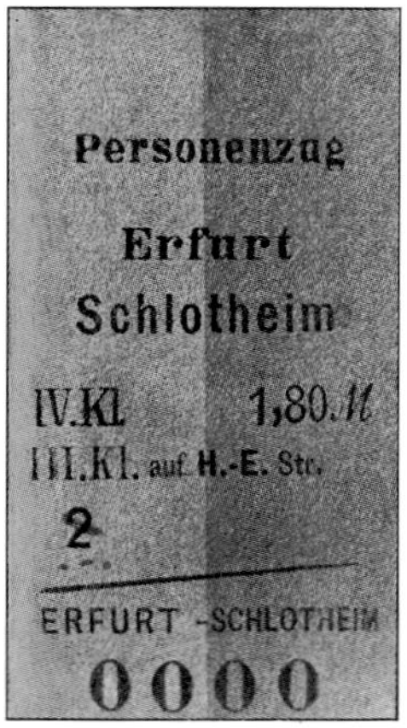

Edmonsonsche Fahrkarte Erfurt–Schlotheim (Station der MEE) über die HEE für die III. und IV.Klasse. Lediglich auf der HEE konnte der Reisende die III. Klasse benutzen, denn nur die MEE und die Staatsbahn führten die IV. Klasse.
Sammlung Lohr

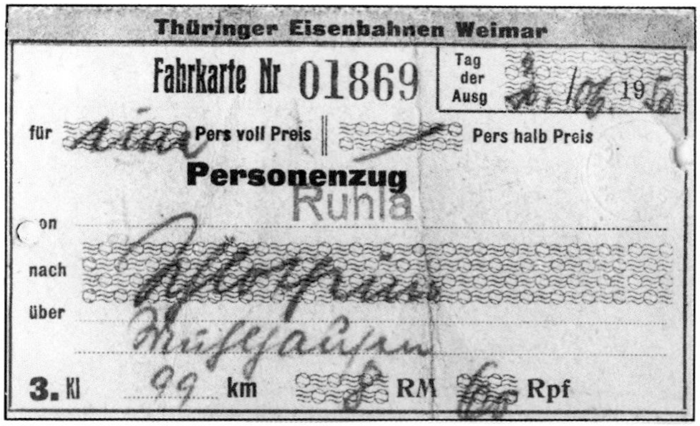

Nachkriegsfahrkarte der Thüringer Eisenbahnen Weimar.
Sammlung Ifland

Streckenfahrkarte der Mühlhausen-Ebelebener Eisenbahn.
Sammlung Ifland

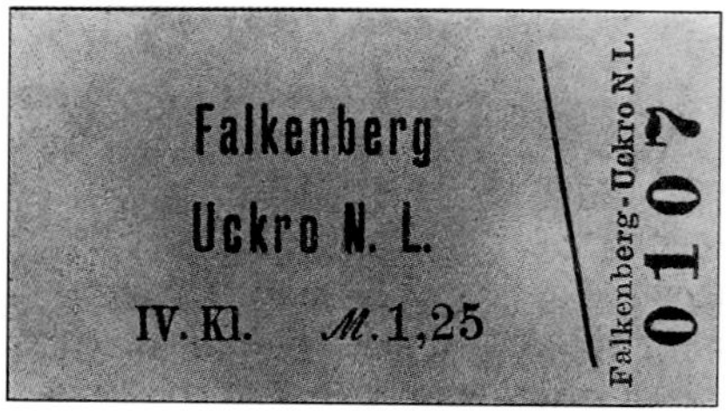

IV. Klasse-Fahrkarte der Niederlausitzer Eisenbahn. Die Bahn führte die IV. Klasse nur bis 1913.
Sammlung Museum Luckau

preise steht innerhalb eines bei der Genehmigung festzusetzenden Zeitraumes von mindestens 5 Jahren nach der Eröffnung des Bahnbetriebes dem Unternehmer frei. Das alsdann der Behörde zustehende Recht der Genehmigung der Beförderungspreise erstreckt sich lediglich auf den Höchstbetrag derselben. Hierbei ist auf die finanzielle Lage des Unternehmens und auf eine angemessene Verzinsung und Tilgung des Anlagekapitals Rücksicht zu nehmen." [67]

Später haben sich die meisten Kleinbahnen im allgemeinen Verkehrsinteresse bei der Festlegung ihrer Binnentarife dem Tarifschema der DRG angeschlossen. Sie führten aber je nach Lage der Verkehrsverhältnisse Ausnahmetarife ein. Der Verfrachter hatte allerdings immer noch bei der gebrochenen Abfertigung den Nachteil, daß er die Grundgebühr für die Abfertigung einmal bei der Staatsbahn und einmal bei der Kleinbahn entrichten mußte. Die Privatbahnen rechneten besondere Zuschlag- und Anschlußgebühren hinzu, da sie mit den Sätzen der Staatsbahnen nicht auskamen. Die dabei entstandenen Ausnahmetarife waren praktisch neue Klassen zu den Normaltarifen.

Die Aufstellung der Tarifsätze hatte in Preußen bis zum Ende des ersten Weltkrieges Stabilität. Unruhe kam in der Nachkriegszeit durch die Inflation auf.

Die Gestaltung der Binnentarife bei Privatbahnen soll an Hand des von der Centralverwaltung für Secundairbahnen Herrmann Bachstein für die der Gesellschaft unterstehenden Eisenbahnen ab 1. März 1925 gültigen Personen- und Gepäcktarifs, Teil II, erläutert werden. Danach hatte der Deutsche Eisenbahn-Personen-, Gepäck- und Expreßguttarif Teil I für den Verkehr mit anderen Eisenbahnverwaltungen Gültigkeit. In der 2. und 3. Klasse wurden Monatskarten und Schülermonatskarten in allen Verbindungen unter Anwendung der im Personen-, Gepäck- und Expreßguttarif Teil II DRG – Norddeutsche Privatbahnen – enthaltenen Bestimmungen ausgegeben. Die Schülermonatskarten gab es zum halben Preis der Monatsfahrkarten. Nur in der 3. Klasse wurden zu ansonsten gleichen Bedingungen Schülerrück- und Schülerferienfahrkarten angeboten. Arbeiterwochen- und Arbeiterrückfahrkarten gab man auf Strecken ohne 4. Klasse auch nur in der 3. Klasse aus. An Sonntagen sowie an bestimmten Feiertagen wurden Sonntagsrückfahrkarten, die nur am Lösungstag für eine Hin- und Rückfahrt Gültigkeit hatten, ausgegeben. Die Berechnung der Fahrpreise für einfache Fahrkarten in der 2. bis 4. Klasse „einschließlich Militär und Hunde" sowie der Gepäck- und Expreßgutfrachten basierte auf dem speziell für jede Bahn aufgestellten Kilometeranzeiger und der Preistafel der DRG.

Stellvertretend für die Bachstein-Bahnen sind in der Tabelle 2.11 die Entfernungen und Fahrpreise der Ruhlaer Eisenbahn – sie war die einzige Bahn der Centralverwaltung, die noch die 4. Klasse führte – zusammengestellt. [121]

Durch die Anwendung der DRG-Tarife (2. Klasse – 7,5 Pf, 3. Klasse – 5 Pf und 4. Klasse – 3,3 Pf), der Mindestfahrpreise (2. Klasse – 30 Pf, 3. Klasse – 15 Pf und 4. Klasse – 10 Pf) sowie der Aufrundungen (bis 10 RM jeweils auf volle 10 Pf, von 10 RM bis 40 RM auf 20 Pf und darüber auf die volle RM) ergaben sich zwischen den Tarifkilometern der Ruhlaer Eisenbahn und den tatsächlichen Kilometern erhebliche Preisunterschiede. In den amtlichen Kursbüchern wurde man auf die Tarifkilometer mit dem Satz aufmerksam gemacht: „Tarifkilometer am Schalter erfragen" (Tabelle 2.11). Für den Wechselverkehr zwischen der Greußen-Ebeleben-Keulaer-, der Hohenebra-Ebelebener- und der Mühlhausen-Ebelebener Eisenbahn enthielt der Bachsteinsche Personen- und Gepäcktarif einen besonderen Kilometeranzeiger, der die 4. Wagenklasse bei der letzten von Lenz & Co betriebenen Bahn berücksichtigte. Für die anderen beiden Eisenbahnen bestanden noch Binnentarife, da die Centralverwaltung bei beiden Bahnen den Betrieb führte, obwohl sie die Hohenebra-Ebelebener Eisenbahn nur von der Süddeutschen Eisenbahn-Gesellschaft gepachtet hatte. Es wurden zum Großteil Fahrkarten in der 2. und 3. Klasse verkauft, lediglich beim Übergang auf die Mühlhausen-Ebelebener Eisenbahn konnten ebenso gemischte Fahrkarten (3./4. Klasse) erworben werden, die bei dieser Eisenbahn die Benutzung der 4. Klasse und bei den anderen beiden die Benutzung der 3. Wagenklasse gestatteten. Aufgrund der erhöhten Tarifkilometer konnten diese Fahrkarten nach der gültigen Preistafel der 4. Klasse berechnet werden (Tabelle 2.12).

Ab 1. Oktober 1928 hatten durch den Wegfall der 4. Wagenklasse bei allen Bahnen des allgemeinen Verkehrs neue Beförderungspreise Gültigkeit, danach kostete der Fahrkilometer für die 3. Klasse 3,7 Pf, für die 2. Klasse 5,6 Pf und für die 1. Klasse 11,2 Pf (bisher 10,8 Pf). Die Kleinbahnen mit Übergangsverkehr auf Privatbahnen oder die DRG sahen sich genötigt, ihre Personentarife entweder hinsichtlich der Anteilsentfernungen oder der Einheitssätze zu ändern.

Tabelle 2.11 Ruhlaer Eisenbahn: Tarifentfernungen und reale Entfernungen sowie die daraus abgeleiteten Fahrpreise

Streckenabschnitt	Entfernungen		Fahrpreise in RM für Wagenklasse					
	lt. Tarif km	reale Streckenlänge km	2. Tarif	real	3. Tarif	real	4. Tarif	real
Farnroda–Heiligenstein	5	3,5	–,40	–,30	–,30	–,20	–,20	–,15
– Ruhla	7	5,1	–,60	–,50	–,40	–,30	–,30	–,20
– Thal	4	2,6	–,30	–,30	–,20	–,15	–,15	–,10
– Wutha	3	2,2	–,30	–,30	–,20	–,15	–,10	–,10
Heiligenstein–Ruhla	3	1,6	–,30	–,30	–,20	–,15	–,10	–,10
– Thal	2	0,9	–,30	–,30	–,20	–,15	–,10	–,10
– Wutha	8	5,7	–,60	–,50	–,40	–,30	–,30	–,20
Ruhla–Thal	4	2,5	–,30	–,30	–,20	–,15	–,15	–,10
– Wutha	11	7,3	–,90	–,60	–,60	–,40	–,40	–,30
Thal–Wutha	7	4,8	–,60	–,40	–,40	–,30	–,30	–,20

Tabelle 2.12 Kilometeranzeiger für den Wechselverkehr der Greußen-Ebelebener-Keulaer, der Hohenebra-Ebelebener und der Mühlhausen-Ebelebener Eisenbahn untereinander für die Berechnung der Fahrpreise sowie der Gepäck- und Expreßgutfrachten [123]

Streckenabschnitt	Entfernungen a[1] km	b[2] km	real km
Abtsbessingen–Hohenebra	16		12,5
– Mühlhausen	45	48	29,2
Schlotheim	18	21	12,7
Greußen–Mühlhausen	63	75	43,3
– Schlotheim	36	48	26,8
Großenehrich–Hohenebra	23		17,9
– Mühlhausen	52	58	34,6
– Schlotheim	25	31	18,1
Hohenebra–Körner	35	41	23,7
– Mehrstedt	22	28	15
– Mühlhausen	51	57	34,1
– Rockensußra	19	25	12,9
– Schlotheim	24	30	17,6
Holzsußra–Hohenebra	16		11,9
– Mühlhausen	45	48	28,6
– Schlotheim	18	21	12,1
Holzthaleben–Hohenebra	29		22,7
– Mühlhausen	58	67	39,4
– Schlotheim	31	40	22,9
Keula–Hohenebra	35		27,9
– Mühlhausen	64	76	44,6
– Schlotheim	37	49	28,1
Kleinbrüchter–Hohenebra	20		15,8
– Mühlhausen	49	54	32,5
– Schlotheim	22	27	16
Menteroda–Hohenebra	27		21,4
– Mühlhausen	56	64	47,6
– Schlotheim	29	37	21,6
Rockstedt–Hohenebra	13		10,1
– Mühlhausen	42	44	26,8
– Schlotheim	15	27	10,3
Rohnstedt–Hohenebra	26		20,4
– Mühlhausen	55	63	37,1
– Schlotheim	28	36	20,6
Schernberg–Mühlhausen	48	52	31,2
– Schlotheim	21	25	14,7
Urbach–Hohenebra	24		18,5
– Mühlhausen	53	60	35,2
– Schlotheim	26	33	18,7

[1] Tarifkilometer zur Berechnung der Fahrpreise 2. und 3. Klasse

[2] Tarifkilometer zur Berechnung der gemischten Fahrpreise 3./4. Klasse

Nur wenige Kleinbahnen führten die 4. Klasse. Die von der DRG mit ihren Fahrzeugen betriebene Kleinbahn Kleinschmalkalden–Brotterode hatte die 4. und die 3. Wagenklasse. Ansonsten betrieben lediglich einige dem Lenz-Konzern unterstehende Kleinbahnen die 4. Wagenklasse durchgehend bis 1928 und länger. Während die Görlitzer Kreisbahn nur in der Woche bei allen Zügen die 4. Klasse führte, hatten bei der Halle-Hettstedter Eisenbahn alle Züge die Wagenklassen 2 bis 4. [124] Diese Bahn gab erst zum 31. März 1930 die 4. Wagenklasse auf.

Die Kleinbahnabteilung der Provinzialverwaltung von Sachsen führte bereits im Mai 1924 im Personenverkehr die Normaltarife der Deutschen Reichsbahn ein. Im Güterverkehr kamen die gültigen Frachtsätze für die Normalklassen A–E des Deutschen Eisenbahngütertarifs mit einem Zuschlag von 25 Prozent zur Anwendung. [125]

Nach wie vor hatte aber das Kleinbahngesetz Gültigkeit, und nach dem bereits zitierten § 14 konnten die Kleinbahnen Tarife weiterhin in Abhängigkeit von der wirtschaftlichen Lage selbst bestimmen. Das Reichsverkehrsministerium hatte noch kein Interesse an einer Aufwertung der Kleinbahnen und dachte diesen weiterhin die Aufgabe des rein örtlichen Verkehrs zu.

Erst im Rahmen der allgemeinen Aufrüstung strebte man staatlicherseits nach einem einheitlichen Verkehrssystem. In den Bemühungen, die Kleinbahnen in ein einheitliches Verkehrsnetz mit direkten durchgehenden Tarifen und einheitlichen Rechtsbestimmungen einzuordnen, erarbeitete das Reichsverkehrsministerium einen Entwurf zum Tarifhoheitsgesetz und legte ihn der Reichsverkehrsgruppe Schienenbahnen im Januar 1938 zur Begutachtung vor. In der Stellungnahme befürchteten die Vertreter der Kleinbahnen eine Einengung der Bewegungsfreiheiten bezüglich der Tarife, wodurch möglicherweise die Bahnen als selbständige Unternehmen gefährdet werden konnten. Gerade in einer Zeit, als der Kraftwagen in dem Konkurrenzkampf gegenüber den Kleinbahnen vordrang, konnten viele Bahnen darauf nur durch feinstes Abstimmen ihrer Tarife auf die bei ihnen vorherrschenden Einzelverhältnisse reagieren. Die Reichsverkehrsgruppe forderte aus diesem Grund eine Übernahme der Bestimmungen aus dem § 14 des Kleinbahngesetzes als Zusatz zum § 1 des Tarifhoheitsgesetzes, wonach auf die finanzielle Lage des Unternehmens und auf eine angemessene Verzinsung und Tilgung des Anlagekapitals Rücksicht zu nehmen war. Das Reichsverkehrsministerium berücksichtigte weder diese noch weitere Forderungen und setzte das Gesetz unverändert am 6. Juli 1938 in Kraft. [126]

Danach unterlagen alle Festlegungen und Änderungen der Tarife der Genehmigung des Reichsverkehrsministeriums. Es konnte Änderungen der Tarife verlangen, wenn sie im öffentlichen Verkehrsinteresse für erforderlich und für das Unternehmen unter Berücksichtigung aller Verhältnisse für tragbar erachtet wurden. Diese Befugnisse konnte der Reichsverkehrsminister ganz oder teilweise auf andere Reichs- und Landesbehörden übertragen. Von dieser Festlegung wurde mit Wirkung vom 6. Juli 1938 Gebrauch gemacht, indem die Tarifgenehmigung bis auf weiteres den bisher tätigen Reichs- und Landesbehörden übertragen wurde. Allerdings hatten diese jetzt eine größere Rechtsgewalt, denn nach § 2 des Tarifhoheitsgesetzes konnten sie von den Bahnen die Beförderung von Personen und Gütern, die sich auf mehrere aneinander anschließende reichseigene oder nichtreichseigene Eisenbahnen des öffentlichen Verkehrs erstreckten, die Einführung der direkten Abfertigung sowie durchgehende Tarife verlangen. In der Begründung zu diesem Gesetz hieß es u. a., daß damit für die Tarifgestaltung bei den nichtreichseigenen Eisenbahnen des öffentlichen Verkehrs einheitliche reichsrechtliche Bestimmungen geschaffen wurden, die die Möglichkeit einer wirksamen Verkehrsführung auf dem Gebiet der Tarifpolitik sicherstellen. Die Einbeziehung der Kleinbahnen in die direkten Tarife gestaltete sich sehr schwierig und kam in der Folgezeit auch nur vereinzelt zum Tragen.

Ein weiterer wichtiger Schritt in diese Richtung war die Einbeziehung der Kleinbahnen in den Geltungsbereich der Eisenbahnverkehrsordnung ab 1. Oktober 1938. Die kriegsorientierte Wirtschaft und das Militär verlangten vorrangige Beförderung auf den Eisenbahnen des Deutschen Reiches. Aus diesem Grund kam es ab Januar 1940 zu weitgehenden Einschränkungen im Personenverkehr und zum Wegfall einer Vielzahl von Fahrpreisermäßigungen. Die Zivilisten sollten von allen „überflüssigen Reisen" ferngehalten werden. Auch die Klein- und Privatbahnen schlossen sich einem Wegfall der Verkehrsbegünstigungen bei der Reichsbahn an, lediglich der Berufsverkehr und der Militärurlauberverkehr wurden weiterhin mit Sondertarifen begünstigt. [127]

Die Ergebnisse der Einschränkungen kann man anhand des Vortrages, den Vertreter der Kleinbahnab-

Bau der Schildau-Mockrehnaer Kleinbahn mit der Lokomotive Nr. 3 im Jahr 1922.
Sammlung Heinrich

teilung Merseburg vor dem Oberpräsidenten der Provinz Sachsen im April 1941 über das zurückliegende Geschäftsjahr hielten, entnehmen. Danach wurde eine Zunahme in den Personenverkehrseinnahmen bei den größeren Kleinbahnen so begründet [128]:

Altmärkische Kleinbahn:	durch Ausfall von Kraftwagen Wegfall der Fahrpreisermäßigungen und Beförderung von Militär
Stendaler Kleinbahn:	durch Wegfall der Fahrpreisermäßigungen
Salzwedeler Kleinbahnen:	durch Ausfall von Kraftwagen und Wegfall der Fahrpreisermäßigungen
Genthiner Kleinbahn:	durch Steigerung des öffentlichen Berufsverkehrs, erhöhte Benutzung der 2. Wagenklasse und Wegfall der Fahrpreisermäßigungen
Kleinbahn Gardelegen–Haldensleben–Weferlingen:	durch erhöhte Benutzung der Eisenbahn zu Einkaufsreisen durch die Landbevölkerung

Bereits im Herbst 1939 legte die Kleinbahnabteilung einen im Auftrag des Reichsverkehrsministers erarbeitete Untersuchung über die Einführung direkter Gütertarife vor. Ermittelt werden sollten dabei die Frachtausfälle und die erforderlichen Zuschlagfrachten. Von den 22 provinzial-sächsischen Kleinbahnen waren elf mit den entsprechenden Vorarbeiten beauftragt, während bei den restlichen Bahnen derartige Untersuchungen nicht geplant wurden. Bei der Stendaler Kleinbahn waren die Vorarbeiten abgeschlossen, und die Ergebnisse konnten dem Reichsverkehrsminister kurzfristig zugeleitet werden. Trotzdem kam es erst ab 1. Oktober 1941 zur Einführung direkter Gütertarife. Die Ersparnisse für die Verfrachter beliefen sich auf insgesamt 58 196 RM, die mit 48 755 RM von der Deutschen Reichsbahn

Personenzug im Spreewaldbahnhof Cottbus, 1964.
Foto Hey

und mit 9 441 RM von der Kleinbahn getragen wurden.
Für die nachfolgenden Kleinbahnen waren bereits 1939 Anträge auf Einbeziehung in die direkten Tarife gestellt worden [129]:

- Kleinbahn Ellrich–Zorge, eingeführt ab 1. Juli 1940. Ersparnis der Verfrachter 15 265 RM, davon trugen die Deutsche Reichsbahn 12 790 RM und die Kleinbahn 2 475 RM.
- Kleinbahn Neuburxdorf–Mühlberg, eingeführt ab 1. August 1941. Ersparnis der Verfrachter 55 514 RM, davon trugen die Deutsche Reichsbahn 44 474 RM und die Kleinbahn 11 040 RM.
- Kleinbahn Bergwitz–Kernberg, Termin nicht bekannt
- Salwedeler Kleinbahnen
- Altmärkische Kleinbahnen
- Kleinbahn Heudebar–Matthierzoll
- Kleinbahn Schildau–Mockrehna
- Kleinbahn Bebitz–Alsleben
- Kyffhäuser Kleinbahn
- Kleinbahn Erfurt–Nottleben

} Bahnen waren nur mit Vorarbeiten beauftragt

Mit der Einführung der direkten Gütertarife auf den genannten Bahnen wurden die seit langem aus den Wirtschaftskreisen erstrebten tarifrechtlichen Gleichstellung, der Abschluß von Frachtverträgen in gesamtschuldnerischer Haftung für die beteiligten Bahnen sowie eine Frachtverbilligung erreicht. Trotz der Vergünstigungen für die Verfrachter wird anhand der Beispiele deutlich, daß der Wegfall sämtlicher Beschränkungen und das generelle Einführen direkter Tarife zu einem erheblichen finanziellen Verlust und einem enormen Arbeitsaufwand geführt hätten, die unter kriegswirtschaftlichen Bedingungen weder von der Reichsbahn noch von den Kleinbahnen hätten getragen werden können. Die neuen Tarife hätten eine umfangreiche Veränderung der Entfernungstafeln erfordert.
Das Reichsverkehrsministerium erkannte durchaus die wachsende Bedeutung der Privat- und Kleinbahnen. Staatssekretär Kleinmann schrieb dazu am 15. Januar 1941 in der Zeitschrift „Der Vierjahresplan“: „Neben den Eisenbahnen haben auch die Privat- und Kleinbahnen gegenüber dem Vorjahr erhöhte Betriebsleistungen, besonders im Güterzugdienst, bewältigen müssen. Ihre große verkehrliche und wirtschaftliche Bedeutung ist darin besonders erkennbar. Dabei zeigte sich erneut, daß sie nicht nur örtlich begrenzte Aufgaben zu erfüllen hatten, sondern auch durch den Übergangsverkehr zwischen ihnen und der Reichsbahn sich großen Anteil am Fernverkehr erworben haben.“
Trotz dieser Erkenntnis kam es erst durch die Kriegslage und den verschärften Bombenkrieg auf deutsche Städte zu einem weiteren Wegfall von Beschränkungen gegenüber den Kleinbahnen und zur Einführung von direkten Tarifen auf den für den Umleiterverkehr geeigneten Kleinbahnstrecken. Bis 1942 durften die beiden Kleinbahnen Königs Wusterhausen–Mittenwalde–Töpchin und Neukölln–Mittenwalde auf ihrem Verbindungsgleis im Stadtgebiet von Groß-Berlin nur Müll und Ziegelsteine befördern. [130]
Nach dem Krieg behielten die Pri-

vat- und Kleinbahnen ihre Tarifsätze bei. Es bestanden bis zur Übernahme durch die DR im Jahr 1949 nach wie vor Bahnen mit direkten Gütertarifen und solche, die nicht in diese Tarifklasse einbezogen waren. Gegen die daraus zu erwartenden Einnahmeverluste sowohl bei der DR als auch bei den Bahnen erhoben die Landesbahnen Brandenburg mit Schreiben vom 7. Februar 1949 bei der Deutschen Wirtschaftskommission, Hauptabteilung Verkehr, Einspruch. Die Landesbahnen rechneten mit geschätzten Einnahmeverlusten von 25 Prozent im Personenverkehr und über 50 Prozent im Güterverkehr. Im Falle der Übernahme hätte die DR auch die Bahnen ohne direkte Tarife mit in den Reichsbahntarif übernehmen müssen, womit die getrennte Abfertigungsgebühr entfallen wäre. Einzelne Beispiele untermauerten diese Behauptungen [131]:

1. Bahnen ohne direkte Tarife:
- Ost- und Westprignitzer Kreiskleinbahnen rund 75 Prozent Verlust
- Prenzlauer Kreisbahnen rund 75 bis 83 Prozent Verlust
- Spreewaldbahn rund 70 Prozent Verlust
- Luckenwalde-Jüterboger Eisenbahn rund 80 Prozent Verlust
- Lehniner Eisenbahn rund 70 Prozent Verlust
- Strausberg-Herzfelder Eisenbahn rund 78 Prozent Verlust.

2. Bahnen mit direkten Gütertarifen:
- Brandenburgische Städtebahn zwischen 12 und 27 Prozent Verlust
- Dahme-Uckroer Eisenbahn rund 50 Prozent Verlust
- Eberswalde-Finowfurter Eisenbahn rund 53 Prozent Verlust
- Niederlausitzer Eisenbahn zwischen 37 und 46 Prozent Verlust
- Ruppiner Eisenbahn zwischen 26 und 36 Prozent Verlust.

Alle Gegenargumente änderten nichts am bereits gefaßten Entschluß: Am 1. April 1949 wurden die Bahnen übernommen. Zu einer sofortigen Einführung der DR-Tarife und dem Wegfall der von jeder Bahn besonders kalkulierten Tarifkilometer kam es jedoch noch nicht. Zu diesem Zeitpunkt war die Deutsche Wirtschaftskommission aufgrund der durch die Länder und Bahnverwaltungen vorgebrachten Einwände noch unschlüssig. Einige Bahnen hatten den DR-Tarif zwar ab 1. Oktober 1949 eingeführt, die Deutsche Wirtschaftskommission wies aber im gleichen Monat an, die Einnahmen der übernommenen Bahnen nach den Kleinbahn- und Privatbahntarifen zu berechnen und mit den zu erwartenden Einnahmen bei der Einführung der DR-Tarife zu vergleichen. Mit den Untersuchungen wurde die zu diesem Zeitpunkt noch für die Fragen der Personentarife im Binnenverkehr zuständige Rbd Erfurt beauftragt. In einem Bericht der Rbd vom 13. Januar 1950 an die Generaldirektion der DR wurden Einnahmeverluste bei Einführung der DR-Tarife zwischen 5 Prozent und 50 Prozent ausgewiesen. [132]

Es gab auch Ausnahmen. So konnten die Kleinbahnen Bebitz–Alsleben und Schleiz–Saalburg nach Einführung der DR-Tarife erhöhte Einnahmen erwarten. Beide Bahnen hatten sich 1946 nicht an der allgemeinen Tariferhöhung beteiligt, sondern an dem bis dato gültigen 6-Pfennig-Tarif (2.Klasse) festgehalten. Auf diesen Strecken mußten die Anlieger erst ab 1. Januar 1951 8 Pfennig pro Kilometer zahlen. Trotz der im allgemeinen vorausgesagten Einnahmeverluste verfügte die Rbd Erfurt am 6. Dezember 1950 die Abrechnung nach DR-Tarifen auf den übernommenen Bahnen des Direktionsbezirkes ab 1. Januar 1951. Man erhoffte sich durch die niedrigen Fahrpreise eine Verkehrsbelebung, die jedoch in den folgenden Jahren nicht eintrat. Im Gegenteil: Auf vielen Strecken der ehemaligen Klein- und Privatbahnen wurde aus ökonomischen Gesichtspunkten der Betrieb eingestellt.

Grundlage für einen generellen Eingriff in das Nebenbahnnetz der DR war der VII. Parteitag der SED im

Der Brocken-Tarif im Kursbuch 1968.
Sammlung Rammelt

km																				
	Erfurt Hbf 186	ab	...	...	...	...	6.15	...	9.14	...	✕ 10.09	...	12.13	...	...	...	...	...	...	...
	Rbd Magdeburg	Zug Nr	1241		1235		1301		1239	1303	1237		1243		1213		9715			
0.0	**Nordhausen** Nord ✕ (184 m) 201	ab	✕5.02	...	6.46	...	9.42	...	11.35	...	Sa 12.43	⊠13.31	15.58	...	16.45	...	...	18.20	...	...
2.2	Nordhausen-Altentor (189 m)		5.08	...	6.52	...	9.48	...	11.41	...	12.49	13.37	16.04	...	16.51	...	...	18.26	...	...
4.7	Nordhausen-Krimderode (198 m)		x5.13	...	6.58	...	9.54	...	11.47	...	12.55	13.43	16.10	...	16.57	...	...	18.32	...	...
7.0	Niedersachswerfen Ost (213 m)		5.21	...	7.06	...	10.02	...	11.55	...	13.05	13.51	16.18	...	17.05	...	...	18.43	...	...
10.7	Ilfeld (254 m)		✕5.30	...	7.16	...	10.12	...	12.06	...	Sa 13.14	⊠14.00	16.28	...	b17.43	...	...	18.53	...	...
14.0	Netzkater (309 m)		an	...	7.25	...	10.21	...	12.15	...	an	an	16.37	...	17.52	...	...	19.02	...	...
17.3	**Eisfelder Talmühle** ✕ (352 m)	an	...	...	7.33	...	10.29	...	12.23	...	...	...	16.45	...	18.00	...	...	19.10	...	...
17.3	**Eisfelder Talmühle** ✕ (352 m)	ab	...	...	↓	...	10.34	...	↓	12.45	...	...	↓	...	↓	...	...	19.15	...	...
18.9	Unterberg X		...	...		...	10.38	...		12.49	...	...		...		...	...	19.19	...	...
23.2	Birkenmoor X (520 m)		...	...		...	10.50	...		13.02	...	...		...		...	...	19.32	...	...
26.2	Stiege (485 m)		...	...		...	11.02	...		13.20	...	...		...		...	...	19.45	...	...
30.8	**Hasselfelde** (452 m)	an	...	...		...	11.15	...		13.33	...	...		...		...	...	19.58	...	...
		Zug Nr	1233	9721			9725				9743	1309				9745				
17.3	**Eisfelder Talmühle** ✕ (352 m)	ab	...	...	7.39	...	...	...	12.32	...	...	* ...	16.52	...	18.08	...				
29.8	**Benneckenstein** (530 m)	an	...	...	8.10	...	...	...	13.04	...	...	...	17.23	...	18.39	...				
		ab	...	5.40	8.13	...	...	...	13.06	...	...	...	17.25	...	...	19.00				
34.2	Sorge (486 m)		...	5.51	8.23	...	...	...	13.17	...	...	...	17.36	...	...	19.11				
41.6	Elend (509 m)		...	6.09	8.42	...	...	...	13.39	...	...	...	17.55	...	...	d19.41				
46.4	**Drei Annen Hohne** ✕ (543 m)	an	...	6.20	8.53	...	...	...	13.51	...	...	...	18.06	...	...	19.52				
0.0	**Schierke** (685 m)	ab	...	↓	↓	...	10.03	...	↓	...	14.47	...	↓	...	...	↓				
5.4	**Drei Annen Hohne** ✕ (543 m)	an	...			...	10.23	...		...	15.07	...		...	...					
46.4	**Drei Annen Hohne** ✕ (543 m)	ab	...	6.21	8.54	...	10.27	...	13.52	...	15.11	...	18.07	...	...	19.53				
54.6	Steinerne Renne (311 m)		...	6.44	9.17	...	10.53	...	14.15	...	15.34		18.30	...	...	x20.15				
56.2	Wernigerode-Hasserode (280 m)		✕5.57	6.54	9.23	...	10.58	...	14.21	...	15.40	■17.10	18.36	...	...	20.21				
58.0	Wernigerode Kirchstraße (256 m)		6.03	7.00	9.29	...	11.04	...	14.27	...	15.46	17.16	18.42	...	...	20.27				
59.5	Wernigerode Westerntor (238 m)		6.08	7.05	9.34	...	11.10	...	14.32	...	15.52	17.21	18.47	...	...	20.32				
60.5	**Wernigerode** ✕ (234 m) 204	an	✕6.12	7.10	9.38	...	11.14	...	14.36	...	15.56	■17.25	18.51	...	...	an				

* ab 1. V. 68 täglich und bis Steinerne Renne an 16.51

★ ab 1. V. 68 täglich und ab Steinerne Renne 17.04

a an 19.23

b an 17.14

d an 19.28

Fahrpreis 2. Klasse: Drei Annen Hohne – Schierke 0.80 MDN

Kombinierter 4.-Klasse-Wagen mit Gepäckabteil vom Waggonbau Görlitz für die Görlitzer Kreisbahn.
Werkfoto

Jahr 1967. Ulbricht äußerte sich zu diesem Problem wie folgt: „Unser Eisenbahnnetz mit seinen vielen unwirtschaftlichen Nebenstrecken, Bahnhöfen und Anschlußbahnen wird, nachdem ein Teil der Beförderungsleistungen auf den Kraftverkehr verlagert ist, wesentlich reduziert." [133]
Bleibt zum Schluß nur noch der Ausnahmetarif auf der Strecke Drei Annen Hohne–Schierke nachzutragen. Auf diesem 5,4 km langen Streckenabschnitt betrug der Zuschlag fast 100 Prozent und das noch laut Kursbuch vom Herbst 1968. Auch auf der Oberweißbacher Bergbahn wurde noch wegen der erhöhten Aufwendungen bei der Beförderung ein Entfernungszuschlag von 5 km in die tatsächliche Tarifentfernung (2,6 km) eingerechnet.

Konkurrenz durch den Kraftverkehr und eigene Kraftwagenlinien

Wurden bei der Verabschiedung des Kleinbahngesetzes im Schlußwort die Kleinbahnen als das sicherste und billigste Verkehrsmittel für die ländlichen Gebiete bezeichnet, so änderte sich diese Sachlage spätestens nach dem ersten Weltkrieg mit der zunehmenden Bedeutung des Kraftwagenverkehrs. In dieser Zeit waren die Klein- und Privatbahnen von einer allgemeinen Krise gezeichnet, die einerseits von der schlechten Wirtschaftslage und der Inflation sowie andererseits durch anhaltende Unruhen der Beschäftigten infolge der unterschiedlichen Besoldung zur neu gegründeten Deutschen Reichsbahn hervorgerufen wurden. Kaum eine der genannten Bahnen arbeitete zu dieser Zeit mit Gewinn, die meisten konnten sich gerade, zum Teil nur mit staatlicher Unterstützung, über Wasser halten.
In dieser Situation entwickelte sich der Kraftverkehr, anknüpfend an die sich bereits vor dem Krieg abzeichnende Tendenz, mit all seinen Erscheinungsformen. Die stürmische Entwicklung war vergleichbar mit dem Entstehen der Eisenbahn. In dieser Phase fehlte es an der ordnenden Hand des Staates. Die Gesetzgebung und die öffentliche Verwaltung hatten dieser Entwicklung nur unzureichende Maßnahmen gegenüberzustellen weshalb es dann auch in verschiedenen Landesteilen zu einem unerfreulichen Wettbewerb zwischen den Kraftfahrzeugen und den Eisenbahnen kam.
Nach der Einführung der Reichsmark wurden zwar einige Kleinbahnen neu konzessioniert oder bereits bestehende Bahnen erweitert, aber es zeigte sich auch immer mehr, daß die Bedeutung des Kraftwagens zunahm. Die aus der Erweiterung der Krensitz-Crostitzer Kleinbahn hervorgegangene Delitzscher Kleinbahn hatte beispielsweise von Anfang an finanzielle Schwierigkeiten und mußte mit ihrer Eröffnung eine eigene Kraftwagenlinie von ihrem Kleinbahnhof Delitzsch West zum an der Strecke Leipzig–Bitterfeld gelegenen Bahnhof Delitzsch-Berliner Bf einrichten. Damit die Autobusse ausgelastet waren, übernahm die Kleinbahn später auch die von der Reichspost befahrene Kraftwagenlinie Delitzsch–Glesien.
Die Konkurrenz des Straßenverkehrs trat den Eisenbahnen in folgenden Formen gegenüber:
- privater Personenverkehr mit eigenem Personenkraftwagen
- Kraftwagenlinienverkehr
- Personen-Gelegenheitsverkehr (Taxi)
- Güternahverkehr
- Güterfernverkehr.

Gegen dieses, den Kundenwünschen entsprechende Angebot muß-

Die 1936 eröffnete Kleinbahn Schleiz–Saalburg hatte trotz ihrer modernen elektrischen Triebwagen von Anfang an gegen einen starken regionalen Kraftverkehr zu kämpfen. Aufnahme 1936 in Gräfenwarth.
Sammlung Rammelt

ten sich vor allem die im Kurzstreckenverkehr arbeitenden Kleinbahnen behaupten. Die Privatbahnen waren außerdem für den Durchgangsverkehr zu den angrenzenden Haupt- und Nebenbahnen zugelassen, hatten also eine zusätzliche Einnahmequelle.
Generell waren alle schienengebundenen Verkehrsträger von einer rückläufigen Tendenz des Verkehrsaufkommens betroffen. Dies war auf den zunehmenden Kraftwagenverkehr zurückzuführen. Von 1929 bis 1933 verzeichneten die Kleinbahnen einen Rückgang des Personenverkehrs von 40 Prozent. Die Privateisenbahnen hatten 44 Prozent und die DRG 37 Prozent Rückgang zu beklagen. Die Beförderungspreise waren damals bei der Wahl der Verkehrsmittel von besonderer Bedeutung. Im Güternahverkehr bestanden bei den Kraftfahrzeugunternehmen keine Tarifvorschriften; die Beförderungspreise richteten sich nach den jeweiligen Selbstkosten. Die Unternehmer schlugen in Abhängigkeit von den Wettbewerbsbedingungen mit anderen territorialen Verkehrsunternehmen einen Gewinnbetrag auf die zu befördernden Waren im Güternahverkehr vor. Die Selbstkosten der Kraftwagengesellschaften unterteilten sich in zwei Gruppen: in fixe und variable Kosten. Zu ersteren gehörten die Verzinsungen des Anlagekapitals, die Versicherungen, die Kraftfahrzeugsteuern, die Abschreibungen, die Garagenmiete und die Lohnkosten. Die variablen Kosten enthielten die Ausgaben für Treibstoffe, Schmiermittel, Bereifung, Reparaturen und die Beförderungssteuer sowie einen Teil der Abschreibungen. Die Höhe der fixen Kosten war gegenüber den Klein- und Privatbahnen vergleichsweise geringer. Die Kostenunterschiede erklärten sich teilweise aus der relativen Flexibilität des Güternahverkehrs mit Kraftfahrzeugen. Dieser Güternah-

verkehr war an keinen Fahrplan und an keine Beförderungspflicht gebunden und konnte sich demzufolge im Nahbereich völlig frei entwickeln. Die Eisenbahnen mußten sich an ihrem Fahrplan festhalten und von ihren erwirtschafteten Einnahmen den eigenen Verkehrsweg unterhalten, während der Kraftverkehr nur in geringem Maße über die Kraftfahrzeugsteuer indirekt an der Wegeunterhaltung beteiligt war.
Neben den gewerblichen Verkehrsunternehmungen erschwerte vor allem der Individualverkehr von Betrieben bzw. landwirtschaftlichen Einrichtungen die Existenz der Klein- und Privateisenbahnen. Diese übernahmen die Transporte ihrer Fertigprodukte bis zur nächsten Staatsbahnstation in eigener Regie.
Im Güterfernverkehr, der damals überwiegend nicht bei der DRG verblieben war, beendete der Reichskraftwagentarif vom 10. Juni 1936 den auch hier beginnenden Konkurrenzkampf. Entgegen früheren Reichskraftwagentarifen erhielt danach der Güterfernverkehr annähernd die gleichen Tarife wie die DRG.
Die dadurch erzielte Vergünstigung für den Eisenbahntransport wirkte sich auf die Klein- und Privatbahnen kaum aus. Zum einen deswegen, weil deren Tarife oberhalb der DRG-Tarife lagen, zum anderen ließ die neu eingeführte Tarifordnung eine Freizone für den Güternahverkehr von 50 km unberücksichtigt. Die Hauptkonkurrenz für die Eisenbahngesellschaften war nicht beseitigt worden.
Auf diesen Entfernungen konnte der Kraftverkehr die Güter schneller und billiger befördern, da hier die Abfertigungs- und Umladegebühren der Bahnen stärker ins Gewicht fielen als im Fernverkehr. Nachteilig wirkten sich außerdem die bei den Klein- und Privateisenbahnen je nach Art und Wert der Güter differenzierten Tarifsätze aus: Und zwar wurden hochwertige Industrieerzeugnisse mit höheren Beförderungspreisen bedacht als die Schütt- und Massengüter. Bei den durch Kraftwagen beförderten Gütern bestimmten Umfang und Gewicht die Preiskalkulation; dadurch war der Kraftwagen bei den hochwertigen Gütern der Eisenbahn in diesen Beförderungszonen überlegen. Die Klein- und Privateisenbahnen beschränkten ihr Verkehrsaufkommen nach der Zunahme des Kraftwagenbetriebs vorwiegend auf den Transport niedrig eingestufter Schütt- und Massengüter sowie auf sperrige Güter, Produkte, die sich für den Straßentransport nicht sehr eigneten.
Der Güterfernverkehr mit Kraftfahrzeugen wurde durch Sofortmaßnahmen des Reichsverkehrsministeriums vom 6. Juli 1938 stark gefördert. Das Gesetz kam trotz erheblichen Einspruches der Reichsverkehrsgruppe Schienenbahnen durch. Diese Interessengemeinschaft fürchtete einen weiteren Einnahmerückgang bei den von ihr vertretenen Bahnen.
Ein Verkehrsträgerwechsel von der Straße auf die Schiene kam mit der Verknappung der Treibstoffe infolge der Kriegsauswirkungen zustande. Viele Kraftfahrzeuge wurden abgestellt oder erhielten Holzvergaser.
Die Klein- und Privatbahnen entschlossen sich nur vereinzelt zu einem eigenen Güterkraftverkehr. Die Halberstadt-Blankenburger Eisenbahn eröffnete beispielsweise in bescheidenem Maße bereits gegen Ende der zwanziger Jahre einen eigenen Güterkraftverkehr.

Die Delitzscher Kleinbahn führte vom Tag der Eröffnung an eine eigene Kraftfahrlinie vom Bahnhof Delitzsch West nach Delitzsch Berliner Bf, 26. Juni 1937.
Foto Stöckner. Sammlung G. Meyer

Ein Teil des Bus-Parkes der Osthavelländischen Kreisbahnen vor dem Bahnhof Johannisstift. Wegen der Kraftstoffknappheit während des Krieges erhielten die Fahrzeuge Holzgasgeneratoren.
Sammlung Schulze

Einer der ersten drei Omnibusse, die von der Vereinigung vorpommerscher Kleinbahnen in Betrieb genommen wurden. Der Bus mit Nr. IH 8657 nahm am 6. April den Betrieb auf. Die Aufbauten stellten Weyer & Co, Düsseldorf, und das Fahrgestell Daag, Düsseldorf, her.
Sammlung G. Meyer

Anders verhielten sich die Bahnen im Personenverkehr. Hier entwickelte sich vor allem bei den in den Provinzen Pommern und Ostpreußen bestehenden Bahnen ein lebhafter bahneigener Kraftverkehr.
Der Provinziallandtag der Provinz Pommern beschloß am 28. April 1926, daß sich die Provinz am Ausbau der Kleinbahnunternehmungen durch Kraftwagenlinien in dem gleichen Umfang, wie sie es an dem Neu- und Ausbau von Kleinbahnen praktiziert hatte, beteiligen konnte. Die Kleinbahn mußte allerdings nachweisen, daß sie durch diese Erweiterung des Unternehmens auch einen wirtschaftlichen Aufschwung erwartete, außerdem mußten sich die daran interessierten Kommunalverbände im gleichen Umfang beteiligen. Nach diesem Beschluß entstand bei der Vereinigung der vorpommerschen Kleinbahnen ein dichtes Kraftwagenliniennetz. Die Vereinigung beschaffte von 1926 bis 1929 neun Autobusse, von denen sieben im Plandienst und zwei in Reserve standen.
Die Leitung der vorpommerschen Bahnen setzte sich gegen den Kraftwagenunternehmer Karl Brahls aus Greifswald und die von ihm betriebene Linie Greifswald–Lubmin durch. Nach langwierigen Verhandlungen übernahm die Kleinbahn Greifswald–Wolgast am 1. April 1926 diese Linie und betrieb sie mit eigenen Autobussen. Der Fahrplan konnte nur mit der Kleinbahn abgestimmt werden. Bis zum Abschluß des Geschäftsjahres 1927 betrieben die der Vereinigung der vorpom-

Trotz der Aufnahme eines bahneigenen Busbetriebes am 15. Januar 1932 kam es nicht zur Verbesserung der Wirtschaftlichkeit.
Am 15. Februar 1939 fuhr der letzte Zug der Jüterbog-Luckenwalder Kreiskleinbahnen.
Sammlung G. Meyer

Omnibus der Kleinbahnen des Kreises Jerichow I.
Sammlung G. Meyer

merschen Kleinbahnen angeschlossenen Unternehmen auf 191 km Kraftwagenlinien. Die Linie Anklam–Treptow wurde sowohl von der Demminer Kleinbahn Ost als auch der MPSB gemeinsam betrieben. [134] Demgegenüber bestanden zum gleichen Zeitpunkt innerhalb des Deutschen Reiches bei den Kleinbahnen 31 Kraftwagenlinien mit 41 Kraftwagen. Sie betrieben zusammen 655 km. Bei den Privateisenbahnen waren es 25 Linien mit 46 Kraftwagen und 496,5 km. [135] Um gegen die wachsende Konkurrenz der Kraftfahrlinien privater Unternehmer oder der Reichspost bestehen zu können, stellten immer mehr Bahnen ihren Personenverkehr teilweise oder ganz auf eigenen Autobusverkehr um. Die in großen finanziellen Schwierigkeiten stehenden Jüterbog-Luckenwalder Kreiskleinbahnen stellten beispielsweise am 15. Januar 1932 ihren gesamten Personenverkehr auf Kraftfahrlinienverkehr um. Vorher hatten sie bereits erwogen, den Eisenbahnbetrieb einzustellen und das Planum nach dem Abbau der Gleise als Radfahrwege umzugestalten.

In den einzelnen preußischen Provinzen entwickelte sich der den Bahnen angegliederte Kraftwagenverkehr sehr unterschiedlich (Tabelle 2.13). Durch den Einsatz der Autobusse konnten die Klein- und Privatbahnen ansteigende Beförderungszahlen registrieren, war doch schließlich damit auch der Komfort verbessert worden. Die langen Aufenthaltszeiten auf den Unterwegsbahnhöfen der dampflokbetriebenen Züge, verursacht durch das Ausrangieren und Zusetzen von Güterwagen, entfielen. Der Geschäftsbericht der vorpommerschen Bahnen für das Jahr 1930/31, zu denen 516,5 km Schienenbahnen und 246 km Kraftfahrlinien gehörten, enthält für die Schienenbahnen folgende Zahlen:

Betriebseinnahmen	2 564 932,33 RM
Betriebsausgaben	2 191 161,64 RM
Überschuß	373 770,69 RM

Tabelle 2.13. Stand der den Klein- und Privatbahnen angeschlossenen Kraftwagenlinien im Jahre 1935 [136]

Provinz	Anzahl der Bahnen mit Kraftwagenlinien	Anzahl der Kraftwagen- (Anhänger)	Streckenlänge km	Beförderte Personen	Beförderte Güter einschließlich Stück- und Eilgut t	Einnahmen Personenverkehr RM	Einnahmen Güterverkehr RM
Brandenburg (Neben- und Kleinbahn)	2	11 (3)	121	288 000	130	118 500,–	1 265,–
Hannover	9	27	308	490 000	1 080	300 000,–	8 600,–
Oberschlesien	1	1	90	Geschäftsbericht lag nicht vor			
Ostpreußen	9	29	732	438 000	252	402 000,–	3 560,–
Pommern	8	26	550	278 000	187	263 000,–	
Sachsen	7	12	139	162 000	1 014	96 600,–	7 450,–
Westfalen[1]		14	141	227 000	3 816	124 126,–	42 235,–

[1] Die Westfälische Landeseisenbahn übernahm ab Januar 1935 die Geschäftsführung der Kraftverkehrsgesellschaft Münsterland und einzelner Kraftverkehrslinien

Vergleichsweise erzielten die Kraftfahrlinien der Kleinbahn Greifswald–Wolgast, der Demminer Kleinbahn Ost, der Anklam-Lassaner Kleinbahn und der Anklam-Treptower Kraftfahrlinie folgende Betriebsergebnisse [137]:

Betriebseinnahmen	136 061,22 RM
Betriebsausgaben	103 333,58 RM
Überschuß	32 727,64 RM

Die teilweise veränderten Kraftfahrlinien wurden von der 1947 gegründeten VVB Verkehr Land Mecklenburg, in der alle ehemaligen Kleinbahnen Vorpommerns zusammengefaßt waren, weiter betrieben. Auf den demontierten Bahnen sollte der Kraftverkehr vorerst als Schienenersatzverkehr bis zum Neuaufbau der Strecken den Betrieb aufrechterhalten.

Als in der sowjetischen Besatzungszone die Übernahme der Bahnen durch die Deutsche Reichsbahn vorbereitet wurde, strebte diese die Trennung der Kraftfahrlinien von den Bahnen an. Dies stieß allerdings

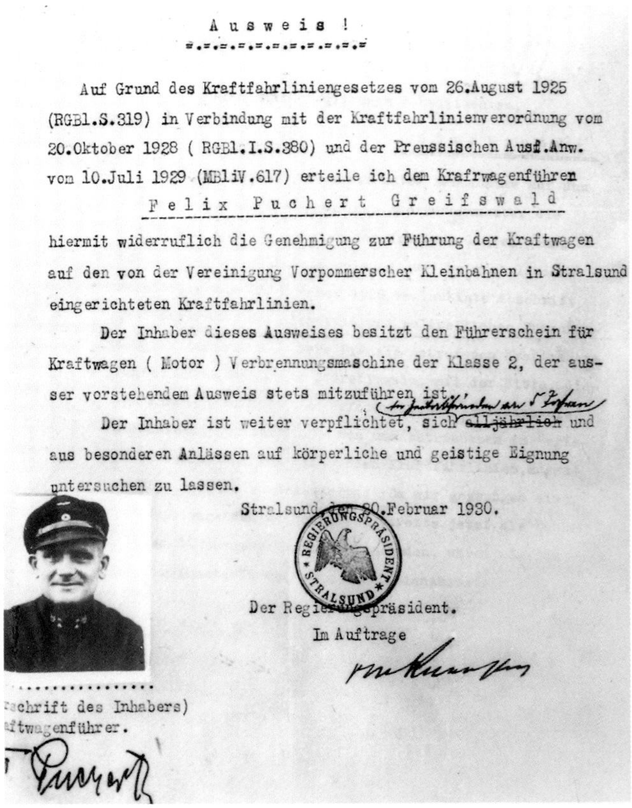

Ausweis !

Auf Grund des Kraftfahrliniengesetzes vom 26.August 1925 (RGBl.S.319) in Verbindung mit der Kraftfahrlinienverordnung vom 20.Oktober 1928 (RGBl.I.S.380) und der Preussischen Ausf.Anw. vom 10.Juli 1929 (MBliV.617) erteile ich dem Krafrwagenführen

F e l i x P u c h e r t G r e i f s w a l d

hiermit widerruflich die Genehmigung zur Führung der Kraftwagen auf den von der Vereinigung Vorpommerscher Kleinbahnen in Stralsund eingerichteten Kraftfahrlinien.

Der Inhaber dieses Ausweises besitzt den Führerschein für Kraftwagen (Motor) Verbrennungsmaschine der Klasse 2, der ausser vorstehendem Ausweis stets mitzuführen ist.

Der Inhaber ist weiter verpflichtet, sich ~~alljährlich~~ und aus besonderen Anlässen auf körperliche und geistige Eignung untersuchen zu lassen.

Stralsund, den 20.Februar 1930.

Regierungspräsident Stralsund

Der Regierungspräsident.
Im Auftrage

…chrift des Inhabers)
…ftwagenführer.

Ausweis des Kraftwagenführers Felix Puchert, der bei der Vereinigung vorpommerscher Kleinbahnen angestellt war.
Staatsarchiv Greifswald

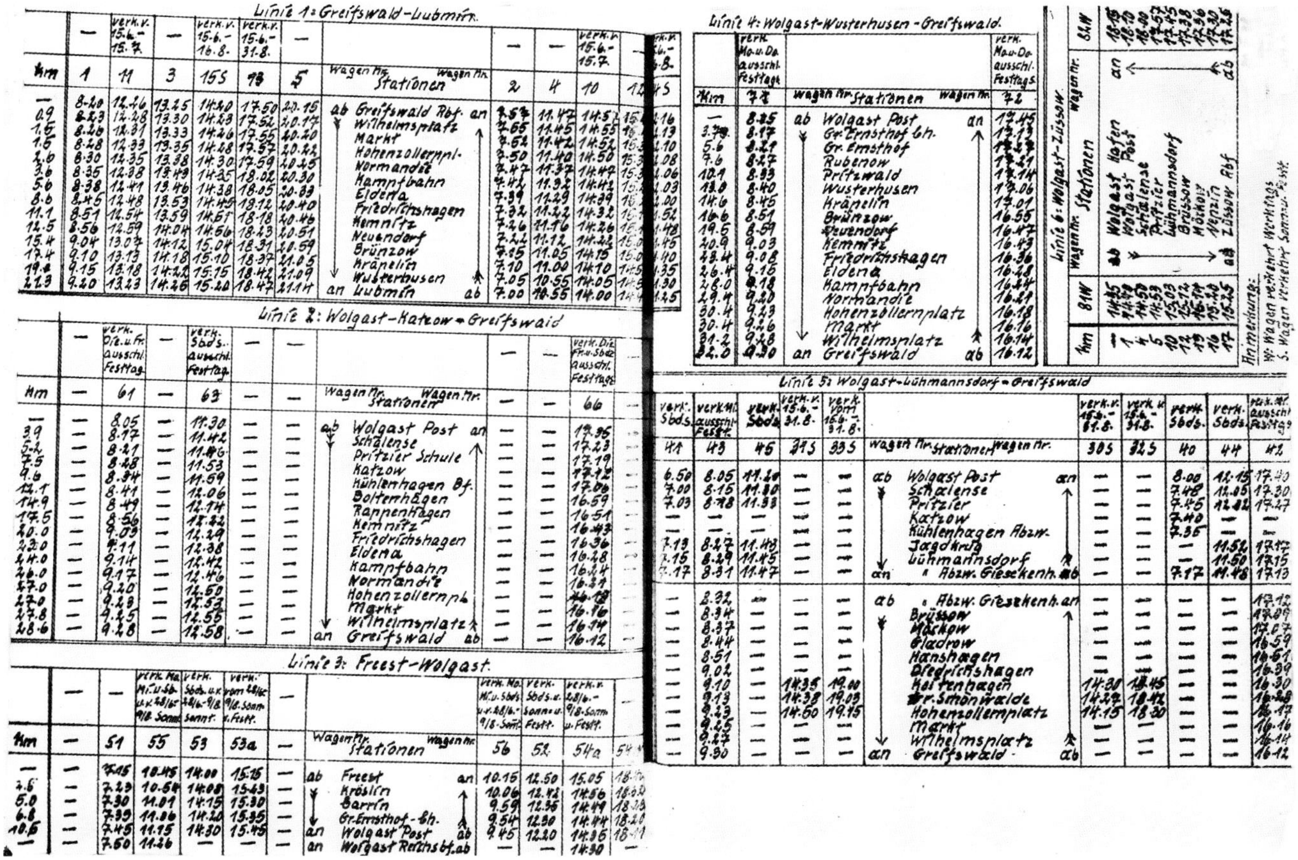

Fahrplan der Kraftwagenlinien der Kleinbahn Greifswald–Wolgast vom 31. März 1931. Staatsarchiv Greifswald

bei den Vertretern der Klein- und Privatbahnen auf verständlichen Widerstand, da sie an dem alten Geist einer selbständigen Bahn samt den dazu gehörenden Nebeneinrichtungen festhielten. Eine Rundfrage der Deutschen Wirtschaftskommission ergab für die einzelnen Reichsbahndirektionen folgendes Bild:

Rbd Erfurt:
Die ehemalige Arnstadt-Ichtershausener Eisenbahn hatte einen eigenen, unmittelbar angegliederten Kraftverkehr, der bereits 1948 auf Anordnung der VVB Handel und Verkehr aus dem Vermögen der Bahn herausgelöst worden war. Daraus ergaben sich Schwierigkeiten, da die Fahrkarten vorher sowohl für den Zugverkehr als auch für den Busverkehr galten. Es wurde der Vorschlag unterbreitet, die Anordnung der VVB Handel und Verkehr rückgängig zu machen. Was aber nicht geschah!

Rbd Greifswald:
Alle Kraftfahrzeuge und Linien sollten von der Deutschen Reichsbahn übernommen werden, da sie ausschließlich dem Schienenersatzverkehr auf den demontierten Bahnen dienten.

Rbd Schwerin:
Die bei den Prignitzer Eisenbahnen und der Boizenburger Stadt- und Hafenbahn eingesetzten Kraftwagen dienten der Verbesserung des in sehr schlechtem Zustand befindlichen Schienennetzes. Auch hier sollten die Fahrzeuge bei der Deutschen Reichsbahn verbleiben.

Rbd Magdeburg:
Alle Kraftfahrlinien sollten zur Deutschen Reichsbahn übergehen.
Am 24. Juni 1949 fand über den Verbleib der Kraftwagen unter Leitung des Vizepräsidenten Fehse mit den Vertretern der Deutschen Reichsbahn, der VVB Kraftverkehr und der ehemaligen Klein- und Privatbahnen eine Beratung statt. Vizepräsident Fehse eröffnete die Sitzung unter Hinweis auf den Beschluß der Deutschen Wirtschaftskommission, wonach alle nicht dem Werk- oder Schienenersatzverkehr dienenden Busse an die VVB Kraftverkehr abzugeben seien.
In der teilweise kontrovers geführten Verhandlung wurden folgende Fakten vorgetragen: [138]

Haldenslebener Eisenbahn:
Der Kraftwagenverkehr wurde am 1. Juli 1938 gegründet und bildete ab 1. Januar 1939 eine eigene Gesellschaft; dabei wechselten zwei Angestellte der Bahn auf den Kraftverkehr über. Die vier Autobusse und ein Anhänger wurden von der VVB Kraftverkehr übernommen. Die Fahrpläne waren mit der Eisenbahn abgestimmt.

Gernrode-Harzgeroder Eisenbahn:
Die Bahn verfügte über insgesamt sechs Autobusse, wovon allerdings nur drei einsatzbereit waren. Sie dienten ebenfalls dem Schienenersatzverkehr auf dem noch nicht wieder aufgebauten Streckenabschnitt Straßberg–Stiege und dem Berufsverkehr. Die Vertreter der Eisenbahn konnten mit diesen Argumenten die Anwesenden überzeugen und ihren Kraftverkehr im Auftrag der Deutschen Reichsbahn weiterhin betreiben. Die Autobusse wurden durch die Rbd Magdeburg übernommen.

Osterwieck-Wasserlebener Eisenbahn:
Diese Bahn wurde durch den zweiten Weltkrieg getrennt, und zwar befanden sich nach 1945 in der britischen Zone 6 km; der Hauptteil dieser Bahn, 15 km, verblieb in der sowjetischen Besatzungszone. Von den drei Autobussen und einem Anhänger war ein Autobus nicht einsatzbereit. Ein Autobus konnte für Ersatzzwecke bei der Eisenbahn verbleiben und wurde von der Rbd übernommen. Alle anderen Fahrzeuge kamen zur VVB Kraftverkehr.

Kleinbahnen des Kreises Jerichow I:
Die Kleinbahnen besaßen noch zwei Autobusse, davon war einer nicht betriebsfähig. Beide Fahrzeuge wurden von der VVB Kraftverkehr übernommen.

Nordhausen-Wernigeroder Eisenbahn:
Von den fünf verbliebenen Autobussen waren nur zwei betriebsfähig. Nach schwierigen Verhandlungen konnten die Vertreter der Eisenbahn einen Autobus für den Schienenersatzverkehr auf der Strecke Drei Annen Hohne–Schierke behalten; alle anderen Fahrzeuge sowie der defekte Anhänger kamen zur VVB Kraftverkehr. Ein Lkw verblieb für Bauarbeiten bei der Eisenbahn.

Genthiner Eisenbahn:
Ein Autobus verblieb bei der Eisenbahn und diente dem Berufsverkehr von Güsen nach Jerichow. Der zweite Autobus sowie ein Anhänger waren nicht betriebsfähig und kamen zur VVB Kraftverkehr.

Halberstadt-Blankenburger Eisenbahn:
Von dem einstmals großen, der Eisenbahn angegliederten Kraftverkehr war nur noch ein nicht einsatzbereiter Autobus bei der Bahn verblieben, der der VVB Kraftverkehr zugesprochen wurde.

Wie in der Rbd Magdeburg wurden auch in den anderen Direktionen die Kraftfahrzeugabteilungen von den Bahnen getrennt. Die bei der Eisenbahn verbliebenen Fahrzeuge wurden den Kraftfahrzeugbetriebswerken zugeteilt und von dort später je nach Bedarf eingesetzt.

3 Bauausführung und Anlagen

Unterschiedliche Spurweiten

Im § 9 der Ausführungsanweisung zum Kleinbahngesetz vom 13. August 1898 wurden neben der Normalspur die Spurweiten 1 000 mm, 750 mm und 600 mm zugelassen. Die Einhaltung dieser Festlegungen prüften die zuständigen Institutionen bei der Ausstellung der Genehmigungsurkunde. Ausnahmen sollten nur bei Erweiterungen bereits bestehender Strecken genehmigt werden. Über die Spurweiten der Kleinbahnen hatte der internationale Eisenbahnkongreß 1892 in Petersburg beraten. Danach wurden die vorgenannten vier Spurweiten für zu projektierende Kleinbahnen empfohlen. Im Schlußwort des Kongresses hieß es, die Entscheidung über die zu wählende Spurweite sei im Einzelfall von den geographischen Verhältnissen, von der zu erwartenden wirtschaftlichen Entwicklung und den sonstigen örtlichen Bedingungen abhängig. Diese Vorgaben hatten sich bewährt und gleichzeitig die zuvor herrschende Spurweitenvielfalt beseitigt.

Allerdings zeigt eine Übersicht der am 1. April 1895 in Preußen konzessionierten oder in Betrieb befindlichen Kleinbahnen neun verschiedene Spurweiten [96]:

1 435 mm	175,66 km
1 000 mm	253,96 km
900 mm	11,32 km
800 mm	2,00 km
785 mm	36,00 km
780 mm	11,14 km
750 mm	140,56 km
720 mm	3,90 km
600 mm	359,80 km
Insgesamt	994,34 km

Die 900-mm-Spurweite verbreitete sich in Deutschland nur gering. Bemerkenswert ist, daß die 1886 in Mecklenburg-Schwerin eröffnete und von Friedrich Lenz gebaute Doberan-Heiligendammer Eisenbahn bis in unsere Tage erhalten blieb. Die preußische Kleinbahnstatistik für 1920 weist eine Gesamtausdehnung der 900-mm-Spur von insgesamt 46,7 km nach. Dazu zählen u. a.:

Spessartbahn	21,0 km
Borkumer Kleinbahn	11,4 km
Amrumer Inselbahn	14,3 km.

Die 800-mm-Spur bestand nach der genannten Statistik nur auf der 6,1 km langen, im Regierungsbezirk Coblenz gelegenen Ernstbahn GmbH von Braunfels nach Philippstein und mit 2 km Länge im königlichen Forst in Zoppot.

Die vorwiegend im oberschlesischen Industriegebiet vorhandene altpreußische Spurweite von 785 mm (2 Fuß, 6 Zoll nach preußischer Maßeinheit) fand sich nur noch bei der 81,6 km langen Brölthalbahn.

Ebenso spielten die Spurweiten 780 mm und 720 mm eine untergeordnete Rolle. Erstere existierte bei der Groß-Ilsede-Lengede Bahn und die andere auf der Strecke Hesperbrück–Hesel.

Die 600-mm-Spur errang in Deutschland erstmals mit der 1892 konzessionierten Mecklenburg-Pommer-

Die Kleinbahn Gleiwitz–Ratibor war eine der ganz wenigen deutschen Kleinbahnen mit einer Spurweite von 785 mm. An der Rollbockgrube in Gleiwitz steht die Lok Nr. 5 im April 1919. Sammlung Rammelt

schen Schmalspurbahn größere Bedeutung. Durch ständige Erweiterungsbauten umfaßte das Gesamtnetz der AG in den dreißiger Jahren 215 km; damit war sie die Kleinbahn mit der größten Streckenlänge. Die MPSB besaß in ihrem weit verzweigten Netz Anschlüsse zu den Zuckerfabriken Jarmen, Friedland und Anklam, zu den Hafenanlagen in Anklam und Jarmen sowie zu den anderen vorwiegend landwirtschaftlichen Betrieben. Die Rohprodukte gelangten über die gleichspurigen Feldbahnanschlüsse und die Gleise der MPSB direkt in die Verarbeitungsstellen, während die Fertigprodukte über die Hafenanlagen das pommersche Hinterland erreichten. Das gesamte Bahnnetz war also vorwiegend auf den Binnenverkehr orientiert, so daß kostspielige Umladearbeiten von den Normalspurbahnen auf die Kleinbahnen verhältnismäßig gering blieben. Der erfolgreiche Bau und Betrieb einer 70 km langen militärischen Feldbahn in der Lüneburger Heide zwischen Uelzen und Celle, auf der während der Manöverzeit täglich 14 Züge in beiden Richtungen gefahren wurden, veranlaßte 1893 den Minister der öffentlichen Arbeiten und den Innenminister zu einer Anweisung an alle Oberpräsidenten der Provinzen. Darin wurde die 600-mm-Spur beim Bau von Kleinbahnen im Interesse der Landesverteidigung empfohlen, da die Heeresfeldbahn ebenfalls auf dieser Spur fuhr. [97]

Eine 600-mm-Stichbahn gab es in Ostpreußen. Diese im ersten Weltkrieg von der Eisenbahnbautruppe als Kriegsfeldbahn gebaute Linie wurde nach dem Krieg vom Kreis Ortelsburg übernommen. Die Bahn

Noch immer dampft der MOLLI auf der 900-mm-Spur durch die Straßen von Bad Doberan, wie im Januar 1986. Im Winter sind die Züge kurz, es fahren meist nur Einheimische mit.
Foto Heym

Von der MSPB gingen die Schmalspurwagen direkt auf die privaten Feldbahnanschlüsse über, hier die Wagenübergangsstelle in Putzar um 1910.
Sammlung Nickel

Schon vor dem ersten Weltkrieg spielten die Feldbahnen mit 600 mm Spurweite eine Rolle, um 1910.
Sammlung Schulze

stellte neben der ebenfalls vom Militär errichteten Feldbahn von Wernshausen nach Brotterode eine Ausnahme dar. Die Ortelsburger Kleinbahn gehörte zur Ostdeutschen Eisenbahn-Gesellschaft und sollte 1939 wegen Unwirtschaftlichkeit eingestellt werden. Die Militärs erkannten aber nach Kriegsausbruch wieder ihre strategische Bedeutung, worauf die Bahn als kriegswichtig eingestuft wurde. Aus gleichem Grunde übernahm später die Deutsche Reichsbahn diese Kleinbahn. [98]

Die Anklam-Lassaner Kleinbahn war neben der MPSB die einzige 600-mm-Bahn in Vorpommern. Über ein Güteranschlußgleis im Hafen Anklam wurde 1896 eine Verbindung mit der MPSB geschaffen. Im Hafen von Anklam hatten sowohl die ALKB wie die MPSB eigene Gleisanlagen. Nach der Demontage der ALKB-Gleise konnte die MPSB auf ihren Gleisen weiterhin den Hafen bedienen.

Ein spätes Comeback feierte die 600-mm-Spur im Jahr 1949 mit der Eröffnung der Strecke Jarmen Nord–Schmarsow. Diese Bahn wurde auf dem Planum der ehemaligen Demminer Kleinbahn Ost errichtet. Ursprünglich sollte durch den Neubau die 1945 demontierte Linie Dennin–Jarmen der MPSB wieder in Betrieb genommen werden.

Eine der letzten betriebenen 600-mm-Bahnen in Deutschland war die Muskauer Waldbahn. Diese Bahn hat allerdings für die Geschichte der Klein- und Privatbahnen keine Bedeutung, da es sich um eine Bahn des nichtöffentlichen Verkehrs handelt.

Die erste deutsche Bahn mit der 750-mm-Spur war die Linie von Ocholt nach Westerstede in Oldenburg. Größere Verbreitung fand diese Spurweite vor allem bei den sächsischen Schmalspurbahnen. Aber auch in Württemberg und Preußen wies sie beträchtliche Streckenlängen auf. Etwa ab 1905 entstanden keine bedeutenden Neubauten, die Ausdehnung beruhte in erster Linie auf der Erweiterung bereits bestehender Streckennetze.

Mit der Feldabahn wurde 1879 eine 1000-mm-Schmalspurbahn in Betrieb genommen. Neben den Kleinbahnen fand diese Spurweite bei verschiedenen Privatbahnen Verbreitung, so bei der Gernrode-Harzgeroder Eisenbahn, der Nord-

Der Hafen Anklam im Jahr 1969. Die Gleise wurden bei der Rekonstruktion des Hafens im Jahr 1963 für die Verbindung Anklam–Friedland neu verlegt.
Foto G. Meyer

hausen-Wernigeroder Eisenbahn, der Weimar-Rastenberger Eisenbahn und der Gera-Meuselwitz-Wuitzer Eisenbahn. Die Preußische Staatseisenbahn übernahm bereits 1895 zwei leistungsfähige 1000-mm-Bahnen in Thüringen: die Hildburghausen-Heldburger Eisenbahn und die Eisfeld-Unterneubrunner Eisenbahn. Beide waren ursprünglich Privatbahnen, die, wie die 1902 verstaatlichte Feldabahn, hier nicht berücksichtigt werden.

Die Ministerien und die Provinzialverwaltungen empfahlen aus Kostengründen den Bau schmalspuriger Kleinbahnen. So gab der Provinzialausschuß der Provinz Sachsen in seiner Sitzung am 9. Mai 1894 die Meterspur bei der Errichtung von Kleinbahnen vor. [99]

Nach diesen Richtlinien wurden die Kleinbahnen Stendal–Arneburg, Salzwedel–Diesdorf und Salzwedel–Winterfeld errichtet. Die Normalspurbahnen setzten sich als eindeutige Favoriten bei den Kleinbahnen durch. Um die Jahrhundertwende erreichten verschiedene Schmalspurbahnen bereits die Grenze ihrer Leistungsfähigkeit und wurden umgespurt.

Als markantes Beispiel sei hier die mehrfach erwähnte Feldabahn genannt. Die Vorteile der normalspurigen Bahnen bestanden vor allem im direkten Wagenübergang von der Staatsbahn auf die Kleinbahn. Die Umladekosten (Rollbockbetrieb war wegen des kleineren Profils der Schmalspurbahnen, des

Tabelle 3.1 Baukosten für Nebenbahnen nach der Aufstellung von 1888 [101]

Geländeverhältnisse	Hauptbahnen 1 435 mm Mark/km	Nebenbahnen 1435 mm Mark/km	Nebenbahnen 1000 mm Mark/km	Nebenbahnen 750 mm Mark/km
Ebene	130 000,– bis 180 000,–	30 000,– bis 50 000,–	20 000,– bis 40 000,–	15 000,– bis 25 000,–
Hügelland leicht	150 000,– bis 220 000,–	45 000,– bis 70 000,–	30 000,– bis 50 000,–	20 000,– bis 30 000,–
Hügelland schwer	200 000,– bis 260 000,–	60 000,– bis 90 000,–	45 000,– bis 60 000,–	25 000,– bis 40 000,–
Mittelgebirge leicht	240 000,– bis 320 000,–	80 000,– bis 120 000,–	50 000,– bis 70 000,–	30 000,– bis 50 000,–
Mittelgebirge schwer	280 000,– bis 400 000,–	110 000,– bis 140 000,–	60 000,– bis 90 000,–	45 000,– bis 70 000,–
Hochgebirge leicht	340 000,– bis 500 000,–	130 000,– bis 160 000,–	80 000,– bis 110 000,–	60 000,– bis 80 000,–
Hochgebirge schwer	400 000,– bis 500 000,–	150 000,– bis 200 000,–	100 000,– bis 140 000,–	75 000,– bis 100 000,–

Tabelle 3.2 Durchschnittliche Baukosten für Kleinbahnen um die Jahrhundertwende [101]

Spurweite mm	Baukosten Mark/km	Vergleich zur Normalspur Prozent
600	22 000,–	28
750	37 000,–	47
1 000	52 000,–	66
1 435	80 000,–	100

Tabelle 3.3 Tatsächliche Baukosten für Klein- und Privatbahnen [102]

Bahn	Art der Bahn	Geländeverhältnisse	Spurweite mm	Kosten Mark/km
Anklam-Lassaner Kleinbahn	Kleinbahn	Ebene	600	22 400,–
Mecklenburg-Pommersche Schmalspurbahn	Kleinbahn	Ebene	600	17 230,–
Weimar-Rastenberger Eisenbahn	Nebenbahn	Hügelland schwer	1 000	51 490,–
Gernrode-Harzgeroder Eisenbahn	Nebenbahn	Mittelgebirge	1 000	50 580,–

schwachen Oberbaus oder zu geringer Lokomotivleistungen nicht in jedem Fall möglich) belasteten vor allem die auf den Übergangsverkehr angewiesenen Stichbahnen. So beabsichtigte z.B. auch die Centralverwaltung für Secundairbahnen Herrmann Bachstein, auf der Weimar-Großrudestedter Eisenbahn 1925 den Rollbockbetrieb einzuführen. Die wirtschaftlichen Schwierigkeiten, mit denen sich fast alle thüringischen Bachstein-Bahnen herumschlugen, verhinderten die erforderliche Verstärkung des Oberbaus und der Brücken, so daß es auf dieser Bahn nie zum Einsatz von Rollböcken kam. [100]

Weitere Vorteile bestanden in der größeren Leistungsfähigkeit der Normalspurbahnen. Die Lokomotiven konnten in Abhängigkeit vom Oberbau höhere Geschwindigkeiten fahren und gleichzeitig größere Zugmassen befördern.

Die Baukosten waren in erster Linie von den Geländeverhältnissen abhängig. Im Flachland bestand der Unterschied zwischen schmal- und normalspurigen Bahnen nur in den Kosten für den stärkeren Oberbau. Nach der Jahrhundertwende veranschlagte man für die in der Ebene gelegenen normalspurigen Bahnen je km ungefähr 8 000 Mark bis 12 000 Mark Mehrkosten. In gebirgigem Gelände erhöhten sich die Kosten durch die aufwendigere Trassierung. Die Schmalspurbahnen konnten sich dem Gelände besser anpassen; es entfielen Kosten für umfangreichere Erdarbeiten und größere Kunstbauten. Eine eindeutige Aussage erhielten die am Bahnbau interessierten Kreise erst durch die Aufstellung und Veranschlagung von Vergleichsentwürfen. Die aufgeführten Baukosten stellen Durchschnittswerte dar, die unter Beachtung aller vorkommenden Geländeverhältnisse ermittelt wurden. Die sich daraus ergebenen Angaben bezüglich der Baukosten für die einzelnen Spurweiten waren nur bedingt richtig. Genauer ist eine Gegenüberstellung aus dem Jahre 1888 (Tabellen 3.1 und 3.2).

Bei Flachlandbahnen mit 600 mm und 750 mm Spurweite kam es mitunter bei hoher Windlast auf die Wagen zu Entgleisungen. Auf dem Bild ist ein Wagenzug der Kleinbahn Greifswald-Wolgast am 4. Dezember 1925 bei Wusterhausen umgestürzt.
Sammlung Umlauft

Die 99 3001 war eine ehemalige Baulokomotive, die, mit einem zweiachsigen Tender ausgerüstet, bis 1958 zwischen Jarmen Nord und Schmarsow Dienst versah. Am 23. September 1958 fuhr sie vor dem P 1289 in Wilhelminenthal.
Foto G. Meyer

Die inzwischen bekannteste 750-mm-Kleinbahn sind die Rügenschen Kleinbahnen. Im August 1982 kreuzten in Seelvitz die 99 4802 und die 99 4631.
Foto Rammelt

Ein Zug der 1 000-mm-Vorgebirgsbahn Köln–Brühl–Bonn fährt in den zwanziger Jahren über den Barbarossaplatz in Brühl.
Sammlung Rammelt

Diesen theoretischen Werten stehen in Tabelle 3.3 einige reale Werte gegenüber, wie sie tatsächlich aufgetreten sind.

Aber es gab auch Bahnen mit unterschiedlichen Spurweiten innerhalb eines Netzes, die die Einbindung einer Schmalspurbahn in einen Normalspurbahnhof unter Mitbenutzung vorhandener Anlagen ermöglichten, oder solche, die auf der freien Strecke die Benutzung vorhandener Gleise durch die Erweiterung mit einer dritten Schiene für zwei verschiedene Spurweiten erlaubten. Bei beiden Ausführungen konnten die Baukosten erheblich gesenkt und die Betriebsführung verbessert werden. Für den Truppenübungsplatz Altengrabow bauten die Kleinbahnen des Kreises Jerichow I den 12,1 km langen Abschnitt von Loburg bis Altengrabow dreischienig aus. Der Staat unterstützte den Bau durch einen Zuschuß in Höhe eines Drittels gegenüber den bei einer reinen 750-mm-Bahn entstandenen Mehrkosten. Die Dessau-Radegast-Köthener Bahn besaß für den 3,5 km langen Abschnitt Zörbig–Radegast ein Dreischienengleis mit 750-mm- und Normalspur. Auch die 750-mm-Kleinbahn Casekow–Penkun–Oder hatte ein 3,5 km langes Dreischienengleis auf der Strecke vom Oderhafen bei Pommerensdorf bis Scheune.

Als Kuriosum ist das Vierschienengleis der Greifswald-Wolgaster Kleinbahn auf der 8,7 km langen Strecke von Wolgast Hafen nach Kröslin anzusehen. Die leichtverderblichen Güter aus dem Fischerdorf Kröslin konnten über dieses Gleis durchgehend abgefertigt werden. Das Vierschienengleis wurde mit Schmalspurlokomotiven, schmalspurigen Zwischenwagen und normalspurigen Güterwagen befahren. Nach 1945 blieb nur der Betrieb auf dem 1 435-mm-Gleis zwischen Wolgast Hafen und Kröslin bestehen.

Bei der HHE, der Forster Stadteisenbahn und der Spremberger Stadt-

Blick vom kahlen Brockengipfel auf einen talwärts fahrenden Zug (1960).
Foto Propp

Ehemalige Südharz-Lokomotive bei der Weimar-Rastenberger Eisenbahn als (1B) Bn4vt umgebaute Lokomotive Nr. 53. Den Laufradsatz hatte die Lok nur von 1941 bis 1943.
Foto Töpelmann

bahn bestanden im Anschluß an die normalspurigen Übergangs- bzw. Güterbahnhöfe schmalspurige (1000 mm) weitverzweigte Industrieanschlußgleise. Alle drei Bahnen hatten Rollbockbetrieb. Die Schmalspur wurde gewählt, um die engen Gleisradien der Industrieanschlüsse befahren zu können. Bei der sehr ökonomischen Verfahrensweise wurden sämtliche Umladekosten vom Straßen- auf das Schienenfahrzeug und umgekehrt eingespart.

Vor der Einfahrt Lübars: die dritte Schiene des Dreischienengleises, Oktober 1960.
Foto G. Meyer

Vierschienengleis der Kleinbahn Greifswald–Wolgast im Wolgaster Hafen in Richtung Kröslin, Mai 1935.
Foto Jürgens

Eine der alten Hafenbahnlokomotiven dampft im Sommer 1963 mit ihrem Zug durch die Turmstraße in Halle.
Sammlung Traditionsbahn Radebeul Ost

Blick über den Kessel der Forster Trambahn-Lokomotive Nr. 2. Die Lokomotive beanspruchte hier mit den aufgebockten Normalspurwagen fast die gesamte Straßenbreite.
Foto G. Meyer

Die 99 4644 und die 50 3621 konnten ihre Positionen über die im Bild leider nicht zu sehende Weiche für die Dreischienengleise tauschen. Bahnhof Lübars, Mai 1965.
Foto Laursen.

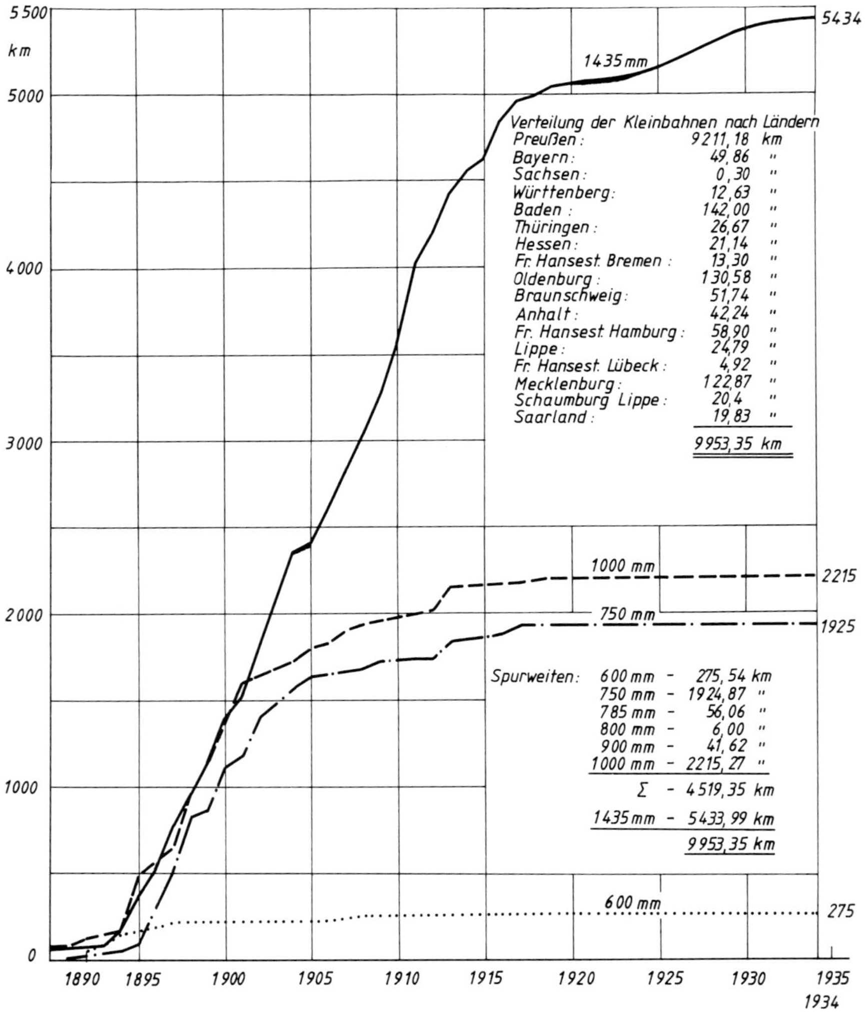

Entwicklung der Spurweiten bei den Kleinbahnen, analysiert in der Kleinbahnstatistik 1935; es fehlen also die bereits eingestellten und die nach dem ersten Weltkrieg abgegebenen Bahnen.
Zeichnung Rammelt

Bei der Spremberger Stadtbahn wurde die Betriebseinstellung 1956 und bei der Forster Stadteisenbahn 1965 erwirkt. In beiden Fällen wurde der Betrieb durch die Straßen bei ständig zunehmendem Kraftfahrzeugverkehr zu einem Hindernis. Lediglich bei der 1,1 km langen Industriebahn in Halle konnte sich der Anschlußbetrieb an die Maschinenfabrik gegen den Kraftverkehr behaupten.
Seit 1983 verkehrten auf der Turmstraße in Halle zwei im Raw Halle umgespurte Kö. Die Wende im Jahr 1990 brachte auch für die beiden „neuen Lokomotiven“ das Ende. Die Gebäude der Maschinenfabrik wurden abgebrochen und die Gleise ausgebaut.

Linienführung, Trassierung und Bahnhofsgestaltung

Ausschlaggebend für die Linienführung einer Kleinbahn waren in erster Linie wirtschaftliche Überlegungen. Strategische Forderungen, die die Planungen der Hauptbahnen beeinflußten, mußten von den Privat- und Kleinbahnen kaum berücksichtigt werden; allerdings wirkten sich die damalige Entwicklung der Kleinbahnen aus.
Die Kleinbahn Erfurt–Nottleben sollte beispielsweise auf thüringischem Gebiet bis Gotha weitergeführt werden; das scheiterte aber schließlich an der finanziellen Lage des Landes Thüringen.
Kennzeichnend für die Linienführung waren nicht allein Geländeverhältnisse, sondern die möglichst großflächige Erschließung und Anbindung vieler Ortschaften an die Bahnen. Bei der Verkehrsprognose rechnete man im Personenverkehr mit einem Einzugsbereich von ungefähr 5 km beiderseits der Strecke, also mit längeren Fußwegen der Reisenden. Im Güterverkehr wurde der Einzugsbereich noch etwas größer berechnet, da die Frachtzubringer dafür Pferdegespanne verwenden konnten (vergleiche hierzu das Zitat in [12]).
Entsprechend den unterschiedlichen geographischen Gegebenheiten gab es verschiedene Formen von Kleinbahnen:

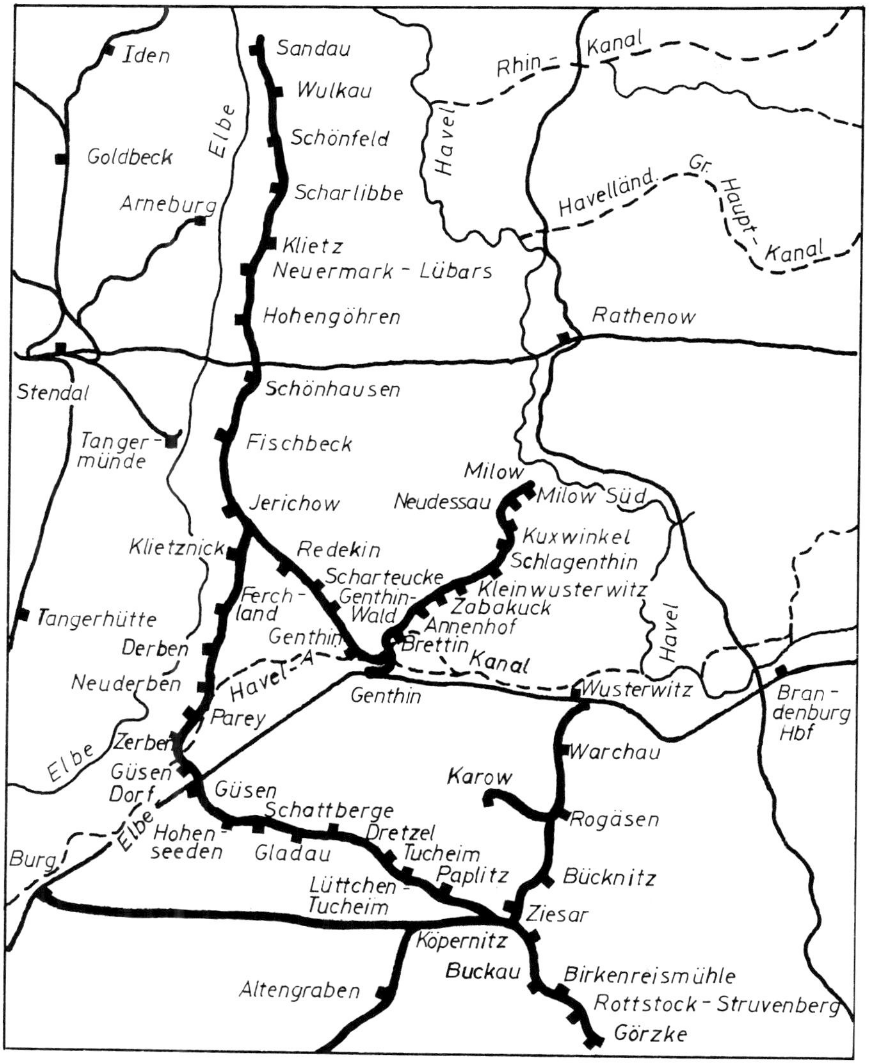

Erschließungsbahn: Genthiner Kleinbahn.

Stichbahnen
Kurze Stichbahnen waren sehr kostenaufwendig, mußten doch alle für eine Eisenbahn erforderlichen Betriebsmittel und -anlagen vorhanden sein. Sie waren von der ortsansässigen Industrie abhängig. Solche Abhängigkeiten konnte man bei der Kleinbahn Rennsteig–Frauenwald und der in Frauenwald ansässigen Glasindustrie beobachten. Die wirtschaftlichen Schwierigkeiten der Glashütte Gebrüder Schübel, Glasinstrumente, führten 1931 fast zum Zusammenbruch der einheimischen Industrie und der Kleinbahn. Letztere konnte nur durch eine vereinfachte Betriebsführung und die radikale Verminderung der Beschäftigtenanzahl auf zwei Angestellte (!) den Betrieb aufrechterhalten. Die Stichbahnen waren meist in der gleichen Spurweite wie die Hauptbahnen ausgeführt, damit die Betriebskosten nicht durch Umladekosten erhöht wurden. Neben der Rennsteig-Frauenwalder Kleinbahn können u.a. die Kleinbahnen Prettin–Annaburg und Bebitz–Alsleben erwähnt werden.

Verbindungsbahnen
Mit diesen Bahnen sollten entweder Abkürzungen zu bestehenden Verkehrsverbindungen erreicht oder aber das von den vorhandenen Verkehrswegen eingegrenzte Gebiet vollends an die Eisenbahn angeschlossen werden. In beiden Fällen stand einer gesunden Entwicklung der Kleinbahnen das Verbot für den Durchgangsverkehr im Wege. Auch diese Bahnen waren vorwiegend normalspurig. Als Beispiele mögen die Halle-Hettstedter Eisenbahn und die Delitzscher Kleinbahn als Normalspurbahnen und die Dessau-Radegast-Köthener Bahn mit Spurweiten von 750 mm und 1 435 mm genügen.

Netz- und Erschließungsbahnen
Diese Art von Bahnen war besonders bei der Erschließung landwirtschaftlich genutzter Gebiete im Flachland anzutreffen. Hier waren alle Spurweiten zu finden. Neben der bereits erwähnten Mecklenburg-Pommerschen Schmalspurbahn in 600-mm-Spurweite sind weiterhin die Rügenschen Kleinbahnen in 750-mm-, die Franzburger Kreisbahnen in 1 000-mm-Spurweite und die Genthiner Kleinbahnen in Normal-

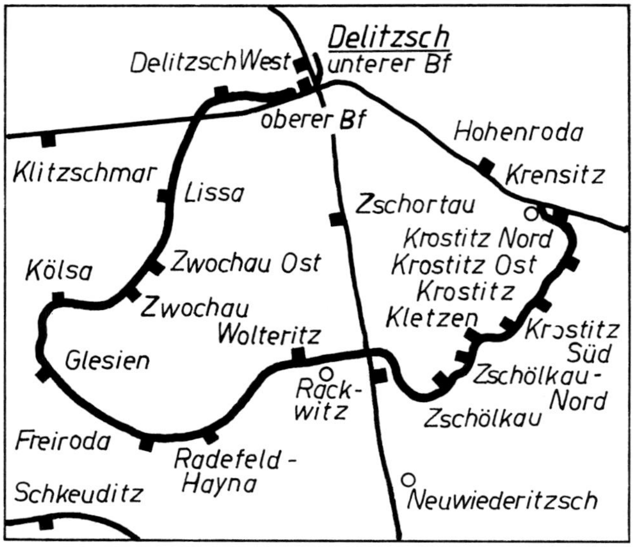

Verbindungsbahn: Delitzscher Kleinbahn.

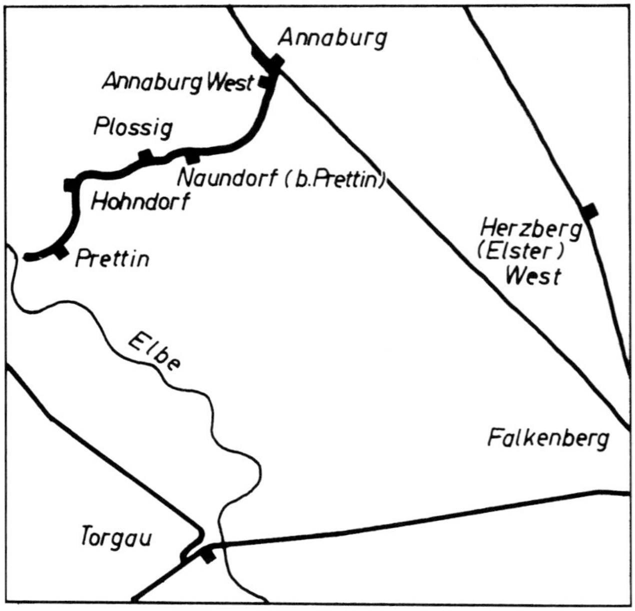

Stichbahn: Kleinbahn Prettin–Annaburg

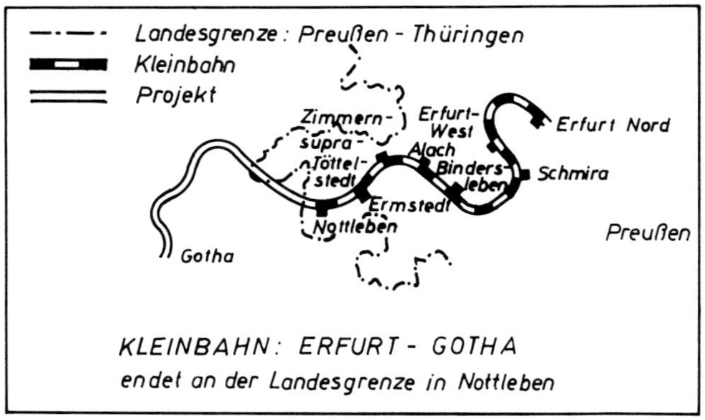

Grenzverlauf zwischen Preußen und Thüringen, die Kleinbahn endet an der Landesgrenze in Nottleben.

spur zu nennen. Nach der Ermittlung des zu erwartenden Verkehrsaufkommens und der daraus resultierenden Leistungsfähigkeit der Bahn begann die Festlegung der Trasse. Dabei waren die örtlichen Verhältnisse ebenso zu berücksichtigen wie die maximal zulässigen Neigungen und die kleinsten Gleiskrümmungen. Berücksichtigt werden mußten außerdem die Preise für Grund und Boden sowie die Arbeits- und Lohnverhältnisse. Bei der Mitbenutzung vorhandener Straßen entfielen zwar die Kosten für Grund und Boden, dafür behinderte die Bahn den Straßenverkehr und mußte sich den Krümmungs- und Neigungsverhältnissen der Straße anpassen. Für die Gleisverlegung auf öffentlichen Straßen und Wegen durch Eisenbahnen untergeordneter Bedeutung existierte in Preußen die Ministerialverfügung vom 8. März 1881. Danach galt es, auf derartigen Strecken die Fahrgeschwindigkeit auf 20 km/h herunterzusetzen, sofern nicht Begrenzungen durch Einfriedungen, Gräben oder Baumreihen vorhanden waren. Auch die ersten Vorstellungen einer staatlichen Unterstützung enthielten die Nutzung von provinzialeigenen Landstraßen und damit die kosten-

Lokomotive Nr. 82, von Jung 1901 mit der Fabriknummer 472 geliefert, bespannte am 1. Oktober 1901 den Eröffnungszug der Greußen-Ebeleben-Keulaer Eisenbahn. Das Bild zeigt die Lok nach der Ankunft auf dem Bahnhof Keula. Sammlung Fromm

lose Bereitstellung von Grund und Boden für die Kleinbahnen.
Die Kleinbahnstationen sollten möglichst nahe den Ortschaften und bequem erreichbar sein. Man vermied es, die Linien auf den vorhandenen Straßen durch die Ortschaften weiterzuführen, um die Anwohner nicht zu gefährden. Dort, wo dies mißachtet wurde, ergaben sich später große Schwierigkeiten.
Der Bahnbau auf der freien Strecke war darauf orientiert, möglichst ohne Kunstbauten auszukommen. In den Lenz-Normalien waren dafür Werte fixiert, die Tabelle 3.4 wiedergibt. Diese Werte waren die unter Beachtung der Bau- und Betriebskosten ermittelten Optimalwerte. Vom Verein Deutscher Eisenbahnverwaltungen waren 1887 für Normalspurbahnen als größte Längsneigung 1:40 und als kleinster Krümmungshalbmesser 180 m für noch zulässig erklärt worden.
In einigen Fällen gab es extreme Verhältnisse. So mußten beim Bau der privaten Halberstadt-Blankenburger Eisenbahn für die Neigungen von 1:25 bis 1:16,6 insgesamt elf Zahnstangenabschnitte des Systems Abt auf einer Gesamtlänge von 7,47 km eingebaut werden. Zwei Kleinbahnstrecken waren ebenfalls mit Abtschen Zahnstangen ausgerüstet: die Görlitzer Kleinbahn mit 1,7 km langer Zahnstange und die Eulengebirgsbahn in Schlesien von Reichenbach nach Wünschelburg. Unter den Verhältnissen der Kleinbahnen war dieses System offensichtlich zu kostspielig, denn die Görlitzer Kreisbahn betrieb ihren Abschnitt ungefähr ab 1932 im reinen Reibungsbetrieb, und die Eulengebirgsbahn stellte 1929 auf dem Zahnstangenabschnitt den Personenverkehr ein.

Tabelle 3.4 Anlagekosten verschiedener Klein- und Privatbahnen im Jahre 1920

Bahn	Art der Bahn	Geländeverhältnisse	Spurweite mm	Kosten Mark/km
Jüterborg-Luckenwalder Kreiskleinbahnen	Kleinbahn	Ebene	750	21 450,–
Ostprignitzer Kreiskleinbahnen	Kleinbahn	Ebene	750	26 110,–
Franzburger Kreisbahnen	Kleinbahn	Ebene	1 000	34 920,–
Alt Landsberger Kleinbahn	Kleinbahn	Ebene	1 435	54 500,–
Franzburger Südbahn	Kleinbahn	Ebene	1 435	37 140,–
Stendaler Kleinbahn	Kleinbahn	Ebene	1 435	48 910,–
Mühlhausen-Ebelebener Eisenbahn	Nebenbahn	Hügelland leicht	1 435	62 000,–

Die Stationsanlagen waren entsprechend den zu erwartenden Beförderungs- und Umschlagleistungen zu bemessen, wobei in allen Veröffentlichungen immer wieder auf eine möglichst großzügige Gestaltung der Nebenanlagen hingewiesen wurde, da sich spätere Erweiterun-

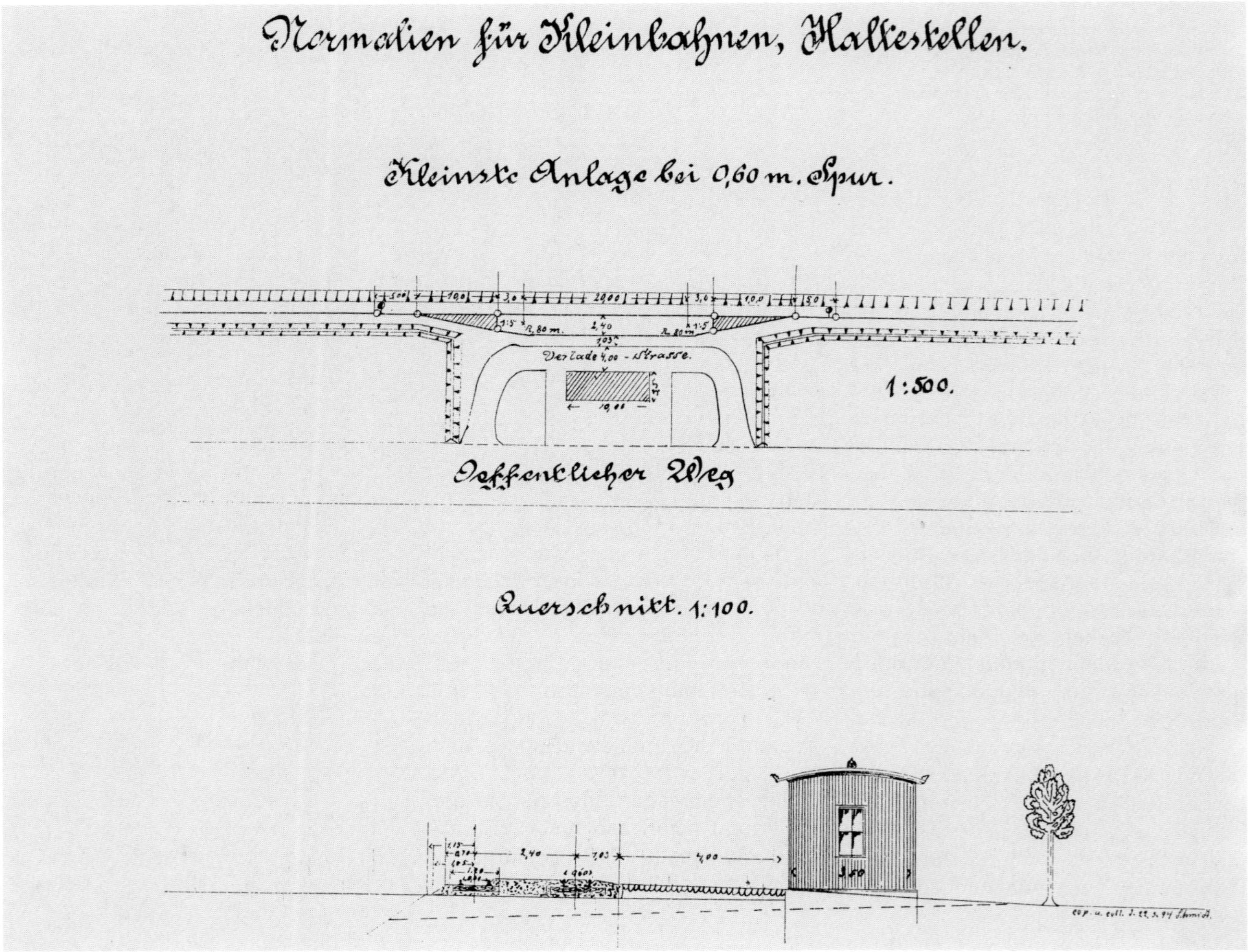

Lenz Normalien, Haltestelle für eine Bahn mit 600 mm Spurweite.
Sammlung Dobbert.

gen als sehr kostenaufwendig erwiesen.

Die **Lenz-Normalien** enthielten folgende Richtlinien:

„Die Stationen erhalten entsprechend der Ausdehnung des Ladegleises eine horizontale oder nicht mehr als 1:400 geneigte Lage der Kronenlinie. Sie werden eingeteilt in:

Verladestellen
Sie bestehen aus einem nach beiden Richtungen mit Weichen angeschlossenen Ladegleis, einer Wellblechbude mit Schutzdach für die Fahrgäste und zur Aufnahme des Telefons und der Ladegeräte sowie einer Ladestraße. Die Verladestelle gilt, solange auf derselben kein Halten bzw. keine Bewegungen eines Zuges stattfindet, als freie Strecke. Deshalb ist eine ständige Besetzung der Verladestelle nicht erforderlich. Gehalten wird auf den Verladestellen nach Bedarf. Das Anzünden der

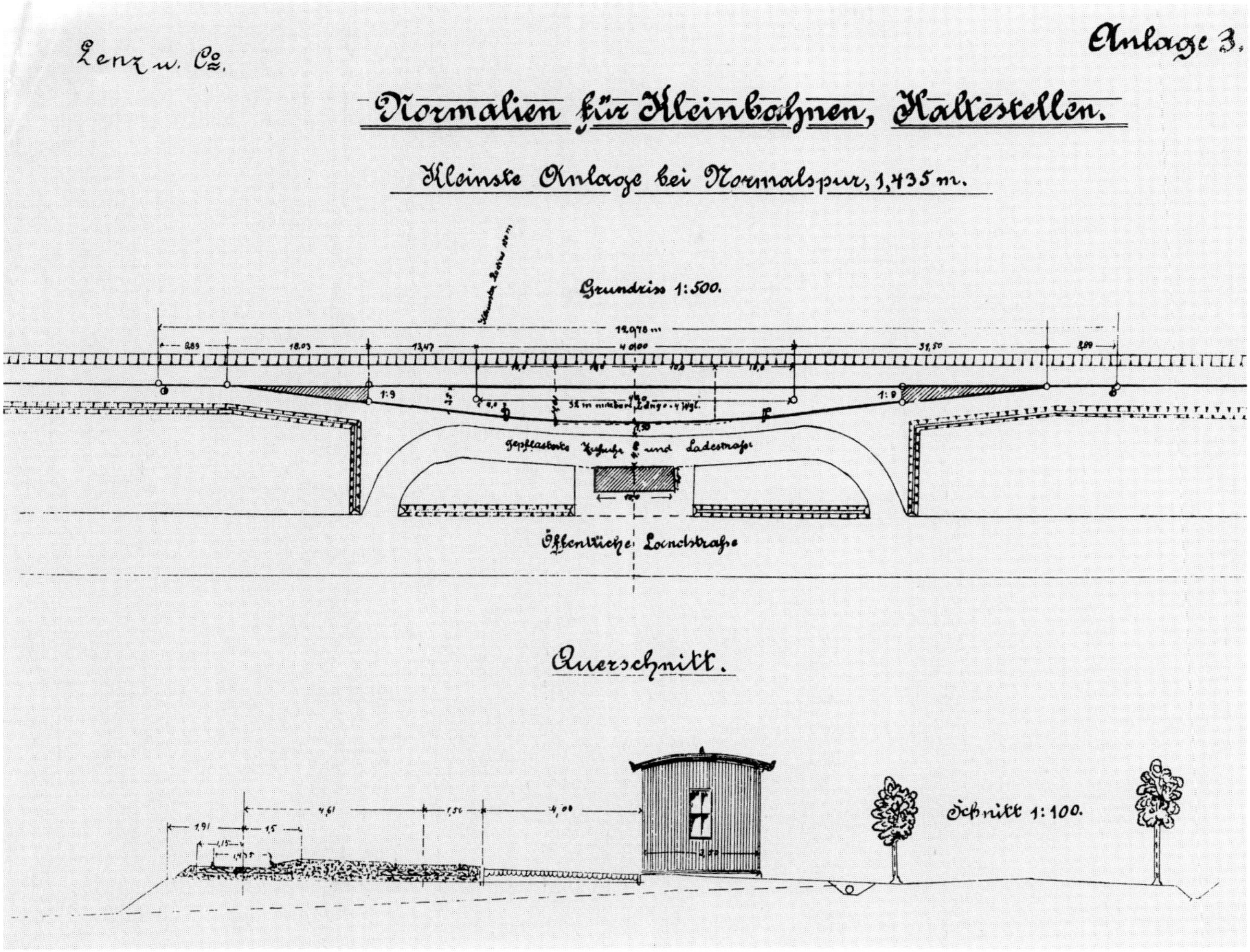

Lenz-Normalien, Haltestelle für eine Bahn mit 1 435 mm Spurweite.
Sammlung Dobbert

Weichenlaternen und die sonstigen kleinen Dienstverrichtungen werden durch den Bahnagenten bewirkt. Die Weichen und die Gleissperren zur Sicherung der auf den Ladegleisen befindlichen Wagen werden verschlossen. Die Schlüssel befinden sich bei jedem Zuge in der Verwahrung des Zugführers.

Haltestellen

Haltestellen erhalten je nach den örtlichen Verhältnissen außer dem Ladegleis ein Kreuzungsgleis, ferner ein kleines Abfertigungsgebäude mit Warte-, Dienst- und Güterraum, und ein Wohn- und Wirtschaftsgebäude für den die Station verwaltenden Haltestellen-Vorsteher. Das Ladegleis erhält außerdem einen Lademesser, je nach den örtlichen Verhältnissen auch eine Wasserstationieranlage, bestehend aus Brunnen mit Pulsometeranlage und Wasserkran. Die Weichen in den Hauptgleisen sowie die Gleissperren werden stets unter Verschluß gehalten

Die 89 6162 der ehemaligen Arnstadt-Ichtershausener Eisenbahn durchfährt im Herbst 1952 die noch autofreie Hauptstraße von Ichtershausen. Mit zunehmendem Kraftverkehr wurde zunächst der Bahnhof an den Ortseingang verlegt und später die Bahn stillgelegt.
Foto Umlauft

Die PRINZ ALBRECHT – hier im Bahnhof Blankenburg – war die erste Zahnradlokomotive, die Esslingen 1885 unter der Fabriknummer 2084 an die Halberstadt-Blankenburger Eisenbahn lieferte. Mit ihr fanden am 15. und 16. Mai 1885 die ersten Versuchsfahrten an der Michaelsteiner Chaussee statt.
Sammlung Schütze

Tabelle 3.5 Neigungen und Krümmungshalbmesser in den Lenz-Normalien

Spurweite mm	Größte Neigung	Kleinster Krümmungshalbmesser m
1 435	1:80	250
1 000	1:50	100
750	1:50	75
600	1:30	30

und die Schlüssel vom Haltestellen-Vorsteher aufbewahrt.

Stationen
Je nach den örtlichen Verhältnissen erweitern sich hier die Gleisanlagen durch Kreuzungsgleise und Maschinengleise. Das Abfertigungsgebäude wird etwas geräumiger hergestellt, die Warteräume für II. und III. Klasse getrennt und letzterer Raum so groß eingerichtet, daß ein Büfett aufgestellt werden kann. Außerdem werden ein Güterschuppen, eine Dentosimalwaage für eine Achse (ohne Gleisunterbrechung) und in den meisten Fällen ein Lokomotivschuppen (mit Wasserstationsanlage mittels Pulsometerbetrieb) erforderlich. Für den Stations-Vorsteher, welcher in den meisten Fällen zugleich Betriebsleiter sein wird, ist ein größeres Beamtenwohngebäude vorgesehen, in dessen Drempelgeschoß noch ein ständiger Arbeiter Unterkunft finden kann. Außerdem ist ein geräumiges Abort- und Wirtschaftsgebäude vorgesehen. Die in dem oder den Hauptgleisen befindlichen Weichen werden ebenfalls stets in der regelrechten Stellung unter Verschluß gehalten und die Schlüssel im Stationsraum aufbewahrt.

Halteorte
Sie dienen lediglich dem Personenverkehr, werden nach Bedürfnis an den Kreuzungen mit belebten Straßen hergestellt und bestehen aus einer Kiesaufschüttung zur Erleichterung des Einsteigens und einer Tafel zur Bezeichnung des Hal-

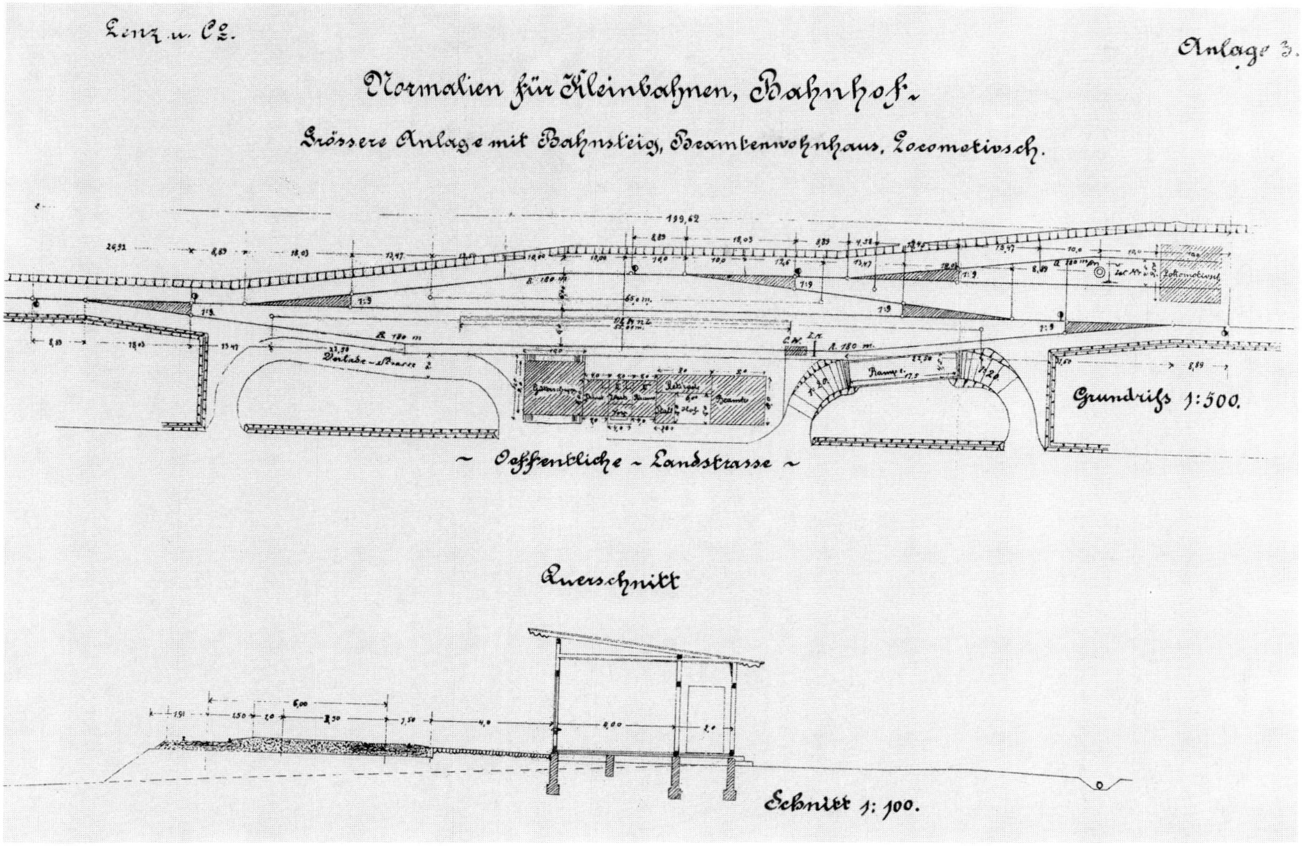

Lenz-Normalien, größere Anlage mit Bahnhof, Lokomotivschuppen und Wohnhaus. Sammlung Dobbert

teortes. Die Züge halten nur nach Bedarf.

Gleisabstände
Die Entfernung der Bahnhofsgleise soll bei vollspurigen Kleinbahnen im allgemeinen nicht unter 4,5 m betragen. Für die Schmalspur mit 100 cm Spurweite wird die Gleisentfernung von 3,5 m gewählt. Sofern bei Nebenladegleisen Schmal- und Vollspurgleise gleichlaufen, muß bei beiden Spuren das Profil des freien Raumes gewählt werden. Hieraus ergibt sich die Entfernung eines Schmalspurgleises mit 100 cm Spur von einem Vollspurgleis zu 3,50 Meter. Dementsprechend werden die Gleis-Entfernungen bei den anderen Spurweiten entwickelt.

Weichen
Sie erhalten bei sämtlichen Spuren vollständige Zungenvorrichtungen, die Neigung der Herzstücke wird für Vollspur mit 1:9, für Schmalspur mit 100 cm und 75 cm Spur zu 1:7 und für 60 cm Spur zu 1:5 gewählt. Die Merkzeichen zwischen zusammenlaufenden Gleisen werden an denjenigen Stellen bei der Schmalspur angebracht, wo die Profile des freien Raumes zusammenstoßen, also z. B. bei 1-m-Spur bei 2,90 m Gleisentfernung, bei 0,75-m-Spur bei 2,10 m Gleisentfernung. Bei der Vollspur werden die Merkzeichen wie bei der Hauptbahn bei 3,5 m Gleisentfernung angebracht. Bahnsteige werden nur für Vollspur angelegt und lediglich aus Kies ohne Bordsteinkante hergestellt.

Rollböcke
Auf den Anschlußbahnhöfen der Schmalspurbahnen wird mit Aus-

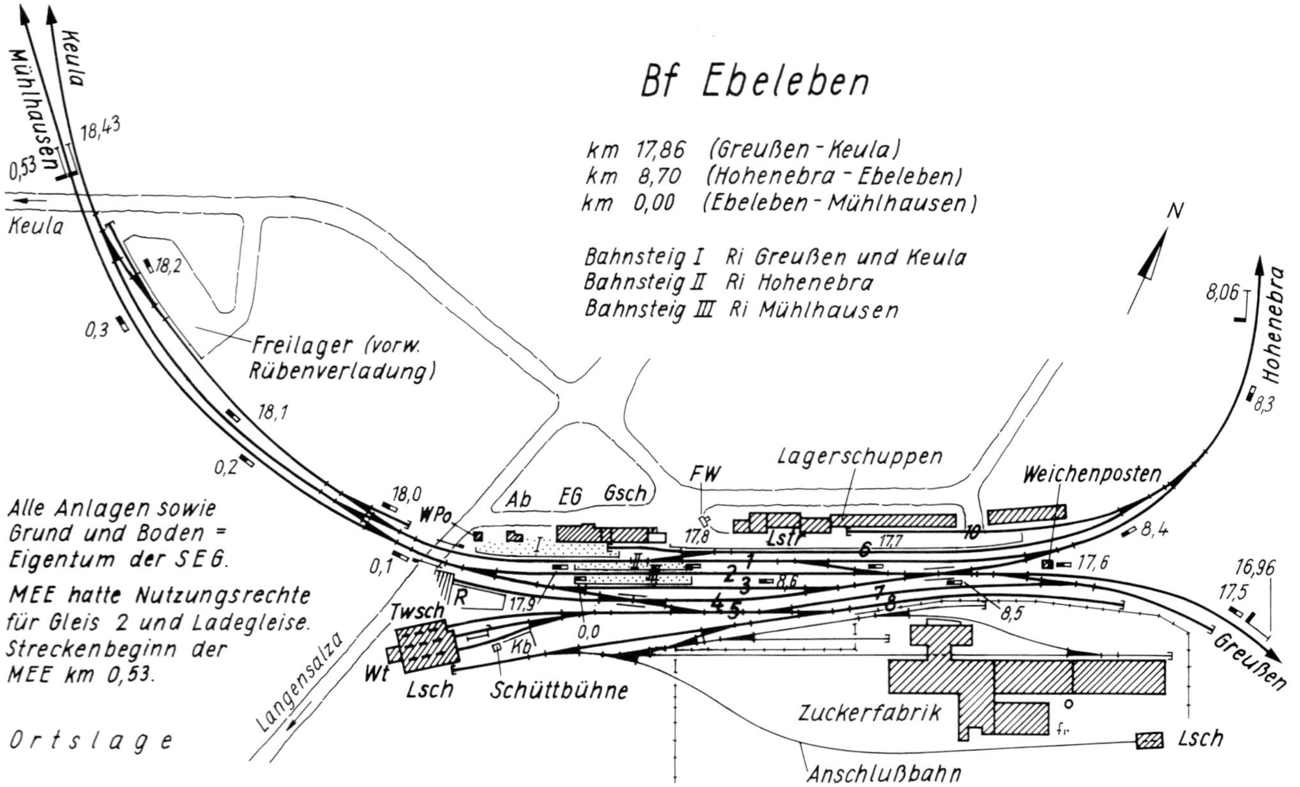

Gleisplan des Bahnhofs Ebeleben, eines Knotenpunktes dreier Privatbahnen: Eigentümer der Anlagen war die Hohenebra-Ebelebener Eisenbahn; die Mühlhausen-Ebelebener und die Greußen-Ebeleben-Keulaer Eisenbahn hatten vertraglich vereinbarte Nutzungsrechte.
Zeichnung Fromm

nahme von Bahnen von 60 cm Spur stets eine Einrichtung vorgesehen werden, um mittels Rollböcken die Hauptbahnwagen unmittelbar mittels Schmalspurbahn nach ihrem Bestimmungsort überführen zu können.

Wasserstationen
werden je nach Bedürfnis auf den Bahnhöfen bzw. Halte- und Verladestellen angelegt. Sie bestehen aus einem Brunnen mit Pulsometer sowie einem Wasserkran. Die Wasserentnahme aus dem Brunnen erfolgt mittels Dampf von der Lokomotive." [109]

Diese Vorgaben in den Lenz-Normalien besaßen Gültigkeit für fast alle Kleinbahnen. Nicht erwähnt sind in den Normen die Gemeinschaftsbahnhöfe zwischen Klein-, Privat- und Staatseisenbahnen. Die gemeinsame Nutzung von Bahnhofsanlagen wurde in jedem Fall in Verträgen zwischen den beteiligten Eisenbahnunternehmen geregelt. Das Kleinbahngesetz gestattete den Kleinbahnunternehmen nach § 29 den Anschluß ihrer Bahnen an Eisenbahnen, die dem Gesetz über Eisenbahnunternehmen vom 3. November 1838 unterstanden, falls die Zustimmung des Ministers der öffentlichen Arbeiten vorlag. Dieser entschied auch über die Lage und die Art des Anschlusses und über die zu leistende Vergütung für die Benutzung und Veränderung der Anlagen durch die Kleinbahnen.
Ab 1. April 1920 wurden die „Allgemeinen Bedingungen für die Einführung von Kleinbahnen in Staatsbahnhöfe" (AKleb) rechtskräftig. Diese Bedingungen hatten für alle Kleinbahnen unabhängig von der Spurweite Gültigkeit. Danach übernahm die Staatseisenbahn auf Kosten des Kleinbahnunternehmers die zur Einführung der Kleinbahn erforderlichen Arbeiten an ihren Anlagen, wozu u. a. der Einbau

einer Einführungsweiche und die damit verbundenen Sicherungseinrichtungen zählten. Auf eigene Rechnung mußte die Kleinbahn alle übrigen Arbeiten auf dem vertraglich genutzten Eisenbahngelände selbst ausführen.

Die Benutzung von Grundstücken der Staatseisenbahn war nach § 6 der AKleb nur mit einer Anerkennungsgebühr zu vergüten. Waren Werkstätten, Lokomotivschuppen und Wohngebäude auf Staatsbahngelände errichtet, mußte die ortsübliche Pacht bezahlt werden. [104]

Die Kleinbahnen umgingen diese Zahlungen meist dadurch, indem sie ihre Werkstätten und Lokschuppen auf eigenem Gelände errichteten, so daß diese nicht immer an den betrieblich günstigsten Stellen lagen. Außerdem konnte das Werkstättenpersonal mit niedrigeren Löhnen abgespeist werden, da Vergleiche mit dem Personal der Staatsbahn an der „Nahtstelle" nicht möglich waren. Die Genthiner Kleinbahn hatte z. B. auf dem Bahnhof Genthin nur ein eigenes Empfangsgebäude, aber keine Unterstellmöglichkeit für eine Lokomotive. Die Betriebswerkstatt war auf dem Gelände der Kleinbahn in Jerichow errichtet worden. Andere Kleinbahnen hatten auf den Staatsbahnhöfen kein eigenes Empfangsgebäude, sondern lediglich eine Wartehalle oder Rampe wie die Rennsteig-Frauenwalder, die Bergwitz-Kemberger und die Obereichsfelder Kleinbahn.

Für die Bewachung und Bedienung der Einführungsanlagen berechnete die Staatseisenbahn nur die ihr daraus erwachsenden Mehrkosten: so für jeden zusätzlichen Wärter oder Weichensteller pro Jahr 3 660 Mark. Für die Unterhaltung eines Gleismeters betrug der Jahresfestsatz 50 Pf. Eine Preistabelle enthielt der § 11 der AKleb (Tabelle 3.6).

Im § 12 der AKleb waren besonders zu berechnende Unterhaltungskosten aufgeführt. Dazu zählten u. a.:

- Kosten für außergewöhnliche Unterhaltungsarbeiten infolge von Naturereignissen, z. B. Schneeverwehungen
- Materialkosten für die Unterhaltung der Gleise und Weichen
- Kosten für die bauliche Unterhaltung des Bahnkörpers und der mitbenutzten technischen Anlagen.

Die Betriebsleitung stand nach § 15 auf den von der Kleinbahn mitbenutzten Bahnhöfen nur der Staatsbahn zu. Der Wagenübergang wur-

Bahnbetriebswerk Jerichow im Jahr 1988, damals noch selbständige Dienststelle im Rbd-Bezirk Magdeburg. Im Flachbau (vorn rechts) befanden sich früher die Garagen für die bahneigenen Omnibusse.
Foto Rammelt

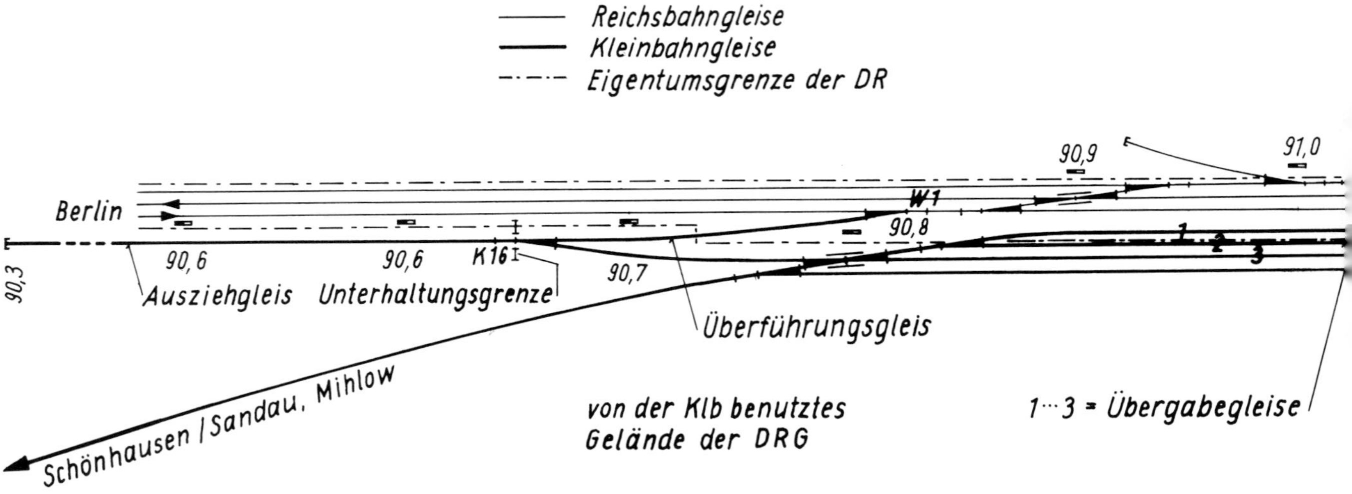

de nach Rücksprache mit der Kleinbahn geregelt. Benutzte die Kleinbahn die Staatsbahngleise, galten ebenfalls die Betriebsvorschriften der Staatsbahn. Die Kleinbahnangestellten mußten die Anweisungen der zuständigen Bediensteten der Staatsbahn befolgen, anderenfalls konnte der Kleinbahner auf Verlangen der Staatsbahn aus dem Betriebsdienst entfernt werden. [106]

Die Pauschalvergütung und die Bestimmungen für die Einführung von Kleinbahnen in Staatsbahnhöfe sollen an Hand des zwischen der DRG und der Genthiner Kleinbahn A.-G. im August 1935 abgeschlossenen Nutzungsvertrages über den Bahnhof Genthin erläutert werden. Dieser Vertrag beruhte auf dem bereits am 12./19. Oktober 1900 ausgehandelten Kleinbahneinführungsvertrag nebst den verschiedenen Nachträgen. Der neue Abschluß wurde durch eine Reihe betrieblicher Veränderungen erforderlich.

Im § 1 gestattete die DRG der Kleinbahn die Einführung ihrer Gleise in den DR-Bahnhof Genthin. Die gesamten Einführungsanlagen waren Eigentum der Kleinbahn, die auch für die Kosten allein aufkommen mußte. Für das dafür genutzte Gelände der DRG mit einer Gesamtausdehnung von 8 350 m² mußte eine jährliche Anerkennungsgebühr von 167,00 RM gezahlt werden. Weitere Kosten entstanden der Kleinbahn für das gemeinsam genutzte Stellwerk Go, wo die Stellhebel für die Weiche 1 und die Gleissperre 4 eingebaut waren, die von DRG-Angestellten bedient wurden. Für die Nutzung mußten anteilmäßig zwei Achtzehntel vom Einheitswert und etwa 6 Prozent, das entsprach 60,00 RM, gezahlt werden. Die Bewachung belastete die Kleinbahn mit 1/21 Wärter und die Bedienung mit 3,5 Wärter, zusammen 1 887,81 RM pro Jahr.

Die Unterhaltung der Weichen ko-

Tabelle 3.6 Pauschalvergütungen für die Gangbarhaltung, Schmierung und Beleuchtung der Weichen und Drehscheiben, nach AKleb vom 1. April 1920 [105]

	In den Hauptgleisen der Staatseisenbahn Mark	In den Nebengleisen der Staatseisenbahn und in den Kleinbahngleisen Mark	In den übrigen Kleinbahngleisen Mark
Für eine einfache Weiche	50,–	25,–	15,–
Für eine Doppelweiche	65,–	30,–	20,–
Für eine einfache Kreuzungsweiche	80,–	40,–	25,–
Für eine doppelte Kreuzungsweiche	120,–	60,–	40,–
Für ein Weichenkreuz (bestehend aus vier einfachen Weichen)	150,–	75,–	50,–
für eine Drehscheibe		25,–	25,–

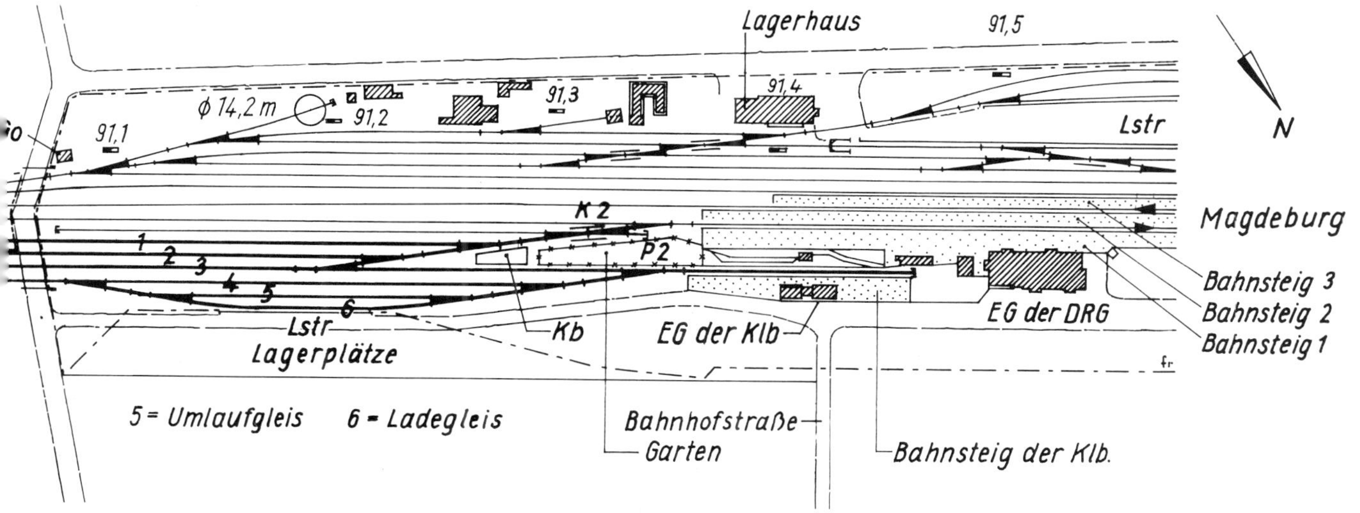

Gleisplan des Staatsbahnhofs und des Kleinbahnhofs Genthin in den dreißiger Jahren. Zeichnung Fromm

stete die Kleinbahn 117,00 RM. Auch die Beleuchtung der Weichen im Übergangsbereich oblag der DRG und belastete die Kleinbahn mit 85,00 RM. Weitere Kosten mit 327,00 RM entstanden durch Mitbenutzung einer Schrankenanlage. Für das Gangbarhalten und Schmieren von Sicherungsanlagen wurden berechnet:

2 S ellhebel für Weichen	40,00 RM
5 Umlenkrollen	5,00 RM
346 m Doppeldrahtzugleitung	27,30 RM
220 m eiserne Kanäle	66,00 RM
1 Fernsprechapparat	26,00 RM
1 Wecker im Stellwerk Go	1,50 RM
1 Schienenstromschließer	22,00 RM
300 m zweiadriges Kabel vom Schienenstromschließer zum Kabelhaus	12,00 RM
an sonstigen Vergütungen	261,00 RM
Mietzins für Inanspruchnahme von Flächen für Anlagen des Lokomotiv- und Bahnhofsunterhaltungsdienstes sowie des Ortsgüterverkehrs und für Wohnzwecke 2 357 m² je 0,08 Mark	188,56 RM.

Insgesamt hatte die Genthiner Kleinbahn A.-G. für die Benutzung des

Das Empfangsgebäude der ehemaligen Genthiner Kleinbahn in Genthin im September 1985.
Foto Rammelt

Ehemaliger Bahnhof Demmin Landesbahn im Jahr 1958; früher war es ein Gemeinschaftsbahnhof der Demminer Kleinbahnen Ost und West.
Foto G. Meyer

Auf den Hafengleisen Anklam – sie gehörten vor dem zweiten Weltkrieg zur Kleinbahn Anklam–Lassan – kamen nach der Demontage dieser Bahn nur noch Wagen der ehemaligen Mecklenburg-Pommerschen Schmalspurbahn an. Diese Aufnahme entstand im Oktober 1958.
Foto G. Meyer

Staatsbahnhofs Genthin an die DRG 3 293,20 RM im Jahr zu zahlen. Der Betrag war in vierteljährlichen Raten von 823,30 RM bei der Bahnhofskasse Berlin, Anhalter Personenbahnhof, fällig.

Neben den laufenden Vergütungen enthielt der Vertrag auch betriebliche Regelungen. Die DRG war danach für die Beförderung der Wagen zu den im Lageplan mit 1 und 3 bezeichneten Gleisen zuständig, die Weiterbeförderung bzw. das Bereitstellen von Wagen zur Abholung auf dem Gleis 2 war Sache der Kleinbahn. Gleichzeitig mit der Übergabe endete die Haftung für die Güter durch die DRG. Es genügte laut Vertrag die Feststellung der ordnungsgemäßen Wagenladungen durch einen DRG-Bediensteten. [107]

Neben den Gemeinschaftsbahnhöfen zwischen Klein- und Staatsbahn bestanden Gemeinschaftsbahnhöfe zwischen verschiedenen Klein- und Privateisenbahnen. Einen solchen Vertrag schloß die Süddeutsche-Eisenbahn-Gesellschaft (SEG) mit der Centralverwaltung für Secundairbahnen Herrmann Bachstein im Oktober 1901 über die gemeinsame Benutzung des Bahnhofs Ebeleben ab.

Dieser Bahnhof gehörte der SEG, wurde aber infolge eines vorher abgeschlossenen Nutzungsvertrages zwischen der SEG und der Lenz & Co zugleich von der Mühlhausen-Ebelebener Eisenbahn benutzt. Die Firma Bachstein führte im Auftrag der SEG den Betrieb auf der Hohenebra-Ebelebener Eisenbahn und hatte gleichzeitig die Konzession für den Bau einer Eisenbahn von Greußen über Ebeleben nach Keula erhalten. Nach § 1 des zwischen Bachstein und der SEG abgeschlossenen Nutzungsvertrages durfte die neue Eisenbahn den Bahnhof Ebeleben mitbenutzen. Die Kosten für den Ausbau des Bahnhofs Ebeleben mußte die Centralverwaltung tragen. Alle Pläne, die die Erweiterung des Bahnhofs Ebeleben betrafen, hatte Herrmann Bachstein der SEG zur Zustimmung vorzulegen. Nach § 4 wurden mit dem Tag der Betriebseröffnung der Greußen-Ebeleben-Keulaer Eisenbahn oder einer Teilstrecke die der SEG gehörende HEE und die zur Centralverwaltung für Secundairbahnen Herrmann Bachstein gehörende GEKE zu einer Betriebsgemeinschaft verbunden. [108]

Bahnkörper und Oberbau

Bei der Projekterarbeitung war die größte Aufmerksamkeit auf den Oberbau zu richten. Hatte man sich für Normalspur entschieden, mußte geprüft werden, ob Hauptbahnwagen übergehen sollten.

Schon vor der Verabschiedung des Kleinbahngesetzes wurden bei den Eisenbahnen untergeordneter Bedeutung verschiedene Oberbauformen angewandt, die sich in der Praxis nicht durchsetzten. Die Rheinischen Stahlwerke lieferten 1878 für die Feldabahn den Hartwich-Oberbau, der vom Geheimen Oberbaurat Hartwich für Hauptbahnen konstruiert war, sich dort aber nicht bewährt hatte. Dieser Oberbau, der außer bei der Feldabahn bei den Stuttgarter und Münchner Straßenbahnen zum Einsatz kam, hatte zwischen den Schienensträngen im Abstand von 2 m stählerne Querverbindungen (Spurhalter). Aus diesem Grund zeichnete sich die Hartwich-Schiene durch einen sehr hohen Steg (bis 185 mm) aus. Die Fachleute sagten dem Oberbau einen zu schmalen Schienenfuß und mangelhafte Verlaschung nach. Deshalb entschloß man sich (zur Verbesserung des stumpfen Stoßes bei der Feldabahn), an den Stoßstellen Eichenschwellen von 2 m Länge und 200 mm x 150 mm Querschnitt einzubauen. Als Auflage im Chausseekörper diente für die Schiene eine 150 mm dicke, gerammte Basaltpacklage, auf die eine aus Kies bestehende Schotterlage kam. Die Schiene war beiderseitig bis zum Kopf mit Kies verfüllt und dieser wiederum fest verstampft. Nach 15jährigem Betrieb hat man unter die Schienenmitte an Neigungsstellen und in Kurven zusätzlich Kiefernschwellen eingebaut.

Ein anderer, heute weitgehend in Vergessenheit geratener Oberbau war der eiserne Langschwellen-Oberbau nach Hilf. Er wurde noch in den siebziger Jahren des vorigen Jahrhunderts bei den Staatsbahnen, aber auch bei privaten Nebenbahnen wie der Ruhlaer Eisenbahn und auf der Strecke Eisenberg–Crossen eingebaut. Bei der 8,6 km langen Eisenberg-Crossener Eisenbahn wurden auf einer Länge von 5,2 km die Hilfschen Langschwellen verlegt;

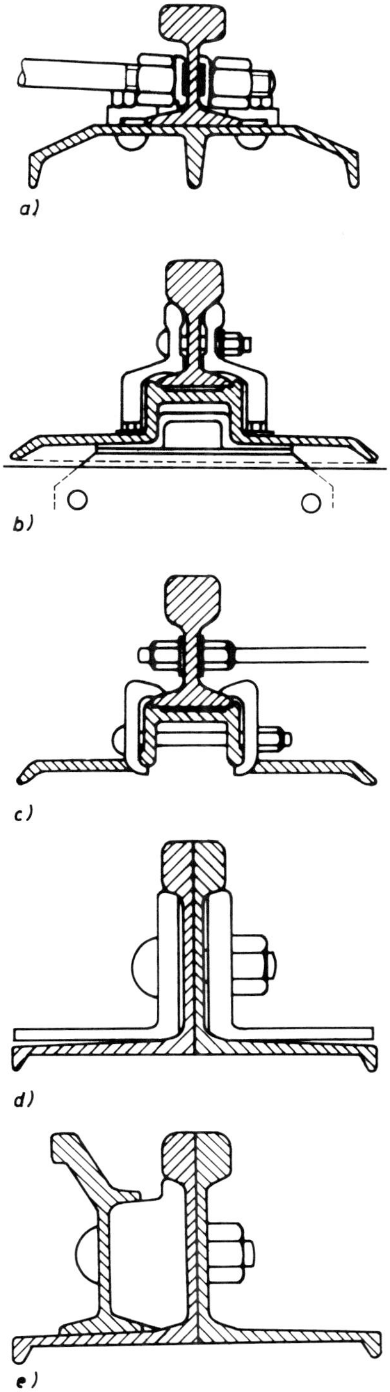

Formen des Langschwellen-Oberbaus bei Privatbahnen:
a) Hilfscher Langschwellen-Oberbau mit Spurstange.
b) Haarmannscher Langschwellen-Oberbau mit Schienenverbindungslaschen.
c) Haarmannscher Langschwellen-Oberbau mit Schienenbefestigungsklammern und Spurstange.
d) Haarmannscher Schienenschwellen-Oberbau mit zweiteiliger Schiene für die freie Strecke.
e) Haarmannscher Schienenschwellen-Oberbau mit Leitschiene für den Einbau im Straßenoberbau.
Zeichnungen Rammelt

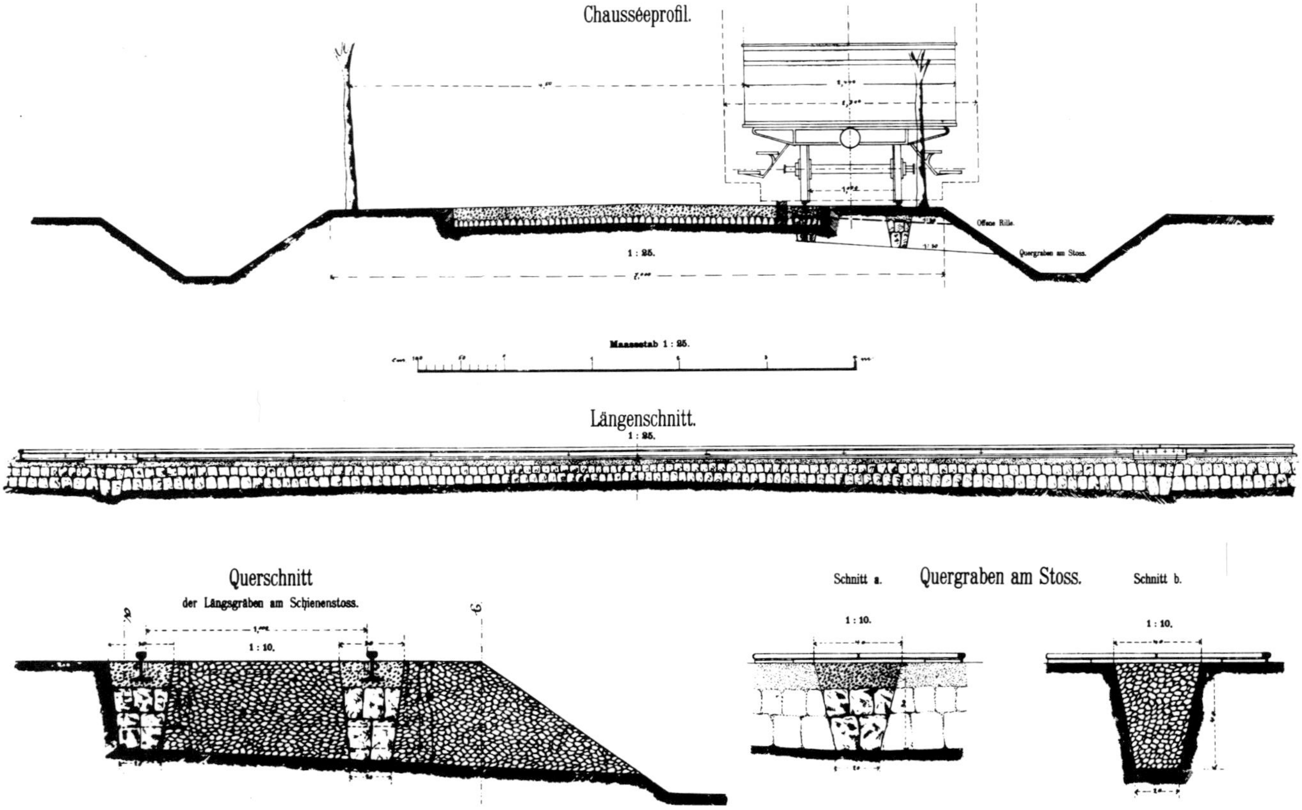

Hartwich-Oberbau für Straßenstrecken mit 1 000 mm Spurweite.
Staatsarchiv Gotha

nur in den Bahnhofsbereichen Eisenberg und Crossen lag gewöhnlicher Querschwellen-Oberbau. An den Stoßstellen waren die 7 m langen Schienen zusätzlich durch Querschwellen verbunden, ansonsten befand sich zwischen zwei Stoßstellen lediglich ein Spurhalter. In einem Abstand von 860 mm wurden die Schienen mit Hilfe von Schrauben und Deckplättchen auf den gewalzten Langschwellen befestigt.
Bei den genannten Nebenbahnen ist der Oberbau um die Jahrhundertwende gegen einen stabileren Querschwellen-Oberbau ausgewechselt worden.
Der Gedanke eines kostengünstigeren Langschwellen-Oberbaus hielt sich noch verhältnismäßig lange. So erprobten die Osnabrücker Eisen- und Stahlwerke 1878 auf zwei Probestücken der Hannoverschen Staatsbahn einen von August Haarmann entwickelten Langschwellen-Oberbau. Gegenüber der Hilfschen Konstruktion sollte er eine bessere Kräfteverteilung auf die Bettung ermöglichen. In verschiendenen Modifikationen wurde der Haarmann-Oberbau u. a. in den Jahren 1883 und 1887 auf den Strecken von Gehren nach Großbreitenbach (einem Teilstück der Ilmenau-Großbreitenbacher Eisenbahn), von Hohenebra nach Ebeleben und von Weimar über Berka nach Blankenhain bzw. Tannroda bevorzugt. Auf den genannten Strecken wurden ebenfalls nur die Teilstrecken auf den Chausseestrecken mit Langschwellen ausgerüstet, während die Bahnhofsbereiche von Anfang an Querschwellen-Oberbau besaßen.
Bei der Haarmannschen Konstruktion befestigte man die Schienen mit Stahlklammern und Schraubenbolzen auf den Langschwellen. Die beiderseits der Schienen angebrachten Stahlklammern hakten in die Langschwellen ein, wurden über die

Ein Stück einer Haarmann-Schiene 1985 als Absperrung beim Anschluß Chemieanlagenbau in Arnstadt Ost.
Foto Dürlich

Schraubenbolzen zusammengezogen und dadurch die Schienen fest auf die Langschwellen gepreßt. Die Stoßstellen waren durch besonders angepaßte Querschwellen und Stahllaschen gesichert; außerdem hatten die 7,5 m langen Schienen zwischen zwei Stoßstellen zusätzlich noch einen Spurhalter.

Als leitender Angestellter bei den Osnabrücker Eisen- und Stahlwerken erwarb sich August Haarmann in Oberbaufragen einen guten Ruf. Aus diesem Grund baute die Centralverwaltung für Secundairbahnen Herrmann Bachstein auf der Arnstadt-Ichtershausener Eisenbahn erstmals den von Haarmann neu entwickelten Schienenschwellen-Oberbau ein. Dieser Oberbau bestand aus einer zweiteiligen symmetrischen Schwellenschiene, die im Abstand von 178 mm miteinander verschraubt war. Als besonders vorteilhaft sollte sich dabei der zwischen den zwei Schienen versetzt verlaschte Stoß zeigen. Die Strecke Arnstadt–Ichtershausen wurde auf der gesamten Länge mit den Haarmannschen Schwellenschienen ausgestattet; auf der 800 m langen Ortsdurchfahrt Ichtershausen hatte die Straßendecke sogar eine Leitschiene.

Alle genannten Oberbauformen wurden von 1900 bis 1908 in Thüringen gegen einen schwereren Querschwellen-Oberbau ausgewechselt.

Im Kleinbahngesetz waren keine Anhaltspunkte für die Ausführung des Oberbaus enthalten. Erst die Ausführungsbestimmungen vom 19. November 1892 berücksichtigten technische Belange. Sie waren in der Ausführungsanweisung vom 13. August 1898 nochmals unter § 9 aufgeführt. Danach war die Ausstellung der Genehmigungsurkunde an folgende Bedingungen geknüpft:

- Sofern Querschwellenoberbau angewandt wird, soll die Mindestmasse der Schienen 9,5 kg/m betragen.
- Bei einer Spurweite von 600 mm soll der kleinste Krümmungshalbmesser 30 m betragen.

Diese mageren Angaben wurden durch die „Bau- und Betriebsvorschriften für nebenbahnähnliche Kleinbahnen mit Maschinenbetrieb“ vom 15. Januar 1914 ergänzt. Danach durfte die Spurerweiterung in Krümmungen bei 1 435 mm 35 mm, bei 1 000 mm 25 mm, bei 750 mm 20 mm und bei 600 mm 18 mm nicht überschreiten. Konkrete Angaben enthielten die Bau- und Betriebsvorschriften (Normalien) von Lenz & Co.:

„Jede Schiene des Gleises wird mit Rücksicht auf die Art ihrer Unterstützung so stark gewählt, daß die Tragfähigkeit der Schienen der vorkommenden größten Radbelastung bei der größten zulässigen Fahrgeschwindigkeit entspricht. Hiermit kommen zur Anwendung:

a) bei Vollspurbahnen
mit Übergang der Betriebsmittel der Hauptbahn und 5 000 kg größtem Raddruck, 30 km größter Geschwindigkeit Staatsbahnprofil V mit 24,39 kg für das lfd. m

b) bei Schmalspur mit 100 cm Spur:
1. mit 3 000 kg größtem Raddruck und 30 km größter Geschwindigkeit Profil 15[a] von Krupp mit 15,5 kg für das lfd. m.
2. mit 2 500 kg größtem Raddruck und 30 km größter Geschwindigkeit Profil 12[a] von Krupp mit 12,5 kg für das lfd. m.

c) bei Schmalspur mit 75 cm Spur:
1. mit 3 000 kg größtem Raddruck mit 25 km größter Geschwindigkeit Profil 15[a] von Krupp mit 15,5 kg Gewicht für das lfd. m.
2. mit 2 500 kg größtem Raddruck und 25 km größter Geschwindigkeit Profil 12[a] von Krupp mit 12,5 kg Gewicht für das lfd. m.

d) bei Schmalspur mit 60 cm Spur:
1. mit 2 500 kg größtem Raddruck und 20 km größter Geschwindigkeit Profil 12[a] von Krupp mit 12,5 kg für das lfd. m.
2. mit 1 500 kg größtem Raddruck und 20 km größter Geschwindigkeit Profil 10 von Krupp und 10 kg für das lfd. m.

Die gegenseitige Lage der Schienen erfolgt gemäß § 7 der Grundsätze, jedoch wird von einem Auflaufen der Spurkränze auf den Außenschienen in Krümmungen Abstand genommen. Sämtliche Spurweiten erhalten (bis auf besondere Ausnahmen) Querschwellen-Oberbau mit hölzernen Schwellen, und zwar entweder rohen eichenen oder imprägnierten kiefernen und schwebenden Stoß. Die Schwellen werden unge-

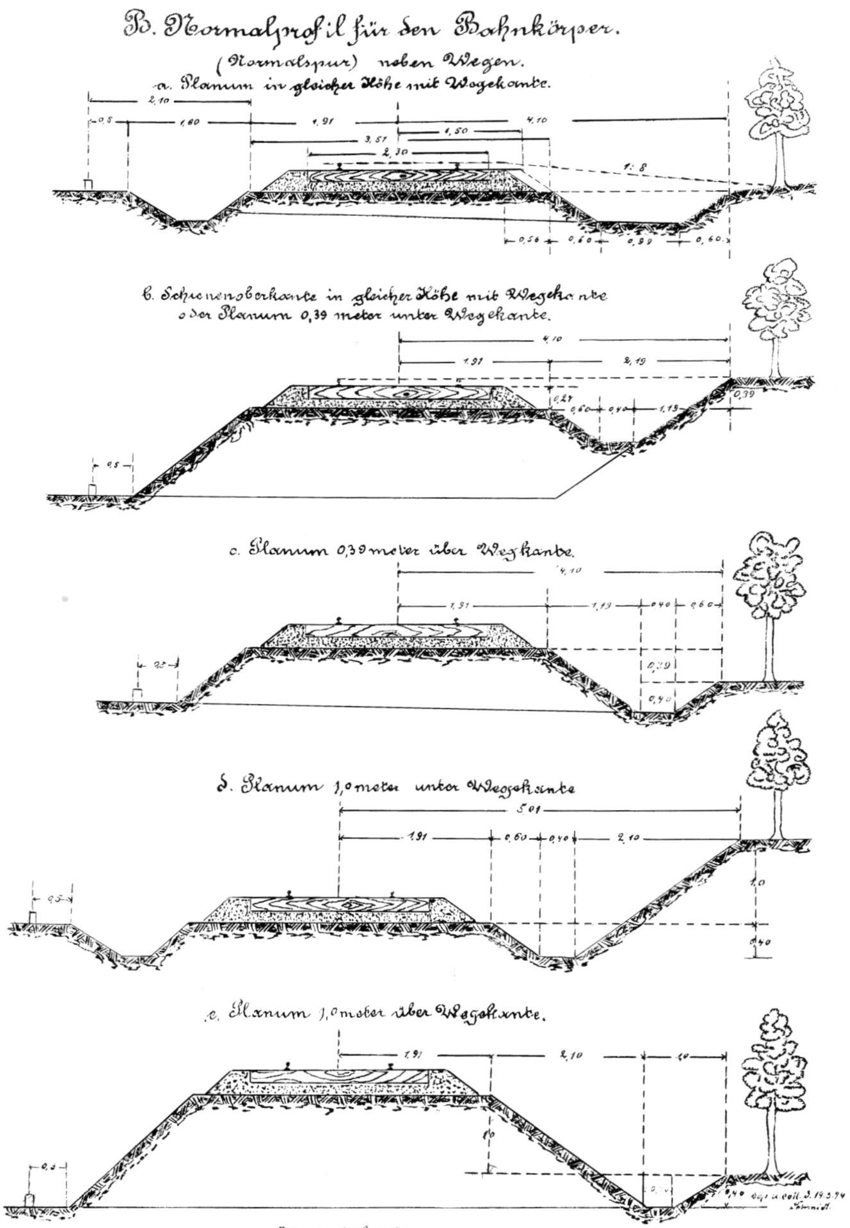

Lenz-Normalien, Bahnkörper für 1 435 mm Spurweite.
Sammlung Dobbert

kappt verwendet und auf sämtlichen Schwellen die Schienen mit geneigten Unterlagsplatten und Hakennägeln befestigt. Auf den Mittelschwellen kommen 2lochige, auf den Stoßschwellen 3lochige Platten in Verwendung. Die Stoßverbindung wird durch kräftige Winkellaschen bewirkt, welche von Außenkante bis Außenkante Unterlagsplatte der Stoßschwellen reichen und mittels Ausklinkungen und Hakennägeln mit den Unterlagsplatten und den Stoßschwellen fest vernagelt sind, so daß hierdurch eine Stoßbrücke gebildet, die volle Tragfähigkeit der Laschen ausgenutzt und außerdem in wirksamster Weise das Wandern der Schienen vermieden wird." [109]

Für die erste Zeit des Kleinbahnbaus konnten diese Vorgaben als ausreichend bezeichnet werden. Manche Bahnen glaubten allerdings, mit wesentlich leichterem Oberbau auskommen zu können. Die Mecklenburg-Pommersche Schmalspurbahn verwendete zuerst von einer Feldbahnanlage übernommene Schienen mit einer Masse von 6,8 kg/m. Die Schwellen von 1 m Länge und 80 mm x 160 mm Querschnitt faulten bereits nach einer dreijährigen Liegedauer und mußten ausgewechselt werden. Die Schienen erwiesen sich als zu schwach, so daß man für den weiteren Ausbau Schienen mit einer Masse von 8 kg/m wählte, die sich ebenfalls nicht bewährten. Erst der Einbau von 10-kg/m-Schienen entsprach der in den Ausführungsbestimmungen vom

Lenz-Normalien, Bahnkörper für 750 mm Spurweite.
Sammlung Dobbert

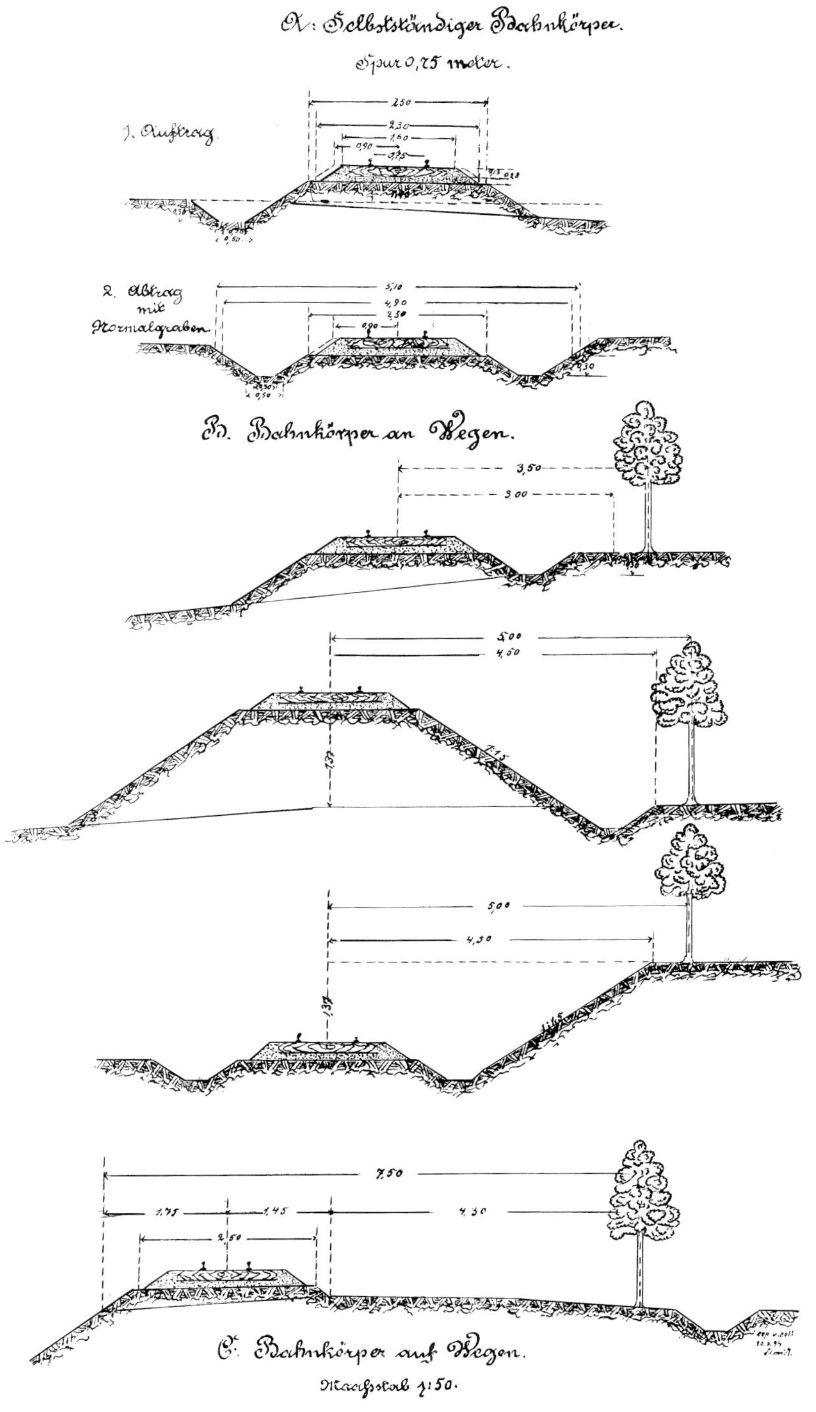

19. November 1892 vorgeschriebenen untersten Grenze von 9,5 kg/m. Daß dieser Oberbau immer noch nicht den Bedürfnissen entsprach, ist einer Besprechung vom März 1895 zu entnehmen:
„Der Oberbau ist in Bezug auf den Kostenpunkt der bedeutendste, in Bezug auf die Sicherheit des Betriebes der einflußreichste Theil einer Bahnanlage. Daß man der zweiten Hälfte dieses Satzes bei den Mecklenburg-Pommerschen Schmalspurbahnen nicht genügend Beachtung geschenkt hat, ist oben bei der Besprechung des Oberbaues bereits bemerkt worden. Verdrückungen des Gleises, mannigfache Betriebsstörungen und schließlich hohe Unterhaltungskosten sind denn auch in Folge dieses Mißgriffes nicht ausgeblieben. Ein guter solider Unterbau mit Kies oder Steinschotterbettung und bei Querschwellen-Oberbau die Anwendung einer 15 bis 18 kg/m schweren Schiene mit schwebendem Stoß dürfte sich für 600 mm weite Kleinbahnen, welche für den öffentlichen Personen- und Güterverkehr bestimmt sind, nicht minder nothwendig erweisen, als für Kleinbahnen mit 750 mm und 1 000 mm Spurweite. Daß unter diesen Umständen eine Kleinbahn nicht für 10 000 bis 11 000 Mark hergestellt werden kann, wie es wiederholt in die Welt hinausposaunt worden ist, ergibt sich von selbst." [110]
Bei den meisten Bahnen wurde die Breitfuß- oder Vignoles-Schiene verwendet. Der breite Fuß mußte die Seitenkräfte aufnehmen, die die

Die Kleinbahn des Kreises Jerichow I hatte auf der Dorfstraße in Grabow Rillenschienen. Foto Laursen

Kiesbettung der ehemaligen Altmärkischen Kleinbahnen in der Ausfahrt Badel, Richtung Beetzendorf im Jahr 1983. Foto Rammelt.

Schiene umzukanten und die Befestigungen zu lockern versuchten. Die Stegbreite wurde durch Versuche ermittelt und mit 6 mm für ausreichend erklärt; gewählt wurden anfänglich 10 mm bis 11 mm und später 14 mm. Die in Preußen vor und nach der Jahrhundertwende gebauten normalspurigen Kleinbahnen richteten sich nach der bei den Staatseisenbahnen zulässigen Achs-

Abmessungen und anteilmäßige Verteilung der bei Kleinbahnen gebräuchlichsten Schienenformen.
Eisenbahnwesen. VDI-Verlag 1925

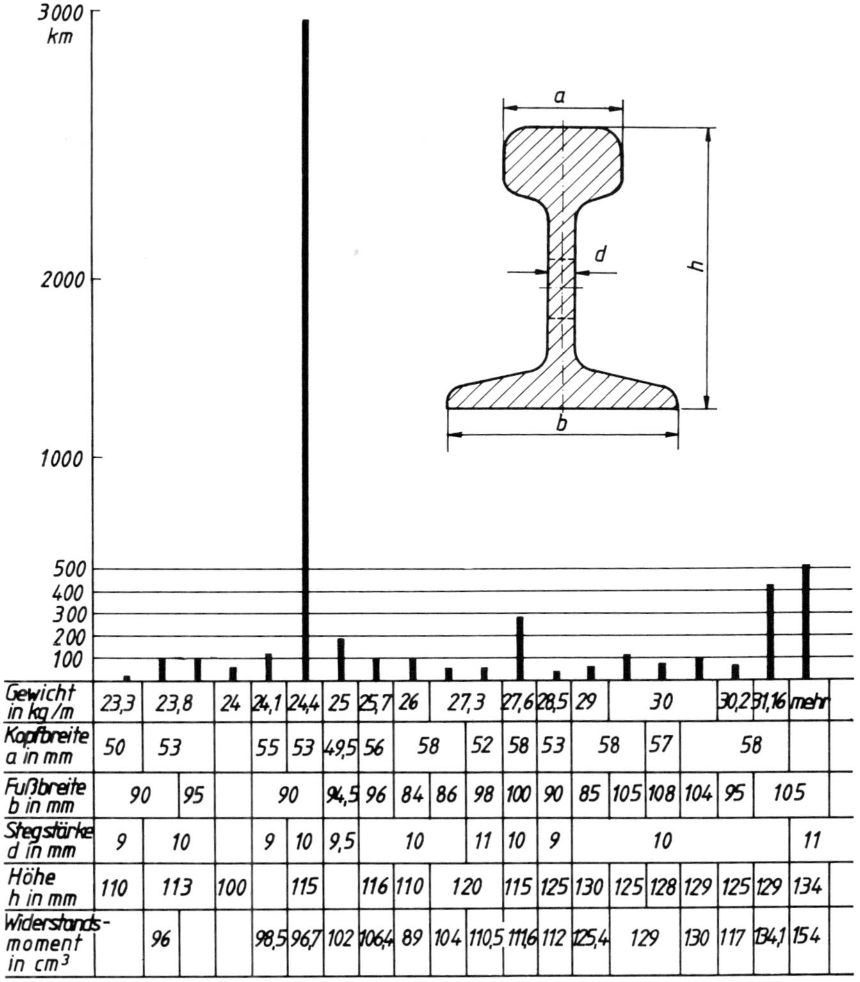

fahrmasse für die übergehenden Wagen. Diese wurden bei fast allen Kleinbahnen mit 12 t als ausreichend angesehen. Damit entsprachen diese Bahnen den am 7. Mai 1900 veröffentlichten Wagenübergangsbedingungen. In den im Frühjahr 1923 von der Deutschen Reichsbahn verabschiedeten „Allgemeinen Bedingungen für die gegenseitige Benutzung von Güterwagen zwischen der Deutschen Reichsbahn und anschließenden, nicht dem allgemeinen Verkehr dienenden Eisenbahnen" wurde wieder eine Achsfahrmasse von 12 t als Vorbedingung für den Wagenübergang festgelegt.
Die meisten Kleinbahnen verwendeten den preußischen Oberbau Form V mit einer Schienenmasse von 24,4 kg/m. Mit der Einführung von Großraumwagen ab 1925 bereitete die DRG den Klein- und Privatbahnen Kopfschmerzen, da diese Wagen eine Achsfahrmasse von 16 t hatten. Die kurzfristige Umrüstung auf die Schienenform S 33 oder die preußische Form 6 hätte die deutschen Klein- und Privatbahnen bei einer Gesamtstreckenlänge von rund 6 700 km an reinen Materialkosten ungefähr 134 Mill. RM gekostet. Für die schnellste Lösungsvariante wurden eine Verstärkung des vorhandenen Oberbaus durch zusätzlich eingezogene Schwellen und nur an Steigungen sowie starken Krümmungen der Einbau stärkeren Oberbaus vorgeschlagen. [111]
Nach der Kleinbahnstatistik für das Jahr 1920 besaßen nur einzelne

Tabelle 3.7 Zulässige Achsfahrmassen bei Verwendung von neuen Schienen mit einer Masse von 33,4 kg/m [113]

Länge der Schienen m	Schwellen-anzahl	Bettungsart	Zulässige Achsfahrmasse t
15	19	Kies	19,8
15	20	Kies	20,2
15	21	Kies	20,6
15	19	Steinschlag	20,4
15	20	Steinschlag	20,8
15	21	Steinschlag	21,2

Bahnen einen stärkeren Oberbau. Als vorbildlich galt der Oberbau der Niederbarnimer Eisenbahn, der durchgehend mit Vignoles-Schienen von 31 kg/m ausgerüstet war. Weitere Bahnen mit stärkerem Oberbau waren die Teltower Hafenbahn mit durchgehend 30-kg/m-Schienen, die Torgauer Hafenbahn mit durchgehend 31,63-kg/m-Schienen, die Langensalzaer Kleinbahn mit 37,33-kg/m-Schienen und die Obereichsfelder Kleinbahn mit 42-kg/m-Schienen. Ein anderes Bild zeigte sich bei der Neukölln-Mittenwalder Eisenbahn, wo folgende Vignoles-Schienen eingebaut waren [112]:

V 24,4 kg/m auf	37,38 km
V 30 kg/m auf	3,99 km
V 28 kg/m auf	3,31 km
V 33,4 kg/m auf	1,21 km

Hinzu kamen 150 m Rillenschienen mit 58 kg/m in Straßenlage.

Um den höheren Belastbarkeiten gerecht zu werden, schlug Semke einen Oberbau mit einer Schiene von 33,4 kg/m vor (Tabelle 3.7). Doch von diesen Idealwerten konnte bei fast keiner Kleinbahn ausgegangen werden, zumal bei Gleiserneuerungen zumeist gebrauchte, von der Staatsbahn ausrangierte Schienen eingebaut wurden.

Lenz-Wellblechbude der 1945 stillgelegten Demminer Kleinbahn West in Neuenhagen am 30. Juni 1967.
Foto G. Meyer

Haltestelle Seelvitz mit Wartehalle, Rügensche Kleinbahnen im August 1982.
Foto Rammelt

Hoch- und Kunstbauten

Zu den Hochbauten zählen die zum Betrieb, zur Bahnaufsicht, zur Bahnunterhaltung und für Wirtschaftszwecke erforderlichen Gebäude. Die Bahnhofsgebäude waren entsprechend ihrer funktionellen Bedeutung nach dem Gesichtspunkt höchster Sparsamkeit errichtet. Prachtbauten, wie sie die alten Privateisenbahnen oder die Staatseisenbahnen gebaut hatten, sucht man bei den Klein- und Privatbahnen vergebens. Lediglich bei einigen Bahnhöfen findet man an Bahnsteigen eine Überdachung. Nach den einschlägigen Vorschriften mußten die Unternehmer die Gebäude und Anlagen der Bahnen den Erfordernissen des Betriebes anpassen und gegebenenfalls erweitern. In der Regel stellte sich erst später unter Betriebsbedingungen heraus, ob und wo Erweiterungen erforderlich wurden. Die Haltepunkte, teilweise auch die kleineren

Haltestellen, waren nur mit einer Wartehalle ausgerüstet. In den Lenz-Normalien werden diese als Wellblechbude bezeichnet. Größere Haltestellen und alle Zwischen- und Endbahnhöfe hatten ein Empfangsgebäude.
Diese Gebäude mußten mehrere Funktionen übernehmen. Neben den betrieblichen Erfordernissen wie Fahrkartenverkauf, Aufbewahrung von Stückgut, Unterstellmöglichkeit und teilweise auch die Bewirtung der Reisenden dienten sie als Wohngebäude für den Stationsvorsteher, den Bahnmeister oder einen den Bahnhof verwaltenden Agenten. Die Dienstwohnungen befanden sich in den meisten Fällen in den Obergeschossen, während im Dachgeschoß Kammern für die Betriebsarbeiter ausgebaut waren. Die Bauausführung richtete sich zum Großteil nach preußischen Richtlinien. In den dreißiger Jahren und vereinzelt davor wurden verschiedene Bahnhofsgebäude umgebaut und erweitert bzw. neu errichtet. Am Beispiel des Bahnhofsgebäudes von Jerichow soll ein Umbau kurz beschrieben werden.
Nachdem die Aufsichtsratssitzung der Genthiner Kleinbahn A.-G. im März 1935 noch eine Erweiterung des bestehenden Gebäudes (Kostenvoranschlag 17 000 RM) diskutiert hatte, ermächtigte der Aufsichtsrat in seiner Sitzung am 18. April 1935 den Vorstand, den Entwurf eines Empfangsgebäudes im Bahnhof Jerichow für sogar 50 000 RM ausführen zu lassen. Im September 1935 lag ein erster Entwurf vor. Der Aufsichtsrat stimmte diesem Vorschlag zu. Einwände kamen von dem Reichsbevollmächtigten für Bahnaufsicht Berlin, der den Vorraum für den Fahrkartenverkauf für zu klein befand und entsprechende Änderungen wünschte. Nach einer erneuten Vorlage im Dezember 1935 wandte sich nun die Genthiner Kleinbahn A.-G. an das Provinzial-Hochbauamt mit der Bitte, das Jerichower Gebäude dem des Bahnhofs Salzwedel-Altpervertor anzupassen. Lediglich der Dienstraum sollte in Jerichow größer und der Warteraum kleiner gestaltet werden.
Das endgültige Projekt wurde am 22. Januar 1936 vorgelegt. Nach Zustimmung durch den Regierungspräsidenten von Magdeburg und den Reichsbevollmächtigten für Bahnaufsicht Berlin konnte mit den Bauarbeiten nach Maßgabe der vor-

Empfangsgebäude Bad Saarow-Pieskow mit anschließender Bahnsteigüberdachung. Frühere Kreisbahn Beeskow–Fürstenwalde.
Foto Rammelt

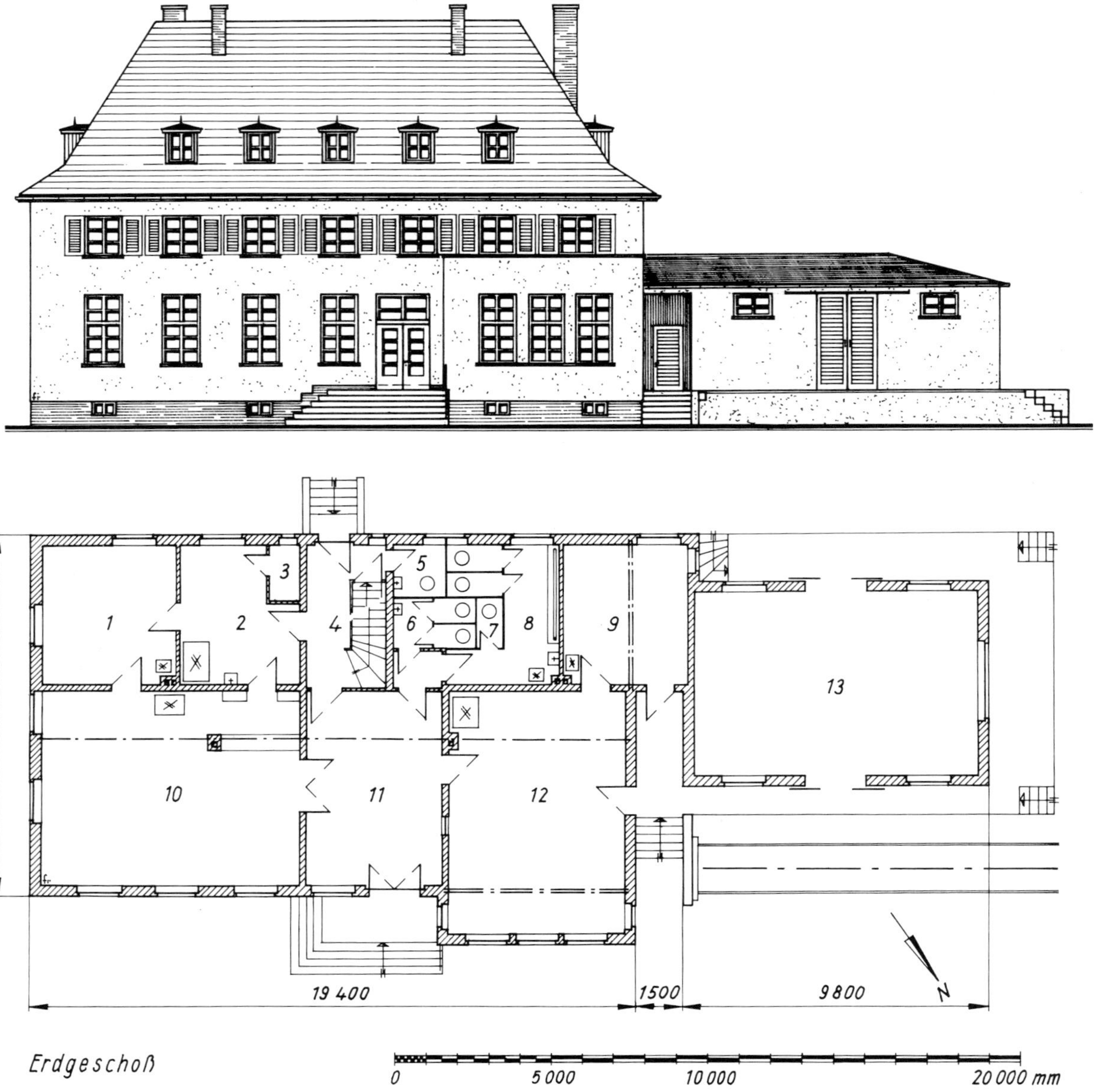

Vorderansicht und Risse des Empfangsgebäudes Jerichow.

Erdgeschoß: 1 Zimmer, 2 Küche, 3 Speisekammer, 4 Treppenhaus, 5 Abort Wirt, 6 Abort Frauen, 7 Abort Dienstpersonal, 8 Abort Männer, 9 Arbeiterraum, 10 Warteraum, 11 Vorraum, 12 Dienstraum, 13 Güterschuppen;

Obergeschoß: 1–5 Wohnung des Wirtes: 1+2 Zimmer, 3 Bad und WC, 4 Flur, 5 Zimmer; 6-13 Wohnung des Vorstandes: 6 Zimmer, 7 Küche, 8 Flur, 9 Bad und WC, 10–12 Zimmer, 13 Balkon;
Dachgeschoß: 1–3 Kammern, 4 Bodenraum.
Zeichnung Fromm

Empfangsgebäude Jerichow, Januar 1985. Foto Rammelt

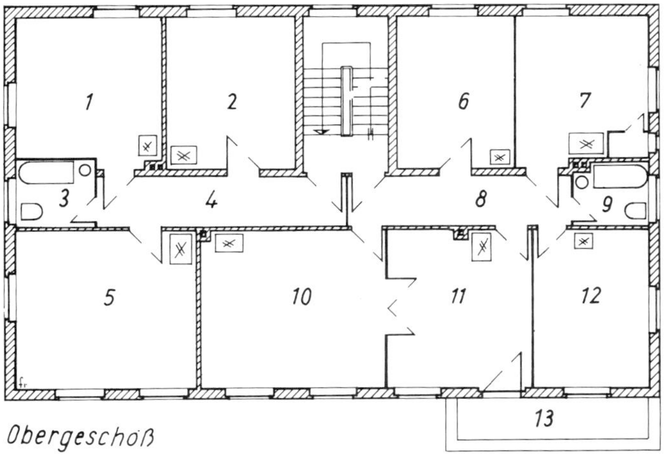

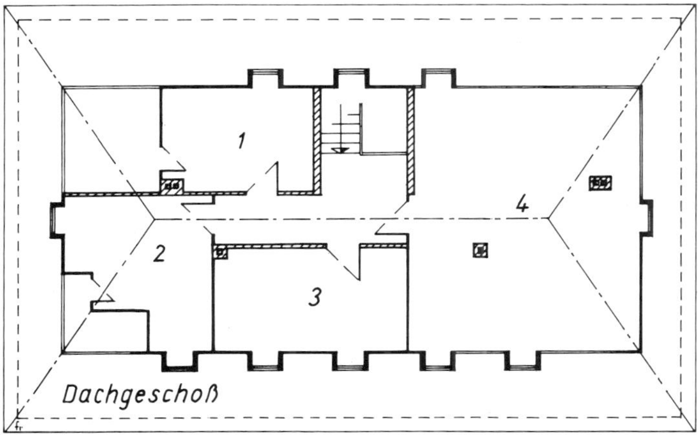

gelegten Pläne im Mai 1936 begonnen werden. Einzugsfertig wurde das Gebäude im April 1937 zu dem vom Aufsichtsrat im April 1935 genehmigten Preis von 50 000 RM übergeben. [114]

Für den Güterverkehr waren entweder an der Ladestraße Güterschuppen errichtet worden oder sie waren mit an das Empfangsgebäude angebaut. Die zwischengelagerten Güter sollten vor Witterungseinflüssen und Diebstahl geschützt werden. In anderen Fällen konnten Güter in einem gesonderten Raum im Empfangsgebäude oder im Dienstraum untergestellt werden. Die Güterschuppen waren meist mit dem Ladegleis verbunden und hatten an beiden Seiten Ladetore, so daß auch von der Straße aus ein leichtes Ent- und Beladen der Fahrzeuge möglich war.

Zu den betriebswichtigen Hochbauten gehörten die Lokomotivschuppen, in denen die Maschinen vor allem in den Nachtstunden abgestellt werden konnten. In bestimmten Zyklen wurden dort die Lokomotiven ausgewaschen; außerdem führte man eventuell anfallende kleinere Reparaturen aus. Nach den Pausen bzw. Arbeiten wurden die Lokomotiven für den nächsten Einsatz wieder angeheizt. Für diesen Zweck befanden sich über jedem Stand Rauchabzüge, die einzeln über kleine Schornsteine den Rauch ins Freie führten. Große Schornsteine, wo die Rauchfänge der einzelnen Stände zusammengeführt waren, gab es bei den kleinen Bahnen kaum; solche Anlagen lohnten sich nur für große Schuppenanlagen mit

Die von Beuchelt & Co für die Halle-Hettstedter Eisenbahn gebaute Brücke über die Elisabeth-Saale mit dem festlich geschmückten Eröffnungszug am 29. Mai 1895.
Sammlung Rammelt

Verbrennungstriebwagen der Kleinbahn Freienwalde–Zehden im Jahr 1939 auf der Oderbrücke bei Hohenwutzen.
Sammlung Rau

zehn und mehr Ständen. Die kleine Anzahl der bei den Bahnunternehmen beheimateten Tenderlokomotiven rechtfertigte in den meisten Fällen nur den Bau von Rechteckschuppen. Diese Remisen benötigten für den einzelnen Lokomotivstand nur einen kleinen umbauten Raum; sie konnten infolge ihrer regelmäßigen Form mit geringem Kostenaufwand hergestellt werden. Im Innern befand sich unter jedem Stand eine Arbeitsgrube mit Stufen. Außerdem gab es noch Aufenthalts- und Umkleideräume für das Personal sowie ein oder zwei Werkbänke.

Die Größe des Schuppens mußte so bemessen werden, daß man bei Bahnen ohne Nachtdienst alle Lokomotiven unterstellen konnte. Ansonsten mußte der Schuppen drei Viertel des Lokomotivbestandes aufnehmen können. Für die Abmessungen bei der Projektierung von Lokomotivschuppen hatte der VDEV in den Technischen Vereinbarungen unter § 63 folgende Maße festgelegt: Abstand Gleisachse zu benachbarten Wänden bei paralleler Anordnung der Gleise 3 m bis 3,5 m, bei parallelen Schuppengleisen von Gleisachse zu Gleisachse 4,75 m bis 5 m. An den Kopfenden wurde zur nächsten Wand ein Abstand von 1 m bis 1,5 m vorgeschrieben, zwischen den Puffern der einzelnen Maschinen mußte ein Abstand von 0,5 m gewährleistet werden. In den

Hebeböcke vor dem Lokomotivschuppen in Perleberg. Die Arbeiten wurden im Freien ausgeführt.
Foto Kieper

Empfangsgebäude und Triebwagenschuppen in Nottleben. Kleinbahn Erfurt–Nottleben, 1974.
Foto Heym

dreißiger Jahren und vereinzelt schon zuvor bauten verschiedene Bahnen für die Triebwagen neue Schuppen. Diese meist längeren Gebäude wurden prinzipiell nur in Rechteckform ausgeführt. In Mühlberg und Luckau zog man in die bestehenden Schuppen Trennwände ein, um so den Bestimmungen des Brandschutzes zur Trennung der Dampflokomotiven von den Triebwagen gerecht zu werden.

Ringschuppen, bei den Staatsbahnen die am häufigsten vertretene Form der Lokomotivschuppen, kamen bei den Privat- und Kleinbahnen kaum zur Anwendung. Lediglich die Mecklenburg-Pommersche Schmalspurbahn, die Niederlausitzer Eisenbahn, die Halberstadt-Blankenburger Eisenbahn, die Ruppiner Eisenbahn, die Mecklenburgische Friedrich-Wilhelm-Eisenbahn und die Prignitzer Eisenbahn hatten Ringschuppen.

Nur für kleinere Ausbesserungen, wie sie durch Zuhilfenahme von gewöhnlichem Werkzeug vom Lokführer oder Heizer durchgeführt werden konnten, waren diese Schuppen vorgesehen. Für größere Instandhaltungsarbeiten existierten bei den einzelnen Bahnen speziell mit einem Werkzeugmaschinenpark und Krananlagen oder Hebeböcken und vereinzelt sogar mit Kesselschmieden ausgerüstete Ausbesserungswerkstätten.

Die Bauunternehmer versuchten, durch eine weitgehende Anpassung an die gegebenen Geländeformationen aufwendige Kunstbauten zu vermeiden. In vielen Fällen waren aber die Errichtung von Brücken zur Überquerung von Flußläufen und Tälern sowie der Bau kleinerer Durchlässe unvermeidlich. Nur zwei ehemalige Privatbahnen, die Halberstadt-Blankenburger und die Nordhausen-Wernigeroder Eisenbahn, hatten Tunnel. Bei den Kleinbahnen hatte die von Casekow nach Penkun–Oder an der Kreuzung mit der Staatsbahnstrecke Angermünde–Stettin einen Tunnel.

Einen für eine Kleinbahn sehr ungewöhnlichen Ausgangspunkt besaß die Halle-Hettstedter Eisenbahn (HHE). Ihr Bahnhof Halle Klaustor befand sich auf einer Insel, die von verschiedenen Saalearmen eingeschlossen wurde. Die erste Brücke zum Anschluß des Sophienhafens an den Güterbahnhof Halle errichtete die Hallesche Hafenbahn in den Jahren 1893/94 über die Saale. Von

Ein Kalkzug überquert den 1931 durch die Halberstadt-Blankenburger Eisenbahn fertiggestellten Kreuztalviadukt, Juli 1983. Foto Rammelt

Der Thumkuhlenkopftunnel der ehemaligen Nordhausen-Wernigeroder Eisenbahn. Sammlung Rammelt

Die Brücken der Niederbarnimer Eisenbahn über den Finow- und den Oder-Havel-Kanal. Foto Rammelt

dieser Strecke zweigte später in Halle-Klaustor ein Anschluß an die HHE ab. Schon kurz nach dem Bahnhof mußten das Überschwemmungsgebiet der Saale und zwei Saalearme, die Elisabeth-Saale und die Wilde Saale, überquert werden. Insgesamt wurden dafür vier Brücken mit einer Gesamtlänge von 400 m errichtet. Als beste Art der Gründung erwies sich ein in England angewandtes Verfahren: Es wurden Stahlrohre wie beim Brunnenbau in den Boden versenkt und anschließend mit Beton verfüllt. Auf diesen Fundamenten ruhten später die Brückenpfeiler. [115] Aus Kostengründen wurden für größere Brückenbauten meistens Stahlkonstruktionen gewählt.

Als größte Eisenbahnbrücke des Harzes ist der mit der Neutrassierung der Halberstadt-Blankenburger Eisenbahn im Jahre 1931 fertiggestellte Kreuztalviadukt erwähnenswert. Erinnert sei auch an die Oder-Überführung der Kleinbahn Freienwalde–Zehden, eine Brücke, die so schmal war, daß nur ein Straßenfahrzeug in jeder Richtung passieren konnte. Bei Zugverkehr wurde die Brücke für den Straßenverkehr gesperrt.

Die im Ergebnis des zweiten Weltkrieges entweder durch Sprengungen oder Kampfhandlungen verursachten Schäden an Brücken der Klein- oder Privatbahnen verhinderten vielerorts eine baldige Betriebsaufnahme, so bei der Brandenburgischen Städtebahn, der Osthavelländischen Eisenbahn, der Dessau-Wörlitzer Eisenbahn, der Niederbarnimer Eisenbahn, der Erfurt-Nottlebener Eisenbahn und der Ruppiner Eisenbahn.

Lokomotivbehandlungsanlagen

Für die Versorgung der Dampflokomotiven mit Betriebsstoffen waren neben den Kohleladestellen Wasserversorgungseinrichtungen notwendig. Verfügten die Hauptbahnen über verzweigte Wasserversorgungsnetze, bestehend aus Brunnen und Hochbehältern, die durch Leitungssysteme verbunden waren, benötigten die Privat- und Kleinbahnen für diese Zwecke bescheidenere Ausrüstungen. Fast in jedem Fall waren die Endpunkte einer Bahn mit Wasserversorgungseinrichtungen ausgerüstet. Auf den Zwischenstationen hingegen war dies von verschiedenen betrieblichen Faktoren abhängig. Demnach mußten nach größeren Steigungen immer Wasseranlagen vorhanden sein. Die billigste und einfachste Art einer Wasserversorgungseinrichtung war das in den Lenz-Normalien empfohlene Pulsometer. Das mit dem Dampf der Lokomotive betriebene Pulsometer bestand aus zwei getrennt nebeneinanderliegenden Kammern, in denen durch die Kondensation des Dampfes abwechselnd die Saug- und anschließend die Druckperiode eingeleitet wurden.

Es waren zwei unterschiedliche Ausführungen von Pulsometern üblich: Manche Bahnen rüsteten ihre Lokomotiven selbst mit einem Pulsometer aus, und über ein Saugrohr konnten die Maschinen unterwegs

Werbeanzeige für Pulsometer-Wasserstationen aus der Zeit um die Jahrhundertwende. Sammlung Fromm

Eine „ex Hallenserin" pulsometriert 1968 im Bahnhof Prettin Wasser für ihren Dienst auf der ehemaligen Kleinbahn Annaburg–Prettin. Foto Fiebig

aus Oberflächengewässern oder aus Brunnen das benötigte Speisewasser saugen. Bei anderen Gesellschaften wurden die Pulsometer stationär in die Brunnenanlagen eingebaut. Die Lokomotiven versorgten in diesen Fällen das Pulsometer mit Dampf und konnten dann das Speisewasser über einen Wasserkran aufnehmen. Diese Art wurde als Pulsometerwasserkran bezeichnet.

Die Mühlhausen-Ebelebener Eisenbahn erweiterte ihre Wasserversorgung im Bahnhof Schlotheim in den Jahren 1898/99 dahingehend, daß über eine Pulsometeranlage am Mühlgraben und eine 490 m lange Leitung der Hochbehälter im Bahnhof Schlotheim gespeist wurde.

Seit den zwanziger Jahren wurden viele Brunnen auf elektrische Pumpen umgestellt. Stationen mit tiefem Grundwasserspiegel, jedoch günstiger Anschlußmöglichkeit an die städtische Wasserversorgung, bezogen das Lokomotivspeisewasser von dort.

Bei größeren Gesellschaften konnte man auch bescheidene Wassertürme mit Hochbehältern antreffen. In vielen Fällen jedoch genügte ein Hochbehälter in einem Empfangsgebäude oder einem Lokomotivschuppen. Die Vielfältigkeit der Wasserversorgung auf einer einzigen Bahn wird am Beispiel der Oderbruchbahn ersichtlich. Dort waren die einzelnen Stationen mit folgenden Wasserversorgungs-Anlagen ausgestattet:

Bekohlungsanlage der Butzbach-Licher Eisenbahn in Butzbach im Jahr 1966 mit Hunt und Kran.
Foto Stemmler

Die Lokomotivbehandlungsanlage im Bahnhof Gerbstedt; für eine ehemalige Kleinbahn mit Wasserhochbehälter im Lokomotivschuppenanbau schon sehr großzügig.
Foto Schütze

Hasenfelde Motorpumpe
Falkenhagen Hochbehälter mit 2 m³ Fassungsvermögen
Dolgelin Motorpumpe in einem 92 m tiefen Brunnen, im Lokomotivschuppen ein Hochbehälter, der aus schienengebundenen Wasserwagen über ein Pulsometer gespeist wurde.
Golzow Motorpumpe
Zechin Motorpumpe
Groß-Neuendorf Pulsometer
Wriezen Wasserkran mit Anschluß an die städtische Wasserleitung.
Außerdem bestand zwischen Ortwig und Neubarnim die Möglichkeit, aus einem Wassergraben Speisewasser zu pulsometrieren. [116]
Für die Wasserkräne gab es keine einheitlichen Richtlinien bzw. Ausführungen, zumal für die einfachen Anlagen keine aufwendigen Konstruktionen erforderlich waren. Trotzdem versuchte die einschlägige Industrie, auch auf diesem Markt Fuß zu fassen und stellte den Bahnen verschiedene kleinere Ausführungen von Wasserkränen zur Verfügung.
Die Kohleladestellen erforderten keinen großen technischen Aufwand, da nur wenige Maschinen während einer Schicht zu beladen waren. Die Arbeiten wurden ausschließlich vom Lokomotivpersonal ausgeführt. Bei vielen Kleinbahnen wurde die Kohle nur mit der Schaufel verladen. Auf größeren Lokomotivbahnhöfen gab es Ladebühnen mit Kohlekörben bzw. Kohlehunten und vereinfachten Ladekränen mit Handbetrieb, die man später größtenteils auf elektrischen Antrieb umbaute.
Auch für Drehscheiben bestand bei den Privat- und Kleinbahnen kaum eine Notwendigkeit, da auf deren Strecken größtenteils Tenderlokomotiven eingesetzt wurden. Lediglich bei der HBE und auf der MPSB

In Gehren hatte die ehemalige Ilmenau-Großbreitenbacher Eisenbahn ein Kohleladeportal; davor steht die SEG-Lok 388 im Sommer 1919.
Sammlung W. Müller

Die Mecklenburg-Pommersche Schmalspurbahn hatte für eine 600-mm-Bahn recht große Anlagen; Drehscheibe und Halbrundschuppen in Friedland, 1966.
Foto Laursen

Bis zur Betriebseinstellung der ehemaligen Franzburger Kreisbahn im Jahr 1971 wurden in Barth die Lokomotiven mit Körben bekohlt.
Foto Kieper

Halbrundschuppen und Drehscheibe der Mecklenburgischen Friedrich-Wilhelm-Eisenbahn in Neustrelitz in den dreißiger Jahren.
Sammlung Fiebig

kamen Schlepptenderlokomotiven zum Einsatz. Letztere hatte vor den Rundschuppen in Friedland und Anklam sowie in Ferdinandshof, Groß Daberkow und Jarmen je eine Drehscheibe; außerdem konnten über Gleisdreiecke in Uhlenhorst und Dennin die Lokomotiven gedreht werden. Auf der Kleinbahn Kleinschmalkalden–Brotterode, die von der Staatsbahn betrieben wurde, kuppelte man die Lokomotive vor der Bergfahrt vom Zug ab und drehte sie. Weitere Drehscheiben finden wir vor den Schuppenanlagen bei der Brandenburgischen Städtebahn in Brandenburg-Altstadt, bei der Halberstadt-Blankenburger Eisenbahn in Blankenburg, bei der Niederlausitzer Eisenbahn in Luckau, bei der Dessau-Wörlitzer Eisenbahn in Dessau, in Tribsees, wo die Greifswald-Grimmener Eisenbahn, die Stralsund-Tribseeser Eisenbahn und die Franzburger Südbahn zusammentrafen, sowie in Wittstock und Neustrelitz.
Die technische Ausrüstung der Drehscheiben entsprach ebenfalls den vereinfachten Bedingungen für Nebenbahnen. So hatten sie keinen elektrischen Antrieb, sondern wurden entweder über Drehbäume oder über einen Kurbelhandantrieb bedient. Ausschließlich die starre Bauart mit durchgehendem Hauptträger ist typisch, wobei die senkrechten Kräfte sowohl von den seitlichen Laufrädern als auch von der Mittenlagerung, dem sogenannten Königstuhl, aufgenommen wurden.
Zum Verteilen der Betriebsmittel vor den Schuppenanlagen hatten die Ostprignitzer Kreiskleinbahnen, die Niederbarnimer Eisenbahn, die Gera-Meuselwitzer Eisenbahn, die Nordhausen-Wernigeroder Eisenbahn, die Weimar-Berka-Blankenhainer Eisenbahn u.a. Schiebebühnen.

Signal- und Sicherungseinrichtungen

Die einschlägigen Gesetze und Anweisungen für Kleinbahnen enthielten wenig konkrete Hinweise zu diesen Einrichtungen. In den schon mehrfach zitierten Lenz-Normalien wurde dazu ausgeführt:

„Sämtliche Kleinbahnstrecken erhalten telefonische Verbindung, Bahnbewachung wird nicht eingeführt. Die in den Hauptgleisen liegenden Weichen erhalten Weichensignale entsprechend der Signal-Ordnung für die Eisenbahnen Deutschlands und werden des nachts 1/2 Stunde vor Ankunft der fahrplanmäßigen

Auszug aus dem Signalbuch der Kleinbahnen der Provinz Sachsen, gültig vom 1. Juli 1926. Staatsarchiv Magdeburg

Signalordnung.

III.

Hauptsignale.

Ein Hauptsignal zeigt an, ob der dahinterliegende Gleisabschnitt von einem Zuge befahren werden darf oder nicht. Es besteht aus eine Maste, woran als Tagsignal ein bis drei Flügel und für die Dunkelheit ebensoviele Laternen angebracht sind.

Die Ablenkung vom durchgehenden Hauptgleise wird durch zweiflüglige, in besonderen Fällen auch durch dreiflüglige Signale gekennzeichnet.

Signal 7.

Halt:

bei Tage:	bei Dunkelheit:
Vom Zuge aus gesehen steht der Signalflügel — bei mehrflügligen Signalen der oberste Flügel — wagerecht nach rechts.	Dem Zuge entgegen rotes Licht der Signallaterne — bei mehrflügligen Signalen der obersten Laterne —.

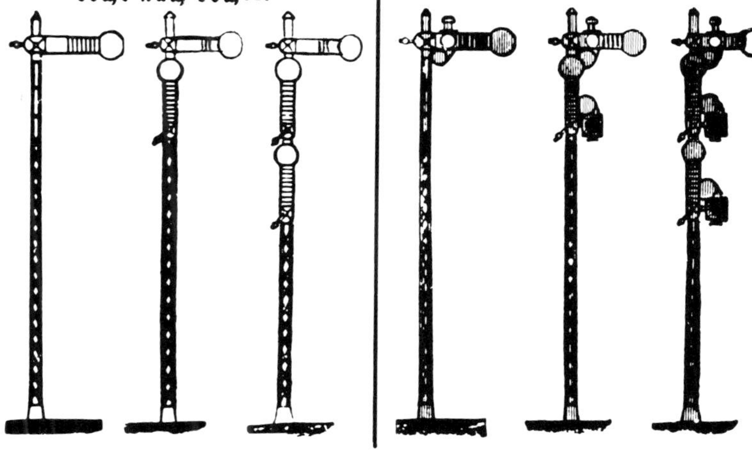

16

Züge erleuchtet. Der Stand beweglicher Brücken wird durch ein mit der Brücke selbst in Verbindung stehendes Signal kenntlich gemacht. Die nach § 115 und § 116 erforderlichen Zugsignale und Signale der Zugbediensteten werden entsprechend den Vorschriften der Signalordnung für die Eisenbahnen Deutschlands gegeben. Unfahrbare Strecken werden am Tage durch rote Fahnen und Platzpatronen, in der Nacht durch rot geblendete Laternen mit Platzpatronen abgesperrt. Die Fahnen bzw. rot geblendeten Laternen werden 600 m vor der unfahrbaren Stelle angebracht und vor dieser Entfernung von etwa 200 m je Platzpatrone in Abständen von zwei Schienenlängen ausgelegt. In Reparatur befindliche Strecken, welche nicht mit voller Geschwindigkeit befahren werden können, werden mit Korbscheiben am Tage und in der Nacht mit grün geblendeten Laternen bezeichnet; diese Merkzeichen sind 300 m vor und hinter der betreffenden Stelle anzubringen."

Die Anlagen zu diesen Normalien enthielten dazu verschiedene zeichnerische Erläuterungen wie auch zur Ausstattung eines Streckenläufers.

Zur weiteren Sicherung wurden die in die Hauptgleise einmündenden Nebengleise teilweise mit Gleissperren ausgerüstet, die bei Zugfahrten

Neigungsanzeiger 1:21 auf der Rampe Hilbersdorf–Königshain. Ehemalige Görlitzer Kreisbahn im Mai 1970.
Foto Friedrich

Das einflüglige Einfahrsignal in Bergen, 3. Juli 1967. Die 99 587 bringt den Zug von der Wittower Fähre.
Sammlung Schütze

auf den Hauptgleisen verschlossen sein mußten. Die Schlüssel dafür verwaltete der auf der Betriebsstelle verantwortliche Eisenbahner bzw. für unbesetzte Anlagen der Zugführer.
Für die Nebenbahnen waren 1887 vom Verein Deutscher Eisenbahn-Verwaltungen (VDEV) überarbeitete Grundzüge für deren Bau und Betrieb herausgegeben worden. Die Ausführungen zum Signalwesen sagten beispielsweise aus, daß für die Verständigung zwischen den Stationen ein elektrischer Telegraph oder eine Fernsprecheinrichtung vorhanden sein muß. Andere Paragraphen enthielten Ausführungen zu den Zugsignalen sowie zu den Signalen des Zugpersonals. Die feststehenden Signaleinrichtungen sollten bei Tag an der Form und bei Nacht ausschließlich an der Farbe erkennbar sein. Ansonsten brachte die technische Kommission des VDEV abschließend zum Ausdruck, daß bei Anwendung der vorgeschriebenen Signale die Grundzüge der „Signalordnung für die Haupt-Eisenbahnen" maßgebend waren.
Für die Kleinbahnen wurden erstmals staatlicherseits in den „Betriebsvorschriften für Kleinbahnen mit Maschinenbetrieb" vom 13. August 1898 (zu § 22, Abs. 4 der Ausführungsanweisung zum Gesetz über Kleinbahnen und Privatanschlußbahnen vom 28. Juli 1892) im § 8 „Abteilungszeichen, Neigungsanzeiger, Merkzeichen" und im Abschnitt IV „Signalwesen" unter den

§ 35 Verständigung zwischen den Stationen,
§ 36 Streckensignale,
§ 37 Zugsignale,
§ 38 Signale des Maschinenführers und
§ 39 Signalordnung

entsprechende Festlegungen getroffen. Weitergehende Bestimmungen über die Signaleinrichtungen wurden in den „Bau- und Betriebsvorschriften für nebenbahnähnliche Kleinbahnen mit Maschinenbetrieb" vom 15. Januar 1914 erlassen. Nach § 9 Abs. 1 dieser Vorschrift war die Bahn im Abstand von 1 000 m mit Abteilungszeichen zu versehen. Im Abs. 2 wurde festgelegt, daß das Verhältnis der Neigungen an den Enden der Strecken, wo die Verbindungslinie zweier 500 m voneinander entfernter Punkte der Bahn stärker als 1:100 geneigt war, mittels Neigungsanzeiger sichtbar gemacht

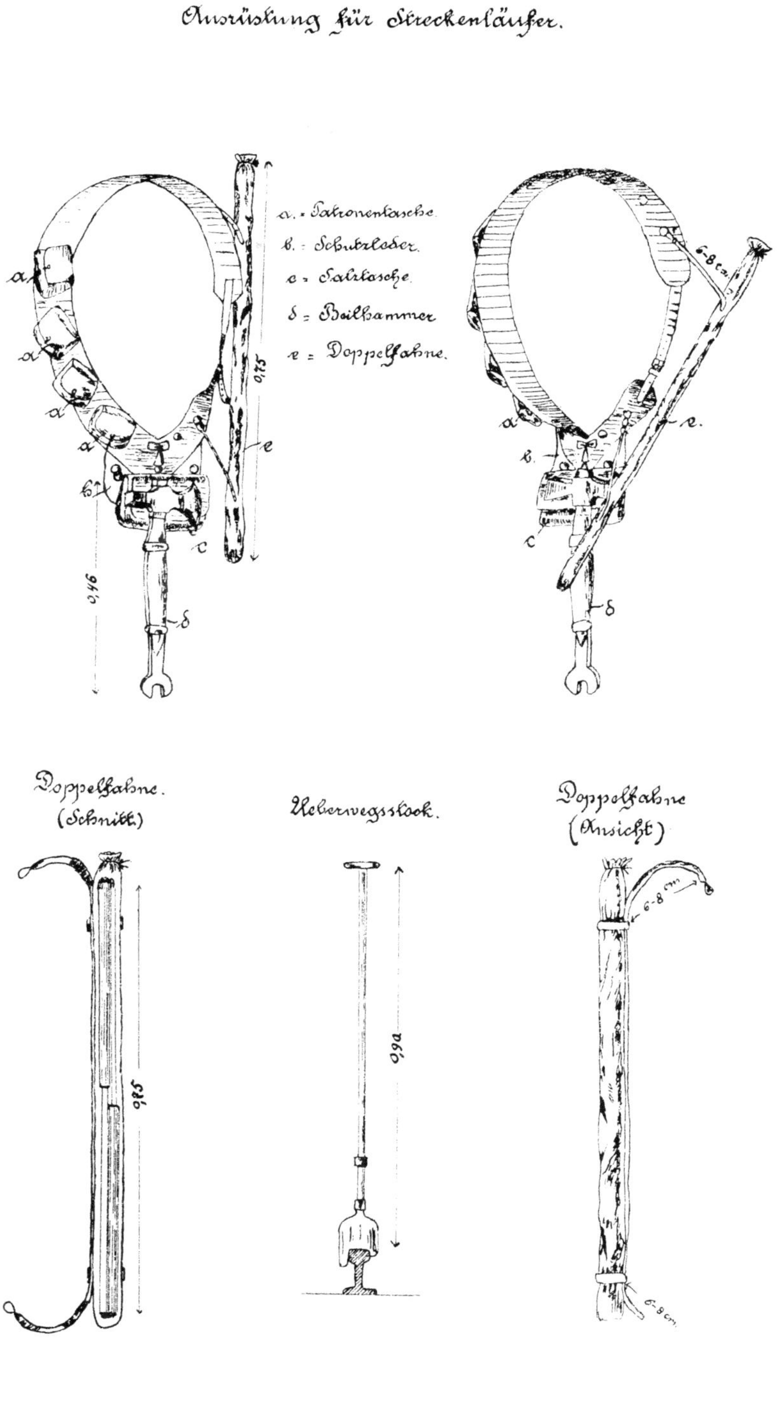

Ausrüstung eines Streckenläufers mit Signaleinrichtungen nach den Lenz-Normalien. Sammlung Dobbert

werden mußte. Bei einer zugelassenen Geschwindigkeit über 20 km/h mußten Krümmungen mit einem kleineren Halbmesser als 180 m bei 1435 mm Spurweite, 100 m bei 1000 mm Spurweite, 80 m bei 750 mm Spurweite, 60 m bei 600 mm Spurweite angezeigt werden.

Die niveaugleiche Kreuzung von Kleinbahnen wurde unter besonders festgelegten Bedingungen von der Aufsichtsbehörde zugelassen. Eine derartige Kreuzung befand sich in der Nähe vom Bahnhof Halle Klaustor zwischen der ehemaligen Halleschen Hafenbahn, welche Bestandteil der Halle-Hettstedter Eisenbahn war, und der Pfännerschaftlichen Salinebahn. Diese Kreuzung zwischen einer 900-mm- und einer Normalspurbahn war durch Formsignale gegeneinander gedeckt.

Zu Kreuzungen von Haupt- und Nebeneisenbahnen, wie sie auf der Hauptstrecke Angermünde–Stralsund auf dem Abschnitt Anklam–Ducherow an vier Stellen zwischen der Mecklenburg-Pommerschen Schmalspurbahn bzw. ihr angeschlossenen Förderbahnen und der Hauptbahn zu finden waren, legte die Eisenbahn-Bau- und Betriebsordnung vom 4. November 1904 bzw. die Neufassung vom 17. Juli 1928 die Bedingungen fest. Auch diese Kreuzungsstellen waren mit Hauptsignalen für die Schmalspurbahn gesichert. [117]

Zu den eigentlichen Signalen wurde im § 12 der Bau- und Betriebsvorschriften für Kleinbahnen vom 15. Januar 1914 ausgesagt:

„1. a) Die Form der Signale muß, soweit es sich um Signale der Eisenbahn-Signalordnung handelt, deren Vorschriften entsprechen. Für Farbsignale dürfen nur die in der Eisenbahn-Signalordnung vorgesehenen Farben verwendet werden.
b) Zur Erteilung von Signalen, die in der Signalordnung nicht vorgesehen sind, dürfen die Formen der Signalordnung nicht benutzt werden.
2. Zwischen zusammenlaufenden Gleisen muß ein Merkzeichen angebracht sein, das angibt, bis wohin ein Gleis besetzt werden kann, ohne daß die Bewegungen auf dem anderen gefährdet werden. Ausnahmen können von der eisenbahntechnischen Aufsichtsbehörde bei Gleisen in Straßen und Wegen zugelassen werden."

Betriebstechnisch war der Verkehr auf den Kleinbahnen so geregelt, daß sich auf einem sicherungstechnisch abgegrenzten Streckenabschnitt immer nur ein Zug befinden durfte. Aus diesem Grund mußten die Zugfolgestellen nach § 11 der Betriebsvorschriften durch einen Telegraphen oder Fernsprecher verbunden sein.

Mit zunehmendem Straßenverkehr und größeren Geschwindigkeiten auf den Neben- und Kleinbahnen wurde in den zwanziger Jahren die Forderung nach einer speziellen Kleinbahn-Signalordnung laut. Von den preußischen Ministerien wurde daraufhin im Jahr 1926 die Signalordnung für nebenbahnähnliche Kleinbahnen erlassen.

Fast parallel dazu schuf die Provinz Sachsen im Juli 1926 ein eigenes Signalbuch für die dem Landeshauptmann von Sachsen unterstehenden Kleinbahnen. Ein weiterer eingreifender Schritt wurde mit der Verordnung über den Bau und Betrieb von Kleinbahnen vom 7. Juli 1942 erreicht. Danach hatte die Eisenbahn-Signalordnung vom 24. Juli 1907 auch für die Kleinbahnen Gültigkeit. Bei der Deutschen Reichsbahn waren nach der Übernahme der Betriebsführung auf den ehemaligen Klein- und Privatbahnen die Signale nach dem gültigen Signalbuch rechtskräftig. In den meisten Fällen wurde der vereinfachte Nebenbahndienst nach DV 437 eingeführt, wobei auf den Bahnhöfen ohne Einfahrsignal das Signal So 5 – Trapeztafel – aufgestellt war. Es zeigt an, wo einfahrende Züge vor einer Betriebsstelle zu halten haben. Der vor dem Signal So 5 haltende Zug wird nach Abgeben eines Achtungssignales im Auftrag des Fahrdienstleiters durch die Fahrzeugpfeife vom Lokomotivführer des im Bahnhof wartenden Zuges mit dem Signal Zp 6 „Kommen" in den Bahnhof gerufen.

4 Die Arbeiter und Angestellten

Die Klein- und Privatbahnen stellten mit ihren Fahrzeugen in ihrem Einzugsbereich Universalverkehrsmittel dar. Die ortsansässige Industrie bzw. Landwirtschaft war vom Güterverkehr ebenso abhängig wie alle Bevölkerungsschichten vom Personenverkehr. Die Arbeiter und Angestellten der Bahnen, insbesondere die Bahnhofsvorsteher und das Lokomotivpersonal, galten als geachtete und angesehene Persönlichkeiten. Sie hatten sich zum Großteil für ihre Arbeit qualifiziert und sich dadurch aus der verständlicherweise technisch nicht sehr vorgebildeten ländlichen Bevölkerung „herauskristallisiert". Aus dem Wissen um diese „Wertschätzung" entwickelten sich unter den Kleinbahnern eine enge Verbundenheit und ein Stolz auf ihre Bahn. Manche Strapaze und lange Dienste bei niedrigem Lohn wurden so von den Beschäftigten leichter ertragen. Unter Berücksichtigung längerer Ruhepausen konnte die Arbeitszeit bis zu 14 Stunden betragen. Bei den meisten Bahnen gab es keinen Mehrschichtbetrieb.

Kaum eine der Bahnen hatte ein solches Verkehrsaufkommen, das den Nachtbetrieb erfordert hätte. Unabhängig von den langen Arbeitszeiten mußte das Kleinbahnpersonal gegenüber den Angestellten der Staatseisenbahn vielseitiger sein. Das Lokpersonal führte kleinere Reparaturen selbst aus und heizte die Maschinen an. Auf den Zwischenstationen war der Stationsvorsteher „Mädchen für alles": Er fertigte den Güterverkehr ab, regelte den Betriebsablauf, verkaufte Fahrkarten und war gleichzeitig für die Unterhaltung der Anlagen zuständig. Die Vielseitigkeit widerspiegelte sich allerdings nicht in einer entsprechenden Entlohnung. Bei den Arbeitern und Angestellten dieser Bahnen wurden die Einkommen nach Orts- und Dienstklassen unterschieden, wobei zwischen Anfangs- und Höchstbetrag in mehreren Abstufungen weiter differenziert werden konnte.

Bei den großen deutschen Privatbahnen fehlten Pensionsvereinbarungen. Deshalb waren die Verdienstmöglichkeiten bei den Privatbahnen höher. Die Staatsbahnen sicherten dafür ihren Beamten eine pensionsberechtigte, unkündbare Stellung zu. Demzufolge mußte gegen Ende der achtziger Jahre des vorigen Jahrhunderts unbedingt eine gleichberechtigte Lösung gefunden werden. Denn die noch verbliebenen privaten Nebenbahnen, die ohnehin kaum Gewinn abrechneten, konnten sich eine solche Entlohnung nicht leisten. Einen ersten Anstoß zur Gründung einer Pensionskasse für die Beamten der Privatbahnen gab 1887 der Minister der öffentlichen Arbeiten. Danach sollten sich fünf Nebenbahnen in der Provinz Brandenburg in einer gemeinsamen Pensionskasse vereinigen. Gegen diesen Plan opponierte der Leiter der Centralverwaltung für Secundairbahnen, Herrmann Bachstein. Er strebte nach einer für alle deutschen Privatbahnen gültigen Kasse und wollte damit das Entstehen einzelner Pensionsinstitute vermeiden. Er unterbreitete diesen Vorschlag einer zu gründenden eigenen Kasse, und diese sollte für den Beitritt dritter Verwaltungen offenstehen.

Weitaus problematischer war für Herrmann Bachstein die Tatsache, daß er bei den meisten Bahnen seiner Verwaltung nicht Konzessionär, sondern nur Pächter war und infolgedessen nicht als Träger der Pensionskasse des jeweiligen Bahnunternehmens auftreten konnte. Einen Ausweg unterbreitete der damalige Vorstand der Bachstein-Verwaltung, Staatsrat a. D. Dr. jur. Schumbach, indem er die Ausdehnung der Anstalt auf sämtliche deutsche Bahnen mit Lokomotivbetrieb vorschlug. Dabei sollte sich aber die zu gründende Kasse auf die Konzessionäre der einzelnen Bahnen stützen. Dieser Vorschlag fand auch bei den fünf brandenburgischen Bahnen Beifall, und der Vorsitzende der Aufsichtsräte, Landessyndikus Geheimer Regierungsrat Gerhardt willigte ein. Nach der Zustimmung der zuständigen preußischen Ministerien wurde die Pensionskasse am 1. Juli 1888 gegründet, der zunächst 31 Gesellschaften beitraten.

Die Münchner Localbahn (LAG) hatte schon zuvor eine eigene Pensionskasse ins Leben gerufen, die aber einer versicherungstechni-

Eisenbahnmilieu um 1930, der Vorsteher vom Bahnhof Zörbig der Dessau-Radegast-Köthener Eisenbahn.
Sammlung G. Meyer

schen Prüfung nicht standhielt. Nach diesem Debakel trat die LAG ebenfalls der von Herrmann Bachstein gegründeten Pensionskasse bei. Noch bedeutender war vor der Jahrhundertwende der Beitritt der Firma Lenz & Co und aller ihr unterstehenden Bahnen. Lenz beabsichtigte ursprünglich die Gründung einer eigenen Kasse, was ihm aber durch den Minister der öffentlichen Arbeiten untersagt wurde, der sich auf einen Einwand der Pensionskasse berief, die in der Lenz-Kasse ein Konkurrenzunternehmen befürchtete. [139] (Tabelle 4.1)
Die Zahlungen und Beiträge der Pensionskasse waren gleichartigen Institutionen im Deutschen Reich angepaßt. Die Beitragszahlungen wurden zu gleichen Teilen von der Bahnverwaltung wie von den Versicherten getragen. Nach zehnjähriger Mitgliedschaft bestand Pensionsberechtigung. Vorher wurde nur gezahlt, wenn ein ursächlicher Zusammenhang zwischen Dienstunfähigkeit oder Tod und Dienst bestand. Die Pensionsberechtigung war nicht auf die Anstellung bei einer bestimmten Bahn beschränkt, sondern die Versicherten konnten zu einer anderen Bahn wechseln, ohne Nachteile in der späteren Bezahlung zu haben.
Neben der Pensionskasse für die Beamten der deutschen Privateisenbahnen wurde am 1. April 1896 eine Pensionskasse für Arbeiter und Angestellte gegründet. Auch bei der „Arbeiter-Pensionskasse" zahlten der Beschäftigte und die Bahnverwaltung jeweils die Hälfte des monatlichen Beitrages. Nach 1930 wurden keine neuen Mitglieder mehr aufgenommen; die Kasse löste sich allmählich auf. Die Aufgaben übernahmen andere Regional- oder Länderinstitutionen. Zentrale Krankenkassen analog den Pensionskassen existierten nicht. Jede Gesellschaft oder Bahnverwaltung unterhielt eine eigene Betriebskrankenkasse. Die SEG gründete beispielsweise am 1. Januar 1896 eine eigene Krankenkasse mit Sitz in Darmstadt und einer Zweigstelle für die badischen SEG-Bahnen in Karlsruhe. Die Beschäftigten der thüringischen Eisenbahnen waren Mitglieder der Betriebskrankenkasse der Centralverwaltung für Secundairbahnen Herrmann Bachstein in Weimar. Ab 1. April 1921 übernahm die Darmstädter Kasse die Betreuung der krankenversicherungspflichtigen Bediensteten der Arnstadt-Ichtershausener und der Ilmenau-Großbreitenbacher Eisenbahn. Die Bediensteten der Hohenebra-Ebelebener Eisenbahn, die von der Centralverwaltung noch in Pacht betrieben wurde, verblieben bei der Bachstein-Kasse in Weimar. [141]
Bei den Lohn- und Gehaltszahlungen bewegten sich die Klein- und Privatbahnen wie in vielen anderen Bereichen auf dem Pfad der Sparsamkeit.
Nach dem ersten Weltkrieg kam infolge der allgemeinen Geldentwertung und der Gründung der Reichseisenbahnen Bewegung in das Besoldungssystem der Gesellschaften. Der „Arbeitgeberverband der Deutschen Straßen-, Klein- und Privatbahnen" schloß im Oktober 1919 mit dem Fachverband einen neuen Tarifvertrag ab. Dieser Tarifvertrag enthielt als wichtigste Änderung die Teuerungszulage analog den bei der Staatsbahn ab 1. Oktober 1919 eingeführten Tarifen. In Abhängigkeit von den Orts- und Dienstklassen wurde danach jährlich ein Beitrag von 140 Mark bis 200 Mark gezahlt.
Nach Abschluß des Staatsvertrages zwischen dem Deutschen Reich und

Tabelle 4.1 Entwicklung der Pensionskasse bis zum ersten Weltkrieg [140]

	1901	1913
Anzahl der Bahnveraltungen	130	258
Anzahl der Bahnstrecken	178	325
Länge der Bahnstrecken in km	5 834	12 412
Anzahl der Kassenmitglieder	3 286	9 639
Vermögen in Mark	2 700,–	16 912 053,–

Im Bahnhof Schlotheim präsentieren sich um die Jahrhundertwende die Angestellten der Mühlhausen-Ebelebener Eisenbahn vor der Vulcan-Lokomotive 2^{b}.
Sammlung Ifland

den acht deutschen Eisenbahnländern Preußen, Sachsen, Mecklenburg, Baden, Bayern, Oldenburg, Hessen und Württemberg über den Übergang der Staatseisenbahnen auf das Deutsche Reich und der damit verbundenen, ab 30. April 1920 gültigen Reichsbesoldungsordnung für die Beschäftigten der neuen Reichseisenbahnen kam bei den Beschäftigten der Klein- und Privatbahnen die Forderung nach Anpassung ihrer Löhne und Gehälter an die Sätze der Reichsbesoldung auf. Diese Forderung wurde ab 1920 bei den thüringischen Bachstein-Bahnen mit Streikaktionen untermauert. Die Streiks weiteten sich auf viele privatwirtschaftlich geführte Bahnen in allen Teilen Deutschlands aus. Ein Vergleich der Lohn- und Gehaltsentwicklung nach 15 Jahren Betriebszugehörigkeit bei den Bachstein-Bahnen und den neuen Reichseisenbahnen erklärt den Unwillen der Bediensteten (Tabelle 4.2).

Das thüringische Wirtschaftsministerium sah ein, daß die Gehälter und Löhne nicht mehr den Realitäten entsprachen und griff daraufhin schlichtend in die Streikaktionen ein. Es beabsichtigte, ab 10. Juni 1920 für die Dauer von zwei Monaten jedem Beschäftigten einen Tageszuschuß von 10,00 Mark zu gewähren. Daraufhin nahmen die Privatbahner den Dienst wieder auf. Zur Stützung der finanziellen Aufwendungen beschloß der Staatsrat von Thüringen in seiner Sitzung vom 10. Juni 1920, folgende Sonderzuschläge auf den von der Betriebsabteilung Thüringen verwalteten Bahnen einzuführen [142]:

- 20 Pf für jede gelöste Fahrkarte 2. Klasse
- 10 Pf für jede gelöste Fahrkarte 3. Klasse
- 5 Pf je 100 kg Stückgut oder Wagenladungsgut.

Gleichzeitig wollte er aber die Privatbahnbeamten in die Knie zwingen: Der Betrieb sollte durch die Technische Nothilfe aufgenommen werden. Diese Vereinigung war eine Gruppe technisch vorgebildeter Arbeitskräfte, die zur Sicherung der inneren Ruhe und Ordnung und des Wiederaufbaues des deutschen Wirtschaftslebens Notstandsarbeiten zur Aufrechterhaltung des Betriebes bei gefährdeten, lebenswichtigen Unternehmen verrichtete. Sie unterstand dem Reichsminister des Innern. Dem Einsatz der Nothilfe mußten der Vorstand des Unternehmens und die jeweiligen Landes-

Tabelle 4.2 Vergleich der Gehälter von Privatbahn- und Reichsbahnbeamten im Jahre 1920

	Gehalt bei Bachstein-Bahnen Mark/Jahr	Gehalt bei Reichseisenbahnen Mark/Jahr
Bahnhofsvorstand	963,–	1 815,–
Eisenbahnassistent	883,–	1 605,–
Bahnmeister	883,–	1 725,–
Lokomotivführer	877,–	1 605,–
Zugführer	803,–	1 515,–
Rottenführer	747,–	1 320,–

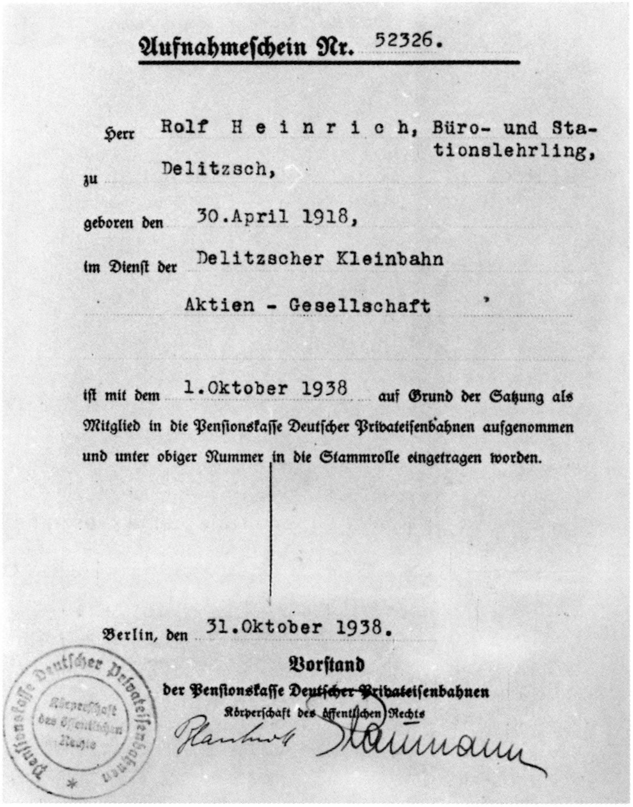

Aufnahmeschein Nr. 52326.

Herr Rolf H e i n r i c h, Büro- und Stationslehrling,

zu Delitzsch,

geboren den 30.April 1918,

im Dienst der Delitzscher Kleinbahn Aktien - Gesellschaft

ist mit dem 1.Oktober 1938 auf Grund der Satzung als Mitglied in die Pensionskasse Deutscher Privateisenbahnen aufgenommen und unter obiger Nummer in die Stammrolle eingetragen worden.

Berlin, den 31.Oktober 1938.

Vorstand
der Pensionskasse Deutscher Privateisenbahnen
Körperschaft des öffentlichen Rechts

Aufnahmeschein in die Pensionskasse Deutscher Privateisenbahnen für den Lehrling Rolf Heinrich.
Sammlung Heinrich

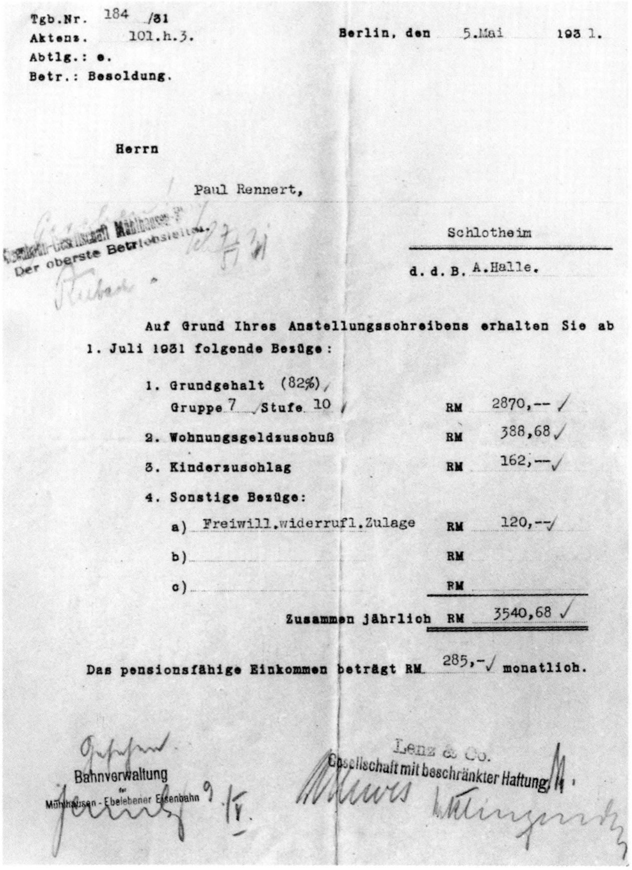

Tgb.Nr. 184 /31
Aktenz. 101.h.3.
Abtlg.: e.
Betr.: Besoldung.

Berlin, den 5.Mai 1931.

Herrn
Paul Rennert,
Schlotheim
d. d. B. A.Halle.

Auf Grund Ihres Anstellungsschreibens erhalten Sie ab 1. Juli 1931 folgende Bezüge:

1. Grundgehalt (82%), Gruppe 7 Stufe 10	RM	2870,--
2. Wohnungsgeldzuschuß	RM	388,68
3. Kinderzuschlag	RM	162,--
4. Sonstige Bezüge:		
a) Freiwill.widerrufl.Zulage	RM	120,--
b)	RM	
c)	RM	
Zusammen jährlich	RM	3540,68

Das pensionsfähige Einkommen beträgt RM 285,- monatlich.

Bahnverwaltung der Mühlhausen - Ebelebener Eisenbahn

Lenz & Co.
Gesellschaft mit beschränkter Haftung

Einkommensnachweis eines Angestellten der Lenz & Co GmbH aus dem Jahre 1931.
Sammlung Ifland

behörden zustimmen. Sie wurde gleichwohl als Streikbrecherorganisation wie auch bei Naturkatastrophen eingesetzt. Bachstein lehnte jede Haftung und Versicherung bei einer Betriebsführung durch die Technische Nothilfe auf seinen Bahnen ab. Er erklärte sich nur unter der Bedingung einverstanden, wenn die Staatsregierung alle Haftpflichtangelegenheiten übernehmen würde. Diese Zielstellung konnte er nicht durchsetzen, so daß die Verhandlungen scheiterten und der Betrieb ab 16. Juni 1920 wieder eingestellt wurde. Daraufhin beschloß der Thüringische Staatsrat, folgende Ansprüche der Angestellten und Arbeiter zu befriedigen:

- Zahlung der tarifmäßigen Gehälter und Löhne für die Tage der Betriebsführung vom 10. bis 15. Juni 1920
- Zahlung des nach dem Beschluß des thüringischen Wirtschaftsministeriums vom 9. Juni 1920 genehmigten Zuschlages von 10 Mark pro Tag.

Die Betriebseinstellungen auf den Bachstein-Bahnen hatten zur Folge, daß ab 21. Juni 1920 die ortsansässige Industrie einen Teil ihrer Beschäftigten entlassen mußte.
In dieser angespannten Lage wurde in Thüringen der Antrag des Gütervereins Rastenberg vom 7. April

1920, der eine Übernahme der Weimar-Rastenberger Eisenbahn durch das Deutsche Reich forderte, auf alle Bachstein-Bahnen erweitert. Das Reichsverkehrsministerium lehnte diesen Antrag am 27. Juli 1920 ab.

In den Lohn- und Gehaltsforderungen der Angestellten der der Centralverwaltung unterstehenden Bahnen wurde ab 1. Juli 1920 eine neue Vereinbarung erzielt. Danach erhielten die Angestellten bis Ende des laufenden Tarifvertrages am 30. September 1920 einen Durchschnittsbetrag von 12,00 Mark pro Tag.

Die Lenzsche Verwaltung hatte (als Übergangslösung) bis 30. September 1920 allen Beschäftigten ihrer Bahnen die Bezüge der Staatsbahnverwaltung gezahlt. Ab 1. Oktober 1920 drohten die Arbeiter und Angestellten der Mühlhausen-Ebelebener Eisenbahn mit Streik, falls im neuen Tarifvertrag nicht die gleichen Besoldungen zugrunde gelegt würden. [143]

Überregional verhandelte der Spitzenverband der Arbeitgeber und der Arbeitnehmer ergebnislos über die Einführung einer entsprechenden Teuerungszulage. Das Reichsverkehrsministerium fällte einen Schiedsspruch, wonach den Beschäftigten bis 30. September 1920 ein Betrag von 2,15 Mark bis 2,80 Mark pro Kopf und Tag gezahlt werden sollte. Dieses Minimalangebot entsprach nicht im geringsten den Forderungen.

Parallel dazu verliefen Verhandlungen, die Reichsbesoldung mit Beginn des neuen Tarifvertrages einzuführen. Sie waren ebenfalls in den Anfängen steckengeblieben. Nach der Sitzung vom 28. September 1920 unterbreitete der Arbeitgeberverband der Deutschen Straßen-, Klein- und Privat-Eisenbahnverwaltungen den Vorschlag, abgestufte Sätze der Reichsbesoldung nach den Ortsklassen zu zahlen: A 90 Prozent, B 85 Prozent, C, D und E 80 Prozent.

Das Angebot stieß bei den Eisenbahnern auf Ablehnung. Im Oktober 1920 waren alle Beamten und Arbeiter ohne einen gültigen Tarifvertrag. Die von der Mühlhausen-Ebelebener Eisenbahn angekündigte Streikbereitschaft weitete sich zu einem Generalstreik aus.

Erst der Schiedsspruch des Reichsarbeitsministers löste den Streit. Danach waren entsprechend den Reichsbesoldungsgesetzen festgeschrieben für die Ortsklasse A 93 Prozent, für die Ortsklassen B und C 88 Prozent sowie für die Ortsklassen D und E 83 Prozent. [144]

Weiterhin sollten Bahnen, die eine Dividende von 5 Prozent und mehr ausschütteten, je nach ihrer Vermögenslage bis an die vollen Sätze der Reichsbesoldungsordnung herangehen.

Die Regelung trat am 1. November 1920 in Kraft. Schon am 27. Oktober wurde der Betrieb auf allen Bahnen wieder aufgenommen. Ende November 1920 kam es zwischen dem Arbeitgeberverband der Deutschen Straßen-, Klein- und Privat-Eisenbahnverwaltungen und den beteiligten Arbeitnehmerorganisationen zum Abschluß eines neuen Manteltarifvertrages. Alle leistungsfähigen Betriebe oder solche, deren Wirtschaftlichkeit sich im Laufe der letzten 5 Jahre nicht verändert hatte, mußten die vollen Sätze der Reichsbesoldungsordnung zahlen.

Außerdem waren sämtliche Kreisbahnen lt. Gesetz vom 8. Juli 1920 zur vollen Zahlung verpflichtet.

Die Reichsbesoldung wurde mit einem Gesetz vom 17. Dezember 1920 entsprechend der Teuerungsrate geändert. Diese Höhereinstufung hatte zu erneuten Verhandlungen geführt. Infolge der allgemeinen Notlage waren die Bahnen außerstande, auf die Forderungen der Beschäftigten auf eine erneute Anpassung der Besoldung einzugehen. Erst nach der Inflationszeit zog Stabilität in die Besoldung ein. Der Tarifvertrag vom 1. Juli 1927 sah 90 Prozent der bei der DRG gültigen Sätze (Stand vom 21. April 1927) für ein Grundgehalt, Wohnungsgeldzuschuß, Kinder- und Frauenzuschläge vor. [145] Zu diesen Tarifsätzen zahlten verschiedene Bahnen in Abhängigkeit von der wirtschaftlichen Lage Zuschüsse in Höhe von 5 Prozent. Danach betrug der Monatslohn eines mittleren ledigen Angestellten in der Ortsgruppe B bei den vorpommerschen Bahnen gegenüber einem DRG-Angestellten [146]:

Monatslohn in RM	Kleinbahn-Angestellte	Reichsbahn-Angestellte
Einkommen	139,15 (95 %)	146,50 (100 %)
Pensionskasse	12,52	13,19
Krankenkasse	9,36	9,36
Erwerbslosenbeitrag	4,68	4,68
Steuern	3,92	4,65
Abzüge	30,48	31,88
Auszahlung	108,67	114,62

Nach 1933 wurden keine neuen Tarifverträge abgeschlossen. Mit dem Verbot der Gewerkschaften sollten Tarifkämpfe verhindert werden. Von diesen Absichten war dann auch die vom Generaldirektor der DRG mit Wirkung vom 1. Mai 1934 erlassene Dienst- und Lohnordnung (DILO) für die Arbeiter der DRG geprägt. An Neuerungen waren eine Dienstalterszulage und ein Treuegeld enthalten. Die Klein- und Privatbahnen paßten sich diesen Vorgaben mit prozentualen Abstrichen an. Die erste, 1934 erlassene Dienst- und Lohnordnung hatte wenige Jahre Gültigkeit. Sie wurde am 1. April 1938 im Rahmen eines „Reichstarifwerkes", das der Reichsverkehrsminister speziell für die Deutsche Reichsbahn erließ, abgelöst. Danach betrugen die tägliche Arbeitszeit 8 und die wöchentliche Arbeitszeit 48 Stunden; für Schichtarbeiter war für die Wochenarbeitszeit eine obere Grenze von 54 Stunden festgelegt.

Für die Beschäftigten der Klein- und Privatbahnen in der sowjetischen Besatzungszone brachte die Nachkriegszeit einschneidende Veränderungen. So wurde der Pensionskasse für die Beamten der Deutschen Privateisenbahnen laut Befehl der SMAD vom 28. Februar 1946 die Wiederaufnahme ihrer Tätigkeit untersagt. Die Bezugsberechtigten wurden an die Sozialversicherungen verwiesen, dort bestanden dann weiterhin Rentenansprüche. [147] An den Lohnzahlungen wurde vorerst nichts verändert, Gültigkeit hatten nach wie vor die Eisenbahntarifordnung und die oben erwähnte Dienstordnung. Die Beschäftigten erhielten leistungsabhängige Zuschläge, doch die Löhne blieben hinter denen in der Industrie zurück.

Neben dem Befehl 153 der Sowjetischen Militäradministration in Deutschland (1946), der den Grundsatz „Gleicher Lohn für gleiche Arbeit" fixierte, wurde die erste lohnpolitische Maßnahme für die Eisenbahner in der sowjetischen Besatzungszone mit dem Erlaß der Deutschen Zentralverwaltung Verkehr vom 21. März 1947 wirksam. Danach hatte ab 1. April 1947 der neue Kolektivvertrag, der zwischen der Zentralverwaltung Verkehr, der Hauptverwaltung Deutsche Reichsbahn und dem Zentralvorstand der Industriegewerkschaft Eisenbahn abgeschlossen worden war, Gültigkeit. Der Lohn wurde nach Beschäftigungsarten festgesetzt, die Einstufung der Angestellten in die Lohngruppen wurde vom Dienststellenleiter im Einvernehmen mit dem Betriebsrat vorgenommen (vgl. mit Tabelle 4.3).

Zur gleichen Zeit betrug der Jahresdurchschnittslohn bei den Beschäftigten der Klein- und Privatbahnen im Bereich des Rbd-Bezirks Erfurt, die fast alle den Thüringer Landesbahnen unterstanden [150]:

Bahn	Jahresdurchschnittslohn (in RM)	
	Arbeiter	Angestellte
Arnstadt-Ichtershausener Eisenbahn	2 305	3 396
Esperstedt-Oldislebener Eisenbahn	1 807	2 987
Mühlhausen-Ebelebener Eisenbahn	2 316	2 796
Oberweißbacher Bergbahn	2 850	3 800
Langensalzaer Kleinbahn	2 000	3 500

Ab 1. Januar 1950 wurden diese unterschiedlichen Bezahlungen ausgeglichen; die Beschäftigten der ehemaligen nichtstaatlichen Bahnen wurden von diesem Tag an nach den für die Deutsche Reichsbahn gültigen Bestimmungen entlohnt und versorgt. Sie wurden auch in der Folgezeit von allen lohnpolitischen Maßnahmen mit erfaßt und waren somit bei der Deutschen Reichsbahn integriert, wenn auch die Bahnen vorerst nur in Nutzung betrieben wurden. Die neuen Arbeitsverträge wiesen sie als Beschäftigte der Deutschen Reichsbahn aus.

Schwierigkeiten gab es 1950 allerdings mit der Eingliederung der Bahnagenten. Sie hatten mit den früheren Bahnen einen vertragslosen Zustand und bezogen demzufolge auch nur geringe Monatseinkünfte. Die Klein- und Privatbahnen betrieben bereits um die Jahrhundertwende sog. Agenturstationen, um die Personalkosten zu senken. Die dort tätigen Agenten konnten nicht für eisenbahnbetriebstechnische Tätigkeiten herangezogen werden. Diese Arbeiten wurden während des Zugaufenthaltes vom Zugführer übernommen, er war in diesen Fällen Aufsicht und Fahrdienstleiter. Die Agenten übernahmen die Abfertigung des gesamten Güterverkehrs, des Reisegepäcks und verkauften Fahrkarten. In bestimmten Abständen mußten sie bei der Betriebsleitung vorsprechen und die Bargeldeinnahmen abrechnen. In vielen Fällen leiteten die Agenten auch die Bahnhofswirtschaft. Neben einer Umsatzbeteiligung bekamen sie Freifahrten und eine Dienstwohnung gestellt. Bei Gaststätten mit hohem Umsatz mußte eine Umsatzpacht gezahlt werden; ansonsten betrugen die

Bachstein-Angestellte der Weimar-Buttelstedt-Großrudestedter Eisenbahn in der Werkstatt Buttelstedt, um 1928.
Sammlung Umlauft

Das Zugpersonal der unter der Vereinigung Vorpommerscher Kleinbahnen stehenden Demminer Kleinbahnen West, um 1934.
Sammlung G. Meyer

monatlichen Einnahmen 25 Mark bis 60 Mark, die sie wiederum von der Betriebsleitung bekamen (siehe Tabelle 4.4).
Die zuständigen Reichsbahnämter bzw. die Direktionen stellten die ehemaligen Agenten als Hilfsarbeiter ein. Viele von ihnen qualifizierten sich in der Folgezeit, um betriebstechnische Belange auf den Stationen wahrnehmen zu können. Andere wechselten aber auch den Beruf oder übernahmen als Pächter oder als Festangestellte die Bahnhofswirtschaft.

Tabelle 4.3 Jahresdurchschnittseinkommen gemäß Kollektivvertrag vom 1. April 1947

Berufsgruppe	Lohngruppe	Jahresdurchschnitts einkommen in RM in der Ortsgruppe	
		III	IV
Kleinlokführer, Rangierer	IV A	2 192,–	2 006,–
Rangieraufseher, Zugschaffner, Triebwagenschaffner, Rottenführer, Reichsbahnassistent	VII A	2 750,–	2 592,–
Lokheizer (Nichthandwerker), Stellwerksmeister, Rangiermeister, Triebwagenführer, Nichttechnischer Sekretär	VIII A	2 875,–	2 697,–
Lokheizer (Handwerker), Lokführer (Nichthandwerker), Werkmeister	IX A	3 080,–	2 900,–
Lokführer (Handwerker)	XI A	3 485,–	3 282,–

Tabelle 4.4 Agenten der Klein- und Privatbahnen im Rbd-Bezirk Magdeburg Anfang 1947 [151]

Bahn	Anzahl der Agenten	Monatsdurchschnittsgehalt RM
Altmärkische Eisenbahn	29	40,–
Stendaler Eisenbahn	19	58,–
Salzwedeler Eisenbahn	18	40,–
Kleinbahn Osterburg–Pretzier	11	40,–
Kleinbahn Goldbeck–Werben	5	72,–
Kleinbahn Gardelegen–Weferlingen	16	65,–
Haldenslebener Eisenbahn	5	40,–
Genthiner Eisenbahn	34	40,–
Kleinbahnen des Kreises Jerichow I	10	35,–
Nordhausen-Wernigeroder Eisenbahn	2	100,–
Oschesleben-Schöninger Eisenbahn	4	22,–
Osterwieck-Wasserlebener Eisenbahn	1	35,–
Halberstadt-Blankenburger Eisenbahn	2	53,–
Kleinbahn Wallwitz–Wettin	1	50,–
Aschersleben-Schneidlingen-Nienhagener Eisenbahn	2	53,–

5 Die Betriebsmittel

Kennzeichnung

Die hier vorgestellten Klein- und Privatbahnen besaßen fast ausschließlich Tenderlokomotiven. Wenige Ausnahmen (wie Schmalspur- und umgebaute Lokomotiven) und Sonderbauarten (wie die Stütztenderlokomotiven der Halberstadt-Blankenburger Eisenbahn) werden gesondert erwähnt.

Die im folgenden verwendeten Bauarten- und Gattungsbezeichnungen der Dampflokomotiven wurden erst etwa 1932 eingeführt. Vorher gab man in den Zulassungsurkunden den Kupplungsgrad in Form eines Bruches an. Dabei bedeutete der Zähler die Zahl der gekuppelten und der Nenner die Zahl der Radsätze insgesamt. Die früher geführten offiziellen Statistiken der Bahnen und des Staates enthielten nur die Rubriken: zwei- oder dreifach gekuppelt. Auf die Angabe der Laufradsätze wurde verzichtet. Im Schriftverkehr der Klein- und Privatbahnen mit der Staatlichen Bahnaufsicht, mit den Kesselprüfvereinen, aber auch im innerdienstlichen Schriftverkehr verwendeten die Dienststellen oft nur die Angaben über den Hersteller und die Fabriknummer des Kessels, um Verwechslungen auszuschließen.

Das erschwerte die Recherchen über die zu beschreibenden Bahnen. Auch die amtlichen Umzeichnungslisten aus den Jahren 1949/50 waren infolge falscher Angaben fehlerhaft und sogar unvollständig. Ein Beispiel für die falsche Bezeichnung sind die C1'-Lokomotiven der ehemaligen Niederbarnimer Eisenbahn, die in die Baureihe 91^{65} eingeordnet wurden, obwohl sie die Baureihenbezeichnung 90^{65} hätten tragen müssen.

Eine Kennzeichnung der Kleinbahnlokomotiven war im Kleinbahngesetz von 1892 nicht vorgeschrieben. Erst in den „Betriebsvorschriften für nebenbahnähnliche Kleinbahnen mit Maschinenbetrieb", erlassen am 13. August 1898, schrieb der Gesetzgeber im § 11 (1) vor, daß die Lokomotiven Fabrikschilder zu tragen hätten, während nach § 18 die Wagen neben den erforderlichen technischen Angaben auch den Eigentümer (also die Kleinbahnverwaltung) erkennen lassen müßten. Die Wagennummer war noch nicht gefordert. Die „Vereinfachte Eisenbahn- Bau- und Betriebsordnung" (VBO) vom 10. Februar 1943 gebot dann auch den Kleinbahnen im § 36 (8), u. a. an den Lokomotiven und Triebwagen folgende Anschriften vorzusehen: den Namen der Eigentumsverwaltung und die Betriebsnummer oder den Namen. Gleicherart sollte nach § 42 mit den Wagen verfahren werden. Für die Privatbahnen – als Mitglieder des „Vereins Deutscher Eisenbahnverwaltungen" oder später des „Vereins Mitteleuropäischer Eisenbahnverwaltungen" (VDEV oder VMEV) – galten die „Technischen Vereinbarungen über den Bau und die Betriebseinrichtungen der Haupt- und Nebenbahnen" (TV). Nach § 107 der TV vom 3./5. September 1908 mußten die Lokomotiven neben den anderen Angaben (wie Fabrikschild u. a.) folgende Anschriften tragen: die Bezeichnung der Eigentumsverwaltung und die Ordnungsnummer oder einen Namen. Für die Wagen galt der § 140.

In der Praxis gaben die Klein- und Privatbahnen ihren Lokomotiven zumindest in den ersten Jahren zur Unterscheidung Namen. Dafür verwendete man die Namen von Staatsmännern, von Mitbegründern der Bahnen, von Aufsichtsratsvorsitzenden oder -mitgliedern, von Städten, Landschaften und Flüssen, die in Beziehung zu den betreffenden Bahnen standen. Allgemein erhielten die Lokomotiven und die anderen Betriebsmittel jedoch Betriebsnummern. Verschiedene Bahnen fügten spätere Ersatz- oder Neubeschaffungen der bisherigen Nummernreihe hinzu; andere besetzten Betriebsnummern inzwischen ausgemusterter Fahrzeuge zum zweiten oder sogar zum dritten Male. Sie sind im folgenden mit hochgestellten römischen Ziffern aufgeführt, die in dieser Form nicht an den Fahrzeugen angebracht waren.

Einige Bahnen, die über einen größeren Lokomotiv- oder Wagenbestand verfügten, bezeichneten unterschiedliche Bauarten innerhalb bestimmter Nummerngruppen. Bei den Lenz-Bahnen erhielten die

1950 falsch umnumeriert: C1'-Lokomotive der früheren Niederbarnimer Eisenbahn, nunmehr als 91 6590.
Sammlung Fiebig

B'B-n4v-Lokomotive der Gernrode-Harzgeroder Eisenbahn mit dem Namensschild BRAUNSCHWEIG.
Werkfoto Borsig

unterschiedlichen Bauarten zur Betriebsnummer hochgestellte Indizes. In der Regel waren die Betriebsnummern, ergänzt durch die Abkürzungsbuchstaben der Eigentumsbahnen, als Gußschilder an den Lokomotiven angebracht. Diese Schilder entsprachen etwa den Nummernschildern der ehemaligen Preußischen Staatseisenbahn. Das Bezeichnungssystem der Betriebsmittel wechselte des öfteren. Zum einen führte der Kleinbahnverband ein neues Schema ein, zum anderen schieden Bahnen aus dem Verband aus, andere kamen hinzu, und nicht zuletzt unterstellten sich Kleinbahnen einem Provinzialverband.
Die Allgemeine Deutsche Eisenbahn-Betriebsgesellschaft (ADEG) und Lenz führten Mitte der dreißiger Jahre eigene Bezeichnungssysteme ein. Die ADEG zeichnete 1933 alle Fahrzeuge um. Die Lokomotiven erhielten neue, im Verband fortlaufende Betriebsnummern, gleich zu welcher Bahn sie gehörten. So reihte man die Cn2-Tenderlokomotiven mit 5 t Radsatzmasse z. B. ab Nummer 21, die Dn2-Tenderlokomotiven mit 6 t Radsatzmasse ab Nummer 71 und die Dh2-Tenderlokomotiven der ELNA-Reihen mit 7 t Radsatzmasse ab Nummer 181 ein. Ergänzt wurden die Betriebsnummern durch die Abkürzungsbuchstaben der betreffenden Bahn. Daneben hielt die ADEG Reservelokomotiven vor, die neben der Betriebsnummer die Abkürzung ADEG erhielten. So wurden bei der Aschersleben-Schneidlingen-Nienhagener Eisenbahn (ASN) die Cn2-Tenderlokomotive 2 ASN jetzt als 21 ASN und ab 1. Januar 1950 als 89 6136 bzw. die Dn2-Tenderlokomotive 9 ASN nunmehr als 72 ADEG (später zur Kleinbahn Kiel–Segeberg umgesetzt) bezeichnet.
Etwa zur gleichen Zeit wie bei der ADEG führte Lenz & Co ein fast gleiches Nummernschema ein. Allerdings verzichtete dieser Verband auf besondere Reservelokomotiven. Die B-gekuppelten Tenderlokomotiven erhielten Betriebsnummern ab 01, die C-gekuppelten Lokomotiven ab 21, die 1C-Lokomotiven ab 41 und die D-Lokomotiven ab 81. Heißdampflokomotiven hatten eine Hunderterstelle: Also erhielten die 1'C-ELNA-Lokomotiven die Nummern ab 141 sowie die D-ELNA-Lokomotiven die Nummern ab 181 (Tabelle 5.1).

Da es nun vorkam, daß sich die Lokomotiven benachbarter, zum Verband gehörender Kleinbahnen „zusammenfanden", konnte es beispielsweise bei der Ausleihe an eine andere Bahn oder in einer der gemeinsamen Ausbesserungswerkstätten zu Verwechslungen kommen. In solchen Fällen erhielten die Lokomotiv-Nummern der Kleinbahn eine 1 vorangestellt, sie wurden also vierstellig. So sind 1949 im Umzeichnungsplan der Deutschen Reichsbahn die beiden ELNA-Lokomotiven 91 6279 als Lokomotive Nr. 141 der ehemaligen Stralsund-Tribseeser Eisenbahn und 91 6280 als Lokomotive Nr. 1141 der ehemaligen Greifswald-Grimmener Eisenbahn enthalten.
Der Bachstein-Konzern versuchte sich an verschiedenen Bezeichnungssystemen, wobei bei Umstellungen immer Fragmente des alten Systems beibehalten wurden. Mit der Übernahme der ersten Malletlokomotiven auf der Weimar-Berka-Blankenhainer Eisenbahn im Jahr 1901 reihte man die Maschinen, in Anlehnung an eine achträdrige Lok, in die achtziger Nummernfolge ein. Diese Bezeichnungsform behielt man nur kurze Zeit aufrecht und entschied sich für ein Nummernsystem, welches eine Zuordnung zu den Betriebsverwaltungen bzw. Werkstätten erkennen ließ. Folgende Zuordnung kann man dem Nummernplan entnehmen:

Ausschnitt aus der Zeichnung einer Lenz-Lokomotive, geliefert von Vulcan: Nummernschild der Lokomotive 10^{M} der Greifswald-Jarmener Eisenbahn.
Zeichnung transpress

Anschriften am Führerhaus einer Bn2t-Lokomotive der Pommerschen Landesbahnen.
Sammlung G. Meyer

Tabelle 5.1 Nummernplan für die Kennzeichnung der Betriebsmittel der Lenz & Co GmbH vom Mai 1924

Dampflokomotiven

Achsfolge	Achsfahrmasse t	Betriebsnummern für Naßdampf-Lokomotiven	Heißdampf-Lokomotiven
B	10	1– 10	101–110
B	12	11– 20	111–120
C	10	21– 30	121–130
C	12	31– 40	131–140
1C	12	41– 50	141–150
1C	14	51– 60	151–160
1C1	12	61– 70	161–170
D	12	71– 80	171–180
D	14	81– 90	181–190
D	16	91–100	191–200

Bei benachbarten Bahnen eine im 1000 höhere Betriebsnummer, **z.B. 1141, 1171, 1181**

Triebwagen

Achsenzahl	Antrieb	Betriebsnummern
2	benzinmechanisch	1 021–1 030
2	dieselmechanisch	1 031–1 050
4	dieselmechanisch	1 051–

Wagen

Gattung (zweiachsig)[1]	Betriebsnummern
BC, BCD	1– 20
C, CD	21– 40
D	41– 50
PwPost u. Wagen mit Post- u. Gepäckabteil	51– 60
GCi	61–100
G mit/ohne Bremse	101–150/151–200
O mit/ohne Bremse	201–250/251–300
Spezialwagen mit/ohne Bremse	501–550/551–600
Selbstentladewagen mit/ohne Bremse	601–650/651–700

[1] Vierachsige Wagen erhalten eine um 2000 höhere Nr., z.B. C 4i 2021

Die 1'C1'h2-Lokomotiven der Prignitzer Eisenbahn wurden von der Deutschen Reichsbahn als 75 611 und 75 612 bezeichnet. Hier die spätere 75 611.
Werkfoto Henschel

11–19 Werkstatt Haldensleben,
21–24 Werkstatt Hornburg,
31–37 Werkstatt Friedland,
41–44 ELNA-Lokomotiven der Werkstätten Friedland und Haldensleben,
51–61 Werkstatt Braunlage und
71–98 Thüringer Bahnen.

In dieses Nummernsystem wurden auch alte Lokomotiven aus der Zeit vor der Jahrhundertwende eingeordnet, z. B. erhielten die Krauss-Loks BERKA und BLANKENHAIN danach die Nummern 72 und 73. Eine Liste nach dem derzeitigen Kenntnisstand enthält der Band „Thüringen/Sachsen". Nach 1945 versuchte die Weimar-Berka-Blankenhainer Eisenbahn, wahrscheinlich in einem Alleingang, ein Nummernsystem nach den Vorgaben der Reichsbahn einzuführen. Einige Maschinen dieser Bahn bekamen die Baureihennummern 89, 92 bzw. 93 mit einer anschließenden vierstelligen Nummer, wobei die letzten beiden Ziffern die alte Betriebsnummer darstellten. Die der WBBE zugeordnete Lok 76 erhielt danach die Nummer 89 0076.

Bei der Süddeutschen Eisenbahn-Gesellschaft wurde um die Jahrhundertwende ein Nummernsystem eingeführt, das für die Schmalspurfahrzeuge die Nummernfolge von 51 bis 105 vorsah. Die Normalspurfahrzeuge bekamen unabhängig von den Einsatzbahnen in Hessen, Baden oder Thüringen eine mit 3 beginnende dreistellige Ziffernfolge. Ein System ist dabei nicht erkennbar. In der ersten Zeit wurde mit der 310 eine B'Bn4vt-Lokomotive bezeichnet, später bekamen die Mallet-Loks Nummern von 350 bis 356. Ältere Maschinen, die bei der Anlieferung einen Namen erhalten hatten, bekamen um 1910 ebenfalls eine Nummer. Die Lok BREITENBACH der Ilmenau-Großbreitenbacher Eisenbahn bekam im Zusammenhang mit der Umsetzung zur Arnstadt-Ichtershausener Eisenbahn die Nummer 312. Die in den Jahren 1938 und 1941 von Henschel beschafften 1Ch2t-Lokomotiven wurden als 400 und 401 bezeichnet.

Die Betriebsmittel der Kleinbahnen –

Nicht von der DR übernommen und nicht umgezeichnet: Lokomotive Nr. 1[d] VKA, vorgefunden 1953 in Oschersleben.
Sammlung Fiebig

Nach 1945 umgezeichnet in 89 953, jedoch noch mit dem alten Nummernschild 24[c] der Kleinbahn Grünberg–Sprottau, um 1956 im Raw Görlitz.
Sammlung Fiebig

sie unterstanden den Provinzialausschüssen – wurden um 1940 in durchgehende Nummernsysteme eingereiht. Allerdings gab es damals von Provinz zu Provinz unterschiedliche Verfahrensweisen.

Provinz Pommern
Die Normalspurlokomotiven erhielten eine fortlaufende Betriebsnummer von 01 bis 74, einen Kennbuchstaben (N für Naßdampf- und H für Heißdampflokomotiven) und eine vierstellige Zahl, die den Betriebsgattungszeichen der DRG entsprachen: z. B. 27N3311, eh. Casekow–Penkun–Oder Nr. 11[c], später 89 6101. Die Schmalspurlokomotiven bekamen dreistellige Ordnungsnummern, und zwar für die 1 000-mm-Spurweite die 100, für die 750-mm-Spurweite die 200 und für die 600-mm-Spurweite die 300. Den einzelnen Achsfolgen ordnete man bestimmte Zehnergruppen zu. So war die 203N2206 die ehemalige Nr. 7[m] der Rügenschen Kleinbahnen und später die 99 4602.

Provinz Brandenburg
Jeder Klein- und Privatbahn wurde eine in der neuen Loknummer erscheinende Ziffer zugeteilt. Ihr folgte, durch einen Bindestrich getrennt, die neue Ordnungsnummer der Lokomotive der jeweiligen Bahn, wobei für bestimmte Bauarten Nummerngruppen festgelegt waren, wie beispielsweise:

1-21, ehemalige Brandenburgische Städtebahn Nr. 5, spätere 89 6118;
3-25, ehemalige Oderbruchbahn Nr. 8, spätere 89 6146;
07-20, ehemalige Ostprignitzer Kreiskleinbahnen Nr. 14, spätere 99 4501.

Provinz Sachsen
Das hier eingeführte Betriebsnummernschema unterschied die einzelnen Achsfolgen in Hunderter- und

die Heißdampf- oder Naßdampfausführungen in Zehnerstellen, zum Teil mit Lücken in der Numerierung:

181 bis 199 Bn-2-Tenderlokomotiven,

201 bis 205
Ch2-Tenderlokomotiven,

251 bis 298
Cn2-Tenderlokomotiven,

299
Cn2v-Tenderlokomotiven,

301 bis 304
1'Cn2-Tenderlokomotiven,

351 bis 354
1'Ch2-Tenderlokomotiven,

401 bis 406
1'C1'h2-Tenderlokomotiven,

501 bis 502, 541
Dh2-Tenderlokomotiven und

581
Dn2-Tenderlokomotiven.

Die Schmalspurbahnen in der Provinz Sachsen unterstanden nicht der Landeskleinbahnverwaltung Merseburg.

Vor 1945 von der DRG/DR übernommene Lokomotiven der bis dahin verstaatlichten Privatbahnen wurden im bekannten Nummernplan entsprechend der Bauart und Achsfolge aufgenommen, wobei sie entweder im Anschluß an andere, bereits vorhandene Betriebsnummern angefügt oder in besonderen Untergattungen erfaßt wurden wie beispielsweise die 1'C1'-h2-Tenderlokomotiven:

75 611 bis 75 612 der ehemaligen Prignitzer Eisenbahn,

75 613, die baugleiche Lokomotive der ehemaligen Wittenberge-Perleberger Eisenbahn, und

75 621 bis 75 624, die ähnlichen Lokomotiven der ehemaligen Mecklenburgischen Friedrich-Wilhelm-Eisenbahn.

Von der Reichsbahn gekaufte Lokomotiven dieser Bahnen erhielten zum überwiegenden Teil wieder die Betriebsnummern, die sie vor dem Kauf trugen. So hatte die MFWE die Lokomotive 93 040 von der DRG gekauft und als Nr. 35 umgezeichnet. 1941 erhielt sie wieder die alte Betriebsnummer 93 040.

Die nach 1945 bei der Deutschen Reichsbahn vorgefundenen Lokomotiven früherer Klein-, Privat- oder Werkbahnen wurden ohne Rücksicht auf ihre Bauart oder Herkunft fortlaufend an die bisher besetzten Nummern angefügt: z. B. 89 953 ff., 89 7566 ff.

1949, nach der Übernahme der zuletzt durch die VVB Verkehr der Länder geleiteten ehemaligen Klein- und Privatbahnen, wurde auch für die mit diesen Bahnen übernommenen Lokomotiven ab 1. Januar 1950 der Nummernplan der Deutschen Reichsbahn verbindlich. In diesem waren für die normalspurigen Tenderlokomotiven die Ordnungsnummern 5 000 bis 7 000 freigeblieben. Unter Verwendung der gleichen, für die vorhandenen Reichsbahnlokomotiven geltenden Stammnummern erhielten die ehemaligen Klein- und Privatbahnlokomotiven diese Ordnungsnummern. Die beiden ersten Ziffern der Ordnungsnummer, vermindert um 50, gaben die Achsfahrmasse an.

Die letzten beiden Ziffern dienten der fortlaufenden Numerierung. Dabei erhielten die Naßdampflokomotiven die Ordnungsnummern 01 bis 75 und die Heißdampflokomotiven die Nummern 76 bis 99. Die jeweilige Reihenfolge war durch das Baujahr der Lokomotive bestimmt. Demnach bezeichnete beispielsweise die 89 5901 eine Cn2-Tenderlokomotive (mit 9 t Achsfahrmasse) der ehemaligen Arnstadt-Ichtershausener Eisenbahn und die 95 6676 eine 1'E1'h2-Tenderlokomotive (mit 16 t Achsfahrmasse) der ehemaligen Halberstadt-Blankenburger Eisenbahn (Tabelle 5.2).

Die übernommenen Schmalspurlokomotiven erhielten ab 1. Januar 1950 innerhalb der Baureihe 99 folgende Ordnungsnummern:

3 000 bis 3 999 Lokomotiven mit 600 mm Spurweite

4 000 bis 4 999 Lokomotiven mit 750 mm Spurweite und

5 000 bis 5 999 Lokomotiven mit 1 000 mm Spurweite.

Bei Triebwagen verhielt es sich ähnlich. Für sie hatten die Kleinbahnabteilungen bei den Provinzialverwaltungen eine einheitliche Numerierung angestrebt. Sie wurde aber nur noch von der Provinzial-Sächsischen Kleinbahnverwaltung restlos durchgeführt. Bis dahin hatten alle Kleinbahnen, die Triebwagen besaßen, auch einen T 1. Der Umnumerierungsplan vom 5. Mai 1940 [189] ordnete die Triebwagen – wie die Lokomotiven – in bestimmte Gruppen ein:

1–9	Leichttriebwagen (VT) mit einem Achsstand von 4 500 mm,
11–15	Triebwagen mit einem Achsstand von 5 800 mm,
28–29	Triebwagen mit einem Achsstand von 6 000 mm,
31–35 und	
38–39	Triebwagen mit einem Achsstand von 5 800 mm,
51–53, 61	Triebwagen mit einem Achsstand von 7 000 mm,
91–97	vierachsige DWK-Triebwagen.

Dabei fiel auf, daß man auf den Kennbuchstaben T verzichtete.

Das Landesverkehrsamt entwickelte eine Gattungs- und Bauartenbezeichnung. Das hieß für den T 105 der Oderbruchbahn beispielsweise: Gattung Dm 4-2-2.

D = Kraftmaschine : Diesel

Tabelle 5.2 Verteilung der am 1. Januar 1950 übernommenen Normalspur-Dampflokomotiven nach Bauarten und Achsfahrmasse

Bauart		Achsfahrmasse in t 9	10	11	12	13	14	15	16	17	18
Bn2	von	98 5901	98 6001	98 6101	98 6201	98 6301	–	–	–	–	–
	bis	–	98 6010	98 6102	98 6218	–	–	–	–	–	–
B1n2	–	–	–	69 6101	–	–	–	–	–	–	–
1'Bh2	von	–	–	70 6176	–	70 6376	–	–	–	–	–
	bis	–	–	70 6179	–	–	89 6401	–	–	–	–
Cn2	von	89 5901	89 6001	89 6101	89 6201	89 6301	–	89 6501	89 6601	–	–
	bis	89 5903	86 6034	89 6168	89 6240	89 6310	89 6413 98 6401[3]	–	–	–	–
Ch2	von	–	–	–	89 6276	89 6376	89 6476	89 6576	89 6676	–	–
	bis	–	–	–	89 6282	–	89 6481	–	–	–	
C1'n2	von	–	–	–	–	–	90 6401	–	–	–	–
	bis	–	–	–	–	–	90 6402	–	–	–	–
C1'h2	von	–	–	–	–	–	–	91 6590[1]	–	–	–
	bis	–	–	–	–	–	–	91 6591[1]	–	–	–
1'Cn2	von	–	–	–	–	91 6301	91 6401	91 6501	74 6621	–	–
	bis	–	–	–	–	–	91 6404	–	74 6623	–	–
1'Ch2	von	–	–	91 6176	91 6276	91 6376	91 6476	91 6576	74 6611[1]; 91 6676	74 6796[2]	–
	bis	–	–	91 6177	91 6285	–	91 6497	91 6582	74 6612[1] –	74 6779[2] 91 6780	–
1'C1h2	von	–	–	–	75 6276	–	75 6476	64 6576	75 6676	75 6776	–
	bis	–	–	–	75 6279	–	–	–	75 6687	75 6777	–
B'Bn4v	von	–	98 6051	98 6151	–	–	–	–	–	–	–
	bis	–	–	98 6153	–	–	–	–	–	–	–
Dn2	von	–	92 6001	92 6101	92 6201	–	92 6401	92 6501	–	–	–
	bis	–	–	92 6106	–	–	–	92 6504	–	–	–
Dh2	von	–	–	92 6176	92 6276	92 6376	92 6476	92 6576	92 6676	92 6776	92 6876
	bis	–	–	–	92 6277	92 6383	92 6494	92 6588	–	92 6777	92 6880
1'Dh2	von	–	–	–	–	98 6376	98 6476	–	–	–	–
	bis	–	–	–	–	98 6378	–	–	–	–	–
1'D1'h2	von	–	–	–	–	–	93 6476	93 6576	93 6676	93 6776	–
	bis	–	–	–	–	–	93 6481	–	93 6683	93 6778	–
Eh2	–	–	–	–	–	–	–	–	–	94 6776	–
1'E1'h2	von	–	–	–	–	–	–	–	95 6676	–	–
	bis	–	–	–	–	–	–	–	95 6679	–	–

[1] falsch eingenummert
[2] wurden 1950 als 91 6776–6779 übernommen und 1952 umgenummert
[3] falsch eingenummert, erst im Dezember 1953 zur Deutschen Reichsbahn

m = mechanische Leistungsübertragung
4 = Anzahl der Radsätze
2 = Anzahl der Kraftmaschinen
2 = Anzahl der mechanischen Getriebe.

In der Provinz Pommern wurden die Triebwagen mit einer vierstelligen Nummer versehen, wobei die Zahlen von 1 001 bis 1 071 den Normalspurfahrzeugen vorbehalten waren und die Schmalspurfahrzeuge ab 1 081 eingereiht wurden. Der Umzeichnungsplan ist jedoch nur unvollständig bekannt, so daß eine weitergehende Systematik nicht erkennbar ist.

Die am 1. Januar 1950 übernommenen Trieb-, Steuer- und Beiwagen wurden nach dem in Tabelle 5.3 enthaltenen Nummernplan eingereiht.

Die Reisezugwagen wurden ab 1. Januar 1950 in den in der Tabelle 5.4 dargestellten Wagennummernplan eingereiht. Beim 1958 neu eingeführten Reisezugwagen-Nummernplan waren dann die ehemaligen Klein- und Privatbahnwagen in den Gruppen 210-, 211-, 310-, 311-, 410-, 411- und 710 erkennbar. Allerdings mit Ausnahmen, denn die Deutsche Reichsbahn hatte hierbei auch manche Uralt- und Länderbahnwagen erfaßt, die entsprechend der Bauart „hineinpaßten".

Die Güterwagen der übernomme-

Tabelle 5.3 Nummernplan der DR für die 1949 von den Klein- und Privatbahnen übernommenen Trieb-, Steuer- und Beiwagen

Fahrzeugart	Anzahl der Achsen	Antrieb	Spurweite mm	Betriebsnummern nach Umzeichnungsplan	Endgültig umgezeichnet bis
Schienenbus[1]	2	benzin/dieselmechanisch	1 435	VT 133 501–VT 133 502	133 516
Schienenbus[1]	2	benzin/dieselmechanisch	1 000/750	VT 133 521–VT 133 525	–
Triebwagen	2	benzinmechanisch	1 435	VT 135 501–VT 135 503	135 502
Triebwagen	2	dieselmechanisch	1 435	VT 135 511–VT 135 543	135 500, 135 503, 135 544, 135 546 bis 135 550
Triebwagen	2	dieselelektrisch	1 435	VT 135 551–VT 135 552	135 553
Triebwagen	4	benzinmechanisch	1 435		
Triebwagen	4	dieselmechanisch	1 435	VT 137 511–VT 137 525	137 528
Triebwagen	4	dieselelektrisch	1 435	VT 137 526, VT 137 551–VT 137 558	137 560
Triebwagen	4	dieselhydraulisch	1 435	VT 137 571	137 571
Triebwagen	4	dieselmechanisch	1 000	VT 137 531–VT 137 532	137 532
Triebwagen	4	dieselelektrisch	1 000	VT 137 561–VT 137 566	137 566
Beiwagen	2	–	1 435	VB 140 501–VB 140 511	140 522
Steuerwagen	2	–	1 435	VS 144 501–VS 144 502	144 500
Steuerwagen	4	–	1 435	VS 145 501–VS 145 502	145 504
Beiwagen	4	–	1 435	VB 147 501	147 504
Oberleitungstriebwagen	2	elektrisch	1 435	ET 188 501–ET 188 503	–
Oberleitungstriebwagen	2	elektrisch	1 435	ET 188 511–ET 188 512	–
Oberleitungstriebwagen	2	elektrisch	1 435	ET 188 521–ET 188 522	–
Oberleitungstriebwagen	2	elektrisch	1 435	ET 188 531	–
Beiwagen[2]	2	–	1 435	EB 188 501–EB 188 503	–
Beiwagen[2]	2	–	1 435	EB 188 511–EB 188 514	–
Dampftriebwagen	2	Dampfmaschine	1 435	DT 151	

[1] ohne Zug- und Stoßvorrichtung
[2] zu Oberleitungstriebwagen

Tabelle 5.4 Nummernplan der DR für die 1949 von den Klein- und Privatbahnen übernommenen Normalspurwagen

Wagengattung	Neue DR-Nummern
Bi, B3i	29 501–29 503
BC4i, BC4	35 501–35 507
BCi, BC	39 501–39 564
BC3i, BC3	39 581–39 586
C4i, C4	79 501–79 525
Ci, C	98 501–98 797
C3i	98 851–98 871
C3	98 891–98 899
BCPwi, BCPwPost4i	99 151–99 155
CPwi, CPw	99 351–99 362
BPost, BCPost	99 451
CPost	99 951–99 955
PwPosti, PwPost	103 501–103 541
Pw, Pwi, Pw3i, Pw3	117 701–117 796

nen Bahnen wurden 1950 administrativ umgezeichnet und bekamen 1951 in einer zweiten Umzeichnungsaktion eine sechsstellige Nummer. Ein genauer Umzeichnungsplan ist bisher nicht aufgetaucht.

Allgemein ist jedoch festzustellen, daß bereits bei den Umzeichnungen der damaligen Provinzialverwaltungen so manches Fahrzeug nicht mehr erfaßt und umgezeichnet werden konnte. Ähnlich verhielt es sich bei der Deutschen Reichsbahn mit der Aufstellung der Umzeichnungspläne, die auf der Grundlage der an die ehemaligen Klein- und Privatbahnverwaltungen versandten Fragebogen aufgestellt worden waren. Daß bei der Beantwortung dieser Fragebogen durch das zum Teil technisch ungeschulte Personal Fehler vorkamen, ist einleuchtend. Deswegen wurden einige Fahrzeuge später noch einmal umgezeichnet; andere Fahrzeuge behielten die fehlerhaften Betriebsnummern bis zu ihrer Ausmusterung.

Dampflokomotiven

Das „Gesetz über Kleinbahnen und Privatanschlußbahnen vom 28. Juli 1892" machte den Kleinbahnunternehmen keine Auflagen über die Ausführung der Betriebsmittel. Lediglich im § 4 wurde „die betriebssichere Beschaffenheit der Bahn und deren Betriebsmittel" verlangt. Erst in der „Ausführungsanweisung vom 13. August 1898 zu dem Gesetz über Kleinbahnen vom 28. Juli 1892" erließ man in der Anlage 3 „Betriebsvorschriften für nebenbahnähnliche Kleinbahnen mit Maschinenbetrieb" verbindliche Ausführungen über die Bahn, die Betriebsmittel, die Betriebsregeln, das Signalwesen und die Betriebsführung. Später wurde diese „Ausführungsanweisung" durch die „Vereinfachte Eisenbahn- Bau- und Betriebsordnung" (VBO) ersetzt.
Jedes Klein- und Privatbahnunternehmen war gut beraten, sich in den grundlegenden Bauteilen der Fahrzeuge, gleich ob Lokomotive, Triebwagen, Personen- und Güterwagen, an die preußischen Normalien und später an die Vorschriften der Deutschen Reichsbahn bzw. Deutschen Reichsbahn-Gesellschaft zu halten. Es erleichterte das Genehmigungsverfahren. Die Hersteller dieser Fahrzeuge unterließen es auch nicht, in ihren Angeboten, Beschreibungen und Zeichnungen darauf hinzuweisen, daß diese Teile den Vorschriften der jeweiligen Staatseisenbahn entsprachen. Wo dies nicht der Fall war, z. B. später bei den Leichttriebwagen Bauart Hannover, beim Umbau der BVG-Straßenomnibusse zu Schienenomnibussen der Kleinbahn Gardelegen–Neuhaldensleben–Weferlingen und bei gelegentlichen Umbauten von Personenkraftwagen zu Schienenautos entspannten sich langwierige Genehmigungsverfahren. Hierbei baten die Kleinbahnaufsichten bei den Reichsbahndirektionen, die die technischen Genehmigungen für die in ihrem Bezirk liegenden Kleinbahnen erteilten, das Technische Zentralamt des öfteren um Untersuchung und Begutachtung. Und das kostete wiederum Zeit, in der die beschafften Fahrzeuge noch nicht eingesetzt werden konnten.
In vielen der bisher veröffentlichten Beschreibungen einzelner Klein- und Privatbahnen haben angeblich Tenderlokomotiven der preußischen Gattungen T 1, T 2 oder T 3 den Zugförderungsdienst nach der Eröffnung dieser Bahnen durchgeführt. Das stimmt nur in den wenigsten Fällen! Denn ein Ankauf von Nebenbahnlokomotiven der Staatseisenbahn war in den damaligen Jahren noch nicht möglich, da sie dort noch gebraucht wurden und die Eröffnung mancher staatlicher Nebenbahn in die gleiche Zeit fiel. Viele dieser Klein- und Privatbahnen eröffneten den Betrieb mit kleinen Bn2-Tenderlokomotiven, die sich von Bahn zu Bahn unterschieden. Geistiger Vater der kleinen betriebstüchtigen Tenderlokomotive war Georg Krauss. Er wandte erstmals Baugrundsätze für dauerhaft leistungsfähige kleine Dampflokomotiven an. Diese Grundsätze beinhalteten: zwei Kuppelradsätze, einen stabilen Wasserkastenrahmen, günstige Heiz- und Rostflächen, eine spezifisch hohe Verdampfungsleistung bei einfacher Kesselbauart, Reglerbüchse, den Verzicht auf Tender sowie eine geringe Masse. Im Ergebnis dieser Forderungen entstanden preiswerte Lokomotiven. Ein Vorteil, denn die Beschaffungskosten für Lokomotiven waren ein wesentlicher Faktor bei den kapitalschwachen Kleinbahnen.
Die von Krauss entwickelten Baugrundsätze wurden zwar auch bei den nach preußischen Nebenbahn-Normalien gebauten Lokomotiven angewandt, aber doch mehr bei den für die Klein- und Privatbahnen bestimmten Lokomotiven. In ihren Abmessungen unterschieden sich jedoch oftmals die Staatsbahn- von Privatbahnlokomotiven. Zumal die Klein- und Privatbahnen abweichende Forderungen stellten oder von den Lokomotivfabriken für Klein- und Privatbahnen eigene Konstruktionen verwirklicht wurden. Wer die Lokomotive eines bestimmten Herstellers kaufte, mußte später auch die Ersatzteile von ihm beziehen!
Es sei festgestellt, daß das Anlagekapital der Klein- und Privatbahn-Unternehmen fast immer die Anschaffung neuer Betriebsmittel erlaubte. Doch oft änderten sich die betrieblichen Verhältnisse recht schnell. Meistens mußten die Klein- und Privatbahnen schon nach wenigen Betriebsjahren feststellen, daß die Bn2-Tenderlokomotiven den gestiegenen Ansprüchen nicht mehr genügten. Für die finanzschwachen Bahnen waren neue, stärkere Lokomotiven jedoch nicht zu realisieren, so daß man vielfach auf C-gekuppelte Tenderlokomotiven, die bei den Staatseisenbahnen ausgemustert wurden, zurückgriff.
Nach dem ersten Weltkrieg waren viele Kleinbahnen und vor allem die Betriebsmittel arg in Mitleidenschaft gezogen. Deshalb versuchte man, mit Hilfe genormter Kleinbahnlokomotiven, der ELNA-Typen, den Lokomotivpark zu gesunden. Aber die Anfang der zwanziger Jahre einsetzende wirtschaftliche Situation – Wirtschaftskrisen, Inflation, Firmen-Konkurse, Konkurrenz durch den Kraftverkehr – verhinder-

Eine der kleinsten normalspurigen Bn2-Tenderlokomotiven, 1890 gebaut von Hohenzollern für die Neustrelitz-Wesenberg-Mirower Eisenbahn, der späteren MFWE.
Sammlung Fiebig

B-n2-Tenderlokomotive für die Kleinbahn Wegenstedt–Calvörde, gebaut von Borsig 1909.
Sammlung Verkehrsmuseum Dresden

ten, daß sich die ELNA-Lokomotiven überall verbreiten konnten.
Ebensowenig konnten sich einige der einkommensstärkeren Klein- und Privatbahnen neue, vor allem stärkere Lokomotiven leisten.
Der zweite Weltkrieg traf die Klein- und Privatbahnen bedeutend härter. Durch mangelnde Unterhaltung, größeren Verschleiß, fehlenden Ersatz und Kampfhandlungen fielen viele Lokomotiven aus. Allein durch Tieffliegerangriffe mußte ein großer Teil der Lokomotiven abgestellt werden. Gegen Kriegsende kam es außerdem zu unsinnigen Sprengungen von Anlagen und Fahrzeugen und damit zur Betriebseinstellung der Bahnen.
Es ist nicht möglich, auf alle technischen Einzelheiten und Unterschiede der verschiedensten Klein- und Privatbahnlokomotiven einzugehen. Außerdem bevorzugten verschiedene Klein- und Privatbahnen bei Neubeschaffungen von Betriebsmitteln bestimmte Hersteller. Man versprach sich davon eine schnellere Hilfe, wenn Fahrzeuge, besonders Lokomotiven und Triebwagen, zu reparieren waren. Die Vorhaltung von Tausch- und Ersatzteilen konnte verringert werden, weil der Lieferer möglichst gleiche Bauteile verwendete.
Auffällig ist die Entwicklung des Lokomotivbestandes bei den Kleinbahnen, die der Provinzial-Sächsischen Kleinbahnverwaltung unterstanden. Der Landeseisenbahndirektor pflegte wahrscheinlich die Beziehungen zur Firma Henschel & Sohn in Kassel. Nach Unterstellung der Kleinbahnen unter seine Leitung verschwanden jene Lokomotiven, die nicht von Henschel stammten. Das Ausbesserungswerk der Provinzial-Sächsischen Kleinbahnen, das „Sachsenwerk" in Stendal, sandte noch bis 1949 so manchen Lokomotivkessel zu Henschel und ließ ihn dort voll aufarbeiten.

B-, 1B- und B1-Lokomotiven

Die zweifach gekuppelten Tenderlokomotiven scheinen für den Dienst auf Klein- und privaten Nebenbahnen am geeignetsten gewesen zu sein, zumindest in den ersten Betriebsjahren. Man kann eine Par-

Vier moderne, von Borsig gelieferte Privatbahnlokomotiven. Von links nach rechts: WLE 34, WLE 33, HBE 18 und HBE 19.
Sammlung Verkehrsmuseum Dresden

SEG-Lok 388 im Jahr 1930 im Bahnhof Großbreitenbach.
Sammlung Fiebig

allele zu den Anfangsjahren der Eisenbahnen ziehen: Damals waren die ersten Lokomotiven zweiachsig. Mit dem Entstehen solcher Maschinen hat sich Krauss große Verdienste erworben. Denn mit dieser kostengünstigen Bn2-Tenderlokomotive wurde die Gründung mancher dieser Bahnen erleichtert. Bei der Vielzahl der für diese Zwecke benötigten Lokomotiven bei annähernd gleichen Betriebsverhältnissen müßte man auf eine einheitliche Bauart schließen. Doch weit gefehlt. Zwar glichen sich die Lokomotiven im grundsätzlichen Aufbau, wichen aber in den Abmessungen beträchtlich voneinander ab. Die Gründe waren mannigfaltig. Die B-gekuppelten Lokomotiven wurden jahrzehntelang beschafft.
Den Maschinen gemeinsam waren häufig der typische Wasserkastenrahmen (des öfteren ergänzt durch seitliche Wasserkästen), der mehr oder weniger über dem zweiten Radsatz liegende Stehkessel mit runder Decke (fast ausschließlich nach Bauart Crampton ausgeführt) und die außenliegenden Triebwerke. Je nach Bahn und Einsatzzweck abweichend fielen jedoch die Abmessungen der Lokomotiven aus. Ein Beispiel für große Raddurchmesser war eine 1884 von der Hanomag an die Neustrelitz-Warnemünder Eisenbahn (später in der Mecklenburgischen Friedrich-Franz-Eisenbahn aufgegangen) gelieferte Bn2-Tenderlokomotive mit 1 500 mm Raddurchmesser. Eine 1890 von Hohenzollern an die Neustrelitz Wesenberg-Mirower Eisenbahn (später Mecklenburgische Friedrich-

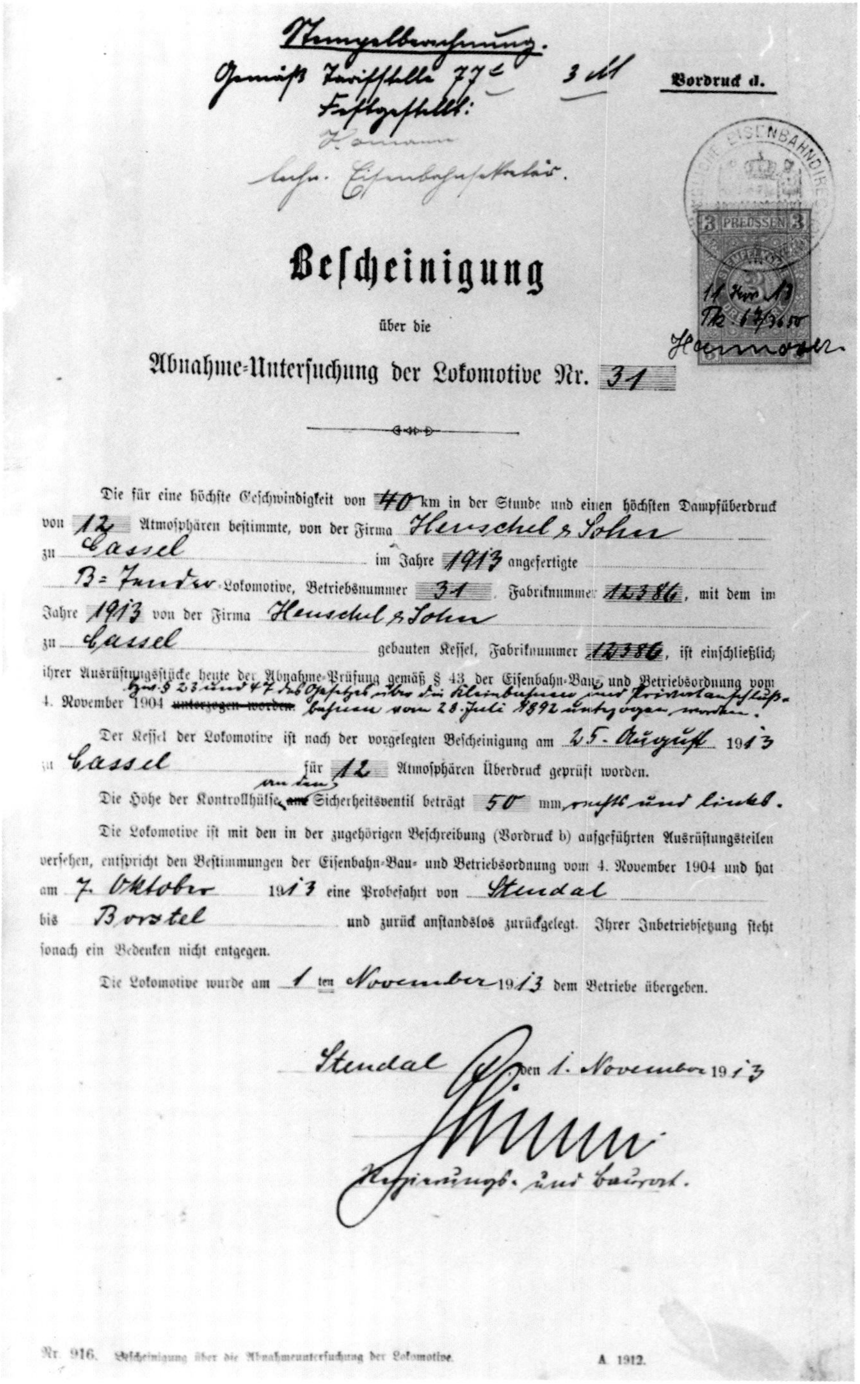
Vordruck d.

Bescheinigung

über die

Abnahme-Untersuchung der Lokomotive Nr. 31

Die für eine höchste Geschwindigkeit von 40 km in der Stunde und einen höchsten Dampfüberdruck von 12 Atmosphären bestimmte, von der Firma Henschel & Sohn zu Cassel im Jahre 1913 angefertigte B-Tender-Lokomotive, Betriebsnummer 31, Fabriknummer 12386, mit dem im Jahre 1913 von der Firma Henschel & Sohn zu Cassel gebauten Kessel, Fabriknummer 12386, ist einschließlich ihrer Ausrüstungsstücke heute der Abnahme-Prüfung gemäß § 43 der Eisenbahn-Bau- und Betriebsordnung vom 4. November 1904 ~~unterzogen worden.~~

Der Kessel der Lokomotive ist nach der vorgelegten Bescheinigung am 25. August 1913 zu Cassel für 12 Atmosphären Überdruck geprüft worden.

Die Höhe der Kontrollhülse an den Sicherheitsventil beträgt 50 mm, rechts und links.

Die Lokomotive ist mit den in der zugehörigen Beschreibung (Vordruck b) aufgeführten Ausrüstungsteilen versehen, entspricht den Bestimmungen der Eisenbahn-Bau- und Betriebsordnung vom 4. November 1904 und hat am 7. Oktober 1913 eine Probefahrt von Stendal bis Borstel und zurück anstandslos zurückgelegt. Ihrer Inbetriebsetzung steht sonach ein Bedenken nicht entgegen.

Die Lokomotive wurde am 1ten November 1913 dem Betriebe übergeben.

Stendal, den 1. November 1913

Nr. 916. Bescheinigung über die Abnahmeuntersuchung der Lokomotive. A. 1912.

Bescheinigung über die Abnahmeuntersuchung einer Kleinbahn-Lokomotive, zuletzt 98 6218. Archiv Rbd Magdeburg

Wilhelm-Eisenbahn) gelieferte Bn2-Tenderlokomotive gehörte mit einem Raddurchmesser von 900 mm, einem Radstand von 1700 mm und einer Leermasse von nur 10,5 t zu den kleinsten normalspurigen Lokomotiven.

Die meisten dieser B-gekuppelten Tenderlokomotiven gehörten den Kleinbahnen, weil dort Geschwindigkeiten bis 30 km/h zulässig und bescheidene Leistungen ausreichend waren. Ein Großteil dieser Lokomotiven hatte folgende Parameter:

Raddurchmesser
zwischen 800 mm und 1 150 mm,
Achsstände
zwischen 1 700 mm und 2 700 mm,
Rostflächen
zwischen 0,45 m^2 und 1,1 m^2,
Heizflächen
zwischen 25 m^2 und 75 m^2 sowie
Lokmassen
zwischen 14 t und 30 t.

Für die verschiedenen Zwecke hielten die Lokomotivfabriken bestimmte Typenreihen vor. Diese wurden in besonderen Katalogen in Bild und technischen Datentabellen angeboten. Aus dem Angebot von Henschel & Sohn, Kassel (1936), sind in Tabelle 5.5 zwei der für Kleinbahnen geeigneten Typenreihen aufgeführt und mit Lokomotiven verglichen, deren Daten aus Betriebsbüchern ermittelt werden konnten. Zu bemerken wäre, daß solche Katalogtabellen nicht alle für eine Lokomotive typischen Daten enthielten.

Daneben wurden Lokomotiven mit abweichenden Daten geliefert, wie die ebenfalls von Henschel in den Jahren 1907 bis 1910 gelieferten

Tabelle 5.5 Vergleich B-gekuppelter Typenlokomotiven (Henschel) mit ausgeführten Bauarten

		Katalog	Ausgeführt	Katalog	Ausgeführt
		Bonifacius	98 5901	Riebeck	98 6206/07
Baujahr		–	1914	–	1902
Höchstgeschwindigkeit	km/h	30	20	35	30
Länge über Puffer	mm	6 700	6 345	7 600	7 488
Achsstand	mm	1 800	1 800	2 200	2 200
Raddurchmesser	mm	850	850	950	950
Zylinderdurchmesser	mm	290	280	320	300
Kolbenhub	mm	430	420	500	500
Kesseldruck	bar	12	12	13	12
Rostfläche	m^2	0,7	0,64	0,93	0,97
Heizfläche	m^2	39,0	39,0	53,0	47,6
Wasservorrat	m^3	2,2	3,0	3,2	3,4
Kohlevorrat	t	0,6	0,8	1,0	1,0
Leermasse	t	14,2	13,5	18,0	19,0
Reibungsmasse	t	18,7	18,0	24,0	24,0
Zugkraft	kN	3,8		5,2	

und im Nummernplan der DR als 98 6102, 98 6208 bis 98 6211 und 98 6215 bis 98 6218 bezeichneten Lokomotiven. Bei diesen betrugen die Länge über Puffer 7419 mm bzw. 7600 mm, die Achsstände 2 500 mm und die Kuppel- und Treibraddurchmesser 1 000 mm.

Die Deutsche Reichsbahn übernahm in den ersten Nachkriegsjahren sechs B-Tenderlokomotiven von Privatanschluß- und Werkbahnen (98 138, 98 139, 98 1512 [später umgezeichnet in 98 7085], 98 7051, 98 7086 und 98 7087). 1949 folgten 34 normalspurige Bn2-Tenderlokomotiven. Die Deutsche Reichsbahn reihte sie mit Wirkung vom 1. Januar 1950 in die Baureihe 98 ein. Im einzelnen waren es die Lokomotiven 98 5901, 98 6001 bis 98 6010, 98 6101 und 98 6102, 98 6201 bis 98 6219, 98 6301 sowie 98 6302. Die älteste Lokomotive stammte aus dem Jahre 1894, die jüngste aus dem Jahre 1922.

Da Bn2-Lokomotiven für die Kleinbahnen typisch und vergleichbare Maschinen im Lokomotivpark der Deutschen Reichsbahn nicht mehr vorhanden waren, soll das Betriebsbuch einer solchen Lokomotive zitiert werden: Sie wurde im Oktober 1913 von Henschel & Sohn, Cassel, unter der Fabriknummer 12 386 an die Kleinbahn Stendal–Arneburg als deren Nr. 31 geliefert. Nach der Zusammenlegung dieser Kleinbahn mit der Kleinbahn Stendal–Arendsee zur neuen Stendaler Kleinbahn behielt sie ihre Betriebsnummer. 1940 erhielt sie von der Kleinbahnabteilung der Provinzialverwaltung Sachsen die Betriebsnummer 199. Seit 1. Januar 1950 trug die Lokomotive die Betriebsnummer 98 6218. Bereits 1950 verkaufte die Deutsche Reichsbahn diese Lokomotive an den VEB Energieversorgung Magdeburg, der sie in eine B-gekuppelte feuerlose Maschine für das Kraftwerk Magdeburg umbauen ließ. Sie erhielt danach die abweichende Betriebsnummer 98 6218-199.

Was enthält ein Betriebsbuch, wie es bei den Klein- und Privatbahnen geführt wurde?

- die Urkunde über die Genehmigung
- die Kurzbeschreibung
- die Bescheinigung über die Abnahme-Untersuchung der Lokomotive
- die Beschreibung des Kessels mit Kesselzeichnung
- die Bescheinigung über die Prüfung der Bauart und Wasserdruckprobe des Kessels
- die Beschreibung der Lokomotive
- die Bescheinigung über die Prüfung der Bauart und der Wasserdruckprobe des Hauptluftbehälters (hier von 1944)
- die Bremsberechnung mit der dazugehörigen Zeichnung
- die Zeichnung der Lokomotive im Maßstab 1:10 als Pause
- die Bescheinigung der jeweiligen inneren und/oder äußeren Untersuchungen.

Alle diese Urkunden waren mit den Genehmigungsverfahren der eisenbahntechnischen Aufsichtsbehörde, hier der KED Hannover, der Abnahmebeamten in Cassel und der Kesselprüfer zu versehen.

Nachstehend die Originalbeschreibung der Lokomotive [184]:

„B e s c h r e i b u n g
der in beiliegender Zeichnung Blatt 153 dargestellten 2/2 gekuppelten Tender-Lokomotive für 1435 mm Spurweite
von
Henschel & Sohn in Cassel
für die Kleinbahn Stendal–Arneburg,
Fabrik-Nr. 12 386.

Die Lokomotive hat zwischen den Rahmen liegenden Wasserkasten und außerhalb der Rahmen liegendes Triebwerk; sie besitzt folgende Hauptabmessungen:

Die 1'B-n2-Tenderlokomotive Nr. 14 der Ruppiner Kreisbahn, später Ruppiner Eisenbahn RE 10 und auf Heiß"dampf umgebaut. Sammlung Fiebig

Spurweite	1 435	mm
Cylinder-Durchmesser	320	mm
Kolbenhub	500	mm
Räder-Durchmesser	1 000	mm
Radstand	2 500	mm
Dampfüberdruck	12	Atm.
Rostfläche	0,97	m²
Heizfläche	47,67	qm
Speisewasser	3,4	cbm
Kohlenraum	1,0	cbm
Leergewicht	18 500	kg
Dienstgewicht	24 000	kg
Breite der Lokomotive	2 600	mm
Höhe der Lokomotive	3 700	mm
Länge der Lokomotive	7 582	mm
Größte Zugkraft	3 750	kg

Dampfkessel: Der nach Art der gewöhnlichen Lokomotivkessel gebaute Dampfkessel hat eine kupferne Feuerbüchse mit flacher, den Seitenwänden mit großem Radius sich anschließender Decke, welche mit der Decke des Feuerkastenmantels mittelst eiserner Deckenanker ausgesteift ist. Die geraden Seitenwände, die Vorder- und Rückwand der kupfernen Feuerbüchse und des eisernen Mantels werden durch kupferne Stehbolzen miteinander verbunden. Über der Feuerbüchsendecke sind die Seitenwände des Feuerkastenmantels noch durch Queranker verstrebt. Die Feuerkastenhinterwand und die Rauchkammer-Rohrwand werden in ihrem oberen Teil durch Blechanker ausgesteift.

Auf dem Rundkessel befindet sich der Dampfdom, aus welchem mittels des Regulators der Dampf den Dampfzylindern zugeführt wird. Der Dampfkessel wird den Vorschriften entsprechend hergestellt und mit den nötigen Sicherheitsvorrichtungen und Armaturteilen ausgerüstet.

Die amtliche Druckprobe des Kessels findet in der Fabrik statt; es werden darüber zwei Bescheinigungen geliefert.

Armatur: Die Armatur des Kessels besteht aus 1 Ramsbottom-Doppelsicherheitsventil, 1 Wasserstandsanzeiger und 3 Probierhähnen, 1 Federmanometer, 1 Kontrollmanometerhahn, 2 voneinander unabhängigen Sauginjektoren, 2 durch den Druck des Kesselwassers sich selbst schließenden Speiseventilen, 1 Feuerkastenablasshahn, 1 Hilfsbläserhahn, 1 Rauchkammerspritzhahn und 1 Dampfpfeife.

Der Rahmen der Lokomotive besteht aus zwei seitlichen Blechplat-

ten und bildet der zwischen denselben liegende Wasserkasten zugleich dessen Aussteifung. Den Abschluss der Rahmen vorn und hinten bilden Feuerplatten, welche auch zur Aufnahme der elastischen Stoss- und Zugapparate dienen.
Die Achsen, Radreifen, Pleuel-, Kuppel- und Kolbenstangen werden aus bestem Martin-Fluss-Stahl, die Radsterne aus Flusseisenformguss angefertigt.
Alle geschlossenen Lager werden aus bestem Lagermetall hergestellt und mit Weissmetallspiegeln versehen.
Die schmiedeeisernen Gleitbahnen sowie alle Augen, Gabeln und Bolzen der Steuerungsteile und des Triebwerkes werden durch Einsetzen glashart gemacht. Die aus Flusseisenformguss hergestellten Achslagerkasten-Oberteile sind mit Rotgussgleitschuhen versehen und erhalten Stellkeile.
Die Umsteuerung erfolgt durch Steuerhändel oder Steuerschraube.
Die Schieberkästen liegen über den Dampfzylindern mit nach hinten geneigter Schieberfläche.
Der Führerstand ist mit einem Schutzdach für das Lokomotivpersonal versehen.
Zwei Kohlenkästen befinden sich rechts und links neben dem Feuerkasten und haben Schaufellöcher im Führerhause.
Die Lokomotive ist mit einer Exter'schen Wurfhebelbremse ausgerüstet, die mittels vier Bremsklötzen aus Stahlguss auf beide Achsen wirkt, außerdem mit einer Körting-Bremseinrichtung, zum Bremsen der Lokomotive und des Zuges.
Auf der Bekleidung des Rundkessels ist ein Sandkasten angeordnet, dessen Zug vom Führerstande aus bewegt wird, um für jede Fahrtrichtung Sand vor die Räder zu streuen.

Funkenfänger & Aschkasten: In der Rauchkammer ist oberhalb der Siederohrmündungen ein Funkenfänger angebracht, und unter dem Feuerkasten befindet sich ein dichtschließender Aschkasten, dessen Luftklappe mit Funkensieben gegen das Herausfliegen glühender Kohlenteile versehen ist.
Die Lokomotive ist ferner noch mit einem Latowsky'schen Dampfläutewerk, der Einrichtung zur Wagenheizung, auf beiden Seiten mit Anschluss-Stutzen für Pulsometerbetrieb sowie mit Körtingschem Elevator und 10 m langem Saugschlauch ausgerüstet und erhält am vorderen und hinteren Ende kräftige Bahnräumer. Außerdem ist die Lokomotive noch mit einer Bandagenspritzvorrichtung ausgerüstet.
Alle beim Bau der Lokomotive zur Verwendung gelangenden Materialien entsprechen in ihrer Beschaffenheit den Bedingungen, welche die Königlich Preussische Staatsbahnverwaltung für ihre Lokomotiven vorschreibt.
Für die Güte des von uns gelieferten Materials übernehmen wir eine Gewähr auf die Dauer eines Jahres, in der Weise, daß wir alle infolge fehlerhaften Materials, mangelhafter Konstruktion oder nicht einwandfreier Arbeit während dieser Zeit unbrauchbar werdenden Teile für den Empfänger kostenlos durch tadellose ersetzen, ohne indes weitere Verpflichtungen auf uns zu nehmen. Der natürliche Verschleiss fällt nicht unter die Ersatzverpflichtungen.
L e i s t u n g: Die Lokomotive befördert eine angehängte Bruttolast in

Damals aufsehenerregend: 1'B1'h2-Tenderlokomotive Nr. 1 der Lübeck-Büchener Eisenbahn mit Stromlinienverkleidung und Fernbedienungseinrichtung für den Wendezugbetrieb mit Doppelstock-Reisezugwagen.
Foto Hubert, Sammlung Fiebig

Eine großrädrige Cn2-Tenderlokomotive: 89 6201, ehemalige Niederlausitzer Eisenbahn Nr. 32.
Foto G. Meyer

Tonnen mit einer Durchschnittsgeschwindigkeit von 20 km/St. auf gerader Steigung von:

1:500– 2‰ etwa 620,
1:200– 5‰ etwa 340,
1:100–10‰ etwa 190,
1: 50–20‰ etwa 90, und leistet hierbei etwa 200 Pferdestärken.

Cassel, den 15. Juli 1913
Henschel & Sohn"

Von den Lokomotiven mit zwei gekuppelten Radsätzen und zusätzlichem Laufradsatz waren die mit der Achsfolge B 1 die historisch älteren. Diese Anordnung hatte folgende Vorteile:
Der Stehkessel und die Feuerbüchse konnten freizügiger ausgebildet werden, die Lastverteilung war günstiger, die Treib- und Kuppelstangen konnten kürzer und damit leichter ausfallen sowie die überhängenden Massen kleiner gehalten sein. Bei Unterbringung der Wasser- und Brennstoffvorräte über dem Laufradsatz hatte die Abnahme der Vorräte während des Dienstes einen spürbar geringeren Einfluß auf die Reibungsmasse.
Die Achsfolge 1 B dagegen bot nur scheinbar den Vorteil, daß der voranlaufende Laufradsatz lauftechnisch günstiger ist. Aber bei Rückwärtsfahrt verloren diese Maschinen ihre Führungseigenschaft im Gleis.
Da Kleinbahnen und ein großer Teil der Privatbahnen nur eine Höchstgeschwindigkeit von 30 km/h zuließen, die auch mit laufradlosen Lokomotiven erreichbar war, wurde die Beschaffung von B1- und 1B-Lokomotiven überflüssig. Und so finden wir nur wenige Lokomotiven dieser Bauart.
Es gab vermutlich nur drei Exemplare der B1-Lokomotiven, von denen zwei gebraucht gekauft waren. Da es sich um Lokomotiven nach preußischen Normalien handelte, wird auf sie im zugehörigen Abschnitt eingegangen. Die dritte Lokomotive, die RHIN der Paulinenaue-Neuruppiner Eisenbahn, war englischer Herkunft (Baujahr 1873) und bis 1898 bereits ausgemustert. Von ihr ist wenig bekannt.
Die Vorgängerbahnen der Ruppiner Eisenbahn stellten später 1B-Lokomotiven in Dienst. Diese Lokomotiven machten einen moderneren Eindruck, aber ihre Höchstgeschwindigkeit betrug auch nur 50 km/h. Sie wurden bis auf eine Ausnahme als Naßdampflokomotiven geliefert und später auf Heißdampf umgebaut. Eine weitere Lokomotive mit der Achsfolge 1B der Ruppiner Eisenbahn wird wegen des ursprünglich vorhandenen Sonderkessels im Abschnitt Sonderbauarten erwähnt.

Beim Übergang an die Deutsche Reichsbahn war dieser Kessel bereits durch einen der Regelausführung ersetzt worden.
Am 1. Januar 1950 wurden noch eine B1-Lokomotive in die Baureihe 69 sowie die 1B-Maschinen in die Baureihe 70 umgezeichnet. Letztere lassen sich etwa vergleichen mit den älteren 1B-Lokomotiven der Gattungen bay. Pt 2/3 und bad. Ig, die von der Deutschen Reichsbahn als Baureihen 70^0 und 70^1 bezeichnet wurden.
1B1-Lokomotiven gab es bei den in diesem Archiv beschriebenen Klein- und Privatbahnen nicht. Diese für Vorwärts- und Rückwärtsfahrt bei höheren Geschwindigkeiten gleich gut geeigneten Lokomotiven waren bei den damals auf diesen Bahnen zulässigen niedrigen Geschwindigkeiten nicht erforderlich. Lediglich die 60 001 und 60 002 der Lübeck-Büchener Eisenbahn verblieben bei der Deutschen Reichsbahn.

C-, 1C-, C1- und 1C1-Lokomotiven

Kleinbahnlokomotive und T 3 sind für viele Eisenbahnfreunde ein Begriff. Die Cn2-Tenderlokomotive war zweifelsfrei die am meisten verbreitete Bauart, auch bei mehreren privaten Nebenbahnen. Sie genügten in der Leistung ebenso wie den dort zulässigen Geschwindigkeiten. Zwar hatten mehrere Kleinbahnen ihren Betrieb mit Bn2-Tenderlokomotiven aufgenommen, doch mußten sie sich bald auf die leistungsfähigeren Cn2-Lokomotiven umstellen. Andere Klein- und Privatbahnen begannen ihren Betrieb sofort mit dreifach gekuppelten Lokomotiven. Einige dieser Bahnen führten dann bis zur Übernahme durch die Deutsche Reichsbahn oder bis zu ihrer Stillegung ihren Betrieb mit diesen Lokomotiven durch. Und so ist es kein Wunder, daß die Cn2-Tenderlokomotiven im Lokomotivbestand der Klein- und Privatbahnen den größten Anteil stellten. Erinnert sei daran, daß unter den 1949 von der Deutschen Reichsbahn übernommenen Lokomotiven 35 Prozent Cn2- und 5 Prozent Ch2-Bauarten waren. Es lag nahe, die für diese Betriebsart gut geeignete preußische T 3 zu beschaffen. Auch das war aus verschiedenen Gründen nicht immer der Fall. Neben der T 3 – ihre Spiel-

Tabelle 5.6 1'Cn2-Tenderlokomotiven für die Provinzial-Sächsischen Kleinbahnen

Bahn	Betriebsnummer	Baujahr	Hersteller	Fabriknummer	Verbleib
Kleinbahn Gardelegen–Neuhaldensleben–Weferlingen	351	1919	Henschel	16 431	91 6401
	352	1919	Henschel	16 432	91 6402
Stendaler Kleinbahn	353	1919	Henschel	16 433	91 6403
	354	1920	Henschel	16 434	91 6404
Kleinbahn Genthin	10	1920	Henschel	16 435	AKN 10^{II}[1]
	11	1920	Henschel	16 436	AKN 12[1]

[1] Altona–Kaltenkirchen–Neumünster

Tabelle 5.7 1'C1'h2-Tenderlokomotiven für Klein- und Privatbahnen

Bahn	Betriebsnummer	Hersteller	Baujahr	Fabriknummer	Verbleib
Prignitzer Eisenbahn	8^{II}	Henschel	1936	23 072	75 611
	9^{II}	Henschel	1936	23 073	75 612
Wittenberge-Perleberger-Eisenbahn	11^{1}	Henschel	1937	23 635	75 613
Meckl. Friedrich-Wilhelm-Eisenbahn	29^{II}	Henschel	1936	22 911	75 621
	30^{II}	Henschel	1936	22 912	75 622
	31^{II}	Schwartzkopff	1936	10 495	75 623
	32^{II}	Schwartzkopff	1936	10 496	75 624
Eutin-Lübecker Eisenbahn	13^{II}	Henschel	1928	21 012	75 633
Kleinbahn Genthin	401	Henschel	1940	24 751	75 6682
	402	Henschel	1941	25 991	75 6685
Salzwedeler Kleinbahn	403	Henschel	1941	25 928	75 6684
Kleinbahn Heudeber–Mattierzoll	404	Henschel	1940	24 752	75 6683
Kleinbahn Gardelegen–Neuhaldensleben–Weferlingen	405	Henschel	1942	26 459	75 6686
Altmärkische Kleinbahn	406	Henschel	1942	26 499	75 6687

Zweizylinder-Naßdampfverbundlokomotive 89 6403, ehemalige Salzwedeler Kleinbahn Nr. 299.
Sammlung Fiebig

arten werden im Abschnitt über die preußischen Normalien beschrieben – gab es doch einen beträchtlichen Anteil von Cn2-Lokomotiven abweichender Bauart, wobei vielfach das Aussehen, die technische Ausführung und die Leistung nicht allzu stark von der T 3 abwichen. Es ist manchmal schwierig festzustellen, ob es sich um eine T 3 oder um eine andere Bauart handelte. Fehlende Unterlagen über einige Lokomotiven der ehemaligen Klein- und Privatbahnen haben diesbezügliche Zweifel bestärkt. Die Lokomotivfabriken entwickelten für die nebenbahnähnlichen Kleinbahnen, Privat-, Privatanschluß- und Werkbahnen besondere Lokomotivbauarten mit zum Teil werktypischen Besonderheiten und Merkmalen. Diese Reihen erhielten Bezeichnungen oder Verkaufsnamen, die in die Lokomotivgeschichte eingingen. Sie wurden u. a. bekannt als: „Bismarck“ (Henschel), „Pudel“ (Jung), „Thüringen“ (Henschel), „Hannibal“ (Krupp) und „Krefeld“ (Hohenzollern). Ein Grund für diese vielfältigen Entwicklungen mag sein, daß die angestiegenen Zugmassen und der inzwischen eingeführte schwerere Oberbau auch schwerere und leistungsfähigere Lokomotiven erforderte und zuließ. Die Vielzahl der Typen erklärt sich jedoch nur aus den Konkurrenzbedingungen, denen sowohl die Lokomotivhersteller als auch die Bahnen unterworfen waren.
Die Tabelle 5.8 enthält eine Gegenüberstellung der Daten aus einem Henschel-Katalog und einiger ausgewählter Lokomotiven.

Unter den von 1945 bis 1949 übernommenen ehemaligen Klein-, Privat- und Werkbahnlokomotiven der Bauart Cn2 befanden sich elf T 3 nach Musterblatt III-4e, fünf T 3 nach Musterblatt III-4p und eine T 7 nach Musterblatt III-4c, die tatsächlich von den Preußischen Staatseisenbahnen oder der DR/DRG an diese Bahnen verkauft worden waren. Der Großteil der Cn2-Lokomotiven wurde jedoch als sogenannte 3/3-gekuppelte Tenderlokomotive für Nebenbahnen entsprechend den preußischen Musterblättern der T 3, allerdings mit gewissen Änderungen (denen auch Staatsbahn-Lokomotiven unterworfen waren), unmittelbar an die Klein- und Privatbahnen geliefert.
Spätestens hier fragt man sich, wie die T 3-Lokomotiven und die anderen Typen- oder Einzellokomotiven unterschieden werden können. Eindeutig läßt sich dies nicht immer beantworten. Für die T 3 sind deren Lauf- und Triebwerk und die Kesselausführung und -anordnung typisch. Die anderen Bauarten wirken hingegen gedrungen und haben oft Kessel mit größerem Durchmesser und größerer Länge. Die Domanordnung wechselte auch bei der T 3. Andere Kesselaufbauten unterschieden sich in ihrer technischen Ausführung bzw. Anordnung. Zu beachten ist ferner, daß einige wenige T 3-Lokomotiven größere Raddurchmesser sowie auch die Heusinger-Steuerung aufzuweisen hatten. [82] In den Betriebsjahren wurden Kessel getauscht und andere Details verändert. So bleibt im Zweifelsfalle letztlich nur ein Vergleich der technischen Unterlagen wie Betriebsbücher, Herstellerzeichnungen und -beschreibungen. Doch diese sind in vielen Fällen nicht mehr vorhanden! Hier wird es wohl für immer unmöglich sein, eindeutig die Gattung oder den Typ nachzuweisen.
Am häufigsten sind die Henschel-Typenlokomotiven nach Zeichnung Bl. 878 mit den T 3-Lokomotiven verwechselt worden. Dabei gibt es hier eindeutige Unterscheidungs-

Tabelle 5.8 Technische Daten C-gekuppelter Lokomotiven

Bahn		Angebot Katalog	Angebot Katalog	Niederlausitzer Eisenbahn	Salzwedeler Kleinbahn	Eberswalde-Finowfurter Eisenbahn	Niederbarnimer Eisenbahn
Betriebsnummer		Thüringen	Bismarck	89 6201–6203, 89 6213, 89 6214	89 6403	90 6401	91 6590 und 91 6591
Hersteller		Henschel	Henschel	Hanomag	Hanomag	Borsig	Borsig
Lieferjahr		1906		1901–1907	1908	1903	1916
Bauart		Cn2	Cn2	Cn2	Cn2v	C1'n2	C1'h2
Höchstgeschwindigkeit	km/h	45	45	40	50	50	50
Länge über Puffer	mm	8 935	9 200				
Radstand	mm	3 000	3 000		3 600	5 900	5 500
Treibraddurchmesser	mm	1 100	1 100	1 350	1 350	1 250	1 350
Zylinderdurchmesser	mm	400	430	400	420/630	430	480
Kolbenhub	mm	550	550	600	600	630	660
Kesseldruck	bar	13	13	12	13	12	12
Rostfläche	m^2	1,47	1,6	1,59	1,6	1,5	1,7
Heizfläche	m^2	85,0	100,0	74,9	75,5	120,0	77,0
Überhitzerheizfläche	m^2						28
Wasservorrat	m^3	4,0	4,0	6,4	4,7	7,0	6,0
Kohlevorrat	t	1,12	1,3	1,5	1,5	1,75	2,0
Leermasse	t	28,0	32,7	27,8	34,5	42,5	42,3
Reibungsmasse	t	36,6	43,0	37,6	43,5	42,0	43,5

merkmale. Die T 3- und die anderen Typenlokomotiven haben die Achsfolge K-T-K, die Lokomotiven nach Zeichnung Bl. 878 jedoch die Achsfolge K-K-T. Hier ist also der dritte Radsatz Treibradsatz. Außerdem besaßen die T 3 Allan-, die letzteren Heusinger-Steuerung. Mit der Bauart Cn2 waren u. a. Lokomotiven vorhanden, die wegen abweichenden Anordnungen besonders zu erwähnen sind. Hier sind zunächst die Cn2-Tenderlokomotiven der ehemaligen Niederlausitzer Eisenbahn zu nennen. Von ihnen wurden 1901 drei Maschinen, 1907 zwei Maschinen (jeweils von Hanomag) und 1912 noch eine Maschine (diesmal von Orenstein & Koppel) geliefert.

Sie hatten einen Raddurchmesser von 1350 mm. Die Abmessungen des Kessels und des Triebwerkes mußten dementsprechend vergrößert werden. Damit wäre auch eine größere Höchstgeschwindigkeit von mindesten 50 km/h möglich gewesen, aber die laut Dienstvorschrift und in den Betriebsbüchern festgelegte Geschwindigkeit von 40 km/h dürfte nur in den Streckenverhältnissen der Niederlausitzer Eisenbahn zu begründen sein. Die sechs Lokomotiven kamen 1949 zur Deutschen Reichsbahn und enthielten ab 1. Januar 1950 die Betriebsnummern 89 6201 bis 89 6203, 89 6213, 89 6214 und 89 6226.

Eine zweite abweichende Bauart war die Lokomotive Nr. 11, spätere Nr. 299 der Salzwedeler Kleinbahn. Diese Lokomotive, eine Zweizylinder-Naßdampf-Verbund-Lokomotive, wurde von der Westfälischen Landeseisenbahn als deren Nr. 81 übernommen. Diese Privatbahn besaß längere Bergstrecken mit gleichmäßigen Steigungen von 1:50, so daß ein sparsamer Verbundbetrieb möglich schien. Die 1908 von Hanomag gelieferten Tenderlokomotiven hatten jedoch verschiedene Mängel: 328 mm x 555 mm große Flachschieber, dadurch erhöhten Kraftbedarf beim Bewegen und eine größere Neigung festzufressen sowie zu schwache Gleitbahnträger. Die Anfahrvorrichtung entsprach der Bauart Gölsdorf. Was den Vorstand der Salzwedeler Kleinbahn bewogen haben mag, eine dieser Lokomotiven zu übernehmen, läßt sich nicht mehr feststellen. Die Lokomotive erhielt am 1. Januar 1950 die Betriebsnummer 89 6403 und wurde nach längerer Abstellzeit 1958 ausgemustert.

Nach der Jahrhundertwende setzten sich auch bei der Preußischen Staatseisenbahn Heißdampflokomotiven durch. Und es dauerte nicht lange, bis auch bei den Klein- und Privatbahnen C-Tenderlokomotiven mit Heißdampf auftauchten. Es war nicht so, daß etwa die Fachleute dieser Bahnen die Vorteile der Heißdampflokomotiven nicht erkannt hätten, aber die infolge der Überhitzer größeren Beschaffungs- und

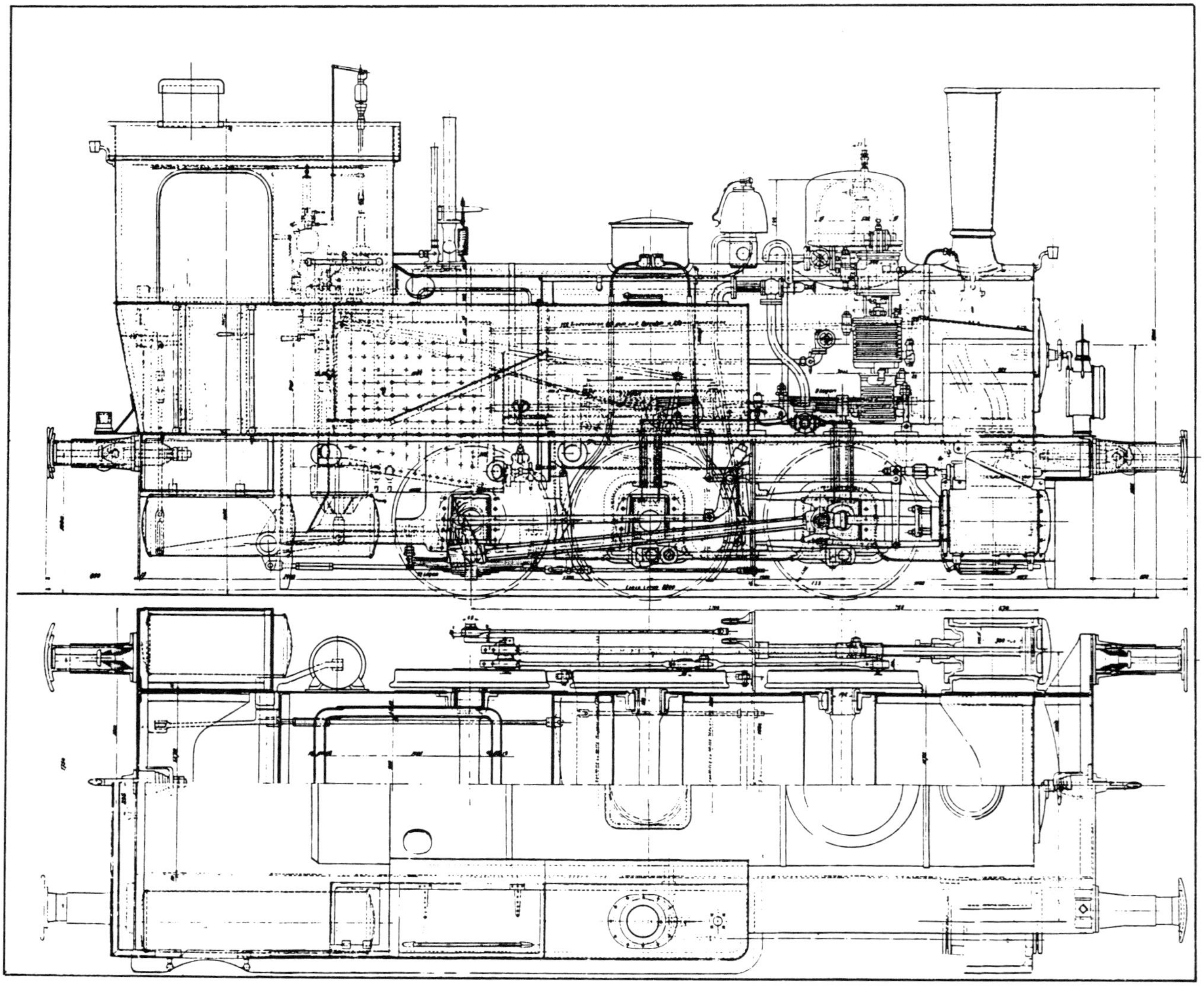

Maßskizze der Cn2-Tenderlokomotiven, die Henschel für die Provinzial-Sächsischen Kleinbahnen lieferte.
Sammlung Klebes

Ausbesserungskosten waren der Grund, weshalb nur wenige Heißdampflokomotiven zu finden sind. Es sei in diesem Zusammenhang daran erinnert, daß die DRG bei der Entwicklung der C-Einheitstenderlokomotiven der Baureihe 89^0 im Jahre 1934 versuchsweise je drei Heißdampf- und Naßdampflokomotiven in Auftrag gegeben hatte, weil auch sie an der Wirtschaftlichkeit bei dem vorgesehenen Einsatz zweifelte. Und so viel anders waren die Betriebsverhältnisse bei den Kleinbahnen und kleinbahnähnlichen Privatbahnen nicht, so daß Zweifel durchaus berechtigt schienen. Trotzdem ist dann auch bei den 1941/42

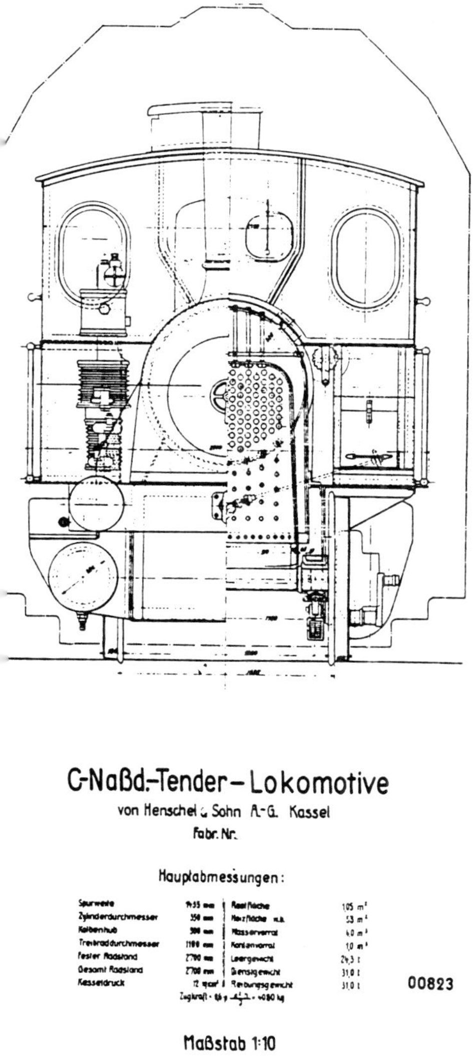

und 1949 übernommenen Bahnen eine Reihe von Ch2-Tenderlokomotiven vorhanden gewesen.
1910 erwarb die Mecklenburgische Friedrich-Wilhelm-Eisenbahn die ersten und 1914 die Kleinbahn Bismark–Gardelegen–Wittingen (später aufgegangen in der Altmärkischen Kleinbahn) weitere Ch2-Tenderlokomotiven. Gerade sie dürften die kleinsten Ch2-Lokomotiven gewesen sein.
Zu den leistungsfähigsten und im Betrieb sehr gut beurteilten Ch2-Lokomotiven gehörten die 1925 von der AEG gelieferten Lokomotiven der Ost- und Westhavelländischen Kreisbahnen. Verwunderlich ist nur, daß die ELNA-Lokomotiven der Typen 1 und 4, ebenfalls Ch2-Lokomotiven, nicht beschafft wurden. Denn die Altmärkische Kleinbahn hatte noch 1931 die letzte Ch2-Lokomotive bezogen. Die normalspurigen Ch2-Lokomotiven der 1949 übernommenen Bahnen erhielten Ordnungsnummern ab 76 und sind dadurch gut herauszufinden. Man übernahm 1941/42 die 89 911, 89 912, 89 921, 89 931, 89 932, 89 941 und 89 942 sowie 1949 die 89 6276 bis 89 6282, 89 6376, 89 6476 bis 89 6481, 89 6576 und 89 6676.
Unter den 1949 übernommenen Ch2-Lokomotiven befanden sich zwei ehemalige preußische T 8 (jetzt 89 6476 und 89 6576), auf die im Abschnitt über die preußischen Normalien eingegangen wird.
Die Entwicklung der dreifach gekuppelten Tenderlokomotiven mit Laufradsätzen läßt sich im Prinzip mit der Entwicklung gleicher Bauarten bei der Preußischen Staatseisenbahn vergleichen. Diese zog anfangs die Anordnung mit hinterem Laufradsatz vor, wie die Beispiele der C1'n2-Lokomotiven der Bauarten Elberfeld und Langenschwalbach sowie die $T\,9^1$ beweisen. Nachdem aber die $T\,9^2$, also die Ausführung mit vorderem Laufradsatz, auch nicht befriedigte, gelang erst mit der $T\,9^3$ der Durchbruch. Die $T\,9^3$ lösten dann auch die T 3 in vielen Fällen ab. Die größeren Zugmassen verlangten einen leistungsfähigeren Kessel. Der war aber auf den drei Kuppelradsätzen nicht mehr unterzubringen, zumal das vorhandene Schienenprofil die zulässigen Achsfahrmassen einschränkte. Die Frage nach einem Laufradsatz vorn und hinten war in Anbetracht der niedrigeren Höchstgeschwindigkeit von untergeordneter Bedeutung. Der vordere Laufradsatz bot den Vorteil, daß die aufgrund der schweren Zylinder überhängenden Massen vermieden werden konnten. Dadurch wurde der Oberbau geschont. Bei einem hinteren Laufradsatz konnten, wie bei den B1-Lokomotiven, Stehkessel und Vorratsräume für Wasser und Kohle großzügiger ausfallen.
Ein frühes Beispiel für C1'-Lokomotiven waren die 1903 und 1908 von Borsig an die Kleinbahn Cassel–Naumburg gelieferten Maschinen. Zwei dieser Loks gelangten zur Eberswalde-Schöpffurther Eisenbahn, der späteren Eberswalde-Finowfurther Eisenbahn (EFE). Beide Bahnen gehörten zur ADEG, und dort wurde der Lokomotivtausch des öfteren praktiziert. Diese Lokomotiven waren abgeleitet aus den C1'-Zahnrad-Lokomotiven der Halberstadt-Blankenburger Eisenbahn. Näheres über diese Maschinen im Abschnitt Sonderbauarten! Die beiden C1'-Lokomotiven der EFE Nr. 1 und Nr. 2 gelangten 1949 zur Deutschen Reichsbahn und erhielten dort die Betriebsnummern 90 6401 und 90 6402.
1916 lieferte Borsig zwei C1'-Lokomotiven an die Reinickendorf-Liebenwalde-Groß Schönebecker Eisenbahn, die spätere Niederbarnimer Eisenbahn. Das waren jedoch bereits Heißdampflokomotiven. In einer von Borsig herausgegebenen Beschreibung hieß es dann ausdrücklich, daß diese neuen Lokomotiven die Strecken Reinickendorf–

Eine C-gekuppelte Heißdampf-Tenderlokomotive, 89 6277, ehemalige Altmärkische Kleinbahn Nr. 201, im Lokbahnhof Kalbe (Milde); Mai 1966.
Foto Fiebig

Rosenthal über Basdorf nach Liebenwalde bzw. nach Groß Schönebeck ohne Ergänzung der Vorräte durchlaufen könnten. Mit C-Tenderlokomotiven ist das nicht möglich gewesen. Die gewählte C1'-Bauart ermöglichte es, die erforderlichen Wasservorräte in Wasserkästen innerhalb des Rahmens sowie seitlich des Kessels und die Kohlen in Kästen hinter dem Führerhaus unterzubringen. Als die Deutsche Reichsbahn 1950 die Niederbarnimer Eisenbahn übernahm, erhielten diese beiden Lokomotiven die falschen Betriebsnummern 91 6590 und 91 6591, die sie bis zu ihrer Ausmusterung behielten. Übrigens unterlief auch der DRG bei der Umzeichnung 1925/26 ein ähnlicher Fehler, indem neun Maschinen, C1'-Lokomotiven der Gattung T 9[1], als 91 109 bis 91 115 sowie 91 301 bis 91 302 umgezeichnet wurden. Damit ist das Thema C1'-Lokomotiven bereits erschöpft.

Häufiger als die C1'- war die 1'C-Anordnung bei den Lokomotiven der Klein- und Privatbahnen. Das Problem der 1'C-Lokomotive bestand in der Seitenbeweglichkeit des Laufradsatzes. Bei der Preußischen Staatseisenbahn hatte es lange gedauert, bis sich das Krauss-Helmholtz-Gestell bei den Güterzugtenderlokomotiven durchsetzte. In bezug auf bessere Lauf- und Führungseigenschaften bei höheren Geschwindigkeiten standen dem eindeutig höhere Kosten gegenüber. Es war durchaus angebracht, bei Lokomotiven für niedrigere Geschwindigkeiten die billigere Adams-Achse vorzuziehen. Um so mehr muß es erstaunen, daß die Leitung der Provinzial-Sächsischen Kleinbahnen über die Beschaffungsabteilung der Sachsenwerk GmbH 1919 eine Serie von sechs 1'Cn2-Tenderlokomotiven mit Krauss-Helmholtz-Gestellen bei Henschel in Auftrag gab. Diese Anordnung ist der größte Unterschied zur mecklenburgischen T 4, mit der diese Kleinbahnlokomotiven des öfteren verglichen werden. Immerhin: Diese Kleinbahnlokomotiven waren trotzdem nur für 45 km/h ausgelegt. Und ob diese Geschwindigkeit auf diesen Kleinbahnen zu jener Zeit überhaupt gefahren werden konnte, ist fraglich. Dabei waren die Zugkräfte nicht größer als die normaler Cn2-Tenderlokomotiven. Die Tabelle 5.6 enthält die Aufstellung der o.g. Lokomotiven. Daraus geht hervor, daß die Kleinbahn Genthin ihre beiden Lokomotiven bald wieder verkaufte.

Diese bemerkenswerten Lokomotiven sollen hier etwas ausführlicher vorgestellt werden. In der umfangreichen Firmenbeschreibung [185] heißt es dazu:

„Beschreibung der auf anliegender Zeichnung Bl. 1386 dargestellten 1C-(3/4 gekuppelten) Naßdampf-Tenderlokomotive mit vorderem Krauss-Drehgestell, 1 435 mm Spur, von

HENSCHEL & SOHN,
CASSEL,
Fabrik-Nummer 16431/19.

Die Lokomotive hat drei gekuppelte Achsen und eine vordere Laufachse, die mit der vorderen Kuppelachse zu einem Krauss-Drehgestell vereinigt ist. Der Rahmen liegt innerhalb der Räder, die Zylinder und das Triebwerk sind außerhalb des Rahmens angeordnet. Die Hauptabmessungen der Lokomotive sind folgende:

Spurweite	1 435	mm
Zylinderdurchmesser (d)	430	mm
Kolbenhub (h)	580	mm
Treibraddurchmesser (D)	1 150	mm
Laufraddurchmesser	800	mm
Fester Radstand	1 385	mm
Gesamtradstand	5 600	mm
Dampfüberdruck (p)	12	kg/cm^2
Rostfläche	1,9	m^2
Heizfläche des Kessels insgesamt wasserberührt	108,56	m^2
Wasservorrat etwa	6,0	m^3
Kohlenvorrat etwa	2,5	m^3
Leergewicht etwa	40 200	kg
Dienstgewicht etwa	52 500	kg
Reibungsgewicht	42 000	kg
Länge über Puffer	10 800	mm
Größte Breite	2 950	mm
Größte Höhe	4 150	mm
Größte Zugkraft $\frac{0,6\ p\ d^2\ h}{D}$	6 730	kg
Größte Geschwindigkeit etwa	45	km/St.
Raddruck	7 000	kg

Dampfkessel

Der nach Art der gewöhnlichen Lokomotivkessel gebaute Dampfkessel hat eine Feuerbüchse mit flacher, den Seitenwänden mit großem Halbmesser sich anschliessender Decke, die mit der Decke des Feuerkistenmantels mittelst eiserner Deckenanker ausgesteift ist. Die vordere Reihe der Deckenanker ist beweglich angeordnet. Die geraden Seitenwände sowie die Vorder- und Rückwand der Feuerbüchse und des eisernen Mantels sind durch Stehbolzen miteinander verbunden. Über der Feuerbüchsdecke sind die Seitenwände des Feuerkastenmantels durch Queranker verstrebt. Feuerkastenhinterwand und Rauchkammerrohrwand sind in ihrem oberen Teil durch Blechanker versteift. Die Längsnähte des Langkessels haben einreihig genietete Aussen- und zweireihig genietete Innenlaschen, die Quernähte zweireihige Überlappungsnietung. An den Seitenwänden und auf der Decke des Feuerkastenmantels befinden sich grössere Auswaschöffnungen, desgleichen kleinere über den vier Ecken des Feuerbüchsbodenringes sowie in der Rauchkammerrohrwand. Auf dem Rundkessel sitzt der Dampfdom mit abnehmbarem Oberteil, durch den der Kessel innen zugänglich ist. Aus dem Dom wird durch einen Flachschieberregler der Dampf den Zylindern zugeführt. Der Kessel ist den gesetzlichen Vorschriften entsprechend ausgeführt und mit allen erforderlichen Sicherheitsvorrichtungen und Armaturen ausgerüstet. Die amtliche Druckprobe des Kessels findet im Werk statt; Prüfungsurkunden werden darüber in dreifacher Ausfertigung geliefert.

Armatur

Die Armatur des Kessels besteht aus einem Doppelsicherheitsventil, einem Wasserstandsanzeiger mit Selbstverschluß, drei Probierhähnen, einem Federmanometer, zwei voneinander unabhängigen Dampfstrahlpumpen Bauart Strube, zwei Speiseventilen, die durch den Kesseldruck von selbst schliessen, einem Feuerkastenablasshahn, ei-

Noch moderner: C-h2-Tenderlokomotive Nr. 12 der Osthavelländischen Kreisbahnen, gebaut 1925 von der AEG (3151), zuletzt 89 6480. Sammlung Verkehrsmuseum Dresden

nem Hilfsbläserhahn und einer Dampfpfeife.

Rauchkammer
Zur Erzielung gleichmässigen Brennens des Feuers ist der Durchmesser der Rauchkammer durch einen aufgesetzten Ring über den Durchmesser des Rundkessels vergrössert. Abgeschlossen wird die Rauchkammer durch eine luftdicht schließende Tür.

Funkenfänger
Zur Verhütung des Funkenfluges ist ein über den Heizrohrmündungen liegendes Funkensieb System Holzapfel in der Rauchkammer angebracht.

Feuertür, Aschkasten, Rost
Die Feuertür ist als Klapptür ausgebildet. Unter dem Feuerkasten befindet sich ein dichtschließender Aschkasten, mit Luftklappen vorn und hinten, die durch Funkensiebe gegen das Herausfallen glühender Kohlenteile geschützt sind. Der Rost besteht aus gusseisernen Roststäben.

Rahmen
Der Rahmen der Lokomotive besteht aus zwei seitlichen Blechplatten, zwischen denen im vorderen Teil, zugleich die Versteifung des Rahmens bildend, ein Wasserkasten liegt. Den Anschluss vorn und hinten bilden die aus Formeisen bestehenden kräftigen Pufferträger, die auch zur Aufnahme der federnden Zug- und Stossvorrichtungen dienen. An den Enden des Rahmens sind kräftige Bahnräumer zum Schutze des Triebwerkes angebracht.

Triebwerk
Die Zylinder liegen waagerecht und haben zur Entfernung des Niederschlagwassers Ventile, die sich vom Führerstande öffnen und schliessen lassen.
Die Schieberkasten liegen leicht zugänglich über den Dampfzylindern und haben zur Zylindermitte parallele Schieberspiegel.
Die Dampfzylinderkolben sind aus Flussstahl und haben federnde, gusseiserne Ringe.
Achsen, Radreifen, Trieb-, Kuppel- und Kolbenstangen sind aus bestem Siemens-Martin-Flusstahl, die Radsterne aus Flusseisenguss hergestellt.

Alle Lagerschalen sind aus bestem Rotguss angefertigt und mit Weissmetallspiegeln versehen.
Die flusseisernen Leitstäbe, sowie alle Augen, Gabeln und Bolzen der Steuerungsteile und des Triebwerkes sind durch Einsetzen gehärtet.
Die Kreuzköpfe werden eingleisig geführt, die Stopfbuchsen haben Metallpackungen; die Exzenterlager sind mit Keilen versehen.

Steuerung
Die Dampfverteilung erfolgt durch Flachschieber mit Trick-Kanal, die durch eine Steuerung nach Bauart Heusinger bewegt werden. Die Umsteuerung erfolgt durch eine Steuerschraube.

Schutzdach
Der Führerstand ist mit einem Schutzdach für die Bedienungsmannschaften versehen. Das Schutzdach hat seitliche Drehtüren und Drehfenster in Vorder- und Hinterwand sowie feste Fenster in den Seitenwänden, ausserdem seitliche Schiebefenster.

Umlaufbleche
Rings um die Lokomotive führen Umlaufbleche, die vom Schutzdach vorn zugänglich sind. Angebrachte Handstangen ermöglichen ein Betreten der Umlaufbleche auch während der Fahrt.

Kohle- und Wasserkasten
An der Rückwand des Führerstandes quer über dem Rahmen liegt der Kohlekasten mit Füllöchern außerhalb des Schutzdaches und Schaufellöchern nach dem Führerstand hin, die durch Schieber verschliessbar sind. Der Speisewasservorrat ist teils zwischen dem Rahmen, teils in Kästen untergebracht, die zu beiden Seiten des Kessels vor dem Schutzdach liegen. Probierhähne ermöglichen die Feststellung des jeweiligen Wasserstandes; ausser-

Nur in wenigen Stückzahlen bei Klein- und Privatbahnen vorhanden: die C1′-h2-Tenderlokomotiven. Hier die Nr. 11 der Niederbarnimer Eisenbahn.
Sammlung Fiebig

Die technischen Daten der 1'Cn2-Tenderlokomotiven 91 6401 bis 91 6404.
Merkbuch für Triebfahrzeuge DV 939 Tr der Deutschen Reichsbahn

Deutsche Reichsbahn H v M	**Güterzug-Tenderlokomotive**		Baureihe: **91⁶⁴**
Merkbuch für Triebfahrzeuge 939 Tr	Betriebsgattung: Gt 34.	Kurzbezeichnung: 1' C n 2	Betriebsnummer: 91 6401–91 6404

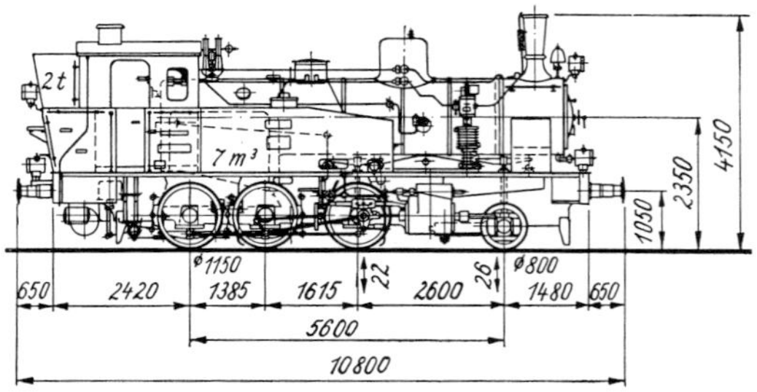

Fahrzeugmassen, Achslasten und technische Daten

M_{Ll} = t Lokomotive leer
$M_{Ld'}$ = t Lokomotive dienstbereit (⅔ Vorräte)

Mp Achslast auf den Schienen (volle Vorräte)

M_{Ld} = t Lokomotive mit vollen Vorräten
Q_{Lr} = Mp Reibungslast

Metermasse M_{Ld}/Lüp: t/m — Mittlere Kuppelachslast: Mp

Lfd. Nr.		Abk.		Dim.	Lfd. Nr.		Abk.		Dim.
1	Fahrgeschwindigkeit vw/rw	V_{max}	45	km/h	18	Verdampfungsheizfläche	H_v	97,5	m²
2	Zylinderdurchmesser	d	430	mm	19	Überhitzerrohrdurchmesser	$d_{Ür}$	—	mm
3	Kolbenhub	s	580	mm	20	Überhitzerheizfläche	$H_Ü$	—	m²
4	Art und Lage der Steuerung		Ha		21	Wasserraum des Kessels (bei mm Wasserstand über Feuerbüchsdecke)	W_K		m³
5	Kolbenschieberdurchmesser	d_s	—	mm	22	Dampfraum (bei mm Wasserstand über Feuerbüchsdecke)	D_K		m³
6	Kesselüberdruck	P_k	12	kp/cm²	23	Verdampfungswasseroberfläche (bei mm Wasserstand über Feuerbüchsdecke)	O_W		m²
7	Rostfläche	R	1,9	m²	24	Masse des Kessels ohne Ausrüstung	M_{klo}		t
8	Rost (Länge × Breite)	R_{lb}	1,9 × 1,0	m × m	25	Masse des Kessels mit Ausrüstung	M_{klm}		t
9	Strahlungsheizfläche	H_{vs}	8,4	m²	26	Ausrüstung mit Vorwärmer		—	
10	Heizrohrdurchmesser	d_{Hr}	46 × 2,5	mm	27	Ausrüstung mit Läutewerk		L	
11	Anzahl der Heizrohre	n_{Hr}	173	Stck	28	Heizung		H	
12	Rohrlänge zwischen den Rohrwänden	l_r	4000	mm	29	Brennstoffvorrat	B	2,0	t
13	Heizrohrheizfläche	H_{Hr}	89,1	m²	30	Wasserkasteninhalt	W	6,0	m³
14	Rauchrohrdurchmesser	d_{Rr}	—	mm	31	Befahrbarer Bogenlauf-Halbmesser	R		m
15	Anzahl der Rauchrohre	n_{Rr}	—	Stck	32	Befahrbarer Ablaufberg-Halbmesser			m
16	Rauchrohrheizfläche	H_{Rr}	—	m²	33	Bremse		K m. Z	
17	Rohrheizfläche	H_{vb}	89,1	m²	34	1. Baujahr		1919	

Bemerkungen: Lieferfirma: Henschel u. Sohn, Kassel

dem ist noch eine Schwimmervorrichtung zur Erkennung des Wasserstandes vorgesehen.

Bremse
Die Lokomotive ist mit einer Exter'schen Wurfhebelbremse ausgerüstet, die durch Bremsklötze einseitig auf die beiden Hinterachsen wirkt. Ausgleichhebel bewirken eine gleichmässige Verteilung des Bremsdruckes auf die Klötze. Außer der Wurfhebelbremse ist eine Knorr-Luftdruckbremse vorgesehen.

Sandkasten
Auf den Kesselrücken zwischen Dom und Schutzdach sitzt ein Sandkasten, aus dem vom Führerstand aus durch einen Zug von Hand Sand in der jeweiligen Fahrtrichtung auf die Schienen gestreut werden kann.

Verschiedenes
Die Lokomotive ist mit einem Latowski'schen Dampfläutewerk, Dampfheizung und der Radreifenspritzvorrichtung ausgerüstet und hat auf beiden Seiten Anschlußstutzen für Pulsometerbetrieb. Zur Füllung der Wasserkästen dient ein Körtingscher Dampfwasserheber mit 10 m langem Saugschlauch.

Baustoffe
Alle beim Bau der Lokomotiven zur Verwendung kommenden Baustoffe entsprechen in ihrer Beschaffenheit den Bedingungen, wie sie die Preußische Staatsbahnverwaltung für ihre Lokomotiven vorschreibt.

1'Cn2: 91 6403, ehemalige Stendaler Kleinbahn Nr. 353, im Juli 1964 im Raw Halle.
Sammlung Rammelt

Gewähr
Für die Güte der von uns gelieferten Lokomotiven übernehmen wir eine Gewähr auf die Dauer eines Jahres in der Weise, dass wir alle infolge fehlerhafter Baustoffe, mangelhafter Bauweise oder nicht einwandfreier Arbeit während dieser Zeit unbrauchbar werdenden Teile für den Empfänger kostenlos durch tadellose ersetzen, ohne indes weitere Verpflichtungen auf uns zu nehmen. Die natürliche Abnutzung fällt nicht unter die Ersatzverpflichtung.
Henschel & Sohn
Cassel, den 29. April 1920"

In der Ergänzung zur Dienstvorschrift „Merkbuch für Triebfahrzeuge 939 Tr" aus dem Jahre 1964 ist diesen vier Lokomotiven das nebenstehend abgebildete Blatt gewidmet worden. [162]
Die Höchstgeschwindigkeit der 1'C1'-h2-Lokomotiven der Ruppiner Eisenbahn, von denen die ersten drei Maschinen bereits 1925 geliefert wurden, betrug 70 km/h. Gebaut hatte sie Orenstein & Koppel, womit auf einen bereits 1915 für die Samlandbahn entwickelten Typ zurückgegriffen wurde. Mit 70 km/h zulässiger Höchstgeschwindigkeit war das Gebiet der „Bimmelbahn" verlassen. Bei der Preußischen Staatseisenbahn gab es für diese Lokomotiven kein Vorbild, denn die mißlungene 1'C1'n3-Lokomotive Gattung T 6 (1902) regte nicht zum Nachbau an.
Diese privaten 1'C1'h2-Lokomotiven besaßen Bisselgestelle. Gegenüber den etwa gleichartigen badischen VIb-Lokomotiven fielen sie trotz gleichen Kessels und stärkeren Triebwerkes leichter aus, weil die Wasservorräte teilweise zwischen den Rahmenblechen untergebracht werden konnten.
Die Ruppiner Eisenbahn wickelte mit ihren 1'C1'-Lokomotiven einen von Berlin ausgehenden Vorort-, Berufs- und Ausflugsverkehr ab und kam damit auch auf DRG-Strecken. Diese Linie wurde später mit vierachsigen Dieseltriebwagen bedient.
Zu den erwähnten drei Lokomotiven der Ruppiner Eisenbahn gesellten sich 1927 zwei und 1936 eine weitere Lokomotive gleicher Achsanordnung, von denen die letztere etwas schwerer ausfiel und eine größere Überhitzerheizfläche aufwies. Eine Lokomotive (RE 30) fiel 1945 den Kriegsereignissen zum Opfer.
Bis auf kurzzeitige Ausleihen an andere Bahnbetriebswerke waren die verbliebenen fünf Lokomotiven nach 1950 im Bw Ketzin beheimatet

Die 1'C1'h2-Tenderlokomotive der Ruppiner Eisenbahn, Nr. 31, spätere 75 6279.
Werkfoto Orenstein & Koppel

und wurden dort in vielen Diensten eingesetzt. 75 6276, 75 6278 und 75 6476 gaben etwa 1960 ein „Gastspiel" im Bw Dessau und bedienten den Verkehr auf der Strecke Dessau–Wörlitz.
Im Bw Haldensleben war in den sechziger Jahren eine 1'C1h2-Personenzug-Tenderlokomotive der ehemaligen Eutin-Lübecker Eisenbahn, die 75 633, eingesetzt. Sie hatte es als einzige von vier gleichartigen Lokomotiven 1945 in die Rbd Magdeburg verschlagen. Diese mit 90 km/h Höchstgeschwindigkeit schnelle Lokomotive war 1928 von Henschel geliefert worden. Ihr gingen 1924 und 1926 schon zwei Maschinen voraus. Diese Loks verblieben jedoch im Bereich der Deutschen Bundesbahn und wurden an die Teutoburger Wald-Eisenbahn verkauft.
Die drei Privatbahnen Wittenberge-Perleberger Eisenbahn, Prignitzer Eisenbahn und Mecklenburgische Friedrich-Wilhelm-Eisenbahn verbanden ihre Strecken miteinander und hatten nach 1920 einen durchlaufenden Verkehr Wittenberge–Perleberg–Pritzwalk–Wittstock–Neustrelitz zu bedienen. Bis etwa 1920 wechselten die Lokomotiven in Perleberg und in Wittstock. Für den Durchlauf beschafften die Bahnen sieben 1'C1h2-Personenzug-Tenderloks. Von diesen Maschinen kann man sagen, daß es nicht nur leistungsfähige und für diese Zwecke gut geeignete, sondern zugleich formschöne Lokomotiven waren. Sie wurden von den Privatbahnen anteilig zu den Streckenlängen beschafft (vgl. Tabelle 5.7) und 1941 in die Baureihe 75^6 eingefügt. Während des Krieges von ihren Stammstrecken abgezogen, nach 1945 in Dresden und anschließend in Löbau beheimatet, liefen die Lokomotiven dann, wie auch die 75 633, im Raum Haldensleben.
Die Halberstadt-Blankenburger Eisenbahn und die Brandenburgische Städtebahn beschafften weitere 1'C1'h2-Tenderlokomotiven. Die Lokomotiven der Brandenburgischen Städtebahn wiesen einen Treib- und Kuppelraddurchmesser von 1 300 mm auf; über ihre Einordnung als Personenzug-Tenderlokomotiven kann man geteilter Meinung sein. Aber die sechs 1'C1'-h2-Tenderloks der Provinzial-Sächsischen Kleinbahnen gehörten mit ihren Treib- und Kuppelraddurchmessern von nur 1 200 mm auf jeden Fall in die Kategorie der Güterzug-Tenderzuglokomotiven. Die von Januar 1950 an als 75 6682 bis 75 6687 bezeichneten Maschinen wurden

Die 1'C1'h2-Tenderlokomotive 75 633, ehemals Eutin-Lübecker Eisenbahn Nr. 13[II], aufgenommen in Weferlingen, Zuckerfabrik, im Februar 1964.
Foto Fiebig

während des Krieges geliefert. Es waren kräftige, für Kleinbahnzwecke gut geeignete Lokomotiven. Die Anordnung von vorderen und hinteren Laufradsätzen führte zur Schonung des Oberbaues, die zulässige Höchstgeschwindigkeit von 70 km/h ist damals bestimmt nicht ausgefahren worden. Der Kessel war leistungsfähig, zumal alle Lokomotiven Überhitzer und Vorwärmer besaßen. Aber Kipproste beispielsweise erhielten sie (bis auf eine Lokomotive) auch erst, als sie von der Deutschen Reichsbahn übernommen wurden.
Beim Bau der Lokomotiven (eine siebte war bestellt), ist sicher von den Grundsätzen der ELNA-Lokomotiven, die Henschel ebenfalls in größerer Stückzahl geliefert hatte, ausgegangen worden. Allerdings: Die 1'C1'h2-Lokomotiven waren keine ELNA-Lokomotiven! (Tabelle 5.9).

D-, 1'D- und 1'D1'-Lokomotiven
Der Bedarf an vierfach gekuppelten Tenderlokomotiven entstand erstmals vor der Jahrhundertwende. Auf den krümmungsreichen Bergstrecken Thüringens reichte die Reibungsmasse dreiachsiger Lokomotiven nicht mehr aus, um die größer gewordenen Zugmassen zu befördern. Das traf sowohl für die Strecken der Preußischen Staatseisenbahnen als auch für die der Privatbahnen zu. Bei diesen war das besonders kraß, denn deren leichter Oberbau ließ nur geringe Achsfahrmassen zu.
Das Problem der damaligen Zeit bestand jedoch in der Bogenläufigkeit vierfach gekuppelter Lokomotiven. Lösungen stellten die Gelenklokomotiven der Bauarten Meyer und Mallet dar. Die Bauart Meyer, ausgeführt als Vierlings- oder Verbundmaschine, hatte zwei Drehgestelle; bei ihr mußten alle Dampfleitungen beweglich ausgeführt werden. Die Bauart Mallet, ausschließlich in Verbundanordnung ausgeführt, besaß nur ein Drehgestell, während die hintere Triebwerkgruppe mit dem Lokomotivrahmen fest verbunden blieb. Dadurch mußten nur die Dampfleitungen zum vorn liegenden Drehgestell beweglich sein. Da es sich um die Niederdruckleitungen handelte, waren diese leichter dicht zu halten, zweifelsfrei ein Fortschritt. Allerdings waren die Laufeigenschaften bei den Gelenklokomotiven, zumindest bei den uns bekannten leichten Ausführungen, mangel-

Tabelle 5.9 Technische Daten von 1'C1'-h2-Tenderlokomotiven für Klein- und Privatbahnen (Auswahl)

Bahn		Ruppiner Eisenbahn	Ruppiner Eisenbahn	Eutin-Lübecker Eisenbahn	Brandenburgische Städtebahn	Prignitzer Eisenbahn	Mecklenb. Friedrich-Wilhelm-Eisenbahn	Kleinbahn Genthin
Betriebsnummer		27	32	13^{II}	1–101	9^{II}	30^{II}	401
DR-Betriebsnummer		75 6276	75 6476	75 633	75 6679	75 612	75 622	75 6682
Höchstgeschwindigkeit	km/h	70	70	90	80	80	80	70
Länge über Puffer	mm	12 000	11 984	11 230	10 700	12 250	12 580	11 000
Radstand	mm	8 500	8 500	9 000	6 800	8 800	9 050	7 600
Treibraddurchmesser	mm	1 600	1 600	1 500	1 300	1 500	1 500	1 200
Laufraddurchmesser	mm	1 000	1 000	1 000	800	850	850	800
Zylinderdurchmesser	mm	500	500	520	450	500	520	480
Kolbenhub	mm	600	600	630	550	660	630	550
Kesseldruck	bar	12	13	13	16	14	14	14
Rostfläche	m^2	1,8	1,8	2,0	2,0	2,17	1,9	2,1
Heizfläche	m^2	86,1	82,0	97,8	97,5	102,2	103,4	98,4
Überhitzerheizfläche	m^2	23,0	34,6	40,0	36,0	39,7	42,7	42,6
Wasservorrat	m^3	6,0	8,0	9,3	7,3	8,0	9,0	7,0
Kohlevorrat	t	1,8	1,8	3,5	2,5	3,0	4,0	2,5
Leermasse	t	46,5	50,7	62,2	60,6	59,0	56,5	56,0
Dienstmasse	t	60,3	64,4	80,1	75,0	69,8	70,9	66,3
Reibungsmasse	t	36,8	42,0	52,3	49,0	48,0	47,0	48,0

Tabelle 5.10 Die 1'D-h2-Lokomotiven der Ruppiner Eisenbahn

Betriebsnummer	Hersteller	Fabriknummer	Indienststellung	DR-Betriebsnummer
23	O&K	12 731	1936	98 6476
24	O&K	12 519	1934	98 6378
25	O&K	11 786	1929	98 6376
26	O&K	11 787	1929	98 6377

Tabelle 5.11 Normalspurige Drehgestellokomotiven für Klein- und Privatbahnen (Auswahl)

Bahn	Betriebsnummer	Bauart	Hersteller	Jahr	Fabriknummer	Gesellschaft Gattung	Verbleib
Halle-Hettstedter Eisenbahn	5	B'C-n2	Vulcan	1901	1886	Lenz hg	+[1]
	10	B'C-n2	Vulcan	1901	1887	Lenz hg	+
	21	B'B-n4v	Vulcan	1903	2046	Lenz cc	SEG 354[2]
	22	B'B-n4v	Vulcan	1903	2047	Lenz cc	+
	23	B'B-n4v	Vulcan	1906	2242	Lenz cc	SEG 355[2]
	24	B'B-n4v	Vulcan	1906	2243	Lenz cc	SEG 356[2]
Greußen-Ebeleben-Keulaer Eisenbahn	82	B'B-n4v	Jung	1901	472	Bachstein	98 6051
	84	B'B-n4v	Jung	1901	474	Bachstein	98 6151
Weimar-Berka-Blankenhainer Eisenbahn	85	B'B-n4v	Jung	1904	765	Bachstein	98 6152
Arnstadt-Ichtershausener Eisenbahn	352	B'B-n4v	Jung	1908	1239	SEG[2]	98 6153

[1] ursprünglich Braunschweig-Schöninger Eisenbahn 5^{hg}

[2] Süddeutsche Eisenbahn-Gesellschaft

Die 1'C1'h2-Tenderlokomotive der Brandenburgischen Städtebahn Nr. 1^{II}, später Nr. 24 und 1-103, zuletzt 75 6681.
Sammlung Verkehrsmuseum Dresden

haft. Der andere große Nachteil der Drehgestellokomotiven bestand in der Schleuderneigung, so daß die vorhandene, ohnehin schon geringe Reibungsmasse nicht ausgenutzt werden konnte. Die Werkstätten mußten an jeder Lokomotive unterhalten: vier Zylinder, Schieber und Steuerungen sowie die festen und beweglichen Dampfleitungen. Groß war auch der Verschleiß an Kupplungen und Deichseln zwischen Drehgestell und Lokomotivrahmen; er bedingte manche zusätzliche Zwischenausbesserung.

Um die Jahrhundertwende entstanden außerdem Gelenklokomotiven mit Schwinghebelantrieb nach Hagans und Leitzmann, Klien-Lindner-Hohlachsen und mit zahnradgekuppelten Endradsätzen. Auf sie wird im Abschnitt Sonderbauarten eingegangen.

Von B'Bn4v-Lokomotiven wurden, ausschließlich der Bachstein-, Lenz- und SEG-Bahnen, die in Tabelle 5.11 aufgeführten Lokomotiven geliefert, soweit es sich um Normalspurlokomotiven handelte.

1900 entwickelte Karl Gölsdorf den später nach ihm benannten seitenbeweglichen Kuppelradsatz. Damit war der Weg frei für die vierfach gekuppelte Tenderlokomotive, die an Einfachheit der dreifach gekuppelten kaum nachstand. Alle Nachteile der Gelenklokomotive konnten nunmehr vermieden werden. Nachdem 1902 der Vorschlag Garbes, für die Preußische Staatseisenbahn eine Dh2-Tenderlokomotive entwickeln zu lassen, abgelehnt wurde, griff man 1904 seinen neuen Vorschlag einer Eh2-Tenderlokomotive auf und ging damit bereits zu einer fünfachsigen Gattung mit mehreren seitenbeweglichen Radsätzen über. Erst mit der T 13, einer Dn2-Lokomotive, fand 1910 die vierfach gekuppelte Tenderlokomotive mit seitenbeweglichem Endradsatz nach Gölsdorf auch bei den Preußischen Staatseisenbahnen Eingang. Es sei aber festgehalten, daß die T 16 als Streckenlokomotive für Steigungsstrecken und die T 13 ausschließlich

Eine der kleinrädrigen 1'C1'h2-Tenderlokomotiven der Provinzial-Sächsischen Kleinbahnen: die ehemalige Nr. 403 der Salzwedeler Kleinbahn, als 75 6684 in Dessau.
Foto Fiebig

B'Bn4v-Tenderlokomotive, Bauart Mallet, geliefert an die Neubrandenburg-Friedländer Eisenbahn, hier als Nr. 86 bei der Wutha-Ruhlaer Eisenbahn (RE), 1939.
Foto Malsch

für den Rangierdienst bestimmt waren. Spätere Einsätze der T 16 im Rangierdienst und der T 13 im Streckendienst änderten nichts an der Grundkonzeption dieser Lokomotiven.

Ab 1904 sind die Dn2-Lokomotiven bei den Privatbahnen, vereinzelt auch bei den Kleinbahnen vorhanden gewesen. Bei einigen Bahnen lösten sie die Cn2-Tenderlokomotiven ab, bei anderen übernahmen sie den schweren Güterzugdienst und überließen den C-Tenderlokomotiven den leichteren Reisezugdienst. Die zulässige Höchstgeschwindigkeit lag bei beiden Bauarten im Mittel bei 40 km/h. Seitenbeweglich

Mit den Hanomag-Lokomotiven 87 und 88 beschaffte die Greußen-Ebeleben-Keulaer Eisenbahn in den Jahren 1911 und 1913 zwei interessante Dn2t-Lokomotiven mit seitenverschiebbaren Endradsätzen nach dem System Gölsdorf. Das Personal präsentiert sich im Bahnhof Greußen West vor der fabrikneuen Lok 88.
Sammlung Pfeifer

Zu den ersten Dh2t-Lokomotiven, welche von der Industrie an Klein- und Privatbahnen geliefert wurden, zählten die Nr. 15, 16 und 17 der Brandenburgischen Städtebahn von Henschel aus den Jahren 1916, 1917 und 1919. Bei der im Jahr 1965 vor der VES/M in Halle fotografierten Lok 92 6578 handelt es sich um die ehemalige Nr. 19 (Henschel 1919/16 913).
Sammlung Rammelt

86 1000

R.E.
26

Bis auf den Blechrahmen mit der Einheitslokomotive Baureihe 86 identisch: Lokomotive Nr. 15'' der Eutin-Lübecker Eisenbahn, bei DR 86 1000, Zwickau im Jahr 1968.
Foto Dr. Söffing

Die 1'Dh2-Tenderlokomotive der Ruppiner Eisenbahn Nr. 26, später 98 6377.
Sammlung Fiebig

war in der Regel der letzte Kuppelradsatz.

Bei den Dn2-Lokomotiven ist ebenfalls die Vielfalt wie bei den Dreiachsern vorhanden, verursacht durch die Interessen der Hersteller und der Bahnen. Eine der letzten Dn2-Lokomotiven bei den ehemaligen Privatbahnen bezog 1929 die Zschipkau-Finsterwalder Eisenbahn. In den dreißiger Jahren kauften dann nur noch wenige Bahnen preußische T 13-Lokomotiven von der DRG.

Ab 1923 wurden bei den meisten Privat- und Kleinbahnen die ersten Heißdampflokomotiven mit vier Kuppelradsätzen in Dienst gestellt. Ihre Stückzahl blieb gering. Diese Dh2-Lokomotiven entsprachen damals neuesten Konstruktionen und waren recht leistungsfähig. Inzwischen konnte auch die zulässige Reibungsmasse erhöht werden. Die nach 1945 vorhandenen Lokomotiven dieser Bauart wurden erst bei der Deutschen Reichsbahn von Diesellokomotiven abgelöst.

Der Vielfalt der Lokomotivtypen versuchte man mit den ELNA-Typen zu begegnen. Es waren vorwiegend Kleinbahnen, die derartige Lokomotiven beschafften. Dennoch ist der Anteil der ELNA-Lokomotiven bei den Baureihen $92^{61, 62, 63, 64}$ bedeutend.

Zu den vierfach gekuppelten Tenderlokomotiven der Klein- und Privatbahnen gesellten sich nach 1945 einige wenige vorgefundene Werkloks. Bekannt sind: 92 997, ex Munitionsanstalt Sperenberg; 92 3333, ex Hafenbahn Stettin; 92 6588, ex Pionier-Versuchsanstalt Sperenberg.

Kaum bekannt ist, daß die Rbd Halle 1945 mit der 92 1047 eine sogenannte wilde Umnumerierung vornahm und eine Werklokomotive der Linke-Hofmann-Werke in Altenburg vereinnahmte, diese aber später wieder abgab. Diese Lokomotive war 1944 mit der Fabriknummer 1047 von Krenau geliefert worden.

Zusammenfassend läßt sich feststellen, daß die 1949 übernommenen Dn2- und Dh2-Lokomotiven moderner und leistungsfähiger waren als die bei der Deutschen Reichsbahn vorhandenen Dn2-Lokomotiven der Bauartreihen 92^{5-10}, ehemals pr. T 13. Es sei aber nicht verhehlt, daß es nach 1945 mit den wenigen, großrädrigen vierfach gekuppelten Tenderlokomotiven infolge des schlecht unterhaltenen Oberbaus auch Ärger gab. Bei der Aschersleben-Schneidlingen-Nienhagener Eisenbahn klagte man öfters über Entgleisungen einer dort verbliebenen Lokomotive der ehemaligen Riesengebirgsbahn. In der Tabelle 5.12 sind die Dn2- und Dh2-Lokomotiven dieser Bahnen zusammengestellt, ausgenommen die ELNA-, die T 13- und die Berg-Lokomotiven.

Die Ruppiner Eisenbahn besaß keine D 1-Lokomotiven, hatte aber vier 1'Dh2-Lokomotiven eingesetzt. Obwohl für den Güterzugdienst vorgesehen, waren sie in der Lage, an den Wochenenden die schwereren Ausflugszüge mit angemessener Geschwindigkeit zu befördern. Für die Werkstatt boten sie den Vorteil, daß ihre Kessel mit denen der vorhandenen 1'C1'-Lokomotiven getauscht werden konnten. So erhielt 1946 in der Werkstatt der Ruppiner Eisenbahn die 1'C1'-Lokomotive Nr. RE 29 den Kessel O&K 1929/Fabriknummer 11 787 aus der 1'D-Lokomotive Nr. RE 26. In Tabelle 5.13 sind die übernommenen Lokomotiven dieser Bauart aufgeführt.

Die 1'D1'h2-Bauart fand auch bei Klein- und Privatbahnen Eingang, vor allem bei den Bahnen, die einen stärkeren Durchgangsverkehr zu bewältigen hatten. Den außergewöhnlichsten Lebenslauf unter diesen 1'D1'h2-Lokomotiven hatte die ab 1. Januar 1950 als 93 6576 bezeichnete Lokomotive Nr. 1-203 der Brandenburgischen Städtebahn. Bei ihr handelte es sich um die ehemalige preußische T 28 – Erfurt 9101, die man bei der Deutschen Reichsbahn-Gesellschaft als 97 401 eingeordnet hatte.

Diese pr. T 28-Zahnradlokomotive wurde nach Einstellung des Zahnradbetriebes 1928 an die Eutin-Lübecker Eisenbahn verkauft und erhielt die Betriebsnummer 17. Dort baute man das Zahnradtriebwerk aus, so daß ihre Erwähnung hier gerechtfertigt ist, war sie doch nunmehr eine „gewöhnliche" 1'D1'h2-Lokomotive. 1938 wurde sie von der Brandenburgischen Städtebahn erworben, die ihr die Betriebsnummer 59, später 1-203 gab. Bei ihr schätzte man zwar die Leistungsfähigkeit, weniger aber ihre Laufeigenschaften und Unwirtschaftlichkeit als Kohlefresser. Nach 1945 stand die Lokomotive abgewirtschaftet herum, die Deutsche Reichsbahn führte sie als Schadlokomotive und musterte sie am 15. August 1955 aus.

Die übrigen, 1942 und 1949/50 übernommenen 1'D1'h2-Lokomotiven lassen sich besser mit den Einheitslokomotiven der Baureihe 86 vergleichen als mit den Maschinen der Baureihen 93^{0-4} und 93^{5-12}, den ehemaligen pr. T 14 und T 14¹.

Tabelle 5.12 Technische Daten von D-Tenderlokomotiven (Auswahl)

Bahn		Stendal-Tangermünder Eisenbahn				Brandenburgische Städtebahn	Gardelegen-Neuhaldensleben-Weferlinger Eisenbahn	Süddeutsche Eisenbahn-Gesellschaft	Werkbahn Sperenberg	Weimar-Berka-Blankenhainer Eisenbahn	
Betriebsnummer		4	5	6	7	1-140–1-142	541	384–388	T001	92 0096–92 0098	94, 92 0095
DR-Betriebsnummer		92 6001	92 6102	92 6106	92 6201	92 6576–92 6578	92 6581	92 6584–92 6586	92 6588	92 6876–92 6878	92 6582+92 6583
Bauart		Dn2	Dn2	Dn2	Dn2	Dh2	Dh2	Dh2	Dh2	Dh2	Dh2
Baujahr		1905	1913	1924	1927	1916/1919	1925	1927	1941	1930	1927
Höchstgeschwindigkeit	km/h	40	40	40	40	40	45	40	40	50	50
Länge über Puffer	mm	9 980	9 980	9 980	9 980	10 880	10 010	10 900	10 800	11 000	10 629
Achsstand	mm	4 000	4 000	4 000	4 000	4 190	4 000	4 200	4 200	4 650	4 200
Raddurchmesser	mm	1 100	1 100	1 100	1 100	1 100	1 100	1 100	1 100	1 350	1 200
Zylinderdurchmesser	mm	450	450	450	450	540	450	540	520	600	500
Kolbenhub	mm	550	550	550	550	550	550	550	560	660	600
Kesseldruck	bar	12	12	12	12	13	13	13	13	14	12
Rostfläche	m^2	1,60	1,60	1,60	1,60	1,92	1,5	2,09	1,92	1,84	1,8
Heizfläche	m^2	89,83	89,83	89,83	89,83	84,1	61,76	98,16	92,0	105,3	65,72
Überhitzerheizfläche	m^2	–	–	–	–	34,7	25,0	51,7		37,0	25,7
Wasservorrat	m^3	6,0	6,0	6,0	6,0	7,0	6,2	7,0	3,6	7,2	7,0
Kohlevorrat	t	1,35	1,35	1,35	1,35	1,5	1,8	2,5	3,3	3,5	2,5
Leermasse	t	31,0	34,0	36,1	38,8	46,5	41,3	50,2		53,8	
Reibungsmasse	t	42,0	45,0	46,2	49,7	56,5	50,0	60,5		65,2	

Zuerst wäre wohl die bei der Deutschen Reichsbahn 1945 verbliebene 86 1000 zu nennen, die ursprünglich von der Eutin-Lübecker Eisenbahn als deren Nr. 15[II] in Dienst gestellt worden war. Diese Lokomotive entsprach völlig der Einheitslokomotive Baureihe 86, hatte lediglich anstelle eines Barrenrahmens einen Blechrahmen und wurde mit Verstaatlichung der Bahn 1942 an die höchste bestellte Betriebsnummer 86 999 angereiht. Über die anderen 1'D1'-h2-Lokomotiven gibt die Tabelle 5.13 Aufschluß. Die Deutsche Reichsbahn setzte die 93 1601 und 93 1602 in den fünfziger und sechziger Jahren im Zugdienst auf Neigungsstrecken der Rbd Erfurt ein. So waren sie vorübergehend auch auf der Strecke Wutha–Ruhla zu sehen. Die Lokomotiven 93 1611 und 93 1612, ehemals Prignitzer Eisenbahn, wurden 1945 an die Weimar-Berka-Blankenhainer Eisenbahn verkauft und ab 1. Januar 1950 als 93 6676 und 93 6677 bezeichnet. Beide Lokomotiven schieden 1970 durch Ausmusterung aus. Die 1'D1'-h2-Berglokomotiven der Halberstadt-Blankenburger Eisenbahn sind im folgenden Abschnitt enthalten.

E-, 1'E1'- und die Berglokomotiven der Halberstadt-Blankenburger Eisenbahn

Bereits 1904/05, noch vor Ablieferung der ersten T 16 der Preußischen Staatseisenbahn, hatte die Westfälische Landeseisenbahn drei En2-Tenderlokomotiven mit seitenbeweglichen Radsätzen (nach Gölsdorf) bei der Hanomag bestellt und in Dienst gestellt. Von der DRG wurde 1931 die 94 423 an die Mecklenburgische Friedrich-Wilhelm-Eisenbahn verkauft; die 94 689 ging 1935 an die Halberstadt-Blankenburger Eisenbahn.
Dafür waren es die 1'E1'h2-Tender-

Tabelle 5.13 Technische Daten einiger 1'D1'- und 1'Dh2-Tenderlokomotiven

DR- Betriebsnummern		93 1601, 93 1602	93 1611, 93 1612[1]	93 6476, 93 6477, 93 6479	93 6478, 93 6480, 93 6481	93 6679– 93 6683	98 6376– 98 7368[2]	98 6476[2]
Bahn		MFWE	PE	BStb	RuE	NbE	RuE	RuE
Betriebsnummern		33, 34	7, 22	1-200 bis 1-202	40-42	010-014	24-27	23
		1927	1936/1938	1937,1939	1939–1943	1940 bis 1942	1929 bis 1934/36	1936
Höchstgeschwindigkeit	km/h	65	70	80	65	80	60	
Länge über Puffer	mm	13 450		13 350	12 940			
Achsstand	mm	9 300	10 300	9 950	9190			
Laufraddurchmesser	mm	900	850	850	1 000	850	1 000	
Kuppelraddurchmesser	mm	1 350	1 400	1 300	1 200	1 130	1 200	
Zylinderdurchmesser	mm	575	570	530	500		500	
Kolbenhub	mm	630	660	550	600		600	
Kesseldruck	bar	14	14	16	13	16	13	
Rostfläche	m^2	2,52	2,34	2,55	2,19		1,8	
Heizfläche	m^2	129,4	117,3	126,3	100,1		83,5	
Überhitzerheizfläche	m^2	48,5	47,0	49,0	47,1		34,1	
Wasservorrat	m^3	9,0	9,0	10,0	10,0	10,0	6,0	8,0
Kohlevorrat	t	3,0	3,5	3,0	2,8; 3,0	3,0	1,8	
Leermasse	t	68,0	68,0	64,0	58,4	65,6		50,1
Dienstmasse	t	82,5	86,0	78,7	75,7	84,9	60,3	63,8
Reibungsmasse	t	62,6	64,0	61,1	56,8	64,0	52,0	56,0

[1] ab 1.1.1945 Weimar-Berka-Blankenhainer Eisenbahn Nr. 20 und 21, ab 1947 93 0020–93 0021; ab 1.1.1950: 93 6676–93 6677

Die Dh2-Tenderlokomotive 92 6588 war vorher Werklokomotive der Wehrmacht.
Sammlung Fiebig

Die 94 6776 – eine Eh2-Tenderlok, ex. pr. T 16^{0}, später 94 689, dann HBE Nr. 16.

Lok 10 der Halberstadt-Blankenburger Eisenbahn, 1938 im Bw Blankenburg. Bei der DR hieß die Lok 93 6776.
Sammlung Fiebig

Eine der 1'E1'h2-Tenderlokomotiven der Tierklasse der Halberstadt-Blankenburger Eisenbahn verläßt die Borsigsche Lokomotivfabrik.
Sammlung Verkehrsmuseum Dresden

lokomotiven der Halberstadt-Blankenburger Eisenbahn, die Lokomotivgeschichte schrieben...
Diese bedeutende, mit einem umfangreichen Verkehr auf Steilstrecken belastete Bahn griff während des ersten Weltkrieges den Gedanken auf, den schwerfälligen Zahnradbetrieb durch den reinen Reibungsbetrieb zu ersetzen und dafür entsprechende Lokomotiven entwickeln zu lassen.
Beabsichtigt wurden die Erhöhung der Reisegeschwindigkeit aller Züge und die Vergrößerung der Zugmassen. Auf der Harzbahn hatte sich der Güterverkehr von 370 000 t im Jahre 1906 auf 600 000 t im Jahre 1917 erhöht. Damit war für den Zahnradbetrieb die Leistungsgrenze erreicht. Ein anderer wesentlicher Faktor war der hohe maschinentechnische, personelle und kostenmäßige Aufwand, der den Betrieb stark belastete. Zu dieser Zeit hatten auch die älteren Zahnradlokomotiven einen nicht mehr reparablen Verschleiß erfahren.

95 045, eine pr. T 20, im Reisezugdienst auf der ehemaligen Halberstadt-Blankenburger Eisenbahn vor Aufnahme des elektrischen Zugbetriebes, im Jahr 1965.
Foto Fiebig

Überlegungen, den Zahnradbetrieb durch Reibungsbetrieb zu ersetzen, oder aber stärkere Zahnradlokomotiven zu beschaffen, führten zum Entschluß, zwei 1'E1'h2-Lokomotiven zu bestellen, die in der Lage sein sollten, die erhöhten Zugmassen mit einer entsprechenden Geschwindigkeit im reinen Reibungsbetrieb auf den Zahnradstrecken zu befördern. Wie wichtig dieses Projekt den genehmigenden Stellen war – 1917 tobten ja die Materialschlachten des ersten Weltkrieges – bewies die schnelle Befürwortung durch das Reichseisenbahnamt und die Genehmigung des Fahrzeugausschusses im Technischen Stab des Kriegsministeriums. Denen erschien das Projekt schon deswegen als vordringlich, weil es im Bereich der Preußischen und der anderen Staatseisenbahnen noch mehrere Zahnradstrecken gab, bei denen die Verhältnisse ähnlich lagen.
Borsig, dessen Chefkonstrukteur Meister mit dem Betriebsleiter Steinhoff der HBE eng zusammenarbeitete, entwarf eine 1'E1'h2-Tenderlokomotive, für die es bis dahin kein Vorbild bei den deutschen Bahnen gab.
Während der Entwicklungsarbeiten liefen auf den Steilrampen der HBE Versuche mit 1'Ch2- und -n2-Lokomotiven (T 12 und T 9^{3}) sowie einer geliehenen Eh2-Tenderlokomotive der Gattung T 16, um Erfahrungswerte für die Zugkraft sowie über den Reibungskoeffizienten und anderes zu gewinnen. Während nach den Versuchen mit der T 16 über die Leistung nicht mehr gestritten wurde, blieb offen, ob diese bei Gefällefahrten die Zugmassen sicher abbremsen könnte. Deswegen erhielten auch die ersten beiden 1'E1'h2-Lokomotiven je ein Bremszahnradgestell, das ähnlich arbeitete wie die Zahnradtriebwerke der alten Lokomotiven.
Kennzeichen dieser epochalen schweren Lokomotiven für den Steilrampenbetrieb waren:
- der erstmals an einer deutschen Tenderlokomotive verwendete 100 mm dicke und kräftig versteifte Barrenrahmen
- die Anordnung des Laufwerkes mit einem festen Radstand von 4 050 mm zwischen erstem und viertem Kuppelradsatz, mit seitenbeweglichem zweitem und fünftem Kuppelradsatz, spurkranzlosem Treibradsatz und radial geführtem Laufradsatz
- der Langkessel, der zwar mit nur 3 700 mm Länge zwischen den Rohrwänden relativ kurz war, aber einen Durchmesser von 2 000 mm aufwies
- das Triebwerk mit den extrem großen Zylindern
- die Bremsen, nämlich selbstätige Einkammer-Druckluftbremse Bauart Knorr mit Zusatzbremse, Riggenbachsche Gegendruckbremse, Wurfhebelbremse und Bremszahnradgestell (das aber nicht benötigt und später ausgebaut wurde)
- die neu konstruierte Druckluft-Sandstreueinrichtung, mit der alle Kuppelradsätze in jeder Fahrtrichtung gesandet werden konnten und die somit entscheidend zur Reibwertsicherung beitrug.

Die Lokomotiven bewährten sich vorzüglich; aufgetretene Mängel wurden umgehend beseitigt. Der schwerfällige Zahnradbetrieb konnte, nachdem zwei weitere gleiche

Die Stütztenderlokomotive ZIEGENKOPF der Halberstadt-Blankenburger Eisenbahn. Sammlung Fiebig

Lokomotiven beschafft waren, aufgegeben werden.
Wie sehr die Preußische Staatsbahn an diesen Lokomotiven interessiert gewesen sein muß, zeigte sich durch die vom Eisenbahn-Zentralamt vorgenommenen Versuchsfahrten mit Meßwagen auf der HBE und durch den Versuchseinsatz der ELCH auf anderen preußischen Zahnradstrecken. Die Deutsche Reichsbahn bestellte aufgrund der positiven Ergebnisse zehn leistungsfähigere Lokomotiven der gleichen Achsfolge, jedoch als preußische T 20, die spätere DR-Baureihe 95^0.
Zum anderen wurde auf verschiedenen Steilrampen der Zahnradbetrieb durch den reinen Reibungsbetrieb mit den Lokomotiven der Baureihe 94^{5-18}, der ehemaligen preußischen T 16, abgelöst. So beeinflußte eine Privatbahn die technische Entwicklung, daß selbst eine so große Bahnverwaltung wie die DRG sie als willkommene Anregung aufnahm.
Die vier 1'E1'h2-Lokomotiven der Tierklasse, MAMMUT, WISENT, BÜFFEL und ELCH, waren so ausgelegt, daß sie neben dem Steilrampenbetrieb auch den Zugdienst auf den Flachlandstrecken der HBE bedienen konnten. Dazu kam es auch in einigen Fällen, doch die Lokomotiven reichten nicht aus, um alle Zugaufgaben bei dem sich steigernden Verkehr zu lösen. Deshalb ließ die HBE 1927 drei 1'D1'h2- und 1929 drei 1'C1'h2-Lokomotiven bauen, die für den Reisezugdienst auf den Steilrampen und für den universellen Einsatz auf den übrigen HBE-Strecken bestimmt waren. Beide Aufgaben konnten zufriedenstellend gelöst werden. Auch diese Lokomotiven gehörten leistungsmäßig zu den stärksten ihrer Bauarten und ließen sich mit den bei der DRG vorhandenen Lokomotiven gleicher Achsfolgen kaum vergleichen. Gemeinsam war allen Berglokomotiven der HBE die sorgfältig durchkonstruierte Sandstreueinrichtung für alle Kuppelradsätze und beide Fahrtrichtungen.
Mehr für den Rangierdienst waren zwei Dh2-Tenderlokomotiven bestimmt, die 1938 in Dienst gestellt wurden. Gelegentlich wurden sie für Überführungsfahrten auf der Strecke und zum Nachschieben schwerer Züge genutzt. Ausreichend leistungsfähig waren sie, jedoch ließen die schlechten Laufeigenschaften letztgenannte Dienste nur ausnahmsweise zu. 1943 konnte die HBE noch zwei 1'C1'h2-Tenderloko-

motiven in Dienst stellen, deren Bau und Beschaffung genehmigt werden mußte, weil der Lokomotivpark der HBE durch die Kriegswirtschaft sehr hart strapaziert wurde und einen hohen Reparaturstand aufwies. In den Tabellen 5.14 und 5.15 sind die Berglokomotiven der HBE und ihre wichtigsten technischen Daten aufgeführt.

Bereits 1943 und 1944 mußte die HBE aus den oben genannten Gründen zwei Lokomotiven der Baureihe 95^0 (darunter die 95 043) und 1944 eine der Baureihe 96 (96 002, ehemals bay. Gt 2x4/4) anmieten. Im April 1948 wurde die 96 002 durch die 96 024 ersetzt, und von Oktober 1948 an kam es dann auf der HBE zum letzten großen Dampflokeinsatz mit den Lokomotiven der Baureihe 95^0.

Abgesehen von der ELCH, die 1953 nach einer Kesselexplosion im Raw Meiningen ausschied, blieben neben den Baureihen 95^0 die anderen, leistungsfähigen Berglokomotiven der HBE im Einsatz. Sie bildeten eben doch eine Ausnahmestellung im Lokomotivbestand, der 1949 von der Deutschen Reichsbahn übernommen wurde. Ersetzt wurden sie erst, als sich ihr Einsatz durch die Elektrifizierung auf den Bergstrek-

Tabelle 5.14 Die Berglokomotiven für den Reibungsbetrieb der Halberstadt-Blankenburger Eisenbahn

Name oder Betriebs-nummer	Achsfolge	Hersteller	Baujahr	Fabrik-nummer	DR-Betriebs-nummer
MAMMUT	1'E1'h2	Borsig	1919	10 353	95 6676[1]
WISENT	1'E1'h2	Borsig	1919	10 354	95 6677
BÜFFEL	1'E1'h2	Borsig	1921	10 909	95 6678
ELCH	1'E1'h2	Borsig	1921	10 910	95 6679
10	1'D1'h2	Hanomag	1927	10 566	93 6776
11	1'D1'h2	Hanomag	1927	10 567	93 6777
12	1'D1'h2	Hanomag	1927	10 568	93 6778
1	1'C1'h2	Hanomag	1929	10 640	75 6676
2	1'C1'h2	Hanomag	1929	10 641	75 6677
3	1'C1'h2	Hanomag	1929	19 642	75 6678
6	1'C1'h2	Borsig	1943	14 980	75 6776
7	1'C1'h2	Borsig	1943	14 981	75 6777
18	Dh2	Borsig	1938	14 680	92 6879[2]
19	Dh2	Borsig	1938	14 681	92 6880[3]

[1] nicht betriebsfähige Museumslokomotive des Verkehrsmuseums Dresden
[2] zuerst umgezeichnet in 92 6776, später erneut umgezeichnet
[3] zuerst umgezeichnet in 92 6777, später erneut umgezeichnet

Tabelle 5.15 Technische Daten der Reibungs-Berglokomotiven der Halberstadt-Blankenburger Eisenbahn

Name oder Betriebsnummer		Tierklasse	10–12	1–3	6–7	18–19
DR-Betriebsnummer		95 6676–95 6679	93 6776–93 6778	75 6676–75 6678	75 6776–75 6777	92 6879–92 6880
Baujahr		1919/1921	1927	1929	1943	1938
Höchstgeschwindigkeit	km/h	50	60	75	65	50
Länge über Puffer	mm	12 450	14 100	12 700	12 400	12 400
Radstand	mm	9 550	10 800	9 000	9 000	8 100
Kuppelraddurchmesser	mm	1 100	1 250	1 400	1 250	1 180
Laufraddurchmesser	mm	850	850	850	850	–
Zylinderdurchmesser	mm	700	640	530	540	600
Kolbenhub	mm	550	600	660	600	550
Kesseldruck	bar	14	16	16	16	16
Rostfläche	m^2	3,96	3,12	2,55	2,15	2,58
Heizfläche	m^2	180,96	144,0	118,5	108,28	139,87
Überhitzerheizfläche	m^2	54,14	55,0	46,0	41,6	45,1
Wasservorrat	m^3	8,8	9,0	8,0	7,0	8,0
Kohlevorrat	t	3,0	3,0	3,0	2,5	2,5
Leermasse	t	90,0	83,3	62,8	60,0	–
Dienstmasse	t	98,8	100,2	72,6	70,3	70,0
Reibungsmasse	t	81,7	72,0	51,0	51,0	70,0
Zugkraft	kN	257,25	236,00	159,00		

Hagans-Gelenklokomotive der Achsfolge B'C, hier die BSE Nr. 5[hg].
Sammlung Verkehrsmuseum Dresden

Die C1'/b-n-4-Zahnradlokomotive BROCKEN, später VON OTTO, der Halberstadt-Blankenburger Eisenbahn.
Sammlung Fiebig

ken erübrigte und Diesellokomotiven den Einsatz auf den Flachlandstrecken der ehemaligen HBE übernahmen.

Sonderbauarten

Es hat in der Lokomotivgeschichte stets Versuche gegeben, herkömmliche Bauarten abzuwandeln, um sie gegebenen Streckenverhältnissen besser anzupassen, die Leistungsfähigkeit zu erhöhen, anfällige und aufwendige Bauteile wie Kessel, Steuerung u.a. zu vereinfachen, um insgesamt einen wirtschaftlicheren Einsatz zu ermöglichen. Dies war auch bei den Lokomotiven für die Klein- und Privatbahnen der Fall. Wenngleich diese Versuche zahlenmäßig gegenüber denen der Staatsbahnen zurücktraten, waren die Aufwendungen, gemessen am Grundkapital dieser Bahnen, doch bedeutend. Und wenn sich eine Klein- oder Privatbahn bereit fand, eine von den Lokomotivfabriken angebotene Sonderkonstruktion zu übernehmen, enthielt der Liefervertrag in der Regel die Klausel, daß bei Nichteignung ein Umbau auf normale Bauteile zu Lasten des Lieferers erfolgen müsse.

Stütztenderlokomotiven

Die Halberstadt-Blankenburger Eisenbahn nahm den Betrieb auf ihrer Stammbahn Halberstadt–Blankenburg am 31. März 1873 mit zwei Stütztenderlokomotiven der Achsfolge B3T auf. Eine letzte Bauart der Stütztenderlokomotive war die nach Behne-Kool, die um 1870 bei den Braunschweigischen und Hannoverschen Staatsbahnen im Einsatz stand. Anlaß für die späte Entwicklung dieser Stütztenderlokomotiven war die Verwendung ungewöhnlich langer Roste für die Verfeuerung von Kleinkohle. Das bedingte die zusätzliche Abstützung des Flachkessels auf den ersten Tenderradsatz. Die Tender konnten von hinten eingefahren werden. Die zwei Stütztenderlokomotiven der Halberstadt-Blankenburger Eisenbahn, ZIEGENKOPF und LANGENSTEIN; schieden 1912 aus dem Bestand.

Lokomotiven mit Hohlachse

Bei den Hohlachsen nach Klien-Lindner waren Radkörper und Achswelle getrennt. Die auch als Kernachse bezeichnete Achswelle lagerte unverschiebbar im Lokrahmen und wurde mittels Hallscher Kurbeln in Drehungen versetzt.

Die dabei die Achswelle umhüllende Hohlwelle bildete mit den beiden Radkörpern ein festes Bauteil und stützte sich auf eine kugelförmige Verdickung in Mitte der Achswelle ab, so daß sie sich drehbar einstellen konnte und ebenfalls seitlich verschiebbar war. Die Umdrehungen der Achswelle wurden durch

Im Jahr 1963 stand die 99 4621 im Raw Görlitz, das Gelenktriebwerk war zu diesem Zeitpunkt bereits ausgebaut.
Sammlung Rammelt

Mitnehmerbolzen auf die Hohlachse und damit auf die Treibradsätze übertragen.
Damit erzielte man eine bessere Kurvenbeweglichkeit, wenn mehr als drei Radsätze verwendet werden mußten.
Hagans entwickelte die Hohlachse weiter zur gekuppelten Bisselachse. Dies war nunmehr ein lauftechnisch besser angetriebener Lenkradsatz. Die Kernachse teilte er dabei in zwei Mitnehmerachsen auf, die ein Kreuzgelenk verband und die gegeneinander eine Winkelstellung einnehmen konnten. Der Mittelpunkt der Hohlachse bewegte sich beim Ausschlag um einen Kreisbogen. Die Hohlwelle war seitlich verschiebbar. Eine Lokomotive mit einem solchen Radsatz war die Dn-2-Maschine HENNEBERG der 750-mm-spurigen Trusetalbahn.

Gelenklokomotiven
Hier sind die bereits beschriebenen Drehgestellbauarten nach Meyer und Mallet ausgenommen.
Eine besondere Bauart stellten aber die Hagans-Gelenk-Lokomotiven dar, für die es mehrere Bezeichnungen gab:
- „Lokomotiven mit drehbarem Treibachsengestell“ nach der Patentschrift
- „Drehschemel-Lokomotiven“ als Haganssche Bezeichnung und
- „Schwinghebel-Lokomotiven“, im Schrifttum gebräuchlich.

In der eigentlichen Hagans-Konstruktion waren zwei oder drei vordere Radsätze im Hauptrahmen festgelagert und wurden von den vornliegenden Zylindern angetrieben. Die beiden hinteren Radsätze befanden sich in einem Bisselgestell, das um den vorn angeordneten Drehzapfen ausschwenken konnte und rückwärts die Puffer und den Zughaken trug. Ein Schwinghebelmechanismus trieb die Radsätze des Bisselgestells an. Ausgeführt wurde dieser Antrieb bei vier Lokomotiven der Oberschlesischen Schmalspurbahnen, den späteren preußischen T 36, von denen eine Lokomotive über die Kleinbahn Rosenberg–Landsberg und die Zuckerfabrik Stavenhagen 1948 zu den Rügenschen Kleinbahnen als deren Nummer 265 kam. Allerdings war das Triebwerk des Gestells bereits ausgebaut, so daß die Lokomotive nunmehr die Achsfolge C2'nt hatte. Als 99 4621 musterte die Deutsche Reichsbahn diese Lokomotive am 15. November 1965 aus.
Die Hagans-Drehschemel-Lokomotive bot lauftechnisch gegenüber den Mallet-Lokomotiven einige Vorteile, auch in der Unterhaltung der Dampfmaschine, da nur noch zwei Zylinder vorhanden waren; aufwendiger erwies sich die Unterhaltung des vierteiligen Triebwerkes.
Lenz gab zwei derartige normalspurige Lokomotiven bei Vulcan in Auftrag. Allerdings waren nach Vorschlag Leitzmanns die Lenkgestelle vorn angeordnet und damit die Zylinder zwischen beweglicher und fester Triebwerksgruppe gelagert. Dadurch konnten überhängende Massen fast ganz vermieden werden, und die Laufeigenschaften verbesserten sich etwas. Der sonstige Aufwand blieb. Die beiden Lokomotiven kamen an die Braunschweig-Schöninger und an die Halle-Hettstedter Eisenbahn. Beide Bahnen hatten nun ihren Ärger mit den verwickelten Antrieben. Die Braunschweig-Schöninger Eisenbahn gab ihre Lokomotive 1925 an die Halle-Hettstedter Eisenbahn ab. Diese trennte sich 1930 und 1933 von beiden.

Zahnradlokomotiven
Bei den im folgenden beschriebenen Bahnen waren nur zwei mit Zahnradbetrieb nach Abt vorhanden:
- die Halberstadt-Blankenburger Eisenbahn und
- die Görlitzer (ursprünglich Oberlausitzer) Kreisbahn.

Der Schweizer Roman Abt entwickelte die Lamellen-Zahnstange; er löste dabei den Übergang von der Reibungs- auf die Zahnradstrecke und schuf funktionsfähige Weichen für sein Zahnstangensystem. Die dazugehörigen Abtschen Lokomotiven waren in erster Linie Reibungslokomotiven, die auf der gesamten Strecke arbeiteten und deren zusätzliche Zahnradtriebwerke nur auf den zwischen den reinen Reibungsstrecken gelegenen Zahnstangenabschnitten zugeschaltet wurden. Die Lokomotiven hatten zwei getrennte Triebwerke, die es gestatteten, auch auf den Zahnradabschnitten das Reibungstriebwerk zu nutzen. Beide Triebwerke entwickelten je 600 kN Zugkraft, von denen auf den Zahnstangenabschnitten mit 60‰ 300 kN für die Eigenbewegung der Lokomotive und 900 kN für die Beförderung eines Zuges genutzt werden konnten. Die C1'/b-n4-Lokomotiven der HBE (siehe Tabelle 5.17) besaßen, bedingt durch das Zahnradgestell, Außenrahmen, ein außenliegendes Triebwerk für den Reibungsbetrieb mit Kurbeln nach Hall und Allan-Steuerung. Der nachlaufende Radsatz war eine Bisselachse. Der Lokomotivführer hatte also zwei Maschinen zu bedienen. Im Normalbetrieb arbeitete nur die Dampfmaschine des Reibungstriebwerkes. Vor der Einfahrt in eine Zahnstange mußte die Geschwindigkeit auf 7,5 km/h verringert und das Zahnradtriebwerk durch Öffnen des zweiten Reglers in Bewegung gesetzt werden. Bis dahin hatte auch der Heizer die Schmierhähne der Zahnräder zu öffnen. Auf der Zahnradstrecke sollte das Zahnradtriebwerk stets mit voller Kraft arbeiten und die zulässige Geschwindigkeit durch das Reibungstriebwerk eingehalten werden. Das bedeutete, wenn man noch die Bedienung der Bremsen hinzunimmt, eine gegenüber normalen Reibungslokomotiven bedeutende Erschwernis im Dienst des HBE-Lokpersonals.
Die Lokomotiven erhielten nachstehende Bremssysteme:
- eine Spindelbremse, die über Klötze auf die Kuppelräder wirkte; sie diente als Rangier- und Feststellbremse
- eine zweite Spindelbremse, die über Bremsklötze auf die gerillten Bremsscheiben des Zahnradgestells wirkte
- Reibungs- und Zahnradmaschinen erhielten je eine Riggenbachsche Gegendruckbremse und
- die Heberlein-Seilzugbremse mit Bremshebel auf dem Führerstand zum Abbremsen des Zuges.

Alles in allem: „Die Abtsche kombinierte Adhäsions- und Zahnradlokomotive galt als kleines Wunderwerk der Technik des vorigen Jahrhunderts“, so urteilte W. Steinke. Später, von 1904 an, baute die HBE die Saugluftbremse Hardy bei den Lokomotiven und Wagen ein. Das er-

Tabelle 5.16 Zahnradlokomotiven

Erste Betriebs-nummer	Erster Name	Zweiter Name	Zweite Betriebs-nummer	Bauart	Hersteller	Bau-jahr	Fabrik-nummer	Verbleib
Halberstadt-Blankenburger Eisenbahn								
VI	RÜBELAND	PRINZ ALBRECHT	62	C1'/b-n4	Esslingen	1885	2084	+
VII	ELBINGERODE	ALBERT SCHNEIDER	63	C1'/b-n4	Esslingen	1885	2085	+
VIII	ROTHEHÜTTE	ROMAN ABT	–	C1'/b-n4	Esslingen	1885	2086	+
IX	TANNE	KYBITZ	–	C1'/b-n4	Esslingen	1885	2087	+
XI	BROCKEN	VON CRAMM-BURGDORF	65	C1'/b-n4	Esslingen	1887	2204	[1]
XIV	BROCKEN	VON OTTO	–	C1'/b-n4	Esslingen	1894	2267	+
XV	TANNE	CARL MÄRTENS	67	C1'/b-n4	Esslingen	1898	2987	+
–	TANNE	A. BENSEN	–	C1'/b-n4	Esslingen	1904	3321	+
–	ROTHEHÜTTE	HERZOG JOHANN ALBRECHT	68	C1'/b-n4	Esslingen	1906	3352	[1]
–	–	VON BUDDE	69	C1'/b-n4	Esslingen	1907	3418	+
–	–	VON GOLTZ	70	C1'/b-n4	Esslingen	1907	3419	[2]
–	–	–	71	D/b-h4	Esslingen	1914	3732	+
Görlitzer Kreisbahn								
1^{bz}	–	–	–	C/b-n4	Esslingen	1904	3297	+
2^{bz}	–	–	–	C/b-n4	Esslingen	1904	3298	+
3^{bz}	–	–	–	C/b-n4	Esslingen	1904	3299	+

[1] Umbau in C1'-n2 und Verkauf an Hafenbahn Hamm
[2] Umbau in C1'-n2, + bei HBE

möglichte die Erhöhung der zulässigen Geschwindigkeit auf den Reibungs- und Zahnradstrecken um 10 km/h bzw. 5 km/h. Ab 1910 blieb die Lokomotive an den bergwärts fahrenden Zügen auch auf den Zahnstangenabschnitten an der Spitze des Zuges.

Zu den insgesamt elf C1'/bn4-Lokomotiven kam 1914 eine modernere und leistungsfähigere D/bh4-Lokomotive hinzu; sie blieb ein Einzelstück.

Die Görlitzer Kreisbahn hatte einen Abschnitt mit einer Neigung von 50‰. Sie wandte ebenfalls das System Abt an, jedoch mit zweilamelliger Zahnstange. Dazu wurden drei C/bn4-Lokomotiven beschafft.

Waren es bei der HBE die 1'E1'h2-Lokomotiven, die den Zahnradbetrieb ablösten, so waren es bei der Görlitzer Kreisbahn normale Dh2-Lokomotiven des ELNA-Typs 6, die als Besonderheit Gegendruckbremsen besaßen (Tabelle 5.17).

Tabelle 5.17 Technische Daten von Zahnradlokomotiven

Bahn		Halberstadt-Blankenburger Eisenbahn		Görlitzer Kreisbahn
Baujahr Bauart		1885–1907 C1'/bn4	1914 D/bh4	1904 C/bn4
Höchstgeschwindigkeit bei				
Reibungsbetrieb	km/h	15[1]	50	45
Zahnradbetrieb	km/h	12[2]	25	15
Länge über Puffer	mm	10 000	10 600	8 450
Radstand	mm	5 450	5 050	3 400
Kuppelraddurchmesser	mm	1 250	1 100	1 080
Laufraddurchmesser	mm	750	–	–
Zylinderdurchmesser der Reibungsmaschine	mm	450	540	390
Kolbenhub der Reibungsmaschine	mm	600	500	550
Zahnradteilkreisdurchmesser	mm	573	688	–
Zylinderdurchmesser der Zahnradmaschine	mm	300	380	320
Kolbenhub der Zahnradmaschine	mm	600	450	450
Kesseldruck	bar	10	12	12
Rostfläche	m^2	1,87	2,10	1,41
Heizfläche	m^2	136,44	101,65	66,62
Überhitzerheizfläche	m^2	–	31,20	–
Wasservorrat	m^3	6,0	–	–
Kohlevorrat	t	2,0		
Leermasse	t	45,74	50,2	28,4
Dienstmasse	t	57,44	62,9	34,8
Reibungsmasse	t	45,14	62,9	34,8
Zugkraft	kN	130	150	

[1] später 40
[2] später 25

Lokomotiven mit Lentz-Steuerung

Diese Steuerung ist eine Ventilsteuerung. Nachteilig bei den üblichen Schiebersteuerungen ist das nur allmähliche Öffnen der Dampfkanäle zu den Zylindern. Das bewirkt Drosselungen, eine kleinere Arbeitsfläche und eine geringere Arbeit je Kohlenschub. Die Ventilsteuerung sollte Abhilfe schaffen. Dampfventile öffnen schneller und geben damit sofort einen großen Querschnitt zum Ein- und Ausströmen frei.

Weit verbreitet war bei der Oldenburgischen Staatsbahn die Ventilsteuerung nach Lentz. Bei der Preußischen Staatseisenbahn gab es nur relativ wenige Versuchslokomotiven mit der Lentz-Ventilsteuerung, meist in Verbindung mit Gleichstromdampfmaschinen. Sie verschwanden nach kürzerer oder längerer Zeit von der Bildfläche, da sie sich nicht bewährten. Ein letzter Versuch wurde während des zweiten Weltkrieges an der Lokomotive 52 4915 mit der Lentz-Ventilsteuerung unternommen, da Lentz noch einmal die Werbetrommel rührte und Material-, Brennstoff- und Arbeitszeiteinsparungen größeren Umfanges propagierte. Auch hier bewährte sich die Lentz-Steuerung nicht, und sie schien nunmehr vergessen zu sein.

Um so mehr erstaunt es, daß bei den 1949 übernommenen Privatbahnlokomotiven eine 1'Ch2-Tenderlokomotive mit einer derartigen Steuerung auftauchte. Bei dieser Lokomotive wurde jede Kolbenseite von einem Paar Doppelsitzventile bedient. Diese Lokomotive wurde nach einer Schadgruppenuntersuchung im Raw Halle 1954 der damaligen Fahrzeug-Versuchsanstalt (FVA) in Halle zugeführt, um sie zu induzieren und zu regulieren. Dort

Die 1'Ch2-Tenderlokomotive 91 6676 mit Indiziereinrichtung bei der Überprüfung der Ventilsteuerung durch die VES-M Halle.
Sammlung H. Müller

stellte man einen nicht mehr zu behebenden Verschleiß einzelner Steuerungsteile fest. Andere Teile ließen sich wieder herrichten. Mit einigen Zusatzteilen konnte die Steuerung schließlich betriebsfähig aufgearbeitet und eingestellt werden.
Wie fragwürdig jedoch die ganze Angelegenheit gewesen sein muß, geht aus dem letzten Satz des Merkblattes hervor, das man dem Lokpersonal mitgab, als es die Lokomotive in der FVA Halle abholte: „Etwas Lust und Liebe zu dieser Sache mitbringen, und es klappt!" Die Lokomotivfabrik der AEG lieferte die Maschine 1925 mit der Fabriknummer 3141 an die Mecklenburgische Friedrich-Wilhelm-Eisenbahn als deren Betriebsnummer 31^{II}, ab 1936 wurde sie in Nummer 27 umgezeichnet. 1941 kam sie mit der MFWE an die DRG, erhielt hier die Betriebsnummer 91 231, wurde etwa 1945 an die Osterwieck-Wasserlebener Eisenbahn als deren Nummer 40 abgegeben und erhielt am 1. Januar 1950 die letzte Betriebsnummer: 91 6676. Die Schwesterlokomotive (AEG 1925/Fabrik-Nr. 3142, MFWE Nr. 32^{II}, später in Nr. 28 und 1941 in 91 232 umgezeichnet) hat wahrscheinlich eine normale Schiebersteuerung besessen.
Die MFWE hat dann noch an einer ehemals preußischen T 8, der 89 039, bei der MFWE Nr. 3, mit der Ventilsteuerung experimentiert. 1941 als 89 1003 bezeichnet, gehörte sie zuletzt der Westfälischen Landeseisenbahn. Auch die Niederbarnimer Eisenbahn besaß zwei Loks mit Ventilsteuerung.

Lokomotiven mit Stroomann-Kessel

Der alte Stephensonsche Heizröhrenkessel war in seiner Einfachheit kaum zu übertreffen. Trotzdem gab es Versuche, ihn durch andere Bauarten zu ersetzen. Einer dieser mehrfach auch bei der Preußischen Staatseisenbahn unternommenen Versuche ist der Wasserröhrenkessel Bauart Stroomann gewesen. Dieser Kessel bestand aus einem hinteren Rundkessel, der einen Dom trug und in dem sich ein gewelltes Flammrohr befand, den Wasserrohren, dem Überhitzer und dem im oberen Teil des Rohrbündels eingebauten Abgasspeisewasservorwärmer. Diese Bauart bedeutete eine Umkehrung des Heizröhrenkessels in einen Wasserrohrkessel. Theoretisch hätte diese Bauart einen höheren Kesselwirkungsgrad aufweisen und Unterhaltungskosten einsparen müssen: wegen des Wegfalls des Stehkessels, der Feuerbüchse und der Stehbolzen! Die hinsichtlich einer besseren Dampfentwicklung auf den Stroomann-Kessel gesetzten Hoffnungen erfüllten sich nicht; das Gegenteil trat ein: Schon nach wenigen Betriebstagen waren die Wasserrohre von außen mit einer dicken Rußschicht bedeckt, eine Reinigung äußerlich war kaum möglich. Hinzu kamen andere Mängel wie ein zu kleiner Aschkasten, undichte Wasserrohre konnten nicht erkannt werden, zum Teil traten auch Abplattungen des Wellrohres auf ..., so daß man alle damit ausgerüsteten Lokomotiven wieder umbauen mußte.
1913 bezog die Ruppiner Kreisbahn die 1'Bh2-Lokomotive Nr. 15, später Ruppiner Eisenbahn Nr. RE 20, mit Stroomann-Kessel, der in Verbindung mit den ebenfalls angewandten Gleichstromzylindern der Lokomotive ein etwas plumpes Aussehen gab. Der Kessel wurde 1924 durch einen normalen Kessel ersetzt; später tauschte man auch die Gleichstromzylinder aus.
Die Brandenburgische Städtebahn bezog 1915 von Orenstein & Koppel unter der Fabrik-Nr. 7836 eine Dh2-Tenderlokomotive mit Stroomann-Kessel und normalen Zylindern. Diese Lokomotive, die ehemalige LANDRAT VON TSCHIERSCHKY, erhielt 1920/21 ebenfalls einen Kessel der Normalbauart. Gleichzeitig bekam sie einen zusätzlichen Rahmenwasserkasten.

Dampfmotor-Lokomotiven

Als Alternative zu dem 1929/30 einsetzenden Bau von Verbrennungsmotor-Triebwagen baute die Hanomag eine für Kleinbahnzwecke geeignet erscheinende Dampfmotor-Lokomotive mit einem im Ausland bei Dampftriebwagen verbreiteten Sentinel-Kessel. Im Aussehen ähnelte die Lokomotive einem Tender mit vergrößertem Aufsatz. Der stehende, zylindrische Kessel enthielt mehrere geneigte, gerade Wasserrohre, dabei blieb für die Kohlezufuhr in die unterhalb angeflanschte Feuerbüchse ein zylindrischer Schaft frei. Oben befand sich ein kleiner Überhitzer. Das Feuer wurde, wie beim Normalkessel, durch Blasrohr und Hilfsbläser angefacht. Der Kesselspeisung dienten eine tiefliegende Dampfstrahlpumpe und eine Fahrpumpe. Letztere führte dem Kessel über einen einfachen Vorwärmer das Speisewasser zu, dessen jeweilige Menge durch Überlauf- und Rücklaufventile bestimmt war. Die Antriebsmaschine war ein stehender, mit Ventilsteuerung ausgerüsteter Zweizylinder-Dampfmotor mit einer Leistung von 100 PS. Die Leistungsübertragung erfolgte über Kurbelwelle, Zahnradvorgelege, Blindwelle, Kettenräder und Antriebsketten auf die beiden Radsätze. Es waren zwei Vorgelege mit verschiedenen Übersetzungen (umschaltbar nur im Stand) vorhanden, um die Lokomotive sowohl im leich-

Der Versuchszug der Nordhausen-Wernigeroder Eisenbahn 1923 im Bf Drei Annen Hohne mit Lok 51.
Sammlung Verkehrsmuseum Dresden

Eine Zugkraft-Meßvorrichtung zwischen der NWE-Lok 51 und dem ersten Wagen des Versuchszuges.
Sammlung Verkehrsmuseum Dresden

ten, schnellen Zugdienst als auch im schweren, langsameren Zug- und Rangierdienst einsetzen zu können. Das Landes-Kleinbahnamt Hannover erwarb diese Lokomotive, erprobte sie auf mehreren Kleinbahnen und setzte sie dann auf der normalspurigen Kleinbahn Farge–Wulsdorf ein. Später kam die Einzelgängerin zur Kleinbahn Neuhaus–Brahlstorf, wo sie etwa um 1940 ausgemustert wurde.

Weitere Versuche mit Dampflokomotiven

Bei dieser oder jener Bahn wurden immer wieder Versuche unternommen, um Kosten zu sparen, denn Brennstoff- und Personalkosten machten einen großen Teil der Betriebsausgaben aus. Bei den Pro-

vinzial-Sächsischen Kleinbahnen waren es zwei der kleinsten Bahnen, deren einfache Betriebsverhältnisse Versuche folgender Art zuließen:
Bei der Kleinbahn Rennsteig–Frauenwald und der Kleinbahn Wolmirstedt–Colbitz wurde 1913 die Einmannbedienung der Dampflokomotive eingeführt. Dazu erhielten die Bn2-Tenderlokomotiven Türen in den Führerhausrückwänden, rechtsseitig breitere Umläufe mit Schutzgeländern, vorn und hinten klappbare Übergangsbrücken mit einfachen Geländern. Ebenso erhielt der kombinierte Post-Gepäck-Wagen nach Umbau des Postabteils die Übergangseinrichtung. Damit war es dem Zugbegleitpersonal möglich, während der Fahrt zur Lokomotive überzusteigen.
Wie lange der Einmannbetrieb bestand, ist nicht bekannt. Spätestens Mitte der dreißiger Jahre machte ein Verbot des Reichsverkehrsministeriums dieser Bedienung von Dampflokomotiven ein Ende. Nur der Verkehrsminister durfte danach die Einmannbesetzung genehmigen. Offensichtlich geschah dies nur bei den 600-mm-spurigen Lokomotiven der späteren Muskauer Waldeisenbahn.
Bei der Kleinbahn Bergwitz–Kemberg führte man im Winter 1922/23 einen Versuch mit Braunkohlebrikett-Feuerung durch. Steinkohle war teuer, und die Senkung dieser Ausgaben lag hier nahe, weil die Kleinbahn die Brikettfabrik Bergwitz zum Nachbarn hatte. Die für die Versuche verwendete Lokomotive erhielt einen Rost mit engeren Rostspalten. Der Versuch zeigte zufriedenstellende Ergebnisse, indem man etwa 30 Prozent der Brennstoffkosten einsparte. Nachteilig war der Funkenauswurf, obwohl der Schornstein eine Funkenhaube erhalten hatte. An den Schwefelgehalt der Braunkohle und dessen schädlichen Einfluß auf die kupferne Feuerbüchse dachte man wahrscheinlich nicht.

Normung und Vereinheitlichung

Die Lokomotivgeschichte kennt mehrere Versuche, für Lokomotiven gleicher Spurweite und gleicher Verwendungszwecke einheitliche Bauarten einzuführen und bewährte Bauteile vorhandener Gattungen auch auf neue Bauarten anzuwenden sowie die Zahl der Gattungen auf möglichst wenige zu beschränken. Frühere Privatbahnverwaltungen versuchten dies vielfach, indem sie Lokomotiven nur von einem Hersteller bezogen. Bekannt ist der Versuch von Strousberg, für die seinem Einfluß unterstehenden Bahnen mit nur drei Bauarten auszukommen. Für den Bau dieser Lokomotiven kaufte er sogar die Lokomotivfabrik von Georg Egestorff bei Hannover. Dort wurden für deutsche und ausländische Bahnen gebaut:
43 1Bn2-Lokomotiven für Reisezüge,
129 B1n2-Lokomotiven für gemischte Züge und
32 Cn2-Lokomotiven für Güterzüge.
Diese Lokomotiven glichen sich in folgendem:
- überhöhte, rechteckige Hinterkesseldecke nach Belpaire
- flacher, rechteckiger Rauchkammerboden
- gleiche Sicherheitsventile und deren Anordnung
- Allan-Steuerung mit Händel und
- gleiche, zweiachsige Tender.

Solche Versuche endeten oft rascher als begonnen, da sich die Herstellungstechnologien in den Lokfabriken und die Betriebsverhältnisse der Bahnen stetig entwickelten. Die wachsenden Beförderungsaufgaben verlangten leistungsfähigere und schnellere Lokomotiven. Die Beschaffung einer größeren Anzahl von Lokomotiven dauert stets eine gewisse Zeit, in der sich vieles ändert. Ein Wettlauf, dem die Lokomotiventwicklung bis heute unterworfen ist. Zwar kann man die technische Entwicklung ignorieren und über viele Jahre hinweg die gleichen Lokomotiven bauen, aber mit dem Ergebnis, daß die letzten Lieferungen einer Gattung dann bei ihrer Indienststellung veraltet sind.
Trotzdem: Der Hersteller wollte möglichst rationell produzieren, um den Konkurrenten unterbieten zu können, die Bahnverwaltung, gleich ob groß oder klein, wollte gleiche Lokomotiven im Bestand haben, um die Unterhaltungskosten niedrig zu halten. Eine Optimierungsaufgabe, die man mit der Normung zu lösen suchte.

Die preußischen Normalien

Die hier beschriebenen Klein- und Privatbahnen lagen im Einzugsbereich der Preußischen Staatseisenbahn. Die Beschaffungspolitik dieser Bahnverwaltung beeinflußte daher mehr oder weniger auch die der Klein- und Privatbahnen.
Nach den schlechten Erfahrungen des Krieges 1870/71 setzten bei der Preußischen Staatseisenbahn Bestrebungen ein, neue einheitliche Betriebsmittel, Oberbauteile u.a.m. einzuführen. Es entstanden die „Preußischen Normalien". Diese waren in der Folgezeit ständig Erweiterungen und Änderungen unterworfen. Tabelle 5.18 gibt eine stark vereinfachte Übersicht, wie die Entwicklung chronologisch verlief.
Die Normalien enthielten nicht nur die Zusammenstellungszeichnungen der einzelnen Fahrzeuggattun-

gen, sondern auch die Einzelteilzeichnungen der in den Normalien erfaßten Fahrzeuge. Tabelle 5.19 enthält die Gruppeneinteilung, sie entspricht der letzten Ordnung von 1913. Da die Gruppenbezeichnung (fälschlich als Gattung benannt) wie G 3, T 2, T 3 u. a. schon 1905/06 eingeführt wurde, war vorher ein preußisches Fahrzeug nur eindeutig bezeichnet, wenn auf die betreffende Normalie Bezug genommen wurde.
Neben den nach Normalien (später auch als Musterblätter bezeichnet) konstruierten Fahrzeugen gab es Fahrzeuge, für die nie ein solches Musterblatt aufgestellt worden ist. Das betraf sowohl Versuchsfahrzeuge als auch in kleineren oder größeren Stückzahlen hergestellte Fahrzeuge. Allerdings reihte man manches Fahrzeug bzw. deren Zeichnungen dann später in die Normalien

Eine B1n2-Lokomotive für die Strousberg-Bahnen.
Werkfoto

Eine ehemalige preußische T 7-Normalienlokomotive, die über die Bahn Arnstadt–Ichtershausen als 89 6401 zur DR kam. Hier im Einsatz auf der ehemaligen Kyffhäuser Kleinbahn mit einem BC PwPost4i dieser Kleinbahn im Jahr 1959.
Sammlung Wiegner

Tabelle 5.18 Chronologie der Entwicklung der preußischen Normalien

Jahr	Kennzeichnung
1872	Erste Normalien für die wichtigsten Teile von Güterwagen
1877	Normalien für zwei Lokomotiven in je zwei Varianten, einen Tender, sechs Personen- und zwei Güterwagen
1882/83	Normalien für Nebenbahn-Betriebsmittel: zwei Lokomotiven, sechs Personen- und zwei kombinierte Gepäck- und Postwagen
1883/84	Überarbeitung vorhandener Normalien; Neuaufstellung von Normalien für fünf Lokomotiven, zehn Personenwagen (erstmals mit Abteilanordnung), zwei Gepäck- und einen Güterzuggepäckwagen, zwölf Güterwagen
1886/87	Revidierte Nebenbahn-Normalien
1895	Normalien für Verbundlokomotiven und neue Wagengattungen (statt für 12,5 t nunmehr für 15 t Lademasse)
1905	Normalien für Heißdampflokomotiven, systematische Ordnung der Reisezugwagen, Normalien für vier- und sechsachsige Wagen
1913	Neuordnung der Normalien bzw. Musterblätter

Tabelle 5.19 Gruppeneinteilung der preußischen Normalien nach dem Verzeichnis der Musterzeichnungen für Fahrzeuge einschließlich der reichseigenen Bahnpostwagen, Berlin 1913

Gruppe	Musterblätter
	Gesamtzeichnungen für
I	Personenwagen
II	Gepäck- und Güterwagen
III	Naßdampflokomotiven und Tender
	Einzelzeichnungen für
IV	Wagen aller Art
V	Personenwagen
VI	Gepäck- und Güterwagen
B und C	Verbandsgüterwagen
VII	Naßdampflokomotiven und Tender aller Gattungen
VIII	Naßdampf-Personenzuglokomotiven
IX	Naßdampf-Schnellzuglokomotiven
X	Naßdampf-Güterzuglokomotiven
XI	Naßdampf-Tenderlokomotiven
XII	Tender
XIII	alle Fahrzeuge, ausschl. Verbandsgüterwagen
	Gesamtzeichnungen für
XIV	Heißdampflokomotiven
	Einzelzeichnungen für
XV	Heißdampflokomotiven aller Gattungen
XVI	Heißdampf-Personenzuglokomotiven
XVII	Heißdampf-Schnellzuglokomotiven
XVIII	Heißdampf-Güterzuglokomotiven
XIX	Heißdampf-Tenderlokomotiven
P.I	Gesamtzeichnungen für Bahnpostwagen
P.II	Einzelzeichnungen für Bahnpostwagen

Tabelle 5.20 Vergleich einer Cn2- und einer 1'Ch2-Lokomotive nach Semke

Bauart		Cn2	1'Ch2
Rostfläche	m^2	1,4	1,4
Heizfläche	m^2	66,2	58,4
Überhitzerheizfläche	m^2	–	21,6
Dienstmasse	t	37	47
Reibungsmasse	t	37	37
Zugmasse	t	350	453
Geschwindigkeit bei 10‰ Steigung	km/h	10–12	16–18
Füllung bei 10‰ Steigung	%	55	50
Überhitzung	°C	–	350-370
Kohleverbrauch	t	2,1	1,9
Wasserverbrauch	m^3	14,0	13,0
Spez. Kohleverbrauch	kg/tkm	0,0494	0,0345
Spez. Wasserverbrauch	l/tkm	0,329	0,236
Kohleersparnis	%	–	30
Wasserersparnis	%	–	28

Tabelle 5.21 Anteile der 1949 von der DR übernommenen Lokomotiven ehemaliger Klein- und Privatbahnen nach Kupplungsgraden in %

Achsfolge (ohne Laufradsätze)	B	C	D	E	Gesamt
Normalspurlokomotiven	9	54	17	1	81
Schmalspurlokomotiven	5	6	8	–	19
Gesamt	14	60	25	1	100

ein, so daß die Reihenfolge einer Musterblattfolge unlogisch erscheint. Daneben wurden Musterblätter bei Bedarf überarbeitet und durch Neuauflagen ergänzt, ohne die älteren Musterblätter als ungültig zu erklären (Tabellen 5.22 und 5.23).

Am Beispiel der T 3 soll dies erläutert werden: Das Musterblatt III-4e, das selbst aus der Nebenbahn-Normalie 12 von 1882/83 abgeleitet war, erfuhr drei Auflagen bzw. Nachträge. Die Nachträge 1 und 2 brachten die Verstärkung der Bremse und des Rahmens mit sich. Durch Nachtrag 3 wurde der Rahmen verlängert, ein

Dom auf den mittleren Kesselschuß gesetzt und die Führerhausrückwand gerade ausgeführt. Das Musterblatt III-4p war dann ein Neuentwurf; die dementsprechenden Lokomotiven bezeichnete man als T 3-verstärkte Bauart.

Die ELNA-Lokomotiven

Die ersten Kleinbahnlokomotiven einer 1918 beginnenden Entwicklungs-, Normungs- und Typisierungsarbeit wurden 1922 und 1924 gebaut und in Dienst gestellt. Damit hatte der Arbeitsausschuß für die Typisierung von Kleinbahn-Lokomotiven im „Engeren Lokomotiv-Normen-Ausschuß" (ELNA) eine beispielhafte Arbeit geleistet, denn die

Tabelle 5.22 Stückzahlen der nach preußischen Normalien gebauten Staatsbahnlokomotiven, die an Klein– und Privatbahnen übergegangen sind

Normalie	Preußische Gattung	Spätere DR-Baureihe	Bauart	Mit preußischer Betriebsnummer	Mit DRG-Betriebsnummer	Vor 1945 an DR zurückgegangen	Nach 1945 an DR zurückgegangen
III-4	T 2	–	Bn2	1	–	–	–
III-4g	T 3	–	B1n2	–	–	–	
III-4e	T 3	$89^{60,61}$	Cn2	23	5	–	12
III-4p	T 3	89^{62}	Cn2	1	1	–	2
III-4h	$T\ 4^{2}$	69^{64}	1Bn2	1	–	–	1
III-4c	T 7	89^{64}	Cn2	6	1	–	1
III-4f	$T\ 9^{1}$	–	C1'n2	4	–	–	–
III-4k	$T\ 9^{2}$	74^{66}	1'Cn2	4	1	–	3
III-4l	$T\ 9^{3}$	91^{65}	1'Cn2	–	12	–	4
III-4o	T 11	–	1'Cn2	–	1	–	–
III-4q	T 13	$92^{64,65}$	Dn2	–	2	–	2
XIV-4	T 8	$89^{10,64,65}$	Ch2	–	4	2	2
XIV-4e	T 14	$93^{0,4}$	1'C1'h2	–	5	5	–
XIV-4c	T 16	–	Eh2	–	1	–	–
XIV-4f	$T\ 16^{1}$	94^{67}	Eh2	–	1	–	1

Tabelle 5.23 Technische Daten nach preußischen Normalien gebauter Tenderlokomotiven (Auswahl)

Preußische Gattung		T 3	T 3	T 3	T 13	$T\ 9^{3}$	T 8	T 12
Musterblatt		III-4g	III-4e	III-4p	III-4q	III-4e	XIV-4	XIV-4a
Bauart		B1n2	Cn2	Cn2	Dn2	1'Cn2	Ch2	1'Ch2
Höchstgeschwindigkeit	km/h	60	40	40	45	60	60	80
Länge über Puffer	mm	8 670	8 320	8 591	11 100	10 700	9 500	13 800
Achsstand	mm	3 700	3 000	3 000	5 275	6 000	3 300	6 350
Kuppelraddurchmesser	mm	1 220	1 100	1 100	1 250	1 350	1 350	1 500
Laufraddurchmesser	mm	930	–	–	–	1 000	–	1 000
Zylinderdurchmesser	mm	360	350	350	500	450	510	540
Kolbenhub	mm	550	550	550	600	630	600	630
Kesseldruck	bar	12	12	12	12	12	12	12
Rostfläche	m^2	1,46	1,35	1,3	1,73	1,53	1,23	1,73
Heizfläche	m^2	75,94	59,93	60,94	116,40	107,20	68,50	106,0
Überhitzerheizfläche	m^2	–	–	–	–	–	17,90	33,4
Wasservorrat	m^3	5,0	4,0	4,0	7,0	7,0	5,0	7,0
Kohlevorrat	t	1,8	1,2	1,5	2,50	2,00	1,10	2,5
Leermasse	t	26,86	23,2	27,3	46,64	46,85	34,9	53,2
Reibungsmasse	t	25,69 [159]	31,4	35,9	59,9	45,58	44,10	50,1
Zuletzt bei		Gardelegen-Neuhaldensleben-Weferlinger Kleinbahn	Altmärkische Eisenbahn	Dessau-Wörlitzer Eisenbahn	Kleinbahn Gardelegen–Neuhaldensleben–Weferlingen	Halberstadt-Blankenburger-Eisenbahn	Mecklenburgische Friedrich-Wilhelm-Eisenbahn	Halberstadt-Blankenburger Eisenbahn

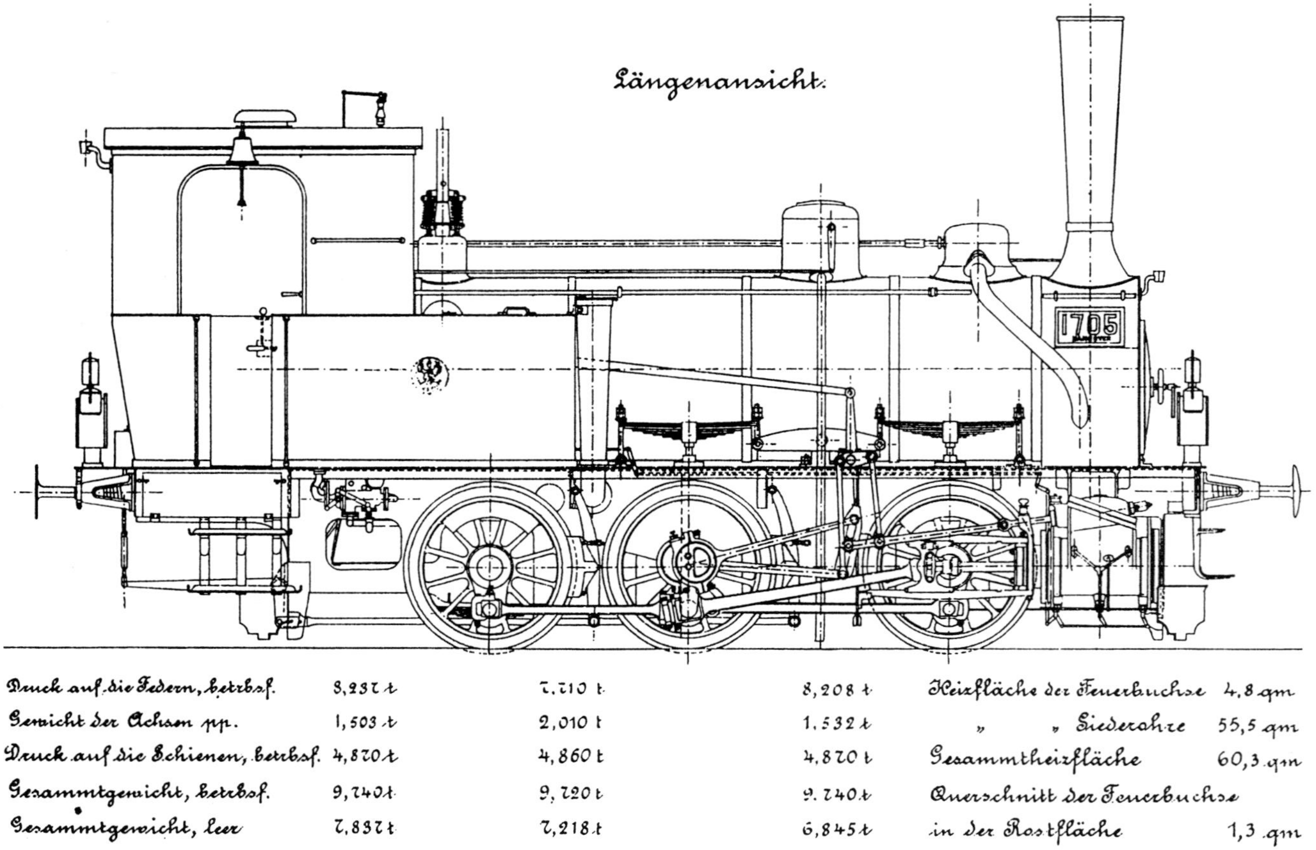

Skizze einer preußischen Normalienlokomotive T 3.
Glasers Annalen

ersten Einheitslokomotiven der Reichsbahn folgten erst 1925.
Vorangegangen waren umfangreiche Normungsarbeiten, wie
- die einheitliche Benennung aller Lokomotivteile
- die Übernahme allgemeiner DIN-Normen für die Eisenbahnen, soweit erforderlich
- die Normung von Einzelteilen für Eisenbahnfahrzeuge
- die Tolerierung der Lokomotivteile und
- die Schaffung neuer, vereinheitlichter oder typisierter Lokomotiven.

Zum letzten Punkt bestanden drei Arbeitsausschüsse, die jeweils die Entwürfe vorzulegen hatten, für:
- Einheitslokomotiven der Deutschen Reichsbahn
- Schmalspurlokomotiven und
- normalspurige Kleinbahnlokomotiven.

Bei den ersten Vorstellungen über die normalspurigen Kleinbahnlokomotiven traf man genau die Wünsche der Kleinbahnen, die durch den „Verein Deutscher Straßenbahnen, Kleinbahnen und Privateisenbahnen" (VDSKP) an die Lokomotivindustrie herangetragen wurden. Es ist bemerkenswert, daß die Initiative zu den „Einheits-Kleinbahn-Lokomotiven", wie man die ELNA-Lokomotiven treffender bezeichnen müßte, wiederum von Lenz & Co ausging. Dessen technischer Direktor Semke bekleidete eine führende Rolle im VDSKP. Durch eine von ihm veranlaßte Fragebogenaktion und seine Mitarbeit im Normenausschuß hatte er maßgeblichen Anteil an den ELNA-Lokomotiven.
Grundlage für die Entwicklung der

Typenreihe für Kleinbahnlokomotiven waren die Betriebsverhältnisse und der vorhandene Oberbau. Der Betrieb auf den Klein- und Privatbahnen wurde im wesentlichen mit folgenden Zugarten geführt:

- mittelschwere Personen-, Güter- und gemischte Züge
- leichte, schneller fahrende Personenzüge und
- schwere, langsam fahrende Güterzüge.

Von den Strecken der Kleinbahnen und privaten Nebenbahnen waren etwa 55 Prozent für Achsfahrmassen von 12 t und etwa 18 Prozent für 14 t zugelassen. Die anderen Privatbahnen ließen 15 t, 16 t, 18 t und 20 t Achsfahrmasse zu.

Nach den ersten Vorstellungen und den ersten Zeichnungsentwürfen einigte man sich im ELNA-Ausschuß auf eine Typenreihe von Bauarten nach Tabelle 5.24. Die Lokomotiven konnten als Naß- oder als Heißdampflokomotiven, die C-Lokomotiven wahlweise mit 1100 mm oder 1 200 mm Raddurchmesser bestellt werden. Das ergab 16 Varianten, zwischen denen die Klein- und Privatbahnen wählen konnten. Auf die Entwicklung von B-gekuppelten Lokomotiven wurde verzichtet, ebenso auf Schmalspurlokomotiven. Die Bahnen, die schwerere Lokomotiven

Bei der Zschipkau-Finsterwalder Eisenbahn verkehrten unter den Nummern 6 und 7 zwei T 3 nach Musterblatt M III-4e (1), die von der Mecklenburgischen Waggonfabrik Güstrow in den Jahren 1895 bzw. 1896 gebaut wurden. Das Bild zeigt Lok 7 – DONATH – im Jahr 1914 in der Betriebswerkstatt Finsterwalde.
Sammlung Rammelt

Henschel-Firmenwerbung für ELNA-Lokomotiven.
Sammlung Rammelt

Die Anordnung der Gegendruckbremse an der ELNA-Lokomotive 92 2902, ehemals Görlitzer Kreisbahn.
Foto Friedrich

brauchten als es die Typenreihe vorsah, sollten auf Typenlokomotiven der Hersteller zurückgreifen.
Die Zukunft zeigte dann, daß von den C-Lokomotiven zwei und von den Naßdampflokomotiven nur drei Stück geliefert wurden. Auch die leichtere Dh2-Lokomotive, ELNA-Typ 3, ging in der Stückzahl gegenüber den Reihen 2, 5 und 6 zurück.
Der allgemeine Aufbau aller ELNA-Lokomotiven war gleich. Frei über dem Rahmen lag ein gedrungen gebauter Kessel. Dadurch wurden eine kurze Länge über Puffer, hohe Schwerpunktlage, bequeme Zugänglichkeit zum Kessel und gute Streckensicht erreicht, unterstützt

Tabelle 5.24 Technische Daten der ELNA-Lokomotiven

ELNA-Typ		1	2	3	4	5	6
Bauart		Ch2	1'Ch2	Dh2	Ch2	1'Ch2	Dh2
Achsfahrmasse	t	12	12	12	14	14	14
Höchstgeschwindigkeit	km/h	55/60	65	40	55/60	65	40
Achsstand	mm	3 000	5 300	4 300	3 000	5 300	4 300
Laufraddurchmesser	mm	–	800	–	–	800	–
Kuppelraddurchmesser	mm	1 100/ 1 200	1 200	1 100	1 100/ 1 200	1 200	1 100
Zylinderdurchmesser	mm	410	430	480	430	450	520
Kolbenhub	mm	550	550	550	550	550	550
Kesseldurck	bar	12	12	12	12	12	12
Rostfläche	m^2	1,2	1,4	1,66	1,4	1,66	1,84
Heizfläche	m^2	49,3	59,0	70,3	59,0	70,3	88,0
Überhitzerheizfläche	m^2	17,1	21,0	25,7	21,0	25,7	31,0
Wasservorrat	m^3	4,5	5,0	5,0	5,0	6,0	6,0
Kohlevorrat	t	1,0	1,2	1,2	1,2	1,6	1,6
Leermasse	t	28,0	36,0	38,0	32,0	42,0	44,0
Reibungsmasse	t	36,0	46,0	48,0	42,0	54,0	56,0

Skizzen der ELNA-Typen 1 bis 6.

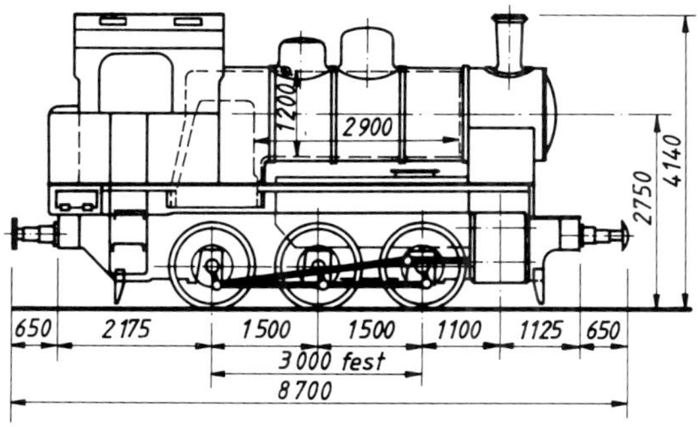

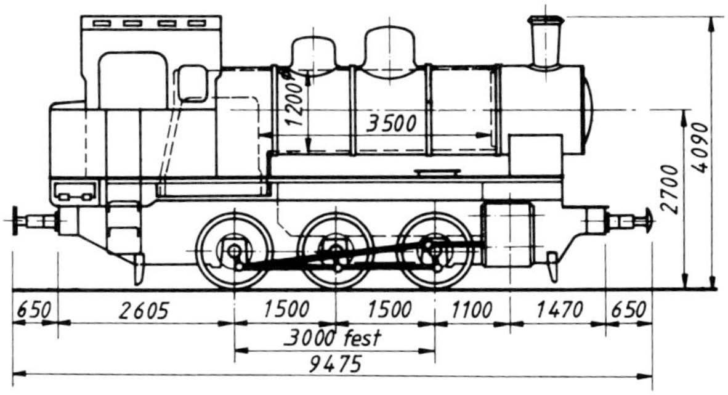

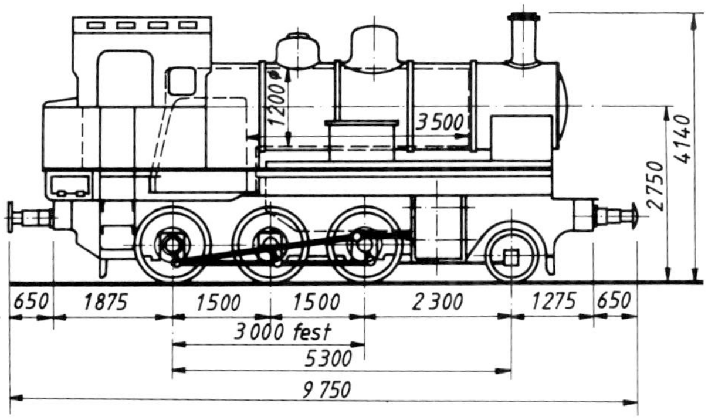

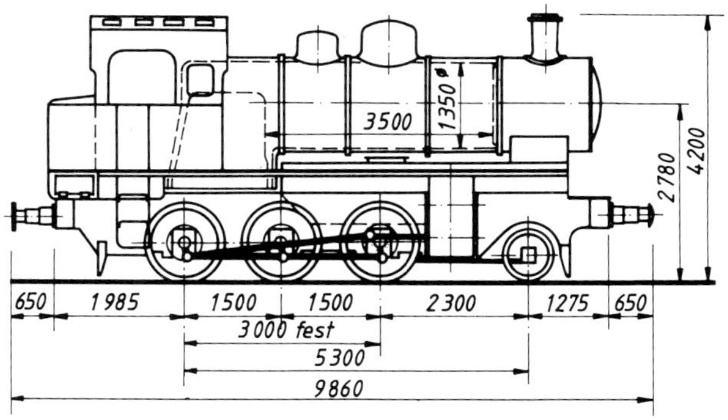

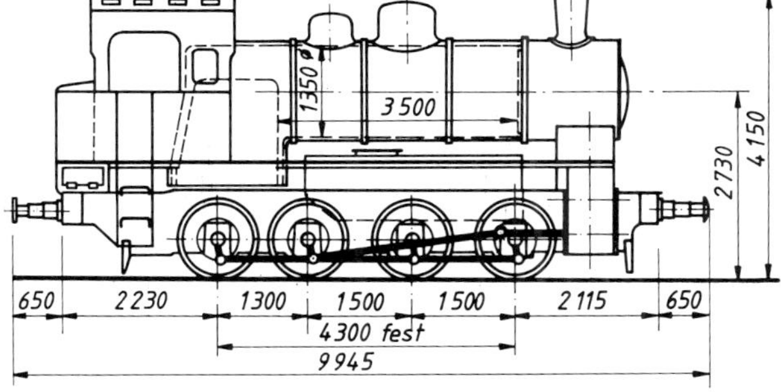

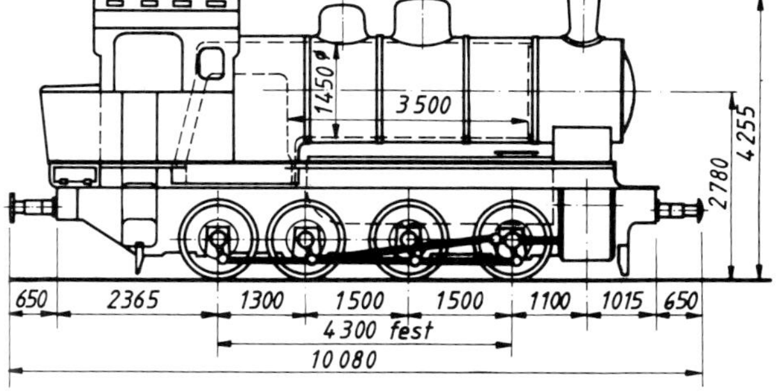

ELNA-Lokomotive 91 6780 nach einer Ausbesserung im Raw Halle zum Verwiegen bei der VES-M in Halle.
Sammlung Rammelt

durch die Anordnung des Wasserbehälters in T-Form zwischen dem Rahmen und dem Kohlenkasten an der Führerhausrückwand. Die ELNA-Lokomotiven erhielten damit ihr typisches Aussehen.
Auf dem Langkessel befanden sich normalerweise Reglerdom, Sandkasten und Speisedom. Der Stehkessel war aus Kupfer. Kipproste wurden nur auf Wunsch eingebaut. Der Überhitzer entsprach der üblichen Bauart. Der Rahmen bestand aus 20 mm dicken Blechplatten, verbunden und versteift durch die Pufferbohlen, die Zylinderstrebe, den Wasserkasten und die Stehkesselträger. Sowohl für die Heißdampf- als auch für die Naßdampflokomotiven sahen die Richtlinien Kolbenschieber, Ventilregler und außenliegende Heusinger-Steuerung vor. Die Schieberkästen trugen selbsttätige Druckausgleichventile, bei den D-Lokomotiven meist ein Universalventil Bauart Vulcan, das Druckausgleichs-, Luftsauge- und Sicherheitsventil vereinigte. Die Radstände waren möglichst groß gehalten, um die überhängenden Massen zu beschränken. Bei den vierfach gekuppelten Lokomotiven, also bei den Typen 3 und 6, verzichteten die Konstrukteure auf die Seitenverschiebbarkeit eines Radsatzes. Die 1'C-Lokomotiven erhielten anfangs Adams-, später Bisselachsen. In den ersten Jahren gehörten zur Ausrüstung: Dampfläutewerk, Dampf- und Wurfhebelhandbremsen, zwei Dampfstrahlpumpen Bauart Strube, Rauchkammer- und Aschkastennäßvorrichtungen und z. T. Pulsometereinrichtungen.
Nachstehend eine Aufstellung über die einheitlichen und austauschbaren Baugruppen und Einzelteile bei den möglichen 16 Varianten der ELNA-Typen-Lokomotiven:
– 4 Kessel (für ELNA 1, ELNA 2 und

Butzbach-Licher Eisenbahn AG: Die Krauss-ELNA 141 (1929/8336) nähert sich im Sommer 1962 dem Endpunkt der Bahn, Bad Nauheim. Foto Maedel

ELNA 4, ELNA 3 und ELNA 5 sowie ELNA 6). Dabei waren bei den Kesseln gleich: die Gelenkstücke, Feuertüren, Dampfentnahmestutzen, Wasserstandsanzeiger, Probierhähne u. a.

- 2 Ventilregler
- 2 Dampfsammelkästen
- 6 Zylinder
- 1 Kolbenschieber
- 2 Kolbenstopfbuchsen
- 1 Schwinge
- 2 Kreuzköpfe
- 2 Treibradsätze 1 100 mm
- 2 Treibradsätze 1 200 mm
- 1 Kuppelradsatz 1 100 mm
- 1 Kuppelradsatz 1 200 mm
- 4 Stangenlager
- 2 Tragfedern für gekuppelte Radsätze
- 1 Schmierpumpe u. a.

Damit war eine weitgehende Einheitlichkeit erreicht. Daneben wurden von den Lokomotivfabriken Wünsche der Bahnverwaltungen wie zusätzliche seitliche Wasserkästen, leistungsfähigere Kessel oder Sondereinrichtungen berücksichtigt. Zu den letzteren kann man die Gegendruckbremse bei den drei ELNA-Lokomotiven Typ 6 der Görlitzer Kreisbahn zählen.

Es ist bei manchen dieser Lokomotiven mit unterschiedlichen Maßen oder Einrichtungen schwer festzustellen, ob es sich noch um eine ELNA-Typen-Lokomotive handelt.

Allgemein bewährten sich die ELNA-Lokomotiven. Änderungen betrafen nur Einzelteile. Dies waren hauptsächlich: zusätzliche Waschluken, andere Anordnung des Dampfentnahmestutzens, Verstärkung der Achsschenkel der Laufradsätze, Einbau von Druckausgleichern Bauart Winterthur, elektrische Beleuchtung, Heizleitungsanschlüsse, Speisewasserreiniger im Dom, Abdampfvorwärmer, Druckluftbremsen und -läutewerke sowie Geschwindigkeitsmesser. Lokomotiven früherer Lieferungen wurden bei Untersuchungen damit aus- bzw. umgerüstet (vgl. Tabelle 5.25).

Bei der Liegnitz-Rawitscher Kleinbahn unterzog Lenz & Co eine 1'Ch2-ELNA-Lokomotive einem Vergleich mit einer älteren, aufgearbeiteten C-n2-Lokomotive. Semke gab dazu die dabei ermittelten Vergleichszahlen (vgl. Tabelle 5.20). Über die Zuverlässigkeit dieser Zahlen kann man streiten, zumal kaum anzunehmen ist, daß jemals eine ELNA-Lokomotive auf wissenschaftliche Art vor einem Meßwagen erprobt wurde. Hier sei eines richtiggestellt: Es sind Fotos bekannt, die ELNA-Lokomotiven bei der Fahrzeugversuchsanstalt Halle zeigen. In den Bildlegenden heißt es dazu, daß die abgebildeten Lokomotiven als Versuchslokomotiven der FVA gehören. Das stimmt nicht! Die FVA hatte damals vielmehr den Auftrag, die Dienstvorschrift DV 939 Tr „Merkbuch für die Triebfahrzeuge der DR" zu erarbeiten. Während für die vorhandenen Länderbahn- und Einheitslokomotiven auf bekannte

Tabelle 5.25 ELNA-Lokomotiven bei ehemaligen Klein- und Privatbahnen

Typ	Bahn	Betriebs-nummer	Hersteller	Bau-jahr	Fabrik-nummer	Zwischenzeitlich bei/ 1949 übernommen auf	Verbleib
6	Halle-Hettstedter Eisenbahn	101	Krauss	1922	8058	später Nr. 181	92 6476
6	Halle-Hettstedter Eisenbahn	102	Krauss	1922	8059	später Nr. 182	92 6477
6	Halle-Hettstedter Eisenbahn	103	Krauss	1922	8060	später Nr. 183	92 6478
6	Halle-Hettstedter Eisenbahn	104	Krauss	1922	8061	später Nr. 184	92 6479
3	Prenzlauer Kreisbahnen	11	Hanomag	1923	10 214		92 6376
3	Prenzlauer Kreisbahnen	12	Hanomag	1923	10 215		92 6377
5	Halle-Hettstedter Eisenbahn	151	Krauss	1924	8317		91 6476
5	Halle-Hettstedter Eisenbahn	152	Krauss	1924	8318		91 6477
5	Halle-Hettstedter Eisenbahn	153	Krauss	1924	8319		91 6478
5	Halle-Hettstedter Eisenbahn	154	Krauss	1924	8320		91 6479
3	Süddeutsche Eisenbahn-Gesellschaft	380	Hanomag	1924	10 369	Hohenebra-Ebelebener Eisenbahn	92 6176
5	Liegnitz-Rawitscher Eisenbahn	143	Vulcan	1924	3855	Oschersleben-Schöninger Eisenbahn	91 6481
5	Liegnitz-Rawitscher Eisenbahn	144	Vulcan	1924	3856	Niederlausitzer sowie Halle-Hettstedter Eisenbahn	91 6480
3	Kleinbahn Strausberg–Herzfelde	9	Henschel	1924	20 378	Oderbruchbahn, Nr. 171	92 6378
5	Liegnitz-Rawitscher Eisenbahn	141	Vulcan	1925	3989	Niederlausitzer Eisenbahn	91 6497
5	Liegnitz-Rawitscher Eisenbahn	142	Vulcan	1925	3990	Oderbruchbahn	91 6578
3	Prenzlauer Kreisbahnen	13	Hanomag	1925	10 419		92 6379
3	Prenzlauer Kreisbahnen	14	Hanomag	1925	10 420		92 6380
2	Mühlhausen-Ebelebener Eisenbahn	141	Krauss	1925	8337		91 6277
2	Mühlhausen-Ebelebener Eisenbahn	142	Krauss	1925	8339		91 6278
2	Kleinbahn Strausberg–Herzfelde	141	Hohenzollern	1925	4533		91 6276
2	Stralsund-Tribseeser Eisenbahn	141	Hohenzollern	1925	4534	Greifswald-Grimmener Eisenbahn	91 6279
6	Weimar-Berka-Blankenhainer Eisenbahn	91	O&K	1925	10 494	Greußen-Ebeleben-Keulaer Eisenbahn	92 6480
2	Greifswald-Grimmener Eisenbahn	1141	Hohenzollern	1927	4605		91 6280
6	Halle-Hettstedter Eisenbahn	187	Hohenzollern	1927	4609		92 6481
6	Halle-Hettstedter Eisenbahn	186	Hohenzollern	1927	4610		92 6482
6	Halle-Hettstedter Eisenbahn	185	Hohenzollern	1927	4611		92 6483
5	Niederlausitzer Eisenbahn	12	Henschel	1927	20 816	spätere Nr. 151	91 6482
5	Neubrandenburg-Friedländer Eisenbahn	41	Henschel	1927	20 919		[1]
5	Salzwedeler Kleinbahn	9	Henschel	1927	20 973	später Nr. 301	91 6483
5	Braunschweigische Landesbahn	33	Henschel	1928	20 976	bis 1945 verliehen als Werklok	91 202
5	Neuhaldenslebener Eisenbahn	19	Henschel	1928	2144		[1]
3	Bunzlauer Kleinbahn	171	Henschel	1928	21 209	Prenzlauer Kreisbahnen	92 6276
2	Greifswald-Grimmener Eisenbahn	1142	Hohenzollern	1929	4679	Neubrandenburg-Friedländer Eisenbahn Nr. 1142	91 6282
2	Stralsund-Tribseeser Eisenbahn	142	Hohenzollern	1929	4680	Neubrandenburg-Friedländer Eisenbahn Nr. 142	91 6283
2	Kleinbahn Strausberg–Herzfelde	142	Schwartzkopff	1929	9557	1937–1942: Halle-Hettstedter Eisenbahn, Nr. 142	91 6280
6	Ohlauer Kleinbahn	181	Schwartzkopff	1929	9582	Niederlausitzer Eisenbahn, Nr. 181	92 6484
5	Prignitzer Eisenbahn	4	LHW	1929	3125		91 211
5	Prignitzer Eisenbahn	6	LHW	1929	3156		91 212
5	Salzwedeler Kleinbahn	10	Henschel	1929	21 450	später Nr. 302	91 6486
6	Liegnitz-Rawitscher Eisenbahn	182	Krauss	1930	8490	Halle-Hettstedter Eisenbahn	92 6488
6	Nauendorf-Gerlebogker Eisenbahn	181	Krauss	1930	8491	Halle-Hettstedter Eisenbahn	92 6587
6	Liegnitz-Rawitscher Eisenbahn	183	Krauss	1930	8492	Aschersleben-Schneidlingen-Nienhagener Eisenbahn	92 6489
6	Greifenhagener Kreisbahn	51[D]	Hanomag	1930	10 724	Neubrandenburg-Friedländer Eisenbahn, Nr. 72	92 6485

Typ	Bahn	Betriebs-nummer	Hersteller	Baujahr	Fabrik-nummer	Zwischenzeitlich bei/ 1949 übernommen auf	Verbleib
6′	Pyritzer Kleinbahn	51[D]	Hanomag	1930	10 725	Neubrandenburg-Friedländer Eisenbahn, Nr. 74	92 6486
6	Kleinbahn Casekow–Penkun–Oder	51[D]	Hanomag	1930	10 726	Franzburger Südbahn, Nr. 73	92 6487
5	Greifenhagener Kreisbahn	52[D]	Henschel	1930	21 776	Franzburger Südbahn, später Nr. 39	91 6487
5	Pyritzer Kleinbahn	52	Henschel	1930	21 777	Franzburger Südbahn, später Nr. 40	91 6488
5	Naugarder Kleinbahnen	51	Henschel	1930	21 778	Franzburger Südbahn, später Nr. 36	91 6489
5	Naugarder Kleinbahnen	52	Henschel	1930	21 779	Franzburger Südbahn, später Nr. 37	+1946/47
5	Randower Kleinbahn	51	Henschel	1930	21 780	Franzburger Südbahn, später Nr. 38	91 6490
2	Greifswald-Grimmener Eisenbahn	1143	Henschel	1930	21 855		91 6284
6′	Görlitzer Kreisbahn	181[D]	Henschel	1931	22 011		92 2901
5	Neubrandenburg-Friedländer Eisenbahn	42	Henschel	1934	22 558		[1]
3	Bunzlauer Kleinbahn	173	Henschel	1935	22 696	Prenzlauer Kreisbahnen	92 6491
5	Neuhaldenslebener Eisenbahn	43	Henschel	1935	22 736		91 6491
6	Görlitzer Kreisbahn	182[D]	Henschel	1936	22 990		92 2902
6	Nauendorf-Gerlebogker Eisenbahn	182	Henschel	1936	22 991		92 6490
3	Eberswalde-Finowfurter Eisenbahn	171	Henschel	1936	23 071		92 6381
5	Niederlausitzer Eisenbahn	152	Henschel	1936	23 101		91 6492
3	Gardelegen-Neuhaldensleben-Weferlinger Kleinbahn	15	Henschel	1936	23 271	später Nr. 501	92 6491
5	Kleinbahn Genthin	5	Henschel	1936	23 421	später Nr. 303	91 6493
3	Eberswalde-Finowfurter Eisenbahn	172	Henschel	1938	23 665		92 6382
2	Kleinbahn Jauer–Malsch	141	Henschel	1938	23 695	Oschersleben-Schöninger Eisenbahn	91 6494
5	Wenigentaft-Oechsener Eisenbahn	1	Henschel	1938	23 696		91 6579
5	Ohlauer Kleinbahn	141	Henschel	1938	23 697	Niederlausitzer Eisenbahn	91 6780
2	Mecklenburgische Bäderbahn	141	Henschel	1938	23 726		91 6176
5	Neuhaldenslebener Eisenbahn	44	Henschel	1940	24 576		91 6496
6	Gardelegen-Neuhaldensleben-Weferlinger Kleinbahn	502	Henschel	1939	24 753		92 6492
5	Mühlhausen-Ebelebener Eisenbahn	151	Henschel	1940	24 916		91 6285
2	Mecklenburgische Bäderbahn	142	Henschel	1941	24 934		91 6177
2	Kleinbahn Horka–Rothenburg–Priebus	141	Henschel	1943	24 935		91 6376
6	Aschersleben-Schneidlingen-Nienhagener Kleinbahn	181	Henschel	1940	24 936		92 6493
6	Aschersleben-Schneidlingen-Nienhagener Eisenbahn	182	Henschel	1940	24 937	nicht geliefert	–
6	Görlitzer Kreisbahn	183[D]	Henschel	1940	24 940		92 2903
5	Kleinbahn Genthin	304	Henschel	1939	25 049		91 6495
5	Kleinbahn Casekow–Penkun–Oder	52	Schwartzkopff	1943	12 272		–
6	Bunzlauer Kleinbahn	182	Henschel	1944	26 147	Kreisbahn Beeskow–Fürstenwalde, Nr. 4-140	92 6383
6	Bunzlauer Kleinbahn	181	Henschel	1944	26 200	Niederlausitzer Eisenbahn, Nr. 181	92 6494

[1] 1945 bei Restbetrieb der Osterwieck-Wasserslebener Eisenbahn verblieben

Unterlagen zurückgegriffen werden konnte, war das bei den 1949 übernommenen ehemaligen Klein- und Privatbahnlokomotiven kaum der Fall. Deswegen wurden die noch vorhandenen Lokomotiven nach ihrer Aufarbeitung im Raw Halle zur FVA dirigiert, um dort vermessen, gewogen und fotografiert zu werden. Danach konnten dann die technischen Daten ermittelt und die Skizzen angefertigt werden, so daß ein Teil dieser Lokomotiven in einem Nachtrag zum Merkbuch erschien. Der Verfasser dieser Zeilen gedenkt dabei seines damaligen Chefs, Dipl.-Ing. Max Baumberg, des langjährigen Leiters der FVA und späteren VES-M, der sich bereits in den sechziger Jahren mit dem Gedanken trug, in einem Heft der „Mitteilungen der VES-M“ über die ehemaligen Klein- und Privatbahnlokomotiven der DR ausführlicher zu berichten. Die Tagesaufgaben verhinderten dies.

Wie die Einheitslokomotiven der Deutschen Reichsbahn die älteren Länderbahn-Lokomotiven nicht verdrängten, vermochten es die ELNA-Lokomotiven bei den älteren zwei-, drei- und vierfach gekuppelten Lokomotiven der Kleinbahnen ebenfalls nicht. Der Anteil der ELNA-Lokomotiven am Gesamtbestand der Kleinbahnen betrug etwa 10 Prozent. Und wenn man bedenkt, daß etwa 40 Prozent der rund 150 für deutsche Bahnen gebauten ELNA-Lokomotiven bei Lenz-Bahnen im Dienst standen, ist erklärlich, daß manche andere Bahn nie derartige Lokomotiven im Bestand hatte. Bei den Lenz-Bahnen stellten vor allem die Halle-Hettstedter-, die Liegnitz-Rawitzscher-, die Neustadt-Gogoliner- und die Mühlhausen-Ebelebener Eisenbahn fast ihren gesamten Betrieb auf ELNA-Lokomotiven um.

Die Lokomotiventwicklung nach 1945

Der Wiederaufbau nach 1945 betraf notwendigerweise zuerst die Deutsche Reichsbahn und dann die wichtigsten Strecken der Klein- und Privatbahnen. Die meisten der letzteren mußten sich vorerst mit den vorhandenen Betriebsmitteln bescheiden; ein Ersatz war nicht möglich. In einigen wenigen Fällen mußten Lokomotiven und Wagen von der Deutschen Reichsbahn gemietet werden. So erhielt die Neukölln-Mittenwalder Eisenbahn die 52 5014, die den ersten Kohlenzug aus der Lausitz über die Neukölln-Mittenwalder Eisenbahn nach Berlin brachte.

Die Osterwieck-Wasserslebener Eisenbahn verlor in dieser Zeit immerhin nahezu ihren gesamten Fahrzeugpark, da er bei der Festlegung der die Strecke trennenden Demarkationslinie in den Westzonen verblieb. Das gleiche traf für die Oschersleben-Schöninger Eisenbahn zu, deren Fahrzeuge dann auf der Braunschweig-Schöninger Eisenbahn rollten. Hier halfen einige ältere Länderbahn-Lokomotiven der Deutschen Reichsbahn aus.

Bei vielen anderen Bahnen hatte der Krieg Betriebsmittel hinterlassen, die wegen zu großer Schäden ausgemustert werden mußten. Es bedurfte überall großer Anstrengungen, auch die Klein- und Privatbahnen wieder in Gang zu setzen. Die Eisenbahner dieser Bahnen standen dabei denen der Deutschen Reichsbahn nicht nach. Die wenigen verkehrenden Züge, in der Regel als GmP gefahren, waren überfüllt und den Erfordernissen nicht gewachsen.

Die Situation 1949

1949 übernahm die Deutsche Reichsbahn mit den Klein- und Privatbahnen auch deren Betriebsmittel. Es wurden übernommen:
Personenzug-Tenderlokomotiven der Baureihen 64^{65}, 69^{61}, $70^{61,63,64}$, $74^{66,67}$, $75^{62,64,66,67}$;
Güterzug-Tenderlokomotiven der Baureihen 89^{59-66}, 90^{64}, 91^{61-67}, 92^{60-68}, 93^{64-67}, 94^{67}, 95^{66};
Lokalbahn-Tenderlokomotiven der Baureihe 98^{59-64};
Schmalspurlokomotiven für 600 mm, 750 mm und 1 000 mm Spurweiten. Die Lokomotiven in den Baureihen 89^{59-66} und 92^{60-68} überwogen mit 38 Prozent bzw. 13 Prozent. Im einzelnen ergaben sich die in Tabelle 5.21 zusammengestellten Anteile nach Kupplungsgraden.

Ein exakter Vergleich der übernommenen Lokomotiven entsprechend den zugeteilten Baureihen mit denen der vorhandenen Lokomotiven der Deutschen Reichsbahn ist nur bedingt möglich. Die Klein- und Privatbahnlokomotiven wiesen selbst innerhalb der neuen Baureihen zu große Unterschiede auf. Hinsichtlich der technischen Ausstattung der 1949 übernommenen Lokomotiven ergab sich folgender Stand:

Kessel und Kesselausrüstungen
Normalkessel (Sonderausführungen waren nicht mehr vorhanden), rund 30 Prozent mit Speisedom und fast 80 Prozent mit Sicherheitsventilen Bauart Ramsbottom (bzw. Popp-Coale und Ackermann); bei fast allen Kesseln nur ein Wasserstandsglas und zwei bis drei Probierhähne; etwa 50 Prozent mit Abschlammventilen; vorwiegend Funkenfänger Bauart Holzapfel; Ventilregler Bauart Schmidt nur bei Lokomotiven der Baureihen 64, 75, 91, 92, 93, 94 und 95; vorherrschend Flachschieberreg-

Die Lokomotive 92 2902 im Raw Halle bei der Bekohlung zur Probefahrt. Viele Jahre besserte dieses Raw die ehemaligen Klein- und Privatbahn-Lokomotiven aus.
Foto Fiebig

ler; Speisewasserreiniger und Abschlammventile ebenfalls nur bei den gleichen Baureihen; Kipproste nur in Lokomotiven der Baureihen 64, 75, 91 und 95 (und das auch nicht immer); als Kesselspeiseeinrichtungen überwiegend Dampfstrahlpumpen Bauart Strube, Friedmann-Abdampf- und Knorr-Tolkien-Pumpen in ganz wenigen Fällen, bei wenigen Schmalspurlokomotiven noch Fahrpumpen; Vorwärmeanlagen nur bei wenigen Lokomotiven.

Bremsen
Durchweg Wurfhebelbremsen, Druckluftbremsen vorwiegend Knorr, nur zum Teil mit Zusatzbremse, etwa 30 Prozent mit G-P-Umstellhahn; Gegendruckbremsen Bauart Riggenbach bei den Berglokomotiven der HBE; bei den Schmalspurlokomotiven nur Wurfhebel-, Dampf- und Hardy- oder Körtingsaugluftbremsen.

Sonstiges
Je etwa 50 Prozent mit Hand- oder Druckluftsandstreuern, Geschwindigkeitsmesser nur bei wenigen Lokomotiven; Schmiervorrichtungen der Bauarten Michalk, Bosch und De Limon zu etwa gleichen Teilen; Heizleitungsanschlüsse bei allen Lokomotiven; ebenfalls Läutewerke Bauart Latowski; Elektro- und Petroleumbeleuchtung zu etwa gleichen Teilen, etwa 30 Prozent der Schmalspurlokomotiven noch mit Karbidbeleuchtung.
Das ergab einen stark abweichenden Stand gegenüber den Reichsbahnlokomotiven. Die Klein- und Privatbahnlokomotiven waren auch nicht auf LONORM-Teile umgerüstet worden, wie das bei den älteren

Die Bn2-Tenderlokomotive 98 6002, ex Franzburger Südbahn Nr. 3^d, ist als Heizlokomotive abgegeben worden.
Foto G. Meyer

Die 89 6407 der Dessau-Wörlitzer Eisenbahn wurde nicht wieder aufgearbeitet.
Sammlung Fiebig

Länderbahn-Lokomotiven der DRG geschah. So wurden diese Lokomotiven bei den fälligen Untersuchungen den Reichsbahnlokomotiven angepaßt, überwiegend durch die Sonderarbeiten (Saab). Hier hatten die Reichsbahnausbesserungswerke ein umfangreiches Arbeitsgebiet zu bewältigen. Das meiste wurde bereits bei den Generalreparaturen nach Schadgruppe 5 ausgeführt, der fast alle Lokomotiven nach ihrer Übernahme durch die Deutsche Reichsbahn unterzogen wurden. So waren später elektrische Beleuchtung und einheitliche Armaturen Selbstverständlichkeit, ebenfalls – wenigstens bei den neueren Lokomotiven – der Kipprost.
In den folgenden Jahren musterte die Deutsche Reichsbahn einen Teil der ehemaligen Klein- und Privatbahnlokomotiven aus oder verkaufte sie als Werk- oder Heizlokomotiven. Bis dahin war ein Teil der Lokomotiven umbeheimatet worden. Nur wenige erhielten 1970 die EDV-Betriebsnummern. Auf den noch betriebenen, nunmehr als Nebenbahnen klassifizierten Strecken hatten Länderbahn- und Reichsbahnlokomotiven der Baureihen 74^{0-3}, 91^{3-18}, 64 und 86 die Dienste übernommen. [186]

Vorschlag: Dampfmotorlokomotiven

Nach 1945 gab es nur in Westdeutschland firmeneigene Typenreihen von Klein- und Privatbahnlokomotiven. Dabei handelte es sich um leistungsfähige 1'C1'-, 1'D1'- und 1'E1'h2-Lokomotiven, die jedoch mit der Stillegung der Bahn oder mit dem Traktionswechsel ebenso verschwanden wie die noch vorhandenen älteren Dampflokomotiven. Eine andere Entwurfsreihe wurde gar nicht erst verwirklicht. 1949 hatte F. W. Eckardt, Oberingenieur bei der BMAG, vorm. Schwartzkopff, eine neue Typenreihe von Dampfmotorlokomotiven für Klein- und Privatbahnen vorgeschlagen. Er ließ sich von folgenden Grundsätzen leiten:
- Verbesserung der Laufeigenschaften durch vordere und hintere Laufradsätze
- gute Ausnutzung des Materials
- Vereinheitlichung möglichst vieler Teile zwecks Austauschbarkeit und
- volle Ausnutzung der zulässigen Reibungsmasse.

Besonders der letzte Punkt verdient Aufmerksamkeit. Die Ausnutzung der zulässigen Reibungsmasse ist nämlich bei der Lokomotive mit Kolbentriebwerk und Stangen nicht gegeben, da der Reibungsmasse durch die unausgeglichenen Massen eine zusätzliche Masse überlagert wird. Die Größenordnung dieser zusätzli-

Nebenbahn-Tenderlokomotive der DR 83 1001 im Bw Haldensleben, 1964.
Foto Fiebig

Für die Strecken der ehemaligen Oderbruchbahn mit einem Schlepptender ausgerüstet: 89 6034, eine ehemalige Werklokomotive.
Sammlung Fiebig

83 1001

896034

chen Masse beträgt etwa 15 Prozent der statischen Reibungsmasse. Wenn eine bestimmte Strecke eine Masse von 14 t zuläßt, dann darf die Kuppelachsfahrmasse nur 12 t betragen.

F. W. Eckardt schlug damals vor, das herkömmliche Kolbentriebwerk zu verlassen und den Antrieb durch Dampfmotoren zu bewerkstelligen. Das mag im ersten Augenblick verwundern, denn die bekannten Ausführungen von Dampfmotorlokomotiven und -triebwagen aus der Zeit vor 1945 wiesen Mängel auf; und die weitere Entwicklung auf diesem Gebiet hatte während des Krieges geruht. Aber der Dampfmotor hatte sich bei den Dampfkränen der Firma DEMAG, bei Stokereinrichtungen und in einigen anderen Fällen bewährt.

Hierauf baute F. W. Eckardt; er sah folgende Typen von Dampfmotorlokomotiven vor: je eine 1'B1'-, 1'C1'- und 1'D1'-Lokomotive jeweils mit 13,5 t und 15,5 t Reibungsmasse. Die Kessel herkömmlicher Bauart sollten einen größeren Anteil der Feuerbüchsheizfläche zur Gesamtheizfläche erhalten und der Kesseldruck bei den leichteren Lokomotiven 14 bar sowie bei den schwereren Lokomotiven 16 bar betragen. Überhitzer und Vorwärmer gehörten zur Grundausstattung. Für die Dampfmotoren waren Drehzahlen von 600 U/min bis 750 U/min konzipiert. Dies hätte Geschwindigkeiten von etwa 55 km/h bis 70 km/h zugelassen. Vom 2-, 3- oder 2x2-zylindrigen Dampfmotor, je nach Achsfolge, wäre das Drehmoment über ein Zahnradgetriebe und eine Blindwelle auf die Radsätze übertragen worden. Es blieb nur beim Vorschlag, denn Diesellokomotiven hatten die Ablösung bereits übernommen.

Baureihe 83^{10}

Die letzte Neuentwicklung einer Dampflokomotive für die Strecken der ehemaligen Klein- und Privatbahnen war die 1'D2'h2-Tenderlokomotive der Baureihe 83^{10}. Diese Baureihe sollte vor allem die übernommenen Lokomotiven ersetzen, denn die Unterhaltung der vielen Bauarten und Splittergruppen bereitete der Deutschen Reichsbahn große Schwierigkeiten. Ende 1952 legte das Zentrale Konstruktionsbüro der LOWA die Entwurfszeichnungen vor, und am 19. April 1955 traf die Baumusterlok 83 1001 bei der Fahrzeug-Versuchsanstalt Halle ein. Dort unterzog man sie eingehenden Versuchen auf der Strecke und vor dem Meßwagen. Danach sind weitere 26 Lokomotiven gebaut worden (Tabelle 5.26).

Mit einer Achsfahrmasse von 15 t war sie auf vielen Nebenbahnen einsetzbar. Der Kuppelraddurchmesser von 1 250 mm erlaubte eine Höchstgeschwindigkeit von 60 km/h. Diese Lokomotiven konnten größere Wasser- und Kohlenvorräte mitführen als die älteren Kleinbahnlokomotiven. Sie wurden ausschließlich in Schweißtechnologie gefertigt und der Blechrahmen durch Längsstege und Querverbindungen versteift. Längsausgleichshebel verbanden die Federn der vorderen Laufradsätze und die der gekuppelten Radsätze, desgleichen die Federn der hinteren Laufradsätze. Stehkessel und Rost hatte man so bemessen, daß auch minderwertige Kohle verfeuert werden konnte. Die ursprünglich eingebauten Heißdampfregler er-

V 15 2222 mit VB 147 544 a/b bei Köpernitz auf der ehemaligen Genthiner Kleinbahn. Mai 1967. Foto Fiebig

Durchgangsgüterzug Wittenberge–Neustrelitz–Stralsund auf der ehemaligen Mecklenburgischen Friedrich-Wilhelm-Eisenbahn mit ölgefeuerter 50 0021, Herbst 1977. Foto Fiebig

Tabelle 5.26 Technische Daten der Baureihe 83^{10}

Bauart		1'D2'h2
Baujahr		1955
Spurweite	mm	1435
Höchstgeschwindigkeit	km/h	60
Länge über Puffer	mm	15 000
Achsstand	mm	11 100
Laufraddurchmesser	mm	850
Kuppelraddurchmesser	mm	1 250
Zylinderdurchmesser	mm	500
Kolbenhub	mm	660
Steuerung		Heusinger, außen
Kesseldruck	bar	14
Rostfläche	m^2	2,5
Heizfläche	m^2	106,16
Überhitzerheizfläche	m^2	39,25
Wasservorrat	m^3	14
Kohlevorrat	t	8
Leermasse	t	70,9
Reibungsmasse	t	59,5

Mit Lokomotiven der Baureihe 102 wurde 1982 der Saisonreiseverkehr auf der Strecke Dessau–Wörlitz aufgenommen. Hier die 102 082 im Mai 1982.
Foto Fiebig

Leichttriebwagen Bauart Bautzen auf der ehemaligen Niederlausitzer Eisenbahn, Mai 1966.
Foto Fiebig

Versuchsfahrten mit den für die ehemalige Halberstadt-Blankenburger Eisenbahn entwickelten 25-kV-/50-Hz-Lokomotiven auf der Strecke Hennigsdorf–Wustermark. Der Versuchszug besteht neben der E 251 002 aus dem Meßwagen 2 und einem Beiwagen der VES/M Halle sowie zwei als Bremslokomotiven eingesetzten E 251.
Foto Wiegner

setzte das Raw Halle durch Naßdampfventilregler herkömmlicher Bauart. Beibehalten wurde der klobige Mischvorwärmer. Später erhielten die Lokomotiven anstelle der über dem Umlauf angeordneten Sandbehälter einen Zentralsandbehälter auf dem Kesselscheitel.

Ausklang der Dampftraktion

Die Deutsche Reichsbahn hatte mit den Betriebsmitteln der ehemaligen Klein- und Privatbahnen auch deren Instandhaltung übernommen. Diese Arbeiten wurden von Reichsbahnausbesserungswerken – einschließlich des Raw Blankenburg (Harz) und des Sachsenwerkes in Stendal – übernommen. Fast alle Werke, soweit sie Dampflokomotiven unterhielten, waren daran beteiligt.
Noch vorhandene Betriebsbücher geben Aufschluß über den großen Arbeitsumfang bei der Instandhaltung vieler Lokomotiven. Außerdem hatte eine gründliche Sichtung des Lokomotivbestandes ergeben, daß sich einige Lokomotiven infolge von Kriegs- und Unfallschäden überhaupt nicht aufarbeiten ließen. Das betraf folgende Lokomotiven: 60 002, 69 6101, 70 6401, 74 6621, 75 611, 75 621, 75 623, 89 6015, 89 6106, 89 6407, 93 6576, 99 4615 und wahrscheinlich einige andere.
Damals mußten schwerwiegende Gründe vorliegen, um Maschinen ausmustern zu können. Solche Entscheidungen wurden bei besonders eingesetzten Kommissionen oder Gutachtergruppen beantragt. Gleichzeitig entschieden diese Kommissionen über die auf diesem Wege zu gewinnenden Ersatzteile. So besaß die ehemalige Dessau-Wörlitzer Eisenbahn zwei Lokomotiven, die sie schwer beschädigt aus

Im März 1981 halten zwei 1'E1'h2-Lokomotiven im Bahnhof Elend. Damals lag dieser Bahnhof noch im Sperrgebiet.
Foto Schütze

den Trümmern der zerstörten Junkers-Werke in Dessau geborgen hatte. Aus dem Rahmen der einen und dem Kessel der anderen wurde die nunmehr als 89 6408 bezeichnete Lokomotive aufgebaut. Die übriggebliebenen Teile führte man als 89 6407 der Verschrottung zu.

An Hand mehrerer (nicht vollständiger) Unterlagen ist ersichtlich, daß die Deutsche Reichsbahn bis etwa Mitte der sechziger Jahre eine größere Anzahl ehemaliger Klein- und Privatbahnlokomotiven als Werk- und Heizlokomotiven abgab, zum Teil an eigene Ausbesserungswerke. Das begann bereits 1950 mit der Abgabe von Bn2-Tenderlokomotiven der Baureihe $98^{60,\ 61,\ 62\ \text{und}\ 63}$, denen bis 1965 die Cn2-Tenderlokomotiven der Baureihe $89^{60\text{-}65}$ in größeren Stückzahlen folgten.

Soweit diese Lokomotiven ausschließlich als Heizlokomotiven verwendet wurden, oblag die Überwachung nunmehr der Technischen Überwachung und nicht mehr der Bahnaufsicht bei den Reichsbahndirektionen. Dadurch gingen die bis dahin geführten Unterlagen wie Betriebsbücher und technische Pässe verloren.

Um 1965 schieden dann praktisch alle noch vorhandenen B- und C-gekuppelten Lokomotiven aus und wurden verschrottet. Nur einige ELNA- und wenige der moderneren und leistungsfähigeren Lokomotiven dieser Bahnen erhielten 1970 EDV-Nummern.

Ein großer Teil der ehemaligen Klein- und Privatbahnlokomotiven verließ bis zur Ausmusterung auch bei der Deutschen Reichsbahn nicht die ursprüngliche Heimatstrecke. Nur wenige Maschinen wurden mehrmals umgesetzt. Einige Cn2-Tenderlokomotiven erhielten Tender ausgemusterter preußi-

scher Lokomotiven, um sie auf längeren Strecken der Altmark und des Oderbruchs freizügig einsetzen zu können. Es waren dies: 89 6009 (heute Museumslokomotive), 89 6034, 89 6222 bis 89 6225 und 89 6406. Eine Umzeichnung dieser umgebauten Lokomotiven in die Baureihe 53 unterblieb.
Inzwischen hatten sich die Verhältnisse auf den ehemaligen Klein- und Privatbahnstrecken geändert: Einige waren stillgelegt und auf anderen der Reiseverkehr eingestellt worden. Auf den verbliebenen Strecken mit Reiseverkehr setzte die Deutsche Reichsbahn neuentwickelte Leichttriebwagen der Bauart „Bautzen" und Diesellokomotiven der Baureihen 101, 102, 103 und 106 vor Beiwagen (ex VT, VB und VS) im Reiseverkehr ein. Die wichtigeren ehemaligen Privatbahnen wie die Wittenberge-Perleberger, die Prignitzer, die Mecklenburgische Friedrich-Wilhelm-Eisenbahn, die Brandenburgische Städtebahn und die Neuhaldenslebener Eisenbahn sind im Netz der Deutschen Reichsbahn aufgegangen. Auf der Strecke Blankenburg (Harz)–Königshütte sind schon seit Jahren Lokomotiven für Einphasen-Wechselstrom 25 kV/50 Hz eingesetzt.
Nur auf den noch heute betriebenen Schmalspurstrecken ehemaliger Klein- und Privatbahnen verkehren ausschließlich Dampflokomotiven. Für die meterspurigen Strecken hat die Deutsche Reichsbahn neue 1'E1'h2-Dampflokomotiven entwikkeln lassen, die noch immer auf den Harzer Schmalspurbahnen zuverlässig ihren Dienst versehen.

Triebwagen und Diesellokomotiven

Dampftriebwagen

Die für Kleinbahnen geeignet erscheinenden Triebwagen waren recht selten anzutreffen. Ist die Geschichte der Dampftriebwagen der Staatseisenbahnen noch immer mit einigen Fragezeichen versehen, so gilt dies insbesondere für die der Klein- und Privatbahnen. In verschiedenen Beschreibungen wurden des öfteren Dampftriebwagen als zum Bestand gehörend angegeben; jedoch fehlen stets genauere Angaben.
Nach 1880 erschienen die ersten Dampftriebwagen auf deutschen Eisenbahnen. Das Entstehen von Nebenbahnen mag dazu Anlaß gewesen sein.
Dampftriebwagen der Bauart Rowan waren auf den von Bachstein betriebenen Strecken der Berliner Dampfstraßenbahn anzutreffen. Als „Tramway-Maschinen neuester Construktion" wurden sie häufig in Vorprojekten als mögliche Betriebsmittel erwähnt, beispielsweise beim Vorschlag für eine Dampfstraßenbahn von Dessau nach Wörlitz. Damit ist der Einsatzbereich dieser Fahrzeuge umrissen: Straßen- und Vorortbahnen mit nicht zu langen, auch schmalspurigen Strecken.
Ein anderer, von der Hannoverschen Waggonfabrik in Lizenz gebauter Dampftriebwagentyp war die Bauart de Dion-Bouton. Er wurde u. a. auch an Lenz & Co für die Neuruppin-Herzberger Eisenbahn und an die Allgemeine Deutsche Kleinbahn-Gesellschaft Berlin geliefert.
Einen Dampftriebwagen Bauart Stoltz besaß die Kleinbahn Altlandsberg–Hoppegarten vorübergehend. Inwieweit dieser (wie übrigens auch die o.g.) Dampftriebwagen versuchsweise auf anderen Kleinbahnen eingesetzt wurde, wird wohl nie mehr zu ergründen sein. So kann auch ein bei der Brandenburgischen Städtebahn genannter Dampftriebwagen Bauart Komarek, da er ansonsten nirgendwo erwähnt wird, einer dieser ausgeliehenen Wagen gewesen sein.
Am häufigsten waren bei den deutschen Eisenbahnen die Dampftriebwagen mit Kessel der Bauart Kittel vertreten. Der Kittel-Kessel, ein stehender Röhrenkessel mit Wellrohrfeuerbüchse im unteren Teil, dem erweiterten Oberkessel und dem in der obenliegenden Rauchkammer befindlichen Überhitzer, hatte einen größeren Dampfraum zur Verfügung. Angetrieben wurde der Triebwagen durch eine Lokomotiv-Zwillingsdampfmaschine auf den vorn angeordneten Treibradsatz. Kittel-Dampftriebwagen hatten eine Leistung von 80 PS, eine Höchstgeschwindigkeit von 50 km/h bis 70 km/h und konnten in der Ebene bis zwei Personenwagen mitführen.
Für die Bedienung des Kessels und der Steuerung genügte eine Person; eine zweite wirkte als Zugführer und Schaffner und besetzte bei Rückwärtsfahrt den Endeinstieg. Die 1906 bis 1915 in Dienst gestellten Kittel-Dampftriebwagen waren unter den damaligen Bedingungen die besten Dampftriebwagen.
Unter den 1949 von den Klein- und Privatbahnen übernommenen Betriebsmitteln befand sich ein Kittel-Dampftriebwagen von der Oderbruchbahn mit der Betriebsnummer 3-2001. Nach unbestätigten Angaben soll es sich um den ehemaligen DRG-Wagen „Karlsruhe", Gattung CidT6 (ex Baden 1005, Maschinen-Fabrik Esslingen 1915, Fabriknummer 3751) gehandelt haben. Wie dieser Wagen zur Oderbruchbahn

Kittel-Dampftriebwagen DT 6 der DRG.
Sammlung Fiebig

gelangte, ist nicht bekannt. Bei der Deutschen Reichsbahn erhielt er am 1. Januar 1950 die Betriebsnummer DT 151. Er wurde nicht mehr eingesetzt und im November 1957 zerlegt.

Verbrennungsmotor-Triebwagen und -Lokomotiven

Als Verbrennungsmotor-Triebwagen und -Lokomotiven gelten die Triebfahrzeuge, die mit einem Benzol-, Benzin- oder Dieselmotor als Antriebsaggregat ausgestattet sind. Heute hat sich der Dieselmotor durchgesetzt. Die Art der Leistungsübertragung ist unterschiedlich: elektrisch, mechanisch oder hydraulisch.

Zu Beginn dieser Entwicklung war nur der benzin- und benzolelektrische Antrieb technisch möglich; mechanische Getriebe wiesen empfindliche Mängel auf, und die hydraulische Leistungsübertragung erlangte erst in den dreißiger Jahren die Betriebsreife.

Verbrennungsmotor-Triebwagen boten die Vorteile der Dampftriebwagen sowie eine schnellere Betriebsbereitschaft und einen größeren Aktionsradius. Außerdem sparte man Personalkosten. Denn die bei den Dampflokomotiven und Dampftriebwagen erforderlichen Aufrüstzeiten konnten entfallen. Den zweiten Mann für die Bedienung des Verbrennungsmotor-Triebwagens einzusparen, war zumindest zu Beginn der Entwicklung umstritten. In der Beschreibung eines Triebwagens der Ostdeutschen Kleinbahn-Gesellschaft von 1908 stand, daß neben dem Triebwagenführer ein zweiter Mann erforderlich sei, der den Benzinmotor während der Fahrt zu beobachten hätte. Bei mancher Verwaltung erhielten die Triebwagenführer das gleiche Entgelt wie ein geprüfter Lokomotivheizer und nicht das eines Lokomotivführers. Das bedeutete eine weitere Einsparung von Personalkosten.

Die technischen Unzulänglichkeiten der ersten Verbrennungsmotor-Triebwagen führten nur zu einer vereinzelten Beschaffung durch die Klein- und Privatbahnen. Beispielsweise eröffnete der Wagen der Insterburger Kleinbahn mit einer Spurweite von 1 000 mm die technische Entwicklung von Triebwagen für die Kleinbahnen. Anlaß für die Beschaffung dieses Triebwagens waren nicht die erwähnten Vorteile, sondern die Forderung nach einem dampflokfreien Betrieb auf dieser,

Dieselelektrischer Triebwagen T 1 der Niederbarnimer Eisenbahn, später VT 137 559, bei Anlieferung.
Sammlung Fiebig

auf einem Getreidemarkt beginnenden Kleinbahnstrecke.
Die Entwicklung des Verbrennungsmotor-Triebwagens durchlief mehrere Etappen:
- benzin- oder benzolelektrische Triebwagen
- benzin- oder benzolmechanische Triebwagen
- dieselmechanische Triebwagen vorwiegend kleinerer Leistung
- dieselelektrische Triebwagen vorwiegend größerer Leistung
- dieselhydraulische Triebwagen.

Die Etappen überschnitten sich, wie auch Einzelausführungen mit abweichenden Antriebsaggregaten in einer bestimmten Etappe auftauchten. Die Entwicklung war nicht nur abhängig vom jeweiligen technischen Stand der Verbrennungsmotoren, sondern in gleicher Art von dem der Leistungsübertragung.
Gegenüber der Dampfmaschine hat der Verbrennungsmotor Nachteile: vor allem die Unmöglichkeit, unter Last anzulaufen und eine gleichbleibend große Zugkraft über den gesamten Drehzahlbereich abzugeben.
Die elektrische Leistungsübertragung bot die eleganteste Lösung. Der Verbrennungsmotor trieb einen starr gekuppelten Generator an, der seinerseits den oder die Fahrmotoren speiste. Die erforderliche Leistung war hierbei allerdings dreifach unterzubringen: im Verbrennungsmotor, im Generator und in den Fahrmotoren. Das führte zu einer großen Fahrzeugmasse und verteuerte die Wagen. Vielfältig waren die Steuerungsarten, um die elektrischen Größen einzustellen.
Die mechanische Leistungsübertragung mittels Rädergetriebe war zwar bekannt, aber durch die beim Triebwagen erforderliche größere Leistung anfangs nicht anwendbar. Deswegen bestimmte die Entwicklung eines geeigneten Getriebes die Geschichte des Triebwagens und der Lokomotiven mit Verbrennungsmotoren in besonderem Maße.
Die hydraulische Leistungsübertragung war Mitte der dreißiger Jahre betriebsreif. Zu dieser Zeit hatte sich der schnellaufende, kompressorlose Dieselmotor durchgesetzt, der letztlich die grundlegende Wandlung im Triebwagenbau brachte.
Nachteilig wirkte sich bis etwa 1930 auch die Forderung nach einem kräftigen Fahrzeugteil aus, so daß bis dahin der Triebwagen ein mit einem eigenen Antriebsaggregat aus-

gerüsteter Personenwagen war. Erst die Abkehr von diesem Grundsatz ermöglichte es, in Verbindung mit Dieselmotor und Getriebe leistungsfähige und wirtschaftliche Triebwagen herzustellen. Die eisenbahntechnische Ausstellung in Seddin 1924 bedeutete in der Geschichte des Triebwagens eine Zäsur. Sieben Firmen stellten acht verschiedene Triebwagen aus. Von diesen waren sieben mit Benzin- oder Benzolmotor ausgerüstet, und einer hatte einen Dieselmotor. Von der elektrischen Leistungsübertragung war man vorerst abgegangen.

Auf Wunsch der Leitung der Provinzial-Sächsischen Kleinbahnen führten die Deutschen Werke Kiel den Seddiner Ausstellungswagen auf verschiedenen Kleinbahnen vor und erprobten die betriebliche Eignung.

Aber weshalb wollte man eigentlich den Triebwagenbetrieb einführen? 1923 ging der Personenverkehr auf den Kleinbahnen um etwa 30 Prozent zurück. Zu dieser Zeit wiesen die Fahrpläne nur noch 50 Prozent der Zugfahrten gegenüber dem letzten Vorkriegsjahr auf. Dabei wurde der Reiseverkehr fast ausschließlich mit „gemischten" Zügen, also mit GmP abgewickelt. Das bedingte lange Reisezeiten. Mit der Einführung der neuen Triebwagen bot es sich an, Personen- und Güterverkehr vollkommen oder nur teilweise zu trennen und damit die Reisezeiten erheblich zu verkürzen. Durch mehrere Triebwagenfahrten wollte man so mehr Reisemöglichkeiten schaffen, die Anschlüsse zu allen Zügen der Staatseisenbahnen gewährleisten und eine größere Wirtschaftlichkeit – durch die Einsparung von Personal- und Betriebskosten sowie mehr Reisende – erreichen.

Der verbesserte Fahrkomfort, den die neuen Triebwagen gegenüber den veralteten Personenwagen boten, hob die Attraktivität des Reiseverkehrs auf der Schiene. Denn der Autobusverkehr auf den damaligen Chausseen und Landstraßen mit den stark gewölbten Fahrbahnen bedeutete für den Fahrgast eine erhebliche Strapaze.

Der Einführung des Triebwagenbetriebes stand jedoch der Kapitalbedarf entgegen, denn keine der Kleinbahnen verfügte über entsprechende Mittel. Deshalb wurden vor der Beschaffung eingehende Rentabilitätsrechnungen angestellt. Als Beispiel folgt die Gegenüberstellung der Kosten für einen Triebwagen und einen Dampflokzug für den gleichen Betriebszweck, wie sie bei der Kyffhäuser Kleinbahn erreicht wurde:

Kosten	Triebwagenzug	Dampflokzug	
Beschaffungskosten	VT 47 000 Mark	C-Tender-lok	33 000 Mark
	VB 16 500 Mark	Ci	16 500 Mark
		PwPosti	14 375 Mark
	63 500 Mark		63 875 Mark
Ausgaben pro Jahr			
Verzinsung 10%	6 350 Mark		6 390 Mark
Personalkosten	8 600 Mark		14 100 Mark
Tilgung und Abschreibung	9 200 Mark		1 300 Mark
Unterhaltung	4 200 Mark		5 500 Mark
Betriebsstoffe	18 300 Mark		35 660 Mark
	46 650 Mark		62 950 Mark
Daraus errechneten sich folgende Kosten für einen Zug-Kilometer	0,47 Mark		0,64 Mark

Diese Zahlen – ähnliche ließen sich für andere Bahnen aufführen – sprachen eindeutig für den Triebwagenbetrieb. Hinzu kam, daß mit Einführung des Triebwagenbetriebes, den damit häufigeren Zugfahrten und dem gestiegenen Fahrkomfort die Zahl der Reisenden wieder stieg, so daß mit größeren Einnahmen im Reiseverkehr zu rechnen war. So verhinderten lediglich die hohen Beschaffungskosten der Triebwagen eine großzügigere Einführung.

Ein Nachteil, und hier läßt sich eine Parallele zur Entwicklung bei der DRG ziehen, war, daß es kaum zwei gleiche Triebwagen gab. Kahmann, einer der Konstrukteure des Leichttriebwagens Bauart „Hannover" in der Waggonfabrik Wismar, erzählte vor Jahren, daß allein für die Stendal-Tangermünder Eisenbahn 32 Entwürfe für einen Triebwagen erarbeitet werden mußte, ehe der letzte Entwurf die Zustimmung der Verantwortlichen fand. Und schließlich ist 1932 nur ein Wagen gebaut worden.

Selbst ein Vergleich der an die Klein- und Privatbahnen gelieferten Leichttriebwagen der Bauart Hannover zeigt, daß es kaum zwei gleiche Fahrzeuge dieser Art gegeben hat. Das stand natürlich einer rationellen

T 1 der Stendal-Tangermünder Eisenbahn, später VT 137 552, bei einer Vorführfahrt. Sammlung Fiebig

Fertigung in den Waggonfabriken entgegen. Trotzdem: Für die Zeit vor dem zweiten Weltkrieg läßt sich somit feststellen, daß der Motorisierungsgrad bei vielen Klein- und Privatbahnen höher lag als bei der DRG. So waren 1940 allein bei 20 der 22 Provinzial-Sächsischen Kleinbahnen 32 Triebwagen mit einer installierten Leistung von rund 3050 PS vorhanden. Die umgebauten BVG-Doppelstockbusse sind darin nicht einmal enthalten.

Die Angaben über einige ältere Triebwagen sind lückenhaft; oft beschränkten sie sich auf eine statistische Erfassung des Bestandes. Auch bei den 1949 von der Deutschen Reichsbahn übernommenen Trieb-, Steuer- und Beiwagen ließen sich eindeutige Angaben über die Herkunft und die technischen Daten nicht immer feststellen. Mit neuen Betriebsbüchern und Technischen Pässen hatten die zuständigen Ausbesserungswerke einen „totalen Schnitt" gemacht und die alten Unterlagen weitgehend entfernt.

Die Deutsche Reichsbahn erarbeitete auch für die Trieb-, Steuer- und Beiwagen der ehemaligen Klein- und Privatbahnen einen Umzeichnungsplan (s. Tabelle 5.3).

Dieser Umzeichnungsplan war fehlerhaft und lückenhaft. Eine Reihe von Fahrzeugen wurde erst nach der Aufstellung erfaßt, wobei die Erfassungslisten beispielsweise keine Spalten für Steuer- und Beiwagen aufwiesen. Alle Bahnen hatten die Steuer- und Beiwagen als Personen- oder Gepäckwagen geführt. Einige wurden dann auch entsprechend umnumeriert. Infolge von Umbauten, Ergänzungen sowie Umnumerierungen ergaben sich folgende Änderungen:

VT 133 501 und VT 133 502 mußten umgebaut werden und erhielten in 2. Besetzung die Betriebsnummern VT 135 501 und VT 135 502. Die Gruppe wurde ergänzt durch VT 133 512 bis VT 133 516. Diese Wagen hatten keine Regel-Stoß- und Zugvorrichtungen; 133 508 besaß aber diese und wurde deswegen VT 135 549. Die Nummer VT 135 500 erhielt der später umgezeichnete T 1031 der Görlitzer Kreisbahn. VT 135 501 und VT 135 502 (1. Besetzung) wurden zu VT 133 513 und VT 133 514. Der T 41 der ehemaligen Dessau-Wörlitzer Eisenbahn erhielt die neue Nummer VT 135 503.

Der T 4 der ehemaligen Kleinbahn Osterburg–Pretzier, der 1949 im Sachsenwerk Stendal zur Reparatur war und vermutlich als vierachsiger

Dieselelektrischer Schmalspur-VT für die Ostdeutsche Kleinbahn-Gesellschaft, 1913. Sammlung Fiebig

Wagen erfaßt und für den deswegen die Nummer 137 522 vorgesehen wurde, erhielt letztlich die Nummer 135 544. Der als 135 545 vorgesehene VT, dessen Herkunft nicht bekannt ist, erhielt die neue Nummer VT 133 516.

VT 135 546 bis VT 135 550 waren später aufgefundene oder zurückgegebene Triebwagen, 135 553 der erst 1950 übernommene T 2 der Niederbarnimer Eisenbahn.

Zu den vierachsigen dieselmechanischen Triebwagen kamen hinzu: VT 137 527 (ex Oderbruchbahn T 105) und VT 137 528 (ex Niederbarnimer Eisenbahn T 4). Die Gruppe der dieselelektrischen vierachsigen Triebwagen erweiterte die Deutsche Reichsbahn mit VT 137 559 und VT 137 560 (ex Niederbarnimer Eisenbahn T 1 und T 5).

Zu den umgezeichneten zweiachsigen Beiwagen sind die VB 140 251 und VB 140 253, zweite Besetzung, zu rechnen. Es waren die VB 251 und VB 253 der erst 1950 übernommenen Niederbarnimer Eisenbahn. VB 140 512 war vorher der BCi 39 561, bei dem es sich um den ehemaligen VB 42 der Dessau-Wörlitzer Eisenbahn handelte. Er wurde nunmehr wieder Beiwagen für den VT 135 503 (ehemals Dessau-Wörlitzer Eisenbahn T 41). Dieser einstige Beiwagen war bis Ende der achtziger Jahre als Bahndienstwagen beim Bahnstromwerk Halle eingesetzt. Unklar ist hingegen die Herkunft des VB 140 513: 1936 in Gotha gebaut, soll er auf der Berliner Ringbahn gelaufen sein. VB 140 514 ist anscheinend aus dem Civ 99 365 (ehemals Niederlausitzer Eisenbahn) entstanden. VB 140 515 war der umgebaute VS 144 502 (ehemals Halberstadt-Blankenburger Eisenbahn, Nr. 1220). Allein von diesem Beiwagen konnten aus Fragebögen, Betriebsbuch, Technischem Paß und aus den Wagenanschriften sieben Varianten technischer Daten festgestellt werden. Die VB 140 516 bis VB 140 519 waren vorher die Wagen 254 bis 257 der Niederbarnimer Eisenbahn. VB 140 520 soll Beiwagen zum VT 135 546 gewesen sein. VB 140 521, vorher Ci 98 773, war der bereits bei den Prignitzer Kreiskleinbahnen umgebaute ehemalige T 601, während der VB 140 522 der Stendaler Kleinbahn gehörte. VB 140 523 und VB 140 524 wurden aus den VT 135 527 und VT 135 529 (ehemals T 602 und T 604 der Prignitzer Kreiskleinbahnen) umgebaut. VB 140 525 war ehemals VT 135 526, und der VB 140 526 entstand aus dem VS 144 501 und VB 140 527 aus dem VS 144 500. Unter den Nummern VB 140 601 bis VB 140 605 verbirgt sich als VB 140 603 der ehemalige Kleinbahn-VT 135 548. Als VB 141 001 wurde ein Beiwagen bezeichnet, der möglicherweise von der Niederlausitzer Eisenbahn stammt. Die Herkunft des VB 141 002 ist unbekannt.

Aus der Gruppe VS 145 375 bis VS 145 379, umgebaute ehemalige Dampftriebwagen der DRG, interessiert hier nur der VS 145 375 (ex DT 52), der als Steuerwagen zusammen mit dem VT 137 552, dem dieselelektrischen VT 1 der Stendal-Tangermünder Eisenbahn, lief. Die VT 137 511, VT 137 515 und VT 137 517 wurden zu den VB 147 081

Benzolmechanischer Triebwagen für die Straßenbahn Spandau–Hennigsdorf, später von den Osthavelländischen Kreisbahnen übernommen und umgebaut.
Sammlung Fiebig

bis VB 147 083. VB 147 084 wiederum war der soeben erwähnte VS 154 375, nachdem der VT 137 552 nach einem schweren Unfall abgestellt und ausgemustert war. VB 147 502 ist ein ehemaliger DWK-VT der Ruppiner Eisenbahn gewesen, und VB 147 503 sowie VB 147 504 gehörten der Niederbarnimer Eisenbahn. Die Herkunft des VB 147 510 ist nicht bekannt, während die VB 147 511 und VB 147 512 vorher VS 145 501 und VS 145 502 waren. Als VB 147 530 bis VB 147 532, VB 147 551 bis VB 147 554 sowie VB 147 601 und VB 147 602 waren umgebaute VT und VS bezeichnet worden, während VT 137 564 und VT 137 531 zu VB 147 561 und VB 147 562 wurden.

Benzin- und Benzoltriebwagen

Zu Beginn der Entwicklung steht der oben erwähnte Triebwagen der Insterburger Kleinbahn. Die wagenbaulichen Arbeiten übernahm hierfür die Waggonfabrik L. Steinfurth GmbH, und die französische Firma Societé technique Westinhouse lieferte die elektrische Ausrüstung sowie den Vierzylinder-Viertakt-Benzinmotor. Benzinmotor und Generator waren quer im Wagenkasten über dem Drehgestell gelagert. Zwei elektrische Fahrmotoren trieben den einzelnen und den äußeren Radsatz des Drehgestells an. Die Motorbelüftung erfolgte über einen Dachaufsatz. Ebenso waren die Rippenkühlrohre und der Auspufftopf auf dem Dach montiert. Der verbleibende Raum des Wagenkastens enthielt ursprünglich acht Sitzplätze 1. und 17 Sitzplätze 2. Klasse, nach einem späteren Umbau dann sechs Sitzplätze 2. Klasse und 21 Sitzplätze 3. Klasse. Der Einstieg trennte die beiden Großabteile.

Diesen Triebwagen setzte die Kleinbahn auf der 50 km langen meterspurigen Strecke Pogegen–Schmalleningken ein, da die ursprünglich vorgesehene Kleinbahn Tilsit–Mikieten erst 1912 eröffnet wurde. Nach nicht bestätigten Angaben baute die Ostdeutsche Kleinbahn-Gesellschaft den Triebwagen ca. 1944 auf 750 mm Spurweite um und gab ihn an das Versuchszentrum der deutschen Heeresfeldbahn nach Rehagen-Klausdorf ab. Das Versuchszentrum nutzte in den Kriegsjahren die Betriebswerkstatt der bis 1937 existierten Jüterbog-Luckenwalder Kreiskleinbahnen in Dahme.

Die Ostdeutsche Kleinbahn-Gesellschaft bekam am 1. Oktober 1911 einen zweiten vierachsigen Triebwagen für die Königsberger Kleinbahn. Den Wagen lieferte die AEG. Die Leistung des NAG-Benzolmotors betrug 55 PS mit Leistungsübertragung über einen Generator und zwei Fahrmotoren.

Vor der Beschaffung weiterer Triebwagen für diese Bahn wurde der AEG-Wagen umgebaut. Der bisher quer liegende Maschinensatz erhielt eine neue Lage in Wagenlängsachse in einem vom Wagenkasten getrennten Vorbau. Nach dem Vorbild dieses Umbauwagens lieferten AEG/NAG weitere sechs Triebwagen an die Gesellschaft. Diese Triebwagen sind von besonderem Interesse:

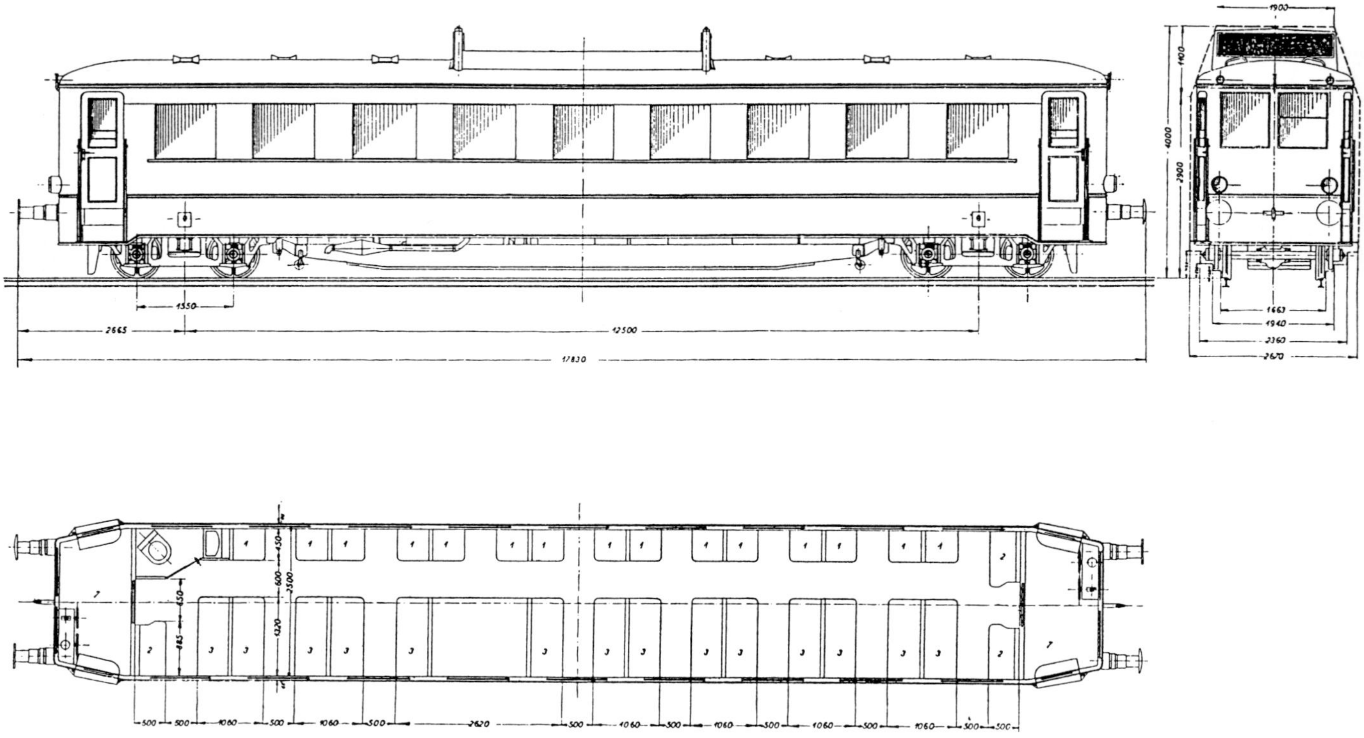

Typisierte Triebwagen Modell I A der DW Kiel. Druckschrift DWK

einmal, weil der Antrieb die Entwicklung der nächsten Jahre weitgehend beeinflußte, zum anderen wegen ihrer Formgestaltung durch den später weltberühmten Architekten Walter Gropius. Mit diesen Triebwagen begannen die AEG und deren Tochtergesellschaft NAG, die Triebwagenfertigung in größerem Umfang zu erweitern. Doch der erste Weltkrieg unterbrach diese Entwicklung.
1921 stellte die AEG der Kleinbahn Beeskow–Fürstenwalde einen zweiachsigen benzinmechanischen Triebwagen zur Verfügung, der wahrscheinlich als Vorführwagen Eigentum der AEG blieb. Ihm folgten die zwei Triebwagen der Benzol-Straßenbahn in Berlin-Spandau Nr. 6001 und 6002. Diese beiden Wagen waren den Straßenbahnwagen angepaßt. Weitere Lieferungen gingen an west- und norddeutsche Kleinbahnen. Die Fahrzeugteile dieser Triebwagen lieferte die Firma Linke-Hofmann Lauchhammer, mit der die AEG eine fünfjährige „Finanzehe" eingegangen war. Weitere Lieferungen mit AEG/NAG-Anlagen: jeweils ein Triebwagen an die Dessau-Wörlitzer Eisenbahn, an die Benzol-Straßenbahn Berlin-Spandau und an die Spremberger Stadtbahn. Die Wagenteile dieser Triebwagen wurden inzwischen von anderen Waggonfabriken geliefert: die ersten beiden von der Waggonfabrik Dessau und der dritte von der Firma Christoph & Unmack, Niesky. Zumindest bei den Wagen für die Dessau-Wörlitzer Eisenbahn und für die Spremberger Stadtbahn waren nicht die AEG/NAG Hauptauftragnehmer, sondern die Waggonfabriken, die auf Antriebsanlagen der AEG/NAG zurückgriffen (Tabelle 5.27).
Einen modern anmutenden Reiseverkehr wickelte die Köln-Bonner Eisenbahn auf ihrer meterspurigen Strecke zwischen Köln, Pingsdorf

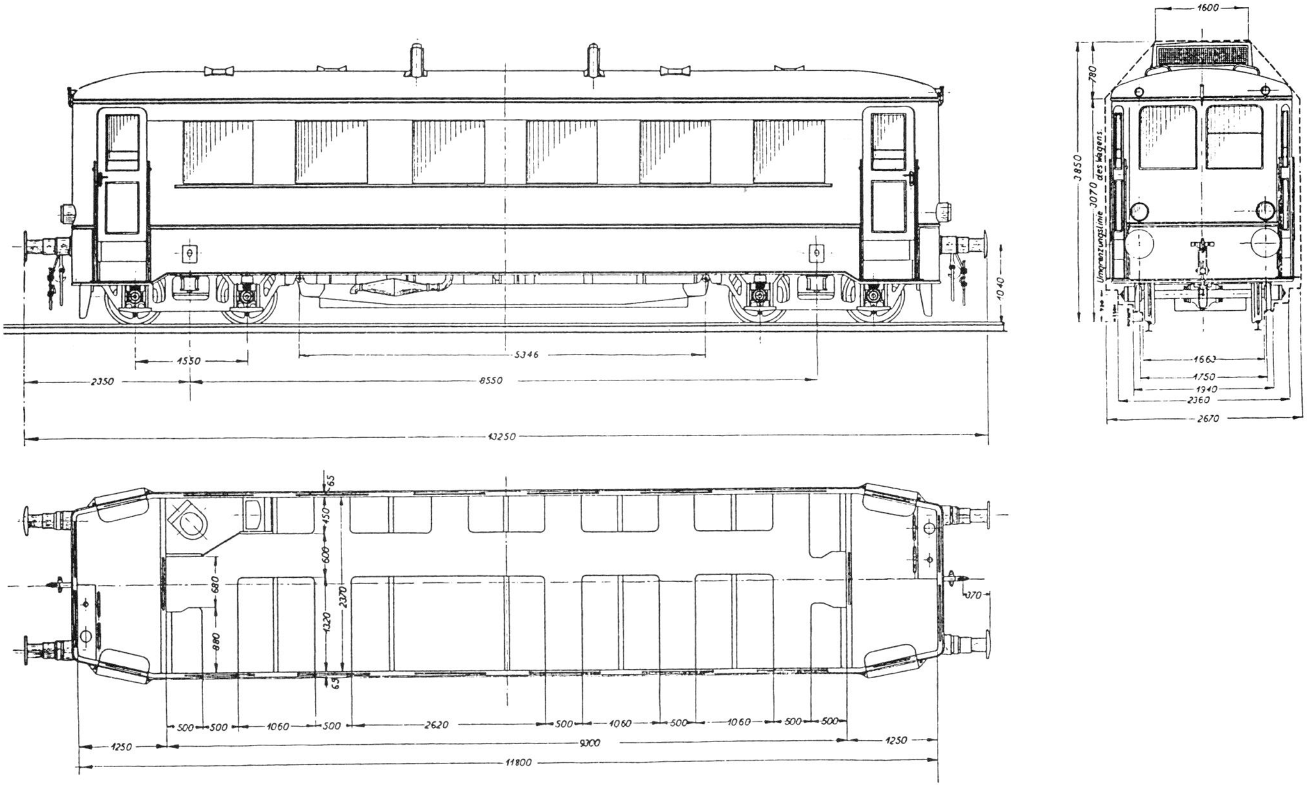

Typisierte Triebwagen Modell IV A der DWK. Triebwagen dieses Typs finden wir später bei der Ruppiner Eisenbahn und bei den Provinzial-Sächsischen Kleinbahnen.
Druckschrift DWK

und Waldorf ab. Neben zwei DWK-Triebwagen setzte die Köln-Bonner Eisenbahn fünf AEG-Vierachser mit dazu hergerichteten Steuer- und Beiwagen ein. Bachstein erwarb später drei Triebwagen und setzte sie auf der Nebenbahn Weimar–Großrudestedt ein. Nach dem Krieg wurden zwei der Wagen zu normalspurigen Personenwagen umgebaut und auf der Weimar-Berka-Blankenhainer Eisenbahn eingesetzt. Als solche wurden sie 1949 von der Deutschen Reichsbahn in den Reisezugwagenpark übernommen. Der dritte ehemalige Triebwagen der Köln-Bonner Eisenbahn Nr. 305 (DW Kiel/AEG) kam zur Südharz-Eisenbahn als T 07; von dort wurde er 1939 nach Weimar–Großrudestedt und 1946 wieder zurück zur Südharz-Eisenbahn überstellt.

Charakteristisch für diese Triebwagen war der Einbau des NAG-Motors, eines wassergekühlten Sechszylinder-Viertakt-Motors. Bei den Vierachsern wurden zwei solcher Motoren eingebaut. Seine Leistung betrug bei Leichtbenzin oder Benzol 75 PS. Das Anlassen geschah elektrisch, im Notfall durch eine Handkurbel. Das elektrische Bordnetz umfaßte die Lichtmaschine, die Batterie, den Anlasser, die Magnetzündung und die Beleuchtung. Zur Kühlung des Wassers dienten an den Stirnseiten befindliche, von jeweils einem Ventilator angeblasene Kühler. Sie gaben den Wagen das charakteristische Aussehen. Die Hersteller führten die Wagenkästen „wunschgemäß" unterschiedlich aus. Deswegen kamen auch die zwei von der AEG entwickelten Typenreihen nicht zur Ausführung.

Auch die Deutschen Werke Kiel begannen nach dem ersten Weltkrieg sich für den Triebwagenbau zu

Tabelle 5.27 Technische Daten von frühen benzolmechanischen VT (Auswahl)

Bahn		Kreisbahn Beeskow–Fürstenwalde	Spandau-Hennigsdorf	Dessau-Wörlitzer Eisenbahn	Spandau–Hennigsdorf	Spremberger Stadtbahn	Halberstadt-Blankenburger Eisenbahn
Betriebsnummer		1	6001, 6002	41	6003	–	T 1
Gattung		CvT	CvT	BCvT	CvT	C4vT	CvT
Bauart		1A-bm	1A-bm	1A-bm	1A-bm	(1A)(A1)-bm	B-bm[2]
Höchstgeschwindigkeit	km/h	36	40	50	40		40
Länge über Puffer	mm	11 760	10 350	14 350	10 570	14 000	12 500
Achsstand	mm	4 200	3 000	7 000	3 500	9 700[1]	6 530
Raddurchmesser	mm	800	800	850	800		800
Sitzplätze		35	18	60	24	46	55
Dienstmasse	t	11,5	10,5	18,3	13,7	25,2	10,0
Motor-Hersteller		NAG	NAG	NAG	NAG	2xNAG	Büssing
Motor-Leistung	PS	75	75	75	75	2x75	
Getriebe		mech.	mech.	mech.	mech.	mech.	mech.
Verbleib		AEG-Vorführwagen	BVG 8001, 8002 Osthavell. Krsb. 1, 2		BVG 8003 Osthavell. Krsb. 3		
Letzte DR-Nr.		–	133 501 u. 502[3]	135 503	133 503	–	133 504

[1]Drehzapfenabst. 8 200 mm; Drehgestellachsst. 1 500mm [2]frühzeitiger Umbau in dm [3]nach Umbau neue Nummern 135 501 und 135 502

T 1 der Kleinbahn Niebull–Dagebüll, ein kurzer Vierachser des DWK-Typs IV A, 1969 als Reservefahrzeug in Niebüll abgestellt.
Foto Stemmler

Tabelle 5.28 Technische Daten von VT der Deutschen Werke Kiel AG

Bahn und Betriebsnummer		Prototyp	Ruppiner Eisenbahn 80, 82, 84	Salzwedeler Kleinbahn 91	Kleinbahn Erfurt–Nottleben 97	Altmärkische Kleinbahn 95 Osterburg-Pretzierer Kleinbahn 96	Salzwedeler Kleinbahn 92	Salzwedeler Kleinbahn 93 Stendaler Kleinbahn 94 Ruppiner Eisenbahn 85
DR-Betriebsnummer			137 511–137 513	137 514	137 515	137 516–137 517	137 518	137 519–137 521
Fabriknummer			53, 54, 55	40	73	44, 39	97	94, 43, 204[1]
Gattung		C3vT	C4vT	C4ivT	C4vT	C4ivT, C4vt	C4ivT	C4ivT
Bauart		(1A)(A1)-bm	(1A)(A1)-dm	(1A)(A1)-dm	(1A)(A1)-dm	(1A)(A1)-dm	(1A)(A1)-dm	(1A)(A1)-dm
Höchstgeschwindigkeit	km/h	45	50	50		50	60	50
Länge über Puffer	mm	13 250	13 500	14 900	13 000	13 500	13 600	13 630
Wagenbreite	mm	2 500	2 940	2 500	2 700	2 950	2 500	2 500
Höhe über SO	mm	3 850	3 960	3 800	4 000	3 550	3 850	3 800
Drehzapfenabstand	mm	8 550	8 550	8 600	8 500	8 550	8 550	8 550
Drehgestellabstand	mm	1 550	1 550	1 550	1 650	1 550	1 550	1 550
Raddurchmesser	mm	750	750	800	850	800	750	850
Sitzplätze		39	44	42	50	50	45	43
Dienstmasse (leer)	t	16,6	19,8	19,5	19,5	19,0/19,5	19,5	19,5
Motor		1x Mercedes Vergasermotor	1x DWK 6V18L	1x DWK 6V18-2	1x DWK 6V18L	1 x DWK 6V18L	1 x Vomag 6R3080	1x 6V18 L
Leistung	PS	100	125	125	125	125	150	125

[1] ursprüngliche Fabriknummer: 69

interessieren. Nicht genutzte Produktionskapazitäten und noch auf Vorrat liegendes Material, wie die Mercedes-Flugzeugmotoren, waren dazu Anlaß.

Nach dem Bau einiger Versuchswagen, die vorwiegend Werbe- und Vorführzwecken dienten, stellten die DWK einen Plan zur Klassifikation für vier Triebwagentypen auf:

Typ I lange Vierachser,
Typ II lange Zweiachser,
Typ III kurze Zweiachser und
Typ IV kurze Vierachser.

Die ersten DWK-Triebwagen konnten im Aussehen die Herkunft nicht leugnen: Die mit Windschneiden ausgeführten Stirnseiten erinnerten an Unterseeboote. Die Bezeichnung „Silberfischchen“ war eine schmeichelhafte Umschreibung. Bestimmendes Merkmal der DWK-Triebwagen war die Anordnung der kompletten Maschinenanlage auf besonderen Tragegestellen, die wiederum auf den inneren Radsätzen gelagert wurden. Das ermöglichte schnelle Reparaturen bzw. das Auswechseln der Antriebsanlagen nach Anheben des Wagenkastens. Die Mercedes-Vergasermotoren hatten eine Leistung von 100 PS und 165 PS. Die Leistung wurde vom Motor über eine Lamellenkupplung auf das Vierganggetriebe und von dort über Gelenkwellen und Kegelzahnräder auf die Radsätze übertragen.

Die Anordnung der Maschinenanlage wurde zwar anfangs von den Werkstätten begrüßt, doch stellte sich bald heraus, daß die über die Radsätze übertragenen Stöße zu Schäden an den Maschinenanlagen führten.

Die ersten DWK-"Silberfischchen" wurden an ausländische Bahnen geliefert. Allerdings befindet sich in einer DWK-Schrift das Bild eines Fahrzeugs des Typs IV mit Windschneiden, der laut Bildlegende an die Ruppiner Eisenbahn geliefert worden sein soll. Eine später aufgestellte Fabrikliste enthält diesen Wagen jedoch nicht. Wahrscheinlich war es ein Vorführwagen.

1941 übernahm die DRG mit der Mecklenburgischen Friedrich-Wilhelm-Eisenbahn einen frühen DWK-VT. Dort als T II bezeichnet, erhielt er bei der DRG die Betriebsnummer 749. Die Herkunft des Triebwagens mit der Fabriknummer 19 der DWK ist nicht bekannt. Unterlagen war lediglich zu entnehmen, daß der Triebwagen 1938 bei der Mecklenburgischen Friedrich-Wilhelm-Eisenbahn ausgebessert werden mußte. Außerdem erhielt er noch bei dieser Bahn einen Büssing-Motor und war bis zur Übernahme durch die Deutsche Reichsbahn wegen Lager- und Getriebeschäden mehrfach abgestellt. Mit solchen Schäden übernahm ihn dann auch die Reichsbahn und führte ihn dem Raw Wittenberge zu.

Die Aufarbeitungsmeldungen jener Jahre bestätigten, was schon lange Zeit vorher festgestellt wurde. Schwachpunkte der DWK-Triebwagen waren der anfangs verwendete Mercedes-Flugzeugmotor, die zu schwach dimensionierten Lager und das empfindliche Getriebe. Als sehr langlebig stellten sich in den späteren Jahren die DWK-Wagenkästen heraus. Bis zur Seddiner Eisenbahn-Ausstellung im Jahr 1924 hatten die DWK die ursprüngliche Form der Wagenkästen verlassen und beschränkten sich auf die jeweils längeren vierachsigen und kürzeren Typen I und IV. Die Wagen des Typs IV entsprachen in vielfacher Hinsicht den Erfordernissen der Kleinbahnen. Von diesem Typ erwarben die Neuruppiner Eisenbahn fünf und die

Ein VT aus den Anfängen des Triebwagenbaues der Deutschen Werke Kiel: T II der MFWE, später VT 749.
Sammlung Fiebig

Leichtbau-Triebwagen VT 133 505, ex T 1 der HBE, im Bf Langenstein; August 1964.
Foto Fiebig

Fassungsraum 70 Personen, Höchstgeschwindigkeit = 62 km/st.

TRIEBWAGEN
TYP »HANNOVER«

erbaut von der

TRIEBWAGEN- u. WAGGONFABRIK WISMAR
AKTIENGESELLSCHAFT
WISMAR i. Meckl.

Mit Prospekten dieser Art warb die Waggonfabrik Wismar in den dreißiger Jahren für den von ihr entwickelten Schienenomnibus Bauart Hannover.
Druckschrift Waggonfabrik Wismar

Provinzial-Sächsischen Kleinbahnen sieben Fahrzeuge, die inzwischen mit Dieselmotoren ausgerüstet, 1949 zur Deutschen Reichsbahn kamen und ab 1.Januar 1950 als VT 137 511 bis VT 137 521 bezeichnet wurden. Die Provinzial-Sächsischen Kleinbahnen tauschten die DWK-VT des öfteren aus, so daß ein lückenloser Nachweis, wann und wo welcher Triebwagen lief, nicht möglich ist.
1927 stellte die Halberstadt-Blankenburger Eisenbahn ein bemerkenswertes Fahrzeug als T 1 in Dienst. Der von der Waggonfabrik Uerdingen gelieferte Triebwagen setzte neue Maßstäbe: konsequenter Leichtbau – Wagenkasten aus Leichtmetall und Verzicht auf den bis dahin üblichen Fahrzeugrahmen durch Anwendung einer selbsttragenden Kastenkonstruktion sowie fehlende Stoßvorrichtungen. Der ursprüngliche Büssing-Benzinmotor wurde nach einem Brand durch einen MAN-Dieselmotor ersetzt, und die Lokomotiv- und Maschinenfabrik Winterthur lieferte das neuentwickelte Getriebe. Die Deutsche Reichsbahn reihte diesen Triebwagen später als 133 504 ein.
Eine eigene Gruppe der benzinmechanischen Triebwagen bildeten die Schienenomnibusse der Waggonfabrik Wismar, korrekterweise als Leichttriebwagen Bauart Hannover bezeichnet. Die Lage der finanziell stark bedrängten Kleinbahnen der Provinz Hannover veranlaßten das dortige Kleinbahnamt, die Entwicklung eines für nur geringen Reiseverkehr geeigneten Leichttriebwagens zu fordern. Die Grundsätze, bereits 1928 vom Landeskleinbahnamt formuliert, verlangten:
- Anschaffungspreis unter 30 000 RM
- einfache und billige Unterhaltung
- niedrige Betriebskosten und
- Fahrmöglichkeiten in beiden Richtungen (ohne zu wenden).

Erst im Sommer 1931, nach einem

für die Kleinbahnen äußerst verlustreichen Jahr, wurde für die Kleinbahn Lüneburg–Soltau bei der Waggonfabrik Wismar ein leichter Triebwagen bestellt. Wismar legte bereits im Oktober die Konstruktionszeichnungen für ein den genannten Forderungen entsprechendes Schienenfahrzeug vor. Bedenken wurden nur gegenüber der Anwendung eines Ford-Motors und -Getriebes geäußert, weil dies keine deutschen Erzeugnisse wären. Nach dem Hinweis, daß man 85 Prozent dieser Teile in einem Kölner Werk fertigt, wurde der Bau freigegeben. Und bereits am 6. Mai 1932 verließ der erste Leichttriebwagen Bauart Hannover die Werkhalle in Wismar (Tabellen 5.29 und 5.30).

Der Wagen fand allgemein Zustimmung. Die Forderungen waren erfüllt, wobei der niedrige Beschaffungspreis von 23 000 RM weit unter den Vorstellungen lag. Allerdings sei hier der Zweifel erlaubt, ob dieser Preis „echt" war, d.h. tatsächlich ohne Stützung erzielt werden konnte.

Hauptsächlichste Merkmale waren die Leichtbauweise und die beiden Motorvorbauten, von denen jeweils der in Fahrtrichtung vornliegende Motor allein arbeitete. Anfangs wurden Motoren des Typs A mit einer Leistung von 45 PS, später Motoren des Typs B mit 50 PS eingebaut.

Die Waggonfabrik Wismar lieferte zwischen 1932 und 1941 57 Schienenbusse und zwei Beiwagen an deutsche Bahnen. Die 1940 von der Waggonfabrik Wismar veröffentlichte Typenreihe hat nur theoretische Bedeutung, denn nur wenige Wagen entsprachen vollkommen den Parametern der fünf Typen; ansonsten glich kaum ein Wagen dem anderen.

Nur elf Leichttriebwagen der Bauart Hannover wurden 1949 von der Deutschen Reichsbahn übernommen. Die letzten beiden Triebwagen dieser Art waren die schmalspurigen VT 133 524 und VT 133 525 (ex Ost- und Westprignitzer Kreiskleinbahnen Nr. 701 und 702). Sie wurden 1969 ausgemustert.

Die Klein- und Privatbahnen versuchten auch, Straßenomnibusse für den Eisenbahnbetrieb umzubauen. Schon während des ersten Weltkrieges hatten Feldeisenbahner Omnibusse und Lastkraftwagen umgebaut. Nach dem Krieg veranlaßten sogar mehrere Staatseisenbahnen derartige Maßnahmen. Bekannt ist das Beispiel eines Schienenomnibusses der Sächsischen Staatseisenbahnen. Allerdings taugten diese

Tabelle 5.29 Technische Daten von LVT der Bauart Hannover (Normalspur)

Typ		B	A
Gattung		CvT	CvT
Bauart		A1-bm	A1-bm
Höchstgeschwindigkeit	km/h	45 oder 50	60
Länge über Puffer	mm	10 100	11 610
Achsstand	mm	3 500/ 4 000	4 400
Raddurchmesser	mm	700	700
Feste Sitzplätze		30	40
Klappsitze		16	16
Dienstmasse	t	6,2	6,6
Leistung	PS	2 x 40 / 2 x 50	2 x 50

Tabelle 5.30 Stationierungen von LVT der Bauart Hannover (Auswahl)

Baujahr	Fabriknummer	Geliefert an	Bahnnummer	DR-Betriebsnummer
Zugehörigkeit Typ A				
1936	20 266	Königs Wusterhausen-	1	133 509
1938	21 105	Mittenwalde-Töpchiner Kleinbahn	2	133 510
Zugehörigkeit Typ B				
1933	20 211	Bleckeder Kleinbahn	SK 1[1]	133 505
1933	20 217	Oschersleben-Schöninger Eisenbahn	1[2]	133 519
1933	20 219	Eberswalde-Finowfurter Eisenbahn	121	133 513[3]
1934	20 229	Niederlausitzer Eisenbahn	1021	133 506
1934	20 231	Eberswalde-Finowfurther Eisenbahn	122	133 514[4]
1934	20 237	Niederlausitzer Eisenbahn	1022	133 507
1940	21 142	Prenzlauer Kreisbahnen		verbrannt

[1] später T1 der Boizenburger Stadt- und Hafenbahn
[2] später 1023 der Niederlausitzer Eisenbahn
[3] zuerst 135 501
[4] zuerst 135 502

Im Mai 1966 präsentiert sich auf dem Streckennetz der Osthannoverschen Eisenbahnen ein Schienenbus der Bauart Hannover in Winsen, OHE D T 506 (Wismar 1933/20 206).
Foto Stemmler

Fahrzeuge nicht viel; das Problem der Achsen und der Radsätze blieb ungelöst. Ein solcher umgebauter Straßenomnibus kam über die Gera-Meuselwitz-Wuitzer Eisenbahn noch als VT 133 521 zur Deutschen Reichsbahn. Die Mängel und der Zustand dieses Busses hatten trotz Umsetzung zu einer anderen Strecke zur Folge, daß der Wagen mehr abgestellt als eingesetzt war und etwa 1960 im Bw Barth ausgemustert wurde.

Obwohl die Nachteile bekannt waren, die der Umbau eines Straßenomnibusses für den Eisenbahnbetrieb mit sich brachte, erwarb die Kleinbahn Gardelegen–Neuhaldensleben–Weferlingen 1932 insgesamt neun Doppelstockbusse. Diese Fahrzeuge stammten von der Berliner Verkehrs-Gesellschaft; sie wurden in den Jahren 1933 bis 1937 in acht Schienenomnibusse und einen Anhänger umgebaut.

Vom ersten dieser Umbauwagen ist die erste polizeiliche Zulassungsnummer als BVG-Bus bekannt: Sie lautete IA 60340. Beim Umbau, besonders des ersten Wagens, gab es viel Ärger. Im Antrag der Kleinbahn vom 27. September 1932 an die preußische Kleinbahnaufsicht bei der Rbd Hannover wurde unter Hinweis auf die schlechte wirtschaftliche Lage die Notwendigkeit des Umbaues begründet. Dabei wies die Kleinbahn darauf hin, daß das Umbaufahrzeug in verschiedenen Punkten von der „Bau- und Betriebsvorschrift für nebenbahnähnliche Kleinbahnen mit Maschinenbetrieb" abweiche:

zu § 19 (1):
: Federnde Zug- und Stoßvorrichtungen fehlen; beidseitig feste Stoßstangen und Anhängehaken für Abschleppen;

zu § 22 (8):
: für Rückwärtsfahrt nur 1 Gang bis 15 km/h; Fahrzeug wird auf Endbahnhöfen gedreht;

zu § 42 (1):
: Räder sind nicht auf der Achswelle aufgepreßt, sondern wie im Kfz-Bau mittels Kugellagern an den äußeren Enden der sich nicht drehenden Achsen gelagert. [187]

Bei der Einsicht in die Umbauzeichnungen stellten sich weitere Abweichungen von normalen Schienenfahrzeugen heraus. So waren die Räder aus Ringteilen zusammengebaut und die Radreifen durch Senkkopfschrauben befestigt, wobei sich zwischen Radreifen und Felge eine Hohlgummieinlage befand. Hier fühlte sich die Kleinbahnaufsicht überfordert und wandte sich ratsuchend an das Reichsbahn-Zentralamt für Maschinenbau, Berlin. Der Schriftwechsel zwischen Kleinbahn, Kleinbahnaufsicht, Reichsbahn-Zentralamt und preußischem Minister für Wirtschaft und Arbeit zog sich über 13 Monate hin. Bis dahin waren Forderungen nach Änderung vieler Bauteile erfüllt, z.B. die Umbauräder durch eisenbahntypische Räder ersetzt worden. Andere Änderungen betrafen die Verstärkung der vorderen Achse, den Umbau der Bremse, den Einbau einer Totmann-Einrichtung und einer Notstopanlage und zuletzt die Anbringung von eisenbahntypischen akustischen Signalgebern. Bis zum Juli 1933 hatte der Schienenbus 500 km Probefahrten zurückgelegt. Am 16. August 1933 absolvierte er die amtliche Abnahmefahrt, nach der mündlich vorerst eine Inbetriebnahme gestattet wurde.

T 2 und A 101 der Gardelegen-Haldensleben-Weferlinger Kleinbahn, umgebaut aus NAG-Bussen der BVG.
Sammlung Fiebig

Tabelle 5.31 Technische Daten der BVG-Doppelstock-Schienenomnibusse der Gardelegen-Neuhaldensleben-Weferlinger Kleinbahn

Hersteller		NAG	NAG	NAG	NAG	NAG	NAG	NAG	NAG	NAG
Baujahr		1926	1925	1925	1926	1926	1926	1926	1926	1926
Beschaffungspreis für die Kleinbahn	RM	6 000,–	6 000,–	6 000,–	5 000,–	6 000,–	6 000,–	6 000,–	6 000,–	3 000,–
Indienststellung bei Kleinbahn		10/1933	12/1933	1/1934	5/1934	7/1934	5/1935	5/1936	7/1937	2/1935
Betriebsnummer		2	3	4	5	6	7	8[1]	9[2]	A101
Anzahl der Achsen		2	2	2	2	2	2	2	2	2
Wagenkastenlänge	mm	8 135	8 135	8 135	8 130	8 250	8 250	8 130	8 130	8 450[3]
Wagenbreite	mm	2 270	2 270	2 270	2 270	2 270	2 270	2 270	2 270	2 270
Seitenwandhöhe	mm	1 800	1 800	1 800	1 800	1 600[4]/1 800	1 600[4]/1 800	1 700[4]/1 830	1 700[4]/1 800	1 700
Achsstand	mm	4 300	4 300	4 300	4 300	4 300	4 300	4 300	4 300	4 300
Raddurchmesser	mm	1 025	1 025	1 025	1 025	1 025	1 025	1 025	1 035	1 025
Sitzplätze		21/12	21/12	21/12	21/12	28/–[5]/23/8	28/–[5]/23/8	51/8	54/4	32/18[6]
Untergestell und Kastenverkleidung		Stahl	Stahl	Stahl	Stahl	Stahl	Stahl	Stahl	Stahl	Stahl
Kastengerippe		Holz	Holz	Holz	Holz	Holz	Holz	Holz	Holz	Holz
Handbremse wirkt auf		Backen	Backen	Backen	Backen	Backen	Backen	Getriebe	Getriebe	
Betriebsbremse wirkt auf		Getriebe	Getriebe	Getriebe	Getriebe	Getriebe	Getriebe	Backen	Backen	
Heizung (Kühlwasser v. Motor)		Wasser	Wasser	Wasser	Wasser	Wasser	Wasser	Auspuff	Auspuff	Ofen

[1] mit NAG-Benzinmotor PROTUS
[2] Umbau auf Holzgasgenerator
[3] mit Hängerkupplung: 9 650
[4] Oberdeck/Unterdeck
[5] Oberdeck ohne Stehplätze
[6] Polstersitze

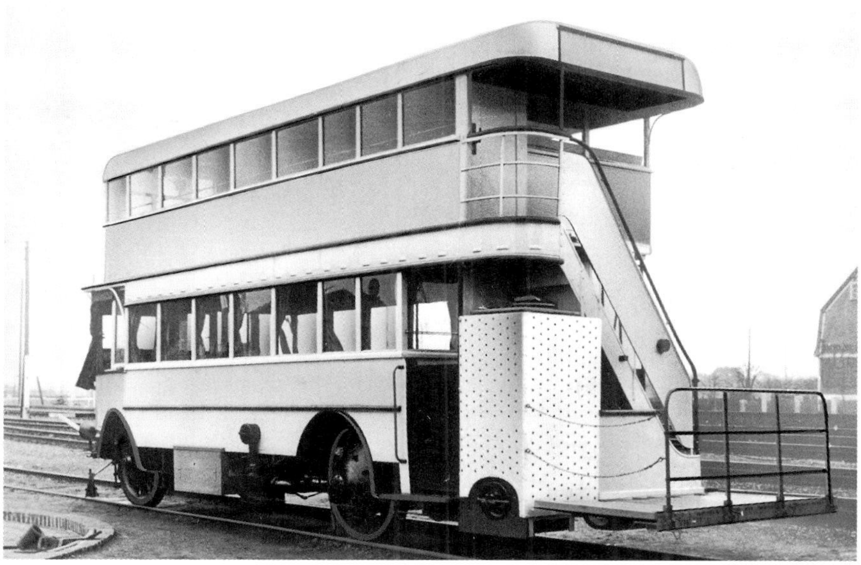

T 9 mit Holzgasgenerator der Gardelegen-Neuhaldensleben-Weferlinger Kleinbahn, 1944 in Haldensleben.
Sammlung Fiebig

Am 29. Oktober 1933 erteilte die Kleinbahnaufsicht die schriftliche Genehmigung zur Inbetriebnahme.
Danach wurden die nächsten drei Omnibusse (T 3 bis T 5) umgebaut. Erst bei der Genehmigung zum Umbau des fünften Omnibusses (T 6) gab es wieder Beanstandungen, weil hier das Oberdeck als Fahrgastraum beibehalten wurde. Man verlangte eine statische Nachrechnung wegen der erhöhten Fahrzeugmasse, den Nachweis, daß der Doppelstockbus innerhalb der Begrenzungslinien nach § 16 der BO für Kleinbahnen blieb, und eine neue Bremsberechnung. Der sechste Wagen (T 7) besaß einen Rohölmotor, und hierzu mußten die Motorbauzeichnungen nachgereicht werden. Der T 8 war wieder problemlos. Der achte Wagen (T 9) erhielt einen Holzkohlegenerator. Das warf wieder Probleme auf, zumal hier der beidseitige Einstieg am Fahrzeugheck, an dem auch der Generator aufgestellt wurde, nur durch Umbau der Plattform zu erreichen war. Am 13. Oktober 1936 meldete die Kleinbahn die Fertigstellung des T 9 und bat um Abnahme. Der Schriftwechsel zog sich hin, bis am 21.Juli 1937 die Indienststellung gestattet wurde. Zusätzlich erteilte die Kleinbahnaufsicht Auflagen über Änderungen. Zwischendurch war, ebenfalls mit großem Aufwand, der neunte Omnibus in einen Anhänger (A 101) für den ersten Schienenbus, den T 2, umgebaut worden (Tabelle 5.31).
Der Umbau und der Einsatz der Doppelstockbusse fanden eine große Resonanz. In vielen Zeitungen und Zeitschriften wurde in Wort und Bild darüber berichtet. Auch andere Kleinbahnen interessierten sich dafür. Der Reichsbevollmächtigte für Bahnaufsicht in Altona, Nachfolger der preußischen Kleinbahnaufsicht, erkundigte sich über die Bewährung der Umbauwagen. Dem Maschinenamt Magdeburg oblag die Beantwortung. Darin hieß es, daß die acht Schienenbusse der Kleinbahn nach Änderungen an Lauf- und Triebwerken in zum Teil dreijährigem Betrieb sich bewährt hatten, von den Reisenden gern benutzt wurden und daß damit eine Verkehrssteigerung bis zu 50 Prozent zu verzeichnen war. Abschließend stellte das Amt fest, daß derartige Fahrzeuge unbedenklich für den Kleinbahnbetrieb zugelassen werden könnten.
Über den Verbleib der Umbauwagen ist nichts bekannt. Der 1949 übernommene VT 133 511 war gewiß der T 9 der Kleinbahn Gardelegen–Neuhaldensleben–Weferlingen, die ihn 1942 an die Kleinbahn Wegenstedt–Calvörde abgab. Augenzeugen berichteten, daß dieser Wagen einen Holzkohlegenerator besaß, der am Heck installiert war. Bei den damaligen Reiseverhältnissen und der damit verbundenen Überlastung des Wagens, vor allem durch die Plattform am Heck, sei manche Fahrt mehr als ein Wagnis gewesen. Einmal sei der Schienenbus sogar umgestürzt; danach wurde das Oberdeck entfernt. 1948 forderte die Kleinbahn Gardelegen–Neuhaldensleben–Weferlingen das Fahrzeug zurück, die Betriebsnummer 1 der Kleinbahn Wegenstedt–Calvörde muß beibehalten worden sein. Die Deutsche Reichsbahn setzte den VT 133 511 zum Bw Prenzlau um. Nach nicht bestätigten Meldungen wurde der VT im Jahre 1957 ausgemustert.
Einen der letzten benzinmechanischen Triebwagen, einen Drehgestellwagen, erhielt 1930 die Kleinbahn Freienwalde–Zehden. Es ist

nur bekannt, daß dieses Fahrzeug noch bei der Kleinbahn einen Dieselmotor erhielt. Mit dem T 502 dieser Bahn, der von der Deutschen Reichsbahn als VT 137 526 übernommen wurde, hatte dieser Triebwagen nichts gemein.

Dieseltriebwagen

Was über die benzinelektrischen Triebwagen gesagt wurde, gilt auch für die dieselelektrischen Triebwagen: Hauptnachteil war die erforderliche dreifache Unterbringung der Leistung. Deswegen wurden sie bei den Triebwagen für Klein- und Privatbahnen nur angewandt, wenn Dieselmotoren größerer Leistung installiert wurden, für die Rädergetriebe zu anfällig erschienen. Das war in der Regel bei den Wagen für die größeren Privatbahnen der Fall, wobei man häufig von der möglichen Zugsteuerung Gebrauch machte.

Das frühe, vereinzelte Beispiel eines schweren dieselelektrischen Triebwagens war der Wagen 217 der Reinickendorf-Liebenwalder Eisenbahn, der späteren Niederbarnimer Eisenbahn. Die AEG sorgte für die maschinelle Ausrüstung und die Waggonfabrik L. Steinfurth für den Fahrzeugteil. Der Triebwagen hatte eine Leistung von 90 PS und eine Dienstmasse von 45 t. Er konnte eine maximale Zugmasse von 80 t befördern und erreichte damit die Geschwindigkeit von 40 km/h. Die Höchstgeschwindigkeit des allein fahrenden Triebwagens betrug 50 km/h.

Dieser 1913 gebaute Wagen kam später an die Neukölln-Mittenwalder Kleinbahn als dortiger T4 (II.). Nach Verschleiß der Maschinenanlage baute man ihn bei dieser Kleinbahn in einen Personenwagen der Gattung C4 um. Dem Vernehmen nach war dieser C4-Wagen beim Lokpersonal sehr unbeliebt, da er im Vergleich zu den anderen Personenwagen beim Rangieren „unhandlich" gewesen sei.

Eine interessante Gruppe in der Reihe der dieselelektrischen Triebwagen stellten die „selbstgestrickten", also die in Bahnwerkstätten durch Um- oder Eigenbau entstandenen Triebwagen dar.

So baute die Neuhaldenslebener Eisenbahn einen (A1)A-dieselelektrischen Triebwagen der Gattung Pw3VT, Betriebsnummer T 03. Der Wagen erhielt einen 300-PS-Motor der Firma Knauer, Mannheim, und eine elektrische Ausrüstung der SSW. Im Regelverkehr lief das Fahr-

Zum T 03 gehörte der Steuerwagen C 311, ebenfalls in der Werkstatt der Neuhaldenslebener Eisenbahn aufgebaut; hier bereits als VB 197 833 im Jahr 1975 im Bw Jerichow. Foto Herfen

Tabelle 5.32 Technische Daten umgebauter VT

Bahn		Osthavelländische Kreisbahn	Ruppiner Eisenbahn	Osterwieck-Wasserlebener Eisenbahn	Neuhaldenslebener Eisenbahn	Osterwieck-Wasserlebener Eisenbahn
Betriebsnummer		T1+T2	89	T 01	T 03	T 04
Umbau aus		bm-VT	AT	Personenwagen	Güterwagen	Unfall-VT
Umbau durch		DR	Söhrebahn	ÖBB	eigene Werkstatt	eigene Werkstatt
Umbaujahr		1937	1934	1930	1932	1929/1930
DR-Betriebsnummer		135 501 135 502	135 551 –	– –	135 552 –	137 551 –
Gattung		CVT	BCPwVT	BCl+VT	Pw3VT	BCPw4iVT
Achsfolge		A1-dm	Bo-de	Bo-de	Bo'1'-de	Bo'2'-de
Höchstgeschwindigkeit	km/h	60	60		60	80, sp. 70
Länge über Puffer	mm	10 600	13 910		12 650	22 300
Breite	mm	2 845	3 025		2 600	2 940
Höhe über SO	mm	3 400	4 360			3 850
Drehzapfenabstand	mm	–	–		7 100	14 650
Drehgestellachsstand	mm	–	–		2 300	2 500
Achsstand	mm	4 500	8 000		8 250	17 150
Raddurchmesser	mm	900	1 000		1 000	1 000
Sitzplätze		36	9+18		–	6 + 60
Ladefläche	m^2	–	7,9			9,0
Dienstmasse	t	14,0	30,0		31,3	43,0
Motor		1x6KVD 14,5	1xW8 V 17,5/22		1xRS 125S	1 x W6 V 17,5/22
Leistung	PS	90	265	150	300	225
Leistungsübertragung Mylius		BBC	SSW elektr.	SSW elektr.	BBC elektr.	BBC elektr.

zeug im Verband mit zweiachsigen Steuerwagen modernerer Form, den C 309 und C 310. Die große installierte Leistung gestattete später das Mitführen eines vierachsigen Steuerwagens C 311, den die Neuhaldenslebener Eisenbahn auf ein von der WUMAG erworbenes, dort nicht verwendetes Untergestell eines Triebwagens aufbaute. Der Triebwagen kam als VT 135 522 und der C 309 als VS 144 501 zur Deutschen Reichsbahn. Der C 310 ging nach dem zweiten Weltkrieg verloren; und der C 311 wurde VS 145 502, später VB 147 512.

Die Söhrebahn bei Kassel erwarb von der DRG einen dreiteiligen Akkumulatoren-Triebzug mit Stahlbatterien und baute ihn in die Personenwagen Nr. 20 bis 22 um. Aus dem Wagen 21, dem ehemaligen Mittelwagen des AT-Zuges, entstand durch einen weiteren Umbau ein dieselelektrischer Bo-VT. Den 270-PS-Dieselmotor lieferte die MAN und die elektrische Ausrüstung die AEG. Unmittelbar nach Fertigstellung übernahm die Ruppiner Eisenbahn das Fahrzeug und gab ihm die Betriebsnummer 89. Als VT 135 551 übernommen, wurde er nach längerer Abstellzeit Anfang der sechziger Jahre verschrottet (Tabelle 5.32).

Einen weiteren Umbau-VT stellte die Zschipkau-Finsterwalder Eisenbahn 1934 in Dienst. Der eingebaute MAN-Dieselmotor besaß eine Leistung von 255 PS; der Wagen hatte drei Radsätze, davon zwei in einem Drehgestell. Zum Triebwagenzug gehörten ein BCi, ein C4i und ein CPosti, die ebenfalls durch Umbau entstanden waren: der BCi und der CPosti vermutlich aus Einheitswagen, der C4i aus einem alten Schnellzugwagen. Auf die Zugsteuerung war verzichtet worden, so daß der Triebwagen auf den Endbahnhöfen umgesetzt werden mußte. Zusammen mit zwei Leichttriebwagen wurde nahezu der gesamte Reiseverkehr auf den beiden Strecken der Zschipkau-(später Schipkau-)Finsterwalder Eisenbahn und der von ihr betriebenen Reichsbahnstrecke Senftenberg–Schipkau abgewickelt. Der dieselelektrische Triebwagen ist 1943 vermutlich als VT 137 239 übernommen worden. Der weitere Verbleib ist, wie auch der der Leichttriebwagen, nicht bekannt.

1949 übernahm die Deutsche Reichsbahn von den Privatbahnen weitere dieselelektrische Triebwagen. Davon war ein weiterer Triebwagen zweiachsig: der VT 135 553, ehemals T 2 der Niederbarnimer Eisenbahn. Die anderen vier- und fünfachsigen Fahrzeuge sind durchweg moderner Bauart gewesen und verfügten über eine ausreichend große Leistung, um als Schlepp- oder Gütertriebwagen die Zugförderungsaufgaben erfüllen zu können. Bemerkenswert ist jeder dieser Triebwagen, denn sie hielten einem Vergleich mit den DRG-Fahrzeugen durchaus stand. Die Deutsche Reichsbahn gab den übernommenen dieselelektrischen Triebwagen die Betriebsnummern VT 137 551 bis VT 137 556 und VT 137 561 sowie VT 137 562, die schmalspurig waren.

Wie bisher bekannt, gelangten zwei dieselelektrische Verbrennungs-Triebwagen nicht mehr zur Deutschen Reichsbahn. Das war zunächst der wegen Kriegsschäden verschrottete T 302 der Brandenburgischen Städtebahn. Die Weimar-Berka-Blankenhainer Eisenbahn hatte mit dem T 10 einen zweiten sechsachsigen Doppeltriebwagen, der sich nach 1945 ohne Motoren im Bestand der Osterwieck-Wasserlebener Eisenbahn befand.

Anfang der dreißiger Jahre erlangte der Dieselmotor eine Betriebsreife, die es gestattete, ihn nunmehr im verstärkten Umfang für Triebwagen zu verwenden. Das traf ebenso für das Rädergetriebe zu. So sind Maybach- und Daimler-Benz-Dieselmotoren sowie Mylius-Getriebe heute noch bekannt. Die erste größere Gruppe von dieselmechanischen Triebwagen bildeten die 1932 bis 1934 gelieferten Leichttriebwagen, die man insbesondere für Privatbahnen entwickelt hatte. Äußerlich wa-

Ihm ist die Herkunft kaum noch anzusehen: ehemaliger AT der DRG, umgebaut zu einem dieselelektrischen Triebwagen für die Ruppiner Eisenbahn; hier abgestellt 1969 im Raw Dessau als VT 135 551 der DR.
Sammlung Fiebig

Die Waggonfabrik Dessau lieferte 1933 an die Zschipkau-Finsterwalder Eisenbahn zwei dieselmechanische Triebwagen, welche die Betriebsnummern 31 und 32 erhielten.
Sammlung Rammelt

ren sie durch das Fehlen der Regel-Zug- und Stoßvorrichtungen zu erkennen. Mehrere Waggonfabriken entwickelten eigene Typen. Und da die Bahnen glaubten, eigene Vorstellungen durchsetzen zu müssen, entstanden mehrere Bauarten, die sich durch abweichende Abmessungen und Motoren verschiedener Hersteller voneinander unterschieden. Zu diesen Leichttriebwagen gehörten:

Nr.	Bahn	Verbleib
31,32	Zschipkau-Finsterwalder Eisenbahn	unbekannt
T 1	Gernrode-Harzgeroder Eisenbahn	VT 133 522
T 06	Weimar-Großrudestedter Eisenbahn	Reparation
501	Spreewaldbahn	VT 133 523
T 01	Kleinbahn Damme–Schönermark	VT 133 512
T 1031	Niederlausitzer Eisenbahn	VT 135 511
T 38	unbekannt	VT 133 516

Die Motorleistung betrug bei diesen Wagen 65 PS bis 70 PS.

Bei den Provinzial-Sächsischen Kleinbahnen war es die Kleinbahn Genthin, die sich den ähnlichen Entwurf eines Leichttriebwagens erarbeiten ließ. Wahrscheinlich setzte sich die Erkenntnis durch, daß trotz des angestrebten Leichtbaues ein Triebwagen mit Regel-Stoß- und Zugvorrichtungen den Vorteil bot, bei Bedarf einen Personen- oder Güterwagen mitführen zu können. So lieferten Görlitz und Ammendorf insgesamt neun Triebwagen mit Regel-Stoß- und Zugvorrichtungen an Provinzial-Sächsische Kleinbahnen.

Diese Leichttriebwagen mit dem Achsstand von 4500 mm gehörten zu den kleinsten normalspurigen VT. Sie hatten Daimler-Benz-Dieselmotoren der Typen OM 65 und OM 65/3 mit einer Leistung von 65 PS und 70 PS. Der letztgelieferte Triebwagen für die Kleinbahn Rennsteig–Frauenwald besaß einen Dieselmotor Typ OM 67 mit einer Leistung von 95 PS. Die DRG verfügte über keine vergleichbaren Triebwagen.

T 301 der Brandenburgischen Städtebahn, ein schwerer dieselelektrischer Triebwagen; später VT 137 553 der DR.
Sammlung Fiebig

In der Werkstatt der Neuhaldenslebener Eisenbahn durch Umbau entstanden: der dieselelektrische Gütertriebwagen T 03, später VT 135 552; September 1962 im Raw Dessau. Foto Fiebig

Modern wirkte der Doppeltriebwagen T 05 der Weimar-Berka-Blankenhainer Eisenbahn, später VT 137 555 a/b der DR. Foto Haase

Wie die Lokomotiven der Provinzial-Sächsischen Kleinbahnen wurden um 1940 die Triebwagen umgezeichnet. Die Leichttriebwagen erhielten dabei die Betriebsnummern 1 bis 9.

Der größte Teil der dieselmechanischen Triebwagen der Klein- und Privatbahnen glich im Antrieb und zum Teil im Äußeren den Nebenbahntriebwagen der Deutschen Reichsbahn bzw. der DRG. Sie waren in den Jahren 1934 bis 1940 beschafft worden und stammten von verschiedenen Herstellern.

Bei der Deutschen Reichsbahn erhielten die 1949 übernommenen dieselmechanischen Triebwagen, soweit es sich um Zweiachser handelte, die Betriebsnummern VT 135 511 bis VT 135 550, und die Vierachser wurden zu VT 137 523 bis VT 137 528, VT 137 531 und VT 137 532. Unter den vierachsigen Triebwagen waren Typenwagen der Waggonfabrik, wie „Mosel" und „Niederbarnim". Wismar gab seinen Typenreihen Landschafts- oder Städtenamen, die der Erstlieferung entsprachen (Tabellen 5.33 und 5.34).

Die Vorbereitung zum zweiten Weltkrieg und der Krieg selbst unterbrachen die weitere Verdieselung der Klein- und Privatbahnen. Die Triebwagen mußten wegen Treibstoffmangels abgestellt werden. Ein Teil der Bahnen versuchte, durch Umstellung auf Anthrazit-, Holzkohle- oder sogar auf Leuchtgasantrieb die Triebwagen weiter zu verwenden. Das bedingte neben dem Einbau eines Generators zur Erzeugung von Schwelgas auch den Umbau der Dieselmotoren auf Vergaserbetrieb. Auf jeden Fall waren neben dem Verlust an Nutzfläche empfindliche Leistungseinbußen (etwa 15 Prozent) der Motoren zu verzeichnen. Ungeachtet verschiedener Sicherungsmaßnahmen bei Gasanlagen brannten einige derart umgebaute Triebwagen ab. Andere Triebwagen gingen wiederum durch die Kriegs- und Nachkriegsereignisse verloren.

Bei der DRG hatten ab Mitte der dreißiger Jahre Triebwagen mit

Tabelle 5.33 Technische Daten zweiachsiger VT (Auswahl)

Bahn		Kleinbahn Wallwitz–Wettin	Halberstadt Blanken-burger Eisenbahn	Ost- und Westprignitzer Kreisklein-bahnen	Halberstadt-Blanken-burger Eisenbahn	Gardelegen-Neuhaldens-leben-Weferlinger Kleinbahn	Gardele-gen-Neuhal-dens-leben-Weferlinger Kleinbahn	Nieder-barnimer Eisen-bahn
Betriebsnummer		1	T 2	602–604	T 4	51–53	61	T 2
DR-Betriebsnummer		135 525	135 514	135 527–135 529	135 543	135 536–135 538	135 539	135 553
Baujahr		1935	1934	1936	1940	1939	1939	1934
Gattung		CVT	CVT	CVT	CiVT	CiVT	CiVT	BCiVT
Bauart		A1-dm	B-dm	A1-dm	A1-dm	A1-dm	B-dm	A1-de
Höchstgeschwindigkeit	km/h	60	60	55	60	65	73	60
Länge über Puffer	mm	9 760	11 600	11 170	11 940	13 470	13470	13 900
Breite	mm	2 470	2 940	2 860	2 900	3 000	3 000	3 150
Höhe über SO	mm	3 850	3 650			3 650	3 650	4 050
Radstand	mm	4 500	6 200	5 500	6 500	7 000	7 000	6 350
Raddurchmesser	mm	900	900	950	900	900	900	900
Sitzplätze		37	42	38	50	56	56	4+58
Ladefläche	m^2	–	2,0	–	–	–	–	–
Dienstmasse	t	9,0	15,9	12,0	15,0	18,0	20,0	22,0
Motor		1xOM65	1xA6M517	1xA6M517	1xA8H517	1x7,5T	2xOM 67/3	1xW6V 15/18
Leistung	PS	65	110	110	190	107	100	125
Getriebe		Mylius mech.	Mylius mech.	TAG mech.	Mylius mech.	Mylius mech.	Mylius mech.	SSW elektr.

So sah es in den dreißiger Jahren im Doppeltriebwagen der Weimar-Berka-Blankenhainer Eisenbahn aus.
Foto Haase

Tabelle 5.34 Technische Daten von Drehgestell-VT (Auswahl)

Bahn		Kreisbahn Beeskow–Fürstenwalde	Niederbarnimer Eisenbahn	Stendal-Tangermünder Eisenbahn	Brandenburgische Städtebahn	Weimar-Berka-Blankenhainer Eisenbahn	Brandenburgische Städtebahn	Halberstadt-Blankenburger Eisenbahn
Betriebsnummer		1001	T 4	T 1	301–303[1]	T 05	306	T 3
DR-Betriebsnummer		137 526	137 528	137 552	137 553 137 554	137 555 a/b	137 558	137 571
Baujahr		1942	1937	1932	1933	1935	1938	1938
Gattung		BC4iVT	BCPw4iVT	BCPw4iVT	CPost4iVT	CPost6iVT	BCPw Post5iVT	BCPost4iVT
Bauart		Bo'2'-de	B'2'-dm	Bo'2'-de	Bo'2'-de	2'Bo'2'-de	(A1A)'Bo'-de	B'2'-dh
Höchstgeschwindigkeit	km/h	70	65	50	70	75	70	60
Länge über Puffer	mm	20 840	23 500	21 000	20 840	37 720	22 640	20 840
Breite	mm	3 600	2 880	2 980	2 980		2 810	2 900
Höhe über SO	mm	3 860	3 678	3 524	4 025		4 000	3 610
Drehzapfenabstand	mm	13 600	15 740	13 055	13 600	14 670 + 15 170	15 500	12 450
Drehgestellachsstand	mm	3 250/ 3 300	3 700	3 500/ 3 000	3 200/ 3 000	3 650/2 850/ 2850	3600/ 3 000	3 600/ 3 000
Raddurchmesser	mm	900	900	900	900	900	900	900
Sitzplätze		8+54	8+86	16+56(?)	6+46	143	6+26	8+51
Ladefläche	m²	–	6,0	10,0	2,2		20,0	6,0
Dienstmasse	t	32,9	37,8	31,5	37,8	52,0	61,5	40,2
Motor		1xW8V 17,5/22	2xW6V 15/18	1xW6V 17,5/22	1xW6V 17,5/22	1xW6V 22/30	2xW8V 17,5/22	1xW6V 22/30
Leistung	PS	265	250	235	235	400	265	360
Getriebe		elektr.	Ardelt mech.	BBC elektr.	AEG elektr.	elektr.	elektr.	Voith hydr.

[1] Das Fahrzeug mit der Betriebsnummer 302 wurde 1945 ausgemustert.

Das Sachsenwerk Stendal baute für die Triebwagen einiger Provinzial-Sächsischer Kleinbahnen mehrere leichte Beiwagen; hier der 190 836, ursprünglich Nr. 41 der Kleinbahn Genthin im September 1977 in Perleberg.
Foto Dietz

Auch die Triebwagen der Kleinbahnen mußten um 1939 auf Generatorbetrieb umgestellt werden, hier der Triebwagen 32 der Kyffhäuser Kleinbahn nach Umbau.
Werkfoto Waggonbau Lindner

Im Nebenbahndienst der DR: 24 004 vor Nahgüterzug sowie VT 135 539 mit VB 140 509, beide ehemalige Gardelegen-Neuhaldensleben-Weferlinger Kleinbahn. Bahnhof Jerichow, 17.Juni 1967.
Foto Fiebig

hydraulischer Leistungsübertragung Eingang gefunden. Unter den 1949 übernommenen Triebwagen der Privatbahnen befand sich der T 3 der Halberstadt-Blankenburger Eisenbahn mit einem Voith-Strömungsgetriebe. Der MAN-Dieselmotor Typ W6V22/30 besaß eine Leistung von 425 PS. Der als „Typ Harzbahn" bezeichnete Triebwagen war eine Sonderentwicklung für den Steilrampenbetrieb. Später erhielt er die Betriebsnummer VT 137 571. 1965 musterte ihn die Rbd Magdeburg aus.

In den ersten Jahren der Triebwagenentwicklung versäumten die Lieferer nicht darauf hinzuweisen, daß den Triebwagen ein bis zwei Personenwagen zugestellt werden können. Später setzte sich die Erkenntnis durch, daß es ökonomischer sei, hierfür besonders gebaute Bei- oder Steuerwagen beizustellen. Diese Wagen entsprachen im Äußeren allgemein den Triebwagen, für die sie bestimmt waren. Sie sind in den Abmessungen kleiner und bedeutend leichter als die älteren Personenwagen gewesen. Für die Provinzial-Sächsischen Kleinbahnen baute das Sachsenwerk Stendal mehrere Beiwagen, die für DWK-Triebwagen und den Leichttriebwagen verwendbar waren. Diese Beiwagen wurden im Gegensatz zu den ebenfalls vom Sachsenwerk gebauten Reisezugwagen mit Rollenlagern ausgerüstet. In der Regel enthielten sie ein Gepäckabteil für Stückgüter und vor allem für Fahrräder. Zuweilen war ein kleines Postabteil vorhanden. Im Umnumerierungsplan der Deutschen Reichsbahn erschienen drei Stenda-

Vier Leichttriebwagen für Provinzial-Sächsische Kleinbahnen standen 1938 in Ammendorf bereit: T 1 der Kleinbahn Annaburg–Prettin, T 1 der Kleinbahn Wolmirstedt–Colbitz, T 1 der Kleinbahn Burxdorf–Mühlberg und T 1 der Kleinbahn Rennsteig–Frauenwald. Werkfoto Waggonbau Lindner

Hier der dieselhydraulische VT 137 571, ehemaliger T 3 der Halberstadt-Blankenburger Eisenbahn; September 1962 im Raw Dessau. Foto Fiebig

ler Beiwagen: 140 502, 140 511 und 140 522. Die anderen Wagen wurden wahrscheinlich als Reisezugwagen umnumeriert.

Diesellokomotiven

Der Einsatz von Lokomotiven mit Benzinmotor ist nicht bekannt. Der vorhandene bescheidene Bestand beschränkte sich auf Fahrzeuge mit Dieselmotor und insbesondere auf die als Kleinbahnlokomotiven bezeichneten Bauarten. Hauptaufgabe der Motorkleinlokomotive war die Rangierarbeit auf kleineren Bahnhöfen, um Dampflokomotiven einzusparen und Güterzüge zu beschleunigen. Für die Klein- und Privatbahnen traf dies weniger zu. Wichtiger wäre hier gewesen, die Dampflokomotive überhaupt einzusparen, indem der Reiseverkehr durch Triebwagen und der meist geringe Güterverkehr mit Kleindiesellokomotiven abgewickelt wurde. Das war kaum der Fall.

Als die DRG in größerem Umfang Kleinlokomotiven einführte und deren Betriebstüchtigkeit sowie ihre Wirtschaftlichkeit bewies, zeichnete sich durch die Aufrüstung und den Krieg die Treibstoffknappheit ab, so daß die Diesellokomotive mit ihren einheimischen Brennstoffen wieder in den Vordergrund rückte. Immerhin hatte die DRG bis etwa 1940 rund 1300 Kleinlokomotiven in Dienst gestellt. Von 1939 an mußten sie vielfach auf Treibgas umgestellt werden.

Bei den Klein- und Privatbahnen waren bis 1940 nur wenige Diesellokomotiven geringerer Leistung vorhanden. Auffallend ist, daß diese Lokomotiven vorwiegend von Lieferfirmen stammen, die bis dahin noch nicht oder nur in beschränktem Umfang an Lieferungen für die DRG beteiligt waren. Das waren die Deutschen Werke Kiel und Ardelt, Eberswalde. Inwieweit Lokomotiven zu besonders günstigen Bedingungen überlassen wurden, sei dahingestellt. Die Werbung mit den wenigen Diesellokomotiven lief auf hohen Touren, wie Anzeigen der DWK aus der damaligen Zeit beweisen. Über eine der Ardelt-Lokomotiven ist nachstehendes überliefert [182]:

Niederbarnimer Eisenbahn – Nr. Kö 03

Mietvertrag vom 4.9.1937

Mietpreis: 37 000,- RM; monatliche Miete: 1750,- RM von Ardelt geliefert am 29.10.1937.

Die Centralverwaltung für Secundairbahnen Herrmann Bachstein hatte sechs Kleinlokomotiven in ihrem Bestand. Auf dem Foto rangiert die Lok 1 im Sommer 1942 einen Wagen von Weimar Nord zum Staatsbahnhof.
Sammlung Quill

Tabelle 5.35 Motorkleinlokomotiven bei Klein- und Privatbahnen

	1934	1935	1936	1937	1938	1939	1940	1941	1942	1949[1]
Mecklenburg-Pommersche Schmalspurbahn	1	1	1	1	1	1	1	1	1	1
Kleinbahn Freienwalde–Zehden	–	1	1	1	1	–	–	–	–	—
Neubrandenburg-Friedländer Eisenbahn[2]	–	1	1	1	1	1	1	1	1	2
Ruppiner Eisenbahn	–	1	1	2	2	2	2	2	2	6
Kleinbahnen des Kreises Jerichow I	–	–	–	1	1	1	1	1	1	1
Dahme-Uckroer Eisenbahn	–	–	–	1	1	1	1	1	1	–
Niederbarnimer Eisenbahn[3]	–	–	–	2	2	2	2	2	2	2
Eisenbahn-Zweckverband Buttstädt-Rastenberg[4]	–	–	–	–	1	1	1	1	1	1
Weimar-Buttelstedt-Großrudestedter Eisenbahn	–	–	–	–	–	–	–	1	1	1
Ostprignitzer Kreiskleinbahnen	–	–	–	–	1	1	1	–	–	1
Neuhaldenslebener Eisenbahn	–	–	–	–	2	2	2	1	1	–
Esperstedt-Oldislebener Eisenbahn	–	–	–	–	–	–	–	1	1	1
Prenzlauer Kreisbahnen	–	–	–	–	1	1	1	–	–	1
Brandenburgische Städtebahn	–	–	–	–	–	3	2	2	2	2
Mecklenburgische Friedrich-Wilhelm-Eisenbahn	–	–	–	–	–	1	1	–	–	–
Oderbruchbahn	–	–	–	–	–	–	–	–	–	1
Weimar-Berka-Blankenhainer Eisenbahn	–	–	–	–	–	–	–	–	–	2
Greußen-Ebeleben-Keulaer Eisenbahn	–	–	–	–	–	–	–	–	–	1
Dessau-Wörlitzer Eisenbahn	–	–	–	–	–	–	–	–	–	2
Osthavelländische Kreisbahnen	–	–	–	–	–	–	–	–	–	2[5]
Kleinbahn Erfurt–Nottleben	–	–	–	–	–	–	–	–	–	2
Osterwieck-Wasserslebener Eisenbahn	–	–	–	–	–	–	–	–	–	1
Kreisbahn Beeskow–Fürstenwalde	–	–	–	–	–	–	–	–	–	1
	1	4	4	9	13	17	16	14	14	31

[1] 1934 bis 1942 nach amtlichen Statistiken, 1949 nach persönlichen Aufzeichnungen
[2] obwohl in der Statistik von 1937 bis 1942 nicht aufgeführt, war 1Kö im Bestand
[3] erst 1950 von DR übernommen
[4] obwohl in Statistik 1941 und 1942 nicht aufgeführt, gehörte 1 Kö zum Bestand
[5] in Berlin (West) verblieben

Fabrik-Nr. 9.
Probefahrt am 10.11.1937 im Bf Basdorf.

Motor:	Humboldt-Deutz Typ AGM 220
Getriebe:	Ardelt
Radsätze:	2, Kuppelstangen
Länge über Puffer:	7600 mm
Größte Höhe:	3000 mm
Größte Breite:	3060 mm
Achsstand:	2600 mm
Bremse:	Wbr.

Diese Maschine hatte bei der Deutschen Reichsbahn später die Betriebsbezeichnung Kö 5732 bzw. V 15 002.

Soweit vorhanden, gingen alle Diesellokomotiven mit den einzelnen Bahnen 1949 an die Deutsche Reichsbahn ohne Umnumerierungsplan über. Als die Deutsche Reichsbahn nach 1950 daran ging, den abgestellten, durchweg nicht mehr betriebsfähigen Diesellokomotivpark zu sichten und aufzuarbeiten, fragte niemand nach der Herkunft der Fahrzeuge. Gemeinsam mit den Diesellokomotiven, die einst der Wehrmacht gehörten und die teilweise auch über die Klein- und Privatbahnen zur Deutschen Reichsbahn gelangten, wurden die Lokomotiven aufgearbeitet, an Werkbahnen verkauft und, wenn nicht mehr aufarbeitungsfähig, verschrottet (Tabelle 5.35).

So erschienen bei der Deutschen Reichsbahn die Kö 0292 bis Kö 0303, Kö 0401 bis Kö 0409, Kö 5710 bis Kö 5760 und Kö 6001 bis Kö 6004 sowie die Diesellokomotiven der Baureihen V 16, V 20, V 22 und V 36. Ein Mitte der fünfziger Jahre aufgestellter Nummernplan für die V-Lokomotiven unterschied diese Fahrzeuge nur noch nach Leistung, Achsfolge und Motorbauart.

Bei der Deutschen Reichsbahn wurde auf vielen Strecken der ehemaligen Klein- und Privatbahnen –

Auch auf den ehemaligen Klein- und Privatbahnen fand der Traktionswandel statt. Auf der ehemaligen Halberstadt-Blankenburger Eisenbahn wurden am 30. März 1966 Versuche mit der Diesellok V 180 062 und dem Meßwagen 1 der VES/M Halle gefahren. Der Versuchszug ist gerade auf der Fahrt von Michaelstein nach Braunesumpf.
Foto Lange

Vierachsige Triebwagen der „Elektrischen Kleinbahn im Mansfelder Bergrevier AG" im Jahr 1925 auf dem Plan in Eisleben.
Sammlung Rammelt

soweit sie nicht gänzlich stillgelegt waren – nach und nach die Dieselzugförderung eingeführt, mit älteren DRG-Triebwagen, mit der neuentwickelten Bauart Bautzen (Baureihen 171 und 172), mit Kleinlokomotiven und mit Diesellokomotiven älterer und neuerer Bauarten geringerer und mittlerer Leistungen.

Elektrische Zugförderung

Zu behandeln sind hier die elektrischen Triebfahrzeuge jener Bahnen, die nach der Trennung Kleinbahn–Straßenbahn weiterhin als Kleinbahnen konzessioniert wurden:

- die elektrische Kleinbahn im Mansfelder Bergrevier
- die Strausberger Klein-, später Eisenbahn
- die Oberweißbacher Bergbahn
- die Buckower Kleinbahn
- die Schleizer Kleinbahn.

Die elektrische Kleinbahn im Mansfelder Bergrevier hatte 1921 folgenden Fahrzeugbestand:
20 vierachsige Triebwagen,
3 zweiachsige Triebwagen,
22 vierachsige Beiwagen,
11 zweiachsige Beiwagen,
2 Gepäckwagen,
ferner mehrere Fahrzeuge für innerbetriebliche Dienste. Es waren Straßenbahnfahrzeuge herkömmlicher Bauart. Die Fahrleitungsspannung betrug 600 V. Die Stromabnahme erfolgte über Stangenstromabnehmer mit Rolle. Nach der Betriebseinstellung Ende 1922 wurden die Fahrzeuge verkauft oder ausgemustert.

Auch die Strausberger Eisenbahn, entstanden aus einer dampflokbetriebenen Bahn, ist ein Straßenbahnbetrieb gewesen. Sie existiert heute noch, allerdings trug man 1949 bei der Übernahme der Kleinbahnen dem Straßenbahncharakter Rechnung und überließ die Bahn der Stadt Strausberg als kommunalen Betrieb.

Die Oberweißbacher Bergbahn verdankt ihren elektrischen Betrieb auf der Reibungsstrecke der Notwendigkeit, für den Betrieb der Standseilbahn eine Kraftzentrale vorhalten zu müssen, die die Stromversorgung der Reibungsbahn mit zu übernehmen hatte.

Die Buckower Kleinbahn, entstanden durch Umwandlung und Umbau einer schmalspurigen Kleinbahn, wählte den elektrischen Betrieb wegen des zu erwartenden starken Berufs- und Ausflugsverkehrs. Der geringe Güterverkehr war zu vernachlässigen.

Die Schleizer Kleinbahn mußte auf Forderung verschiedener Stellen elektrifiziert werden, obwohl ein Kleinbahnfachmann hiervon abriet. Wahrscheinlich versprach man sich durch die Kraftwerksnähe billigere Energiekosten. Außerdem waren mehrere Steigungen vorhanden, die dem Dampfbetrieb Grenzen gesetzt hätten. Der (wie auf allen anderen elektrischen Kleinbahnen) Inselbetrieb rechtfertigte kaum den erhöhten Aufwand. Die Deutsche Reichsbahn löste den elektrischen Zugbetrieb aus Rationalisierungsgründen am 1. September 1969 durch den Dieselbetrieb ab.

Alle elektrischen Bahnen wiesen in früheren Jahren einen ungewöhnlich umfangreichen Reiseverkehr auf, der im Regelfall durch Triebwagen abgewickelt wurde. Die Strausberger Eisenbahn hielt anfangs für den Güterverkehr eine Dampflokomotive und für Sonderzüge einige ältere Reisezugwagen vor. Die Dampflokomotive wurde bald durch eine kleine elektrische Lokomotive ersetzt. Als infolge des zweiten

Ehemalige Strausberger Eisenbahn: T 3, Beiwagen 4 und 6 sowie T 16 in Strausberg: Juli 1968.
Foto Fiebig

Maßskizze des AT und des dazugehörigen Beiwagens der Zschornewitzer Kleinbahn.
Zeichnung Makowsky

Tabelle 5.36 Technische Daten der Fahrzeuge der Strausberger Eisenbahn (800 V Gleichspannung)

Wagengattung		ET	EB	EB	ET	EB	Lok
Betriebsnummer		1–3	4–7	8	9	10–11	12
Lieferjahr		1921	1921	1921	1928	1928	1923
Hersteller Fahrzeugteil		Wismar	Wismar	Wismar	Werdau	Werdau	Trelenberg
Elektrische Ausrüstung		BEW	BEW	BEW	BEW	BEW	BEW
Bauart		(A1)(1A)	2'2'	2	(A1)(1A)	2'2'	Bo
Höchstgeschwindigkeit	km/h	30	30	30	30	30	30
Länge über Puffer	mm	12 490	12 490	9 000	12 490	12 490	6 400
Achsstand	mm	8 600	8 600	2 400	8 600	8 600	2 200
Sitzplätze		32	32	32	32	32	–
Leistung	kW	2x37	–	–	2x37	–	2x37

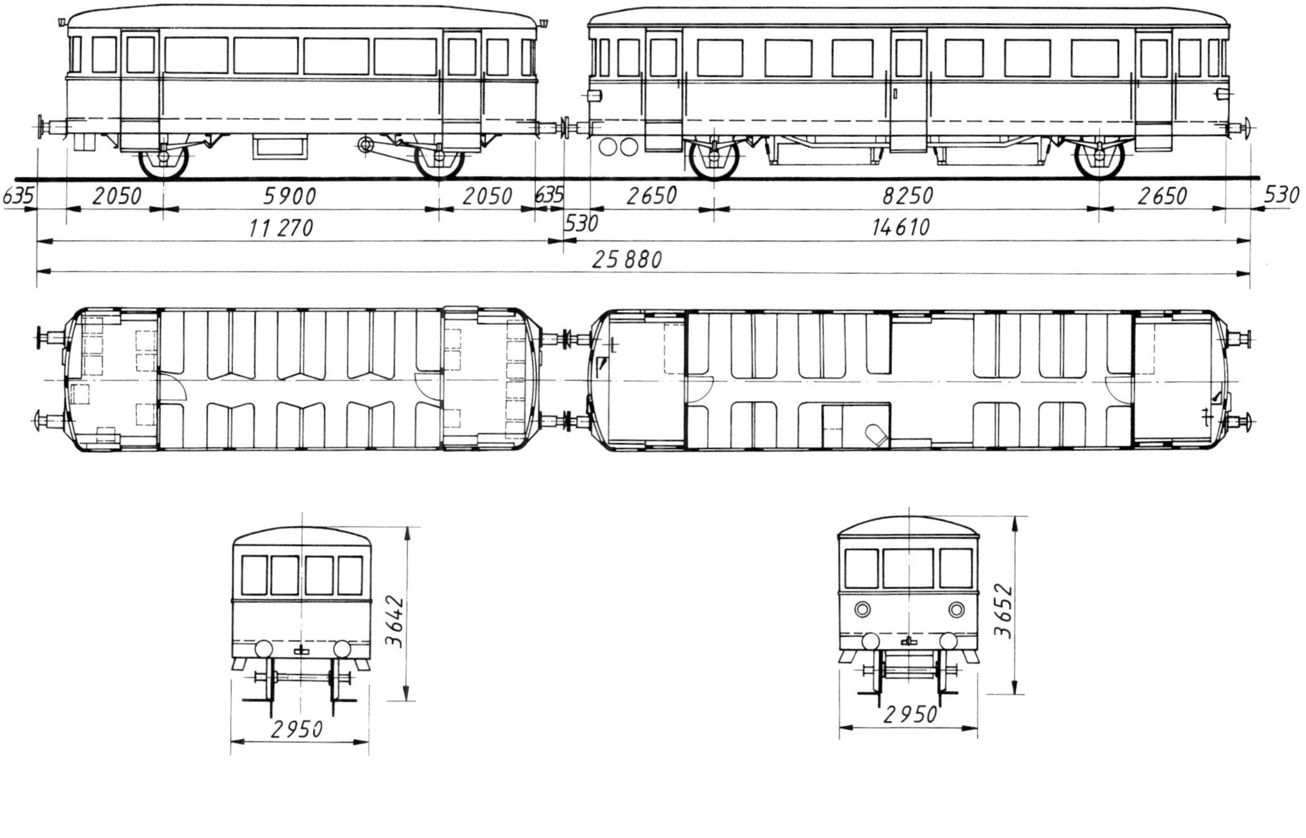
635
2050
5900
2050
635
2650
8250
2650
530
11 270
530
14 610
25 880
3642
2950
3652
2950

Weltkrieges der Güterverkehr zunahm, erwarb die Kleinbahn noch eine zweite Ellok (Tabelle 5.36).
Die Trieb- und Beiwagen der Strausberger Eisenbahn waren Straßenbahnwagen. Sie sind sehr komfortabel ausgestattet worden. Deswegen lag ihr Niveau über dem anderer Straßenbahnwagen. Merkmale der Strausberger Wagen waren: Maximum-Drehgestelle, Oberlichtaufbau, große Fenster und Mahagoniholzauskleidung im Innern, Stromabnahme mittels Stangenstromabnehmer mit Rolle. Die Beiwagen entsprachen weitgehend den Triebwagen; auch sie liefen auf Drehgestellen. Ein zweiachsiger Beiwagen hatte ein Traglasten- und ein Postabteil. Der Triebwagen 1 bleibt als historischer Wagen erhalten, die anderen Fahrzeuge sind inzwischen ausgemustert und durch Straßenbahnwagen anderer Betriebe ersetzt worden.
Die Triebwagen der anderen elektrifizierten Kleinbahnen entsprachen in der elektrischen Ausrüstung zwar denen der Straßenbahnwagen, im Fahrzeugteil jedoch näherten sie sich den Grundsätzen des Personenwagenbaues. Hier waren die Forderungen des Kleinbahnbetriebes zu berücksichtigen. Lediglich die Personentrieb- und -beiwagen der Schleizer Kleinbahn hatten keine Regel-Stoß- und Zugvorrichtungen. Für den anfallenden Güterverkehr, im Umfang doch recht gering, dienten besondere Gütertriebwagen. Diese hatten die gleiche elektrische Ausrüstung wie die Personentriebwagen, jedoch im Antrieb eine geänderte Übersetzung und Regel-Stoß- und Zugvorrichtungen. Ein später gebraucht erworbener Reisezugwagen der Gattung CiPr91 konnte den Gütertriebwagen als Beiwagen mitgegeben werden. Einer der Gütertriebwagen erhielt außerdem ein Sitzplatzabteil. Als technisches Denkmal dieser doch recht seltenen Transportmittel blieb der ehemalige GT 1 der Schleizer Kleinbahn, bei der Deutschen Reichsbahn ET 188 521, erhalten.
Die Strecken der ehemaligen Buckower Kleinbahn und der Oberweißbacher Bergbahn werden noch heute, allerdings mit inzwischen rekonstruierten Fahrzeugen betrieben.
Die Tabelle 5.37 enthält die ursprünglichen technischen Daten der Fahrzeuge der elektrischen Kleinbahnen.
Elektrische Zugförderung kann auch ohne Fahrleitung durchgeführt werden, wenn die Fahrzeuge die elektrische Energie in mitgeführten Akkumulatoren gespeichert haben. Für Klein- und Privatbahnen ergeben sich die gleichen Vorteile wie im VT-Betrieb: Ersatz kleiner und unrentabler Dampfzüge, Fahrplanverdichtung und Trennung des Personen- und Güterverkehrs. Nachteile, wie der begrenzte Fahrbereich und die Notwendigkeit der Batterieerneue-

Tabelle 5.37 Technische Daten der Fahrzeuge anderer von der DR übernommener elektrischer Kleinbahnen (Gleichspannung)

Bahn		Oberweißbacher Bergbahn	Buckower Kleinbahn			Schleizer Kleinbahn					
Gleichspannung	V	500	800	800	–	1 200	1 200	1 200	1 200	–	–
Wagengattung		ET	ET	ET	EB	ET	ET	ET	ET	EB	EB
Betriebsnummer		–	1	2+3	11–13	PT1	PT2	GT1	GT2	P1–P4	P5
DR-Betriebsnummer		ET 188 531	ET 188 501	ET 188 502–188 503	EB 188 501–188 502	ET 188 511	ET 188 512	ET 188 521	ET 188 522	EB 188 511–188 514	
Lieferjahr		1923	1930	1930	1930	1930	1930	1930	1930	1930	1901[1]
Bauart		Bo	Bo	Bo	2	Bo	Bo	Bo	Bo	2	2
Höchstgeschwindigkeit	km/h	30	50	50	50	45	45	40	40	45	
Länge über Puffer	mm	10 500	14 030	14 030	14 030	11 100	11 100	9 550	9 300	11 100	10 900
Achsstand	mm	4 000	8 500	8 500	8 500	5 500	5 500	4 500	4 500	5 500	5 500
Sitzplätze		45	40	50	50	32	32	16	–	32	48
Ladefläche	m^2								10		
Dienstmasse (leer)	t	8,3	22,0	22,0	14,9	18,6	18,0	25,0[2]	25,0[2]		12,0
Leistung	kW	2 x 26,5	2 x 65	2 x 65	–	2 x 45	2 x 45	2 x 45	2 x 45	–	–

[1] eh. CiPr91

[2] einschließlich Ballast

Im Bestand des Verkehrsmuseums Dresden: ET 188 521, ehemaliger Gütertriebwagen der Schleizer Kleinbahn; September 1979.
Foto Fiebig

rung bzw. des Aufladens trafen den hier praktizierten Nebenbahnbetrieb kaum. Hauptsächlicher Nachteil blieb aber der hohe Beschaffungspreis (bei den letztgebauten Akkumulator-Triebwagen 601 bis 616 der DRG kostete der Doppelwagen 138 500 RM) und die Kosten für die erforderliche Ladestation. So war es lediglich die Zschornewitzer Kleinbahn, die 1934 einen Akkumulator-Triebwagen beschaffte. Letzten Endes waren die alten, mit Petroleum beleuchteten Personenwagen keine Reklame für den Besitzer der Kleinbahn, die Reichselektrowerke-AG, einen der AEG angeschlossenen Betrieb. Der Akkumulator-Triebwagen machte einen modernen Eindruck. Die Akkumulatoren waren in Wechselbehältern unter dem Wagenfußboden untergebracht. Für den durchgehenden Einsatz von Golpa über Burgkemnitz nach Bitterfeld, also auch über die Reichsbahnstrecke, mußte nicht nur die Kleinbahnaufsicht, sondern auch das Reichsbahn-Zentralamt die Betriebsgenehmigung erteilen. 1938 kam noch ein Beiwagen hinzu; bis dahin wurden Personenwagen der Kleinbahn mitgeführt. Da während des zweiten Weltkrieges die verschlissenen Akkus nicht ersetzt werden konnten, nutzte die Kleinbahn beide Fahrzeuge als Personenwagen.

Wagen

Reisezugwagen

Was für die Lokomotive galt, traf auch für die Wagen zu: Das Anfangskapital jeder Klein- und Privatbahn sah in der Regel auch die Beschaffung fabrikneuer Wagen vor. Erst mit der meist unerwarteten Zunahme des Verkehrs mußte auf gebraucht erworbene Wagen zurückgegriffen werden, da die begrenzten Einnahmen einen Neukauf ausschlossen.

Die Entwicklung solcher Reisezugwagen kann man nach folgenden Parametern festlegen:
- der Achsanordnung,
- der Ausführung als Abteil- und Durchgangswagen,
- dem Fahrkomfort und
- der technischen Entwicklung.

Der größte Teil der Klein- und Privatbahnwagen war zweiachsig. Achsstände von 4000 mm sind bei den älteren Reisezugwagen häufig anzutreffen gewesen – bei zulässigen 4500 mm, wenn die Wagen keine Lenkachsen besaßen und die Krümmungshalbmesser der Strecke mindestens 180 m betrugen. Bei größeren Achsständen und kleineren Krümmungshalbmessern mußten Lenkachsen verwendet werden. Aber auch hier waren Achsstände über 5500 mm selten. Erst in späteren Jahren wurden Wagen mit Achsständen bis zu 8500 mm in Dienst gestellt.

Nur wenige Klein- und Privatbahnen beschafften dreiachsige Reisezugwagen. Denn diese hatten in der Regel einen ausgedehnten Ausflugsverkehr oder längere Strecken zu bedienen. Beispiele dafür sind die BC3i der Dessau-Wörlitzer Eisenbahn (1910) und der Ruppiner Eisenbahn (1908 bis 1913) sowie die BC3i und C3i der Mecklenburgischen Friedrich-Wilhelm-Eisenbahn und der Prignitzer Eisenbahn. Alle anderen dreiachsigen Personenwagen dürften Gelegenheitskäufe gewesen sein. Drehgestellwagen wurden von der Halberstadt-Blankenburger Eisenbahn beschafft. Diese BC4i und C4i entsprachen in der Länge etwa den Wagen der Bauart Langenschwalbach, fielen aber erheblich schwerer aus.

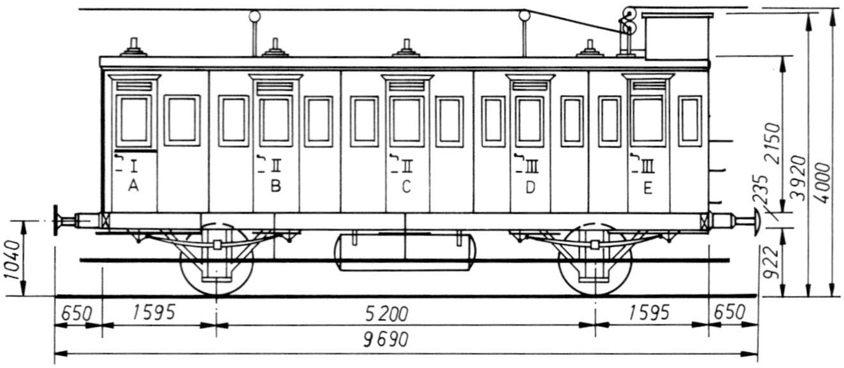

Maßskizze eines Abteilwagens der Halberstadt-Blankenburger Eisenbahn aus dem Jahre 1873. Sammlung Röper

Eigenständige Entwicklungen waren die BCPwPost4i, die Ammendorf für einige Provinzial-Sächsische Kleinbahnen lieferte und mit denen sich das ganze Verkehrsaufkommen der damit ausgerüsteten Kleinbahnen bewältigen ließ. Einige größere Kleinbahnen erhielten BC4i-Wagen gleicher Abmessungen; später ergänzt durch C4i-Wagen, die das Sachsenwerk Stendal baute. Andere beschafften in den dreißiger Jahren Drehgestellwagen von der DRG und der MITROPA, die für die Zwecke der Bahnen umgebaut wurden. Beispiele dafür sind die Wagen der Brandenburgischen Städtebahn. Moderne C4i-Wagen hatte die Ruppiner Eisenbahn zuletzt im Bestand. Den technischen Daten nach entsprachen sie den Eilzugwagen der DRG.

Bei den Schmalspurbahnen war der Anteil der Drehgestellwagen größer.

Ob Abteil- oder Durchgangswagen, ist bei der Eröffnung der hier beschriebenen Klein- und Privatbahnen bereits zugunsten des Durchgangswagens entschieden worden. Abteilwagen gehörten noch zur Erstausstattung der Halberstadt-Blankenburger Eisenbahn bei der Eröffnung der Stammstrecke im Jahre 1873:

1 BC mit 8/40 Sitzplätzen der 2./3. Klasse,

2 C mit 96 Sitzplätzen der 3. Klasse,

4 ABC mit 16/64/72 Sitzplätzen der 1./2./3. Klasse.

Diese Abteilwagen waren ohne Laternendach und ohne Abort; die Achsstände betrugen 5200 mm und die Längen über Puffer 9690 mm und 9150 mm. 1874 folgten zwei C-Wagen; 1890, 1904 und 1907 erwarb die gleiche Bahn von der Preußischen Staatseisenbahn noch einige Uralt-Abteilwagen, deren Aussehen an Postkutschen erinnerte. Die wenigen bei den anderen Bahnen vorhandenen Abteilwagen waren Gelegenheitskäufe oder Leihwagen.

Der Durchgangswagen mit den stirnseitigen Einstiegen über Plattformen wurde schlechthin der Nebenbahnwagen bei den Klein- und Privatbahnen. In einem Bericht sämtlicher Bahnen des VDEV hieß es bereits 1892: „Für die Züge der Nebenbahnen werden allgemein Durchgangswagen als zweckmäßig angesehen, weil bei diesen Zügen auf Personalersparnis besonders Bedacht genommen werden muß, das reisende Publikum sich freier bewegen kann und die Wagen gleichmäßiger ausgenutzt werden können." [154]

Die Halberstadt-Blankenburger Eisenbahn erhielt 1895 erstmalig Durchgangswagen der Gattungen ABi und Ci, die den preußischen Normalien, Blätter 1 und 2, von 1878 entsprachen. Von 1905 bis 1907 stellte die gleiche Bahn weitere Reisezugwagen der Gattungen ABi, Bi, BCi und Ci in Dienst, die einen verhältnismäßig großen Achsstand von 7000 mm hatten und den preußischen Nebenbahnwagen jener Zeit ähnelten. Hauptsächlichste Unterschiede gegenüber den ebenso alten Nebenbahnwagen waren die fehlende Mittelachse und fehlende Aborte. Ab 1906 bezog die Halberstadt-Blankenburger Eisenbahn dann Durchgangswagen, die, außen holzverkleidet, württembergischen Wagen ähnelten. Es waren Wagen der Gattungen BCPwi, BCi und Ci. Das Pw der erstgenannten Gattung steht für ein geräumiges Zugführerabteil, das zusätzlich zu den stirnseitigen Übergängen noch doppelflügelige Türen in den Seitenwänden aufwies.

Die Halberstadt-Blankenburger Eisenbahn besaß aufgrund ihres starken Ausflugsverkehrs relativ viele Personenwagen. Durch die Einschränkung des Verkehrs während des zweiten Weltkrieges mußten einige Wagen an andere Bahnen abgegeben werden. So verblieben 1945 mehrere Wagen bei den Celler Kleinbahnen. Andere Wagen waren bei der Osterwieck-Wasserlebener

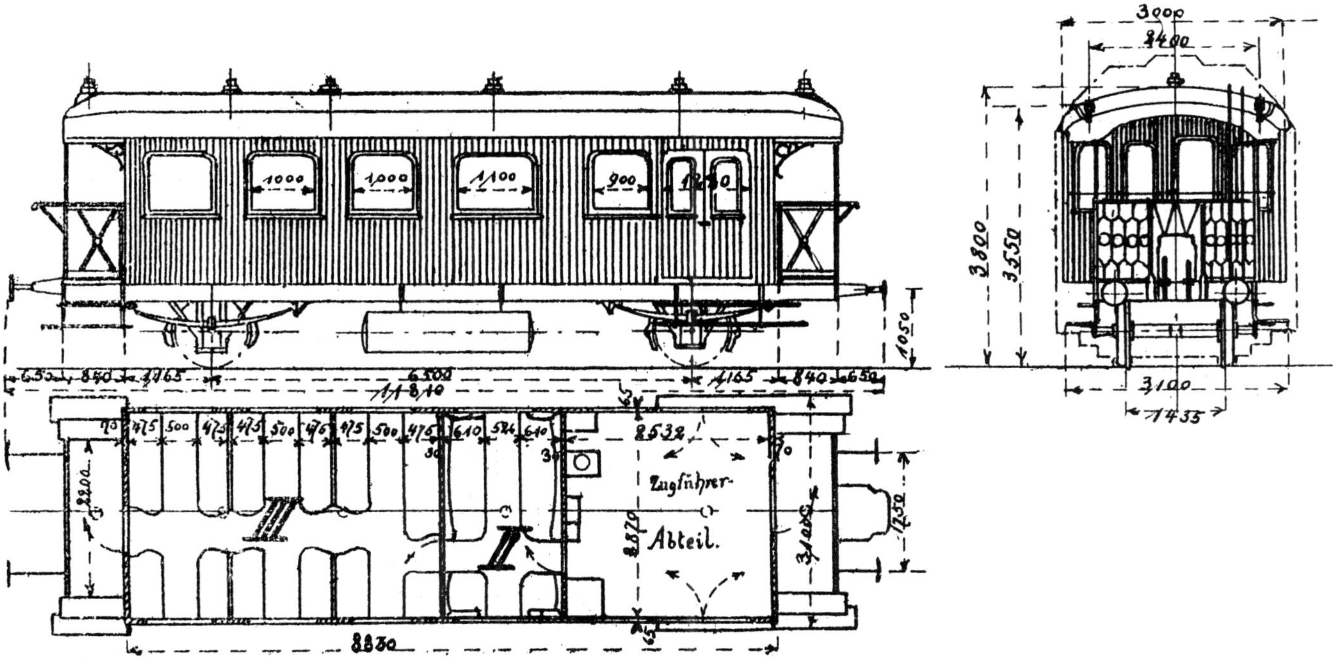

Maßskizze eines 1905 gebauten BCPwi der Halberstadt-Blankenburger Eisenbahn. Sammlung Röper

und der Oschersleben-Schöninger Eisenbahn.

Die Durchgangswagen der Halberstadt-Blankenburger, der Wittenberge-Perleberger, der Prignitzer- und der Mecklenburgischen Friedrich-Wilhelm-Eisenbahn konnten durchweg als Hauptbahnwagen eingestuft werden, denn entsprechend ihren Beschaffungsjahren glichen sie Wagen ähnlicher Bauarten für die Staatseisenbahnen. Auch die Einheitswagen der DRG, Gattungen Bi, BCi, Ci und Di der Jahre 1921 bis 1930, waren in erster Linie für den Einsatz auf Hauptbahnen bestimmt. Sie wurden für die genannten Privatbahnen nachgebaut. Anders verhielt es sich mit den Wagen der Kleinbahnen. Diese konnten nur auf deren Strecken eingesetzt werden. Kurze Achsstände, z.T. fehlende Druckluftbremsen, Aborte und Dampfheizungen charakterisieren diese Wagen. Hinzu kam der teilweise schlechte Unterhaltungszustand. Gegenüber der Aufsichtsbehörde brauchte hier nur jeweils der Tag der letzten Untersuchung nachgewiesen zu werden. Deswegen fehlen bei den Wagen der Kleinbahnen komplette Listen und Aufzeichnungen. 1949/50 mußte ein Teil der übernommenen Kleinbahnwagen besonders gekennzeichnet werden. Dabei wurden die neuen Wagennummern rot umrahmt. Die damit versehenen Wagen waren nicht „freizügig“ auf den Strecken einzusetzen. Erst nach Aufarbeitung durch ein Raw, nach Einbau der Druckluftbremse, der Beleuchtung u.a., durfte der rote Rahmen gelöscht werden.

Eine Einteilung der Reisezugwagen nach dem Reisekomfort oder der inneren Ausstattung ist gleichbedeutend mit der Einteilung nach Sitzklassen. 1928 wurde die 4. Klasse abgeschafft und diese Abteile in 3. Klasse mit Traglastenabteil umgebaut. Zumindest mußte das einfache Brettergestühl der 4. Klasse beibehalten werden. Im übrigen hatten nur wenige Privat- und Kleinbahnen die 4. Klasse geführt. Eine 4. Klasse hätte bedeutende Mindereinnahmen zur Folge gehabt und die Rentabilität dieser Bahnen weiter verschlechtert.

Die beste und komfortabelste Einrichtung wiesen die Sonderreisezugwagen auf, häufig als Salonwagen

Für einige Provinzial-Sächsischen Kleinbahnen wurden Wagen der Gattung BCPwPost4i geliefert.
Werkfoto Waggonbau Lindner

bezeichnet. Derartige Wagen gab es nur bei einigen Privatbahnen. Dem vorgesehenen Zweck für „höchste Herrschaften" dienten sie kaum. Fast immer wurden diese Wagen für Bereisungsfahrten, die der Revision oder der Besichtigung von Strecken dienten, eingesetzt. Das war bei der Halberstadt-Blankenburger Eisenbahn und bei der Brandenburgischen Städtebahn der Fall. Auch für den ABi-Wagen der Dessau-Wörlitzer Eisenbahn, dessen A-Hälfte als Salon für Fahrten des Anhaltischen Fürstenhauses von Dessau zur Sommerresidenz Wörlitz dienen sollte, sind keine Hinweise über einen derartigen Einsatz bekannt. Lediglich ein Sonderzugfahrplan, aufgestellt anläßlich einer Revisionsfahrt durch den Vorstand, bei der der ABi-Wagen eingesetzt wurde, blieb erhalten. Im Innern waren die Wagen teuer ausgestattet: gepolsterte Sitzbänke und Sessel, Tisch, Garderobe, Spiegel, mit Edelhölzern verkleidete Wände und Teppiche. Auf äußeren Zierat wurde verzichtet!

Die 1. Klasse war nur bei der Halberstadt-Blankenburger Eisenbahn in gemischtklassigen Wagen (drei ABC-Wagen der Erstausstattung, ABund ABi späterer Ausführungen) vorhanden. Die Sitzplatzteilung betrug bei den Abteilwagen 3+0 und 2+1, bei den Durchgangswagen in der Regel 2+2. Reine 2.-Klasse-Wagen existierten nur in einigen Exemplaren bei der Brandenburgischen Städtebahn, der Halle-Hettstedter und der Paulinenaue-Neuruppiner Eisenbahn. Die BCi-Wagen besaßen ein oder zwei Abteile 2. Klasse mit der Sitzplatzteilung 2+2, während sie bei der 3. Klasse 3+2 betrug. Die mögliche Sitzplatzteilung 3+1 und 4+1, in mehreren Wagenzeichnungen als Variante angedeutet, ist anscheinend nie ausgeführt worden. Stets waren die Abteile offen, zuweilen war die 2. und die 3. Klasse jedoch durch eine Zwischenwand getrennt.

In Tabelle 5.38 sind die Angaben über die Reisezugwagen (1921/22) zusammengestellt. Die Zahlen mögen überraschen: In den Statistiken erscheinen stets größere Bestandszahlen an B(i)- und BC(i)-Wagen (die wenigen 1.-Klasse-Wagen können vernachlässigt werden), dagegen ist die Zahl der vorhandenen Sitzplätze der 2. Klasse aussagekräftiger, denn obwohl 45 Prozent der Wagen zu den Bauarten B(i) und BC(i) zählten, betrug der Anteil der Sitzplätze 2. Klasse nur 17 Prozent.

Bei den 3.-Klasse-Wagen ist zu

Tabelle 5.38 Bestand an Reisezugwagen bei Privatbahnen, 1921 (Auswahl)

Bahn	Wagen gesamt	Nach Achsen			Nach Gattungen									Abteilwagen	Durchgangswagen	Plätze in Klasse				Zusammen
		2	3	4	AB	ABCD	B	BC	BCD	C	CD	D	Sdr			1.	2.	3.	4.	
Brandenburgische Städtebahn	44	40	4	–	–	–	2	10	–	31	–	–	1	10	34	–	245	1 219	–	1 464
Dahme-Uckroer E.	3	3	–	–	–	–	–	3	–	–	–	–	–	–	3	–	32	87	–	119
Dessau-Wörlitzer E.	17	13	4	–	1	–	–	8	–	8	–	–	–	–	17	12	116	452	–	580
Esperstedt-Oldislebener Eisenbahn	2	2	–	–	–	–	–	1	–	1	–	–	–	–	2	–	20	68	–	88
Greifswald-Grimmener Eisenbahn	8	8	–	–	–	–	–	3	–	5	–	–	–	–	8	–	60	260	–	320
Greußen-Ebeleben-Keulaer Eisenbahn	3	3	–	–	–	–	–	2	–	1	–	–	–	–	3	–	32	108	–	140
HBE	60	55	2	3	7	1	2	17	–	32	–	–	1	6	54	74	551	2 430	–	3 055
Mecklenburgische F.-Wilhelm-E.	10	4	6	–	–	–	–	9	–	1	–	–	–	–	10	–	138	370	–	508
Mühlhausen-Ebelebener Eisenbahn	5	5	–	–	–	–	–	2	–	1	2	–	–	–	5	–	32	80	110	222
Nauendorf-Gerlebogker Eisenbahn	4	4	–	–	–	–	–	2	–	2	–	–	–	–	4	–	30	114	–	144
Neubrandenburg-Friedländer E.	5	5	–	–	–	–	–	4	–	1	–	–	–	–	5	–	48	91	–	139
Neuhaldenslebener E.	7	7	–	–	–	–	–	4	–	–	–	3	–	–	7	–	60	100	180	340
Niederlausitzer E.	16	16	–	–	–	–	–	7	–	9	–	–	–	–	16	–	108	645	–	753
Oschesleben-Schöninger Eisenbahn	6	16	–	–	–	–	–	3	–	3	–	–	–	–	6	–	60	240	–	300
Osterwieck-Wasserlebener Eisenbahn	5	5	–	–	–	–	–	4	–	1	–	–	–	–	5	–	50	150	–	200
Paulinenaue-Neuruppiner E.	8	6	2	–	–	–	2	3	–	3	–	–	–	–	8	–	116	264	–	380
Prignitzer E.	12	4	8	–	–	–	–	7	–	–	–	5	–	–	12	–	110	262	265	637
Reinickendorf-Liebenwalde-Groß Schönebecker E.	36	35	1	–	–	–	–	10	–	26	–	–	–	1	35	–	174	1 537	–	1 711
Ruppiner Eisenbahn	33	24	9	–	–	–	–	13	–	11	4	5	–	–	33	–	213	803	691	1 707
Stendal-Tangermünder Eisenbahn	4	2	2	–	–	–	–	4	–	–	–	–	–	–	4	–	35	138	–	173
Stralsund-Tribseeser E.	8	8	–	–	–	–	–	4	–	4	–	–	–	–	8	–	80	292	–	372
Hohenebra-Ebelebener Eisenbahn	3	3	–	–	–	–	–	2	–	1	–	–	–	–	3	–	16	79	–	95
Weimar-Berka-Blankenhainer Eisenbahn	17	17	–	–	–	–	–	11	–	6	–	–	–	–	17	–	126	504	–	630
Wittenberge-Perleberger E.	6	1	4	1	–	–	–	4	–	–	–	2	–	1	5	–	58	146	130	334
Wutha-Ruhlaer E.	9	9	–	–	–	–	–	5	–	2	1	1	–	–	9	–	48	245	100	393
Zschipkau-Finsterwalder E.	11	11	–	–	–	–	–	5	1	–	–	5	–	–	11	–	56	158	244	458
Summe	342	306	42	4	8	1	6	147	1	149	7	21	2	18	324	86	2 614	10 842	1 720	15 262

Hauptbahncharakter hatte der Wagen Nr. 8 der Mecklenburgischen Friedrich-Wilhelm-Eisenbahn: ein BC3i.
Werkfoto Waggonbau Görlitz

berücksichtigen, daß diese in vielen Fällen in ihrer Ausstattung der 4. Klasse entsprachen, also einfache Bretterbänke und Traglastenabteile ohne Bänke hatten. Bis 1928 – und vereinzelt danach – gab es einige Bahnen, die einen umfangreichen Berufsverkehr bewältigen mußten und die gemischt- oder reinklassige Wagen mit der 4. Klasse führten.
Zur allgemeinen Ausstattung der Reisezugwagen wäre festzuhalten, daß Aborte in den seltensten Fällen vorhanden waren. Selbst bei der Halberstadt-Blankenburger Eisenbahn besaßen nur ABi-, BCi- und BC4i-Wagen Aborte. Wahrscheinlich war es ein Problem, bei der Zugbildung jeweils einen dieser Wagen im Zugstamm zu berücksichtigen.
Die Wagen wurden damals entweder durch von außen beschickbare Brikettöfen oder durch einen im Wagen aufgestellten Füllofen, der sich besonders bei den Durchgangswagen anbot, beheizt. Unterschiedlich fiel auch die Anordnung der Fenster aus. Die Wagen der höheren Klassen hatten entweder Verbund- oder breitere Einzelfenster. Diese waren manchmal auch bei den 3.-Klasse-Wagen vorhanden.
Sehr lange hielt sich zumindest bei den Wagen der Kleinbahnen die Seilzugbremse, da der Reiseverkehr vorwiegend in gemischten Zügen (GmP) abgewickelt wurde. Die Halberstadt-Blankenburger Eisenbahn führte relativ früh die Druckluftbremse ein; später folgten im Zuge der Einführung dieser Bremse bei den Staatseisenbahnen auch die übrigen Privat- und Kleinbahnen.
Trotzdem besaß noch 1949 eine größere Anzahl ehemaliger Kleinbahn-Personenwagen keine Druckluftbremse. Die vorhandenen Bremsausrüstungen waren recht unterschiedlich. Die Schmalspurwagen sind nicht nur in den technischen Belangen, sondern auch in der Innenausstattung bis auf wenige Ausnahmen (z.B. die der Nordhausen-Wernigeroder Eisenbahn) noch schlechter als die Normalspurwagen gewesen.
Recht armselig muteten die vielfach vorhandenen Fakulativwagen an: geschlossene Güterwagen, die im Bedarfsfall als Personenwagen hergerichtet werden konnten. Hier liegt ein Vergleich mit den primitiven „Kriegspersonenwagen" der Gattung MCi nahe.
Etwas Besonderes bot die Halberstadt-Blankenburger Eisenbahn ihren Ausflugsreisenden: Sie hatte mehrere offene Güterwagen mit Sitzbänken und Sonnenschutzdächern ausgerüstet. Sogar auf die „Standesunterschiede" hatte man dabei geachtet. Es gab Wagen 2. und 3. Klasse. Im ersten Weltkrieg gingen diese Wagen an die Militäreisenbahnen.

Die Kleinbahn Annaburg–Prettin kaufte von der Preußischen Staatseisenbahn einen Di, Konstruktionsjahr 1886, und ließ ihn in Görlitz aufarbeiten.
Werkfoto Waggonbau Görlitz

Lenz-Personenwagen, Gattung ACi, für die Franzburger Südbahn.
Werkfoto Waggonbau Görlitz

Die technische Entwicklung der Klein- und Privatbahnwagen wurde weitgehend von der Entwicklung bei den Staatseisenbahnen beeinflußt. Die Preußische Staatseisenbahn hatte 1882 die Nebenbahn-Normalien aufstellen lassen. Da sie nicht befriedigten, folgten 1886/87 die revidierten Nebenbahn-Normalien. Ein Vergleich zeigt, daß einige Wagen in beiden Normalien vorhanden waren. Die Normalien oder Musterblätter sind nicht nur deswegen interessant, weil mehrere Klein- und Privatbahnen Wagen nach diesen Zeichnungen unmittelbar von den Waggonfabriken bezogen, sondern sie auch in gebrauchtem Zustand von den Staatseisenbahnen kauften. Die kleinsten Reisezugwagen waren die Ci- und Di-Wagen mit 4000 mm Achsstand. Diese Wagen wurden in mehreren Fällen fabrikneu gekauft. Ein Werkfoto der WUMAG zeigt einen Di dieser Gattung, der zwar noch die 4.-Klasse-Schilder der Preußischen Staatseisenbahn trägt, aber die Anschrift Prettin-Annaburger Kleinbahn und die neue Klassenbezeichnung 3 erhielt. Zehn derartige Wagen wurden noch 1949 übernommen (vgl. Tabelle 5.39).

Zur Zeit des Baubeginns der Klein- und Privatbahnen hatte sich im Waggonbau das stählerne Untergestell durchgesetzt. Es bestand aus U- oder doppel-T-förmigen Langträgern, stählernen Kopfstücken, Hilfs-

Tabelle 5.39 Abmessungen von Reisezugwagen nach preußischen Normalien

Preußische Norm	Gattung (urspr.)	LüP m	Achsstand m	Plätze in Klasse 1.	2.	3.	4.	Bemerkungen
1 von 1878	ABi	10,8	5,0	6	24	–	–	[1]
2 von 1878	Ci	10,8	5,0	–	–	48	–	[1]
I3 von 1886/87	BCi	9,6	4,0	–	16	20	–	
I5 von 1886/87	BCi	10,6	5,0	–	16	19	–	
8 von 1886/87	Ci	9,2	4,0	–	–	40	–	
I11 von 1886/87	Di	9,4	4,0	–	–	–	60	
I20 von 1886/87	Cgi	10,0	4,5/5,5[2]	–	–	39	–	
Ic8a von 1891	Di	12,2	7,0	–	–	–	60	
Ic4 von 1904	BCi	11,2	6,5	–	16	19	–	
Ic5 von 1904	Ci	11,0	6,5	–	–	42	–	
Ic7 von 1904	CDi	11,0	6,5	–	–	16	32	
8 von 1882	PwPosti	8,97	4,0	–	–	–	–	
II1 von 1886/87	PwPosti	10,2	5,0	–	–	–	–	
IIa5 von 1891	PwPosti	10,25	6,0	–	–	–	–	

[1] Halberstadt-Blankenburger Eisenbahn [2] ohne/mit Lenkachsen

Ein Fakulativwagen als Pwi der Bolzenburger Stadt- und Hafenbahn.
Werkfoto Waggonbau Görlitz

Das Innere des Pwi.
Werkfoto Waggonbau Görlitz

trägern und Querstreben. Der Wagenkasten war noch aus Holz hergestellt. Die geraden Seitenwände, nicht durch Türen unterbrochen, ließen eine einfache Konstruktion des hölzernen Kastengerippes zu. Fußboden, Zwischenwände, Seitenwände und Dach bestanden aus Holz. Bei der inneren Wandverkleidung waren die Bretter gespundet. Für die äußere Verkleidung wurde 1,5 mm bis 2 mm dickes Stahlblech verwendet; aber das war nicht immer der Fall. Ältere WUMAG-Zeichnungen von Kleinbahnwagen zeigten als äußere Verkleidung gespundete Bretter, und die Blechverkleidung wurde nur als mögliche Variante angeboten. Lenz bevorzugte die Holzverkleidung grundsätzlich. Die Dachformen waren recht unterschiedlich. Flach und stark gewölbte Dächer, auch die von den preußischen Normalien bekannten Dachaufsätze, die Laternendächer, fanden Anwendung. Es sind aber auch Beispiele bekannt, daß vorhandene Laternendächer entfernt wurden, bevor man die von einer Kleinbahn gekauften Wagen in Dienst stellte. Die Kleinbahn Bismark–Gardelegen–Wittingen verfuhr so, wie übrigens auch der überlieferte Genehmigungsantrag für einen gebraucht gekauften PwPosti beweist.

Die technische Entwicklung der Kleinbahnwagen, dabei eine möglichst billige Herstellung und Instandhaltung berücksichtigend, wurde für die Lenzschen Kleinbahnen durch deren Grundsätze bestimmt. Es heißt darin:

„d) Bau und Einrichtung der Wagen. Für den Bau und die Einrichtung werden als maßgebend die §§ 77–83 der Grundsätze betrachtet. Für die Schmalspurbahnen mit 600 mm Spur soll der Radstand um 400 mm gegenüber dem der Vollspurbahn vergrößert werden können. Die Güterwagen erhalten Spindelbremsen, während die Gepäck- und Personenwagen Heberlein-Bremsen erhalten, welche vom Sitz des Zugführers aus im Gepäckwagen mittels der Leine als auch mit der Hand bei jedem Wagen einzeln bedient werden können. Für sämtliche Personenwagen und kombinierten Wagen wird das Interkommunikations-System zur Anwendung gebracht. Die Wagen werden bei sämtlichen Spurweiten in der Regel zweiachsig gebaut mit Ausnahme der Spurweite

Ein Fakulativwagen als Ci für die Lehniner Kleinbahn.
Werkfoto Waggonbau Görlitz

Die Innenansicht des Ci: Die Einrichtung entsprach der der 4. Klasse.
Werkfoto Waggonbau Görlitz

von 60 cm, bei welcher Kreuzgestelle zur Anwendung gelangen. Sofern durch die besonderen Umstände größere Radstände als wie § 78 der Grundsätze als zulässig anerkannt, notwendig werden, werden Lenkachsen angewandt. Die Verwendung dreiachsiger Wagen ist mit Rücksicht auf die Schonung der Betriebsmittel und des Oberbaues prinzipiell ausgeschlossen. Die Wagen der vollspurigen Kleinbahnen werden im allgemeinen mit 10 Tonnen, die der 100 cm Spur und 15,5 kg bzw. 75 cm Spur und 12,5 kg schweren Schienen mit 6,25 Tonnen und mit 60 cm Spur 10 kg schweren Schienen bei Verwendung von Kreuzgestellen mit 7,5 Tonnen Tragfähigkeit hergestellt. – Hierdurch ist die Möglichkeit gewährt, daß im Allgemeinen die Ladung eines Hauptbahnwagens auf zwei Schmalspurwagen umgeladen werden kann.“ [109]

Die danach gebauten Wagen der Gattungen BCi, BCPwi, Ci, CPwi und auch Di und DPwi hatten Achsstände von 4000 mm, waren außen holzverkleidet und begnügten sich mit vier einfachen Fenstern in jeder Seitenwand.

In späteren Jahren scheint die Waggonfabrik in Görlitz, die WUMAG, der Hauptlieferant der Lenz-Bahnen gewesen zu sein. Als Betriebsmittel für Kleinbahnen von 1435 mm Spurweite lieferte die WUMAG zweiachsige Personenwagen 2./3. Klasse, zweiachsige Personenwagen 3. Klasse und vereinigte Post- und Gepäckwagen.

Aus einer Angebotszeichnung für die vorgesehene Halberstädter Kreisbahn, die nie gebaut wurde, sei der Zeichnungstext des BCi zitiert [188]: „Räder, Achsen, Achsbuchsen, Trag-, Stoß- und Zugfedern, Puffer, Zugapparate, Achshalter, Federböcke, Kupplungen sowie Profile nach den Normalien der Betriebsmittel der Königlichen

Preuß. Staatsbahnen. Die Wagen haben freie Lenkachsen."
In den dreißiger Jahren kamen auch einige in Ganzstahlbauweise nach DRG-Vorbildern hergestellte Reisezugwagen zu den Privatbahnen. Ihre Stückzahl blieb infolge der einsetzenden Kriegsvorbereitungen begrenzt. Aber auch hier gab es gegenüber den Reichsbahnwagen Abweichungen, bei denen die Verwaltungen ihre Auffassungen durchsetzten. So hatten die Prignitzer und die Mecklenburgische Friedrich-Wilhelm-Eisenbahn BCi-Wagen in Dienst gestellt, bei denen der Einstieg zur 2. Klasse ein geschlossener Vorbau war. Die gleichartigen DRG-Wagen hingegen hatten beidseitig offene Plattformen.
Da es die Waggonbauindustrie nicht schaffte, die Bestellungen der Klein- und Privatbahnen in der Zeit vor und während des zweiten Weltkrieges auszuführen, erwarben diese Bahnen in verstärktem Maße überalterte DRG-Wagen. Diese Wagen wurden bei der Instandsetzung den Belangen der neuen Eigentümer entsprechend umgebaut. Bekannt ist dies vor allem von der Brandenburgischen Städtebahn, die auch von der MITROPA erworbene Wagen umbaute. Da die technischen Möglichkeiten der Werkstätten begrenzt waren, hatten diese Fahrzeuge verschiedene Mängel. Neben der allgemein zu schweren Bauart stimmten nach dem Umbau auch Fenster- und Sitzplatzteilungen nicht mehr überein. Die Firma Erich am Ende in Berlin-Weißensee fungierte oftmals als Zwischenhändler und baute auch Wagen um. So bot sie 1936 der Stendal-Tangermünder Eisenbahn einen CPwPost4 an, den sie aus einem ehemaligen Speisewagen umbauen wollte. Auch der Entwurf wurde nicht ausgeführt.
Bei der Übernahme der Klein- und Privatbahnwagen hatte man 1949 vorerst die Wagen entsprechend dem Nummernplan von 1930 eingenummert. Das ist angesichts der vielen Bauarten problemlos gewesen. Neben den Kleinbahnwagen, denen oft genug „die Armut aus den Fenstern schaute", waren auch moderne Vierachser im Nummernschema unterzubringen. Eine Seltenheit bei den 1949 übenommenen Klein- und Privatbahnwagen stellten auch die beiden Doppelwagen BC6 der Wei-

Tabelle 5.40 Bestand an Reisezugwagen der ehemaligen Privatbahnen in der sowjetischen Besatzungszone, die 1950 von der DR übernommen wurden

Bahn	Gesamt-	Achsen				Klassen				
	bestand	2	3	4	6	B(i)	BC(i)	C(i)	BCPw	CPw(i)
Brandenburgische Städtebahn	27	11	9	7	–	–	8	19	–	–
Dahme-Uckroer Eisenbahn	3	3	–	–	–	–	–	3	–	–
Dessau-Wörlitzer Eisenbahn	14	8	4	2	–	–	4	9	–	1
Esperstedt-Oldislebener Eisenbahn	2	2	–	–	–	–	–	1	–	1
Greifswald-Grimmener Eisenbahn	4	4	–	–	–	–	–	4	–	–
Greußen-Ebeleben-Keulaer Eisenbahn	3	3	–	–	–	–	2	1	–	–
Halberstadt-Blankenburger Eisenbahn	42	35	–	7	–	2	12	25	3	–
Mühlhausen-Ebelebener Eisenbahn	7	7	–	–	–	–	2	5	–	–
Nauendorf-Gerlebogker Eisenbahn	1	1	–	–	–	–	–	1	–	–
Neubrandenburg-Friedländer Eisenbahn	–	–	–	–	–	–	–	–	–	–
Neuhaldenslebener Eisenbahn	–	–	–	–	–	–	–	–	–	–
Niederlausitzer Eisenbahn	7	7	–	–	–	–	2	5	–	–
Oschersleben-Schöninger Eisenbahn	8	8	–	–	–	–	–	8	–	–
Osterwieck-Wasserlebener Eisenbahn	2	2	–	–	–	–	–	2	–	–
Ruppiner Eisenbahn	31	17	8	6	–	–	10	20	–	1
Stendal-Tangermünder Eisenbahn	6	4	–	2	–	–	–	6	–	–
Stralsund-Tribseeser Eisenbahn	1	1	–	–	–	–	–	1	–	–
Hohenebra-Ebelebener Eisenbahn	2	2	–	–	–	–	1	1	–	–
Weimar-Berka-Blankenhainer Eisenbahn	13	8	–	3	2	–	6	4	–	3
Wutha-Ruhlaer Eisenbahn	7	7	–	–	–	–	2	5	–	–
Ilmenau-Großbreitenbacher Eisenbahn	12	12	–	–	–	–	2	10	–	–
Eberswalde-Finowfurter Eisenbahn	4	4	–	–	–	–	1	3	–	–
Arnstadt-Ichtershausener Eisenbahn	6	6	–	–	–	–	–	5	1	–
Wenigentaft-Oechsener Eisenbahn	1	1	–	–	–	–	–	–	–	1
Summe	203	153	21	27	2	2	52	138	4	7

mar-Berka-Blankenhainer Eisenbahn dar, bei denen es sich den angegebenen Maßen nach um ehemalige Wechselstrom-Doppeltriebwagen der Hamburger S-Bahn handelt (siehe auch Tabelle 5.40).
Diese Aufstellung ist sicher nicht vollständig, bleibt aber eine Übersicht über den Gesamtbestand sowie über den hohen Anteil an Schadwagen. Im 1958 aufgestellten neuen Nummernplan der Wagen sah man besondere Bereiche für die ehemaligen Klein- und Privatbahnen vor. Dies war überhaupt der übersichtlichste Nummernplan für Wagen. Die ehemaligen Klein- und Privatbahnwagen erhielten als zweite Ziffer in der sechsstelligen Wagennummer die Bauartnummer 1: 210-..., 211-..., 310-..., 311-..., 410-..., 710-... und 711-.... Allerdings gab es Ausnahmen, die einige uralte preußische Nebenbahn- und bayerische Lokalbahnwagen betrafen, die in den anderen Gruppen des Planes wegen abweichender Merkmale nicht eingeordnet werden konnten. Die bayerischen Lokalbahnwagen verblieben auf Reichsbahnstrecken und verkehrten auch bei der Buttstädt-Rastenberger Eisenbahn.

Gepäck- und Güterwagen

Wie bei den Personenwagen blieb auch der Einsatz der Gepäckwagen auf die Strecken der jeweiligen Klein- oder Privatbahn beschränkt. Für den vorgesehenen Zweck genügten kombinierte Gepäck- und Postwagen. Neben den nach preußischen Normalien gebauten und übernommenen PwPosti gab es auch Wagen, die von den Waggonfabriken nach eigenen Entwürfen für diese Bahnen gebaut wurden. Oft waren es recht bescheidene Fahrzeuge. Sie enthielten im Gepäckabteil einen Platz für den Zugführer und Notsitze für mitfahrende Eisenbahner. Hier befanden sich auch der Erste-Hilfe-Kasten und Werkzeuge für den ersten Einsatz bei Rettungsarbeiten nach Unfällen. Das Postabteil wurde notwendig, weil die Post rechtlichen Anspruch auf die Beförderung der Postsendungen in abzuschließenden Abteilen auch durch die Klein- und Privatbahnen hatte. Nachdem die Post die Flächenverteilung der Sendungen durch eigene Kraftpostlinien durchführte, waren die Postabteile überflüssig. Man benutzte sie ebenfalls als Gepäckabteile. Häufiges Ladegut waren Milchkannen, die auf diesem Wege recht

Die Güterwagen für die Kleinbahnen wurden nach den jeweils gültigen Normen der Staatsbahnen gebaut; hier zwei Grhs, Gattung Oppeln, für die Kleinbahn Erfurt–Nottleben und die Genthiner Kleinbahn.
Werkfoto Waggonbau Lindner

schnell in die Molkereien gelangten. Bei einigen Bahnen trugen die PwPosti die Ausrüstung für die elektrische Zugbeleuchtung: den von einer Achse angetriebenen Generator, die Pufferbatterie und die Schaltgeräte. Erstmalig wurde 1914 ein Wagen der Mecklenburgischen Friedrich-Wilhelm-Eisenbahn damit ausgerüstet.

Die Beschaffung von Güterwagen ist unterschiedlich gehandhabt worden. Die größeren Privatbahnen waren in der Regel den Wagen- und Tarifverbänden angeschlossen und beschafften Güterwagen, die den Technischen Vorschriften und den Normalien entsprachen. Diese Güterwagen konnten im durchgehenden Verkehr mit den Staatseisenbahnen eingesetzt werden. Eine Ausnahme bildete der Wagenpark der Halberstadt-Blankenburger Eisenbahn aufgrund des hier eingeführten Bremssystems, das den Forderungen des Steilrampenbetriebes genügen mußte. Dies änderte sich erst, als auch die Staatseisenbahnen ihre Güterwagen mit der Kunze-Knorr-Bremse ausgerüstet hatten. Jetzt konnten auch ihre Güterwagen auf die HBE-Strecken übergehen bzw. umgekehrt.

Die ersten Kleinbahnen blieben noch vom durchgehenden Güterverkehr ausgeschlossen. Hier genügten einige wenige Güterwagen für den Binnenverkehr. Es waren meist ältere, bei der Staatseisenbahn ausgemusterte geschlossene oder offene W

12,5 t betrug. Später mußten die Kleinbahnen der Staatseisenbahn Güterwagen zur Verfügung stellen, wollten sie am durchgehenden Wagenladungsverkehr teilnehmen.

Die Anzahl und die Gattung der Wagen wechselten je nach Verkehrsaufkommen. Diese Wagen mußten dann den preußischen Normalien oder den Bedingungen des Deutschen Wagen-Verbandes entsprechen. Sie trugen das Gattungszeichen, den Gattungsnamen (ursprünglich den der einstellenden Direktion), eine von der Staatseisenbahn zugeteilte Wagennummer, die üblichen Anschriften und den Anstrich der Staatseisenbahn. Ein Eigentumszeichen der einstellenden Staatseisenbahn war nicht vorhanden, dafür war der Name der Eigentumsbahn am Langträger angeschrieben. Über diese Wagen konnte die Staatseisenbahn bei Zahlung einer Verrechnungsgebühr frei verfügen; und manche Kleinbahn hat ihren Wagen nie wiedergesehen. Die Staatseisenbahn stellte ihrerseits den Kleinbahnen die benötigten Güterwagen.

Die WUMAG hatte in ihrem Zeichnungssatz „Betriebsmittel für Kleinbahnen von 1435 mm Spurweite“ auch Zeichnungen von Güterwagen, die im allgemeinen den preußischen Normalien entsprachen. Güterwagen nach den Zeichnungen EMG K1 1435033[a] und EMG K1 143572[a] gehörten zur Standardausrüstung zumindest bei den Lenzbahnen. Der erste Wagen war ein O-Wagen mit halbhohen Wänden, die durch aufsetzbare Lattengestelle erhöht werden konnten, um beispielsweise beim Verladen von Stroh die zulässige Lademasse von 12,5 t auszunutzen. Der Wagen hatte einen Achsstand von 3600 mm. Der zweite, ein G-Wagen üblicher Bauart, hatte eine Tragfähigkeit von 10 t und einen Achsstand von 4000 mm.

Ab 1909 galten die Zeichnungen des Deutschen Staatsbahnwagenverbandes. Hauptsächlich waren es die Verbandsbauarten A 1 (O), A 2 (G), A 5 (H) und A 8 (V), die von den Klein- und Privatbahnen in Dienst gestellt wurden. Ab Ende der zwanziger Jahre stellten dann diese Bahnen ebenfalls Güterwagen der Austauschbauarten in ihren Park ein. Allerdings reichten die Neubeschaffungen nicht aus, die überalterten Wagen zu ersetzen.

Für den Binnenverkehr auf den eigenen Strecken der Klein- und Privatbahnen waren in der Regel die ältesten Wagen dieser Bahnen eingesetzt. Wenn trotz der Kriegswirtschaft auf den Strecken der Kleinbahnen neue Wagen zum Einsatz kamen, lag bestimmt eine strategische Notwendigkeit vor.

Der Bestand der Wagen der G- und O-Gattungen wurde bei einigen Bahnen durch spezielle Bauarten ergänzt. Bei der Halberstadt-Blankenburger Eisenbahn bildeten deren typische Erz- und Kalkwagen einen größeren Anteil. Aber auch andere Bahnen beschafften eigene Konstruktionen. So erhielt die Oschersleben-Schöninger Eisenbahn eigene Selbstentladewagen, vergleichbar der Gattung Ot. Diese Wagen baute die Hauptwerkstatt Liblar der WEG. Sie hatten einen Laderaum von 21 m^3 und eine Tragfähigkeit von bereits 15 t bei einem Achsstand von 4000 mm. Auch die Gardelegen-Neuhaldensleben-Weferlinger Kleinbahn beschaffte 1933 Selbstentladewagen, die das Sachsenwerk Stendal gebaut hatte. Diese vier Wagen wurden im internen Verkehr eingesetzt.

Die durchschnittliche Erneuerung des Güterwagenbestandes läßt sich indirekt aus den Statistiken errechnen. Betrug im Jahre 1921 die durchschnittliche Tragfähigkeit eines Güterwagens der Kleinbahnen 13,6 t, so lassen sich aus den Angaben für 1937 Werte von etwa 15 t je Wagen errechnen. Der Anteil der im Park der Staatseisenbahnen einge-

Güterwagen Gattung V der Wittenberge-Perleberger Eisenbahn, eingestellt in den Wagenpark der Preußischen Staatseisenbahn als Altona 18200.
Sammlung Fiebig

stellten Güterwagen am Gesamtbestand der Klein- und Privatbahnen war recht unterschiedlich, je nachdem, wie groß der Binnenverkehr der Bahnen war. Einige Bahnen stellten ihre Güterwagen vollständig oder fast vollständig ein, andere Bahnen nur teilweise. Dabei hing das Verhältnis nicht von der Streckenlänge der Klein- oder Privatbahn ab, sondern von der Art der Industrie im Einzugsbereich.
Ein Beispiel ist die Zschipkau-Fin-

Tabelle 5.41 Güterwagenpark einiger Klein- und Privatbahnen, 1937 (Auswahl)

Bahn	Streckenlänge km	Gesamtbestand	Davon in DRG-Park überstellt	Anteil der überstellten Wagen Prozent
Zschipkau-Finsterwalder Eisenbahn	32,90	293	287	98,0
Osthavelländische Kreisbahnen	60,04	263	35	13,3
Altmärkische Kleinbahn	126,80	70	68	97,1
Aschersleben-Schneidlingen-Nienhagener Kleinbahn	46,21	166	75	45,2
Görlitzer Kreisbahn	27,32	21	21	100,0
Gardelegen-Neuhaldensleben-Weferlinger Kleinbahn	75,67	106	73	68,9
Stendaler Kleinbahn	83,0	29	29	100,0
Kleinbahn Strausberg–Herzfelde	16,38	43	29	67,4
Kleinbahn Goldbeck–Werben	21,50	83	6	7,2

sterwalder Eisenbahn, an deren Strecken sowohl Braunkohlegruben wie auch Brikettfabriken anschlossen. Die Rohkohletransporte verblieben also auf den Gleisen der Bahn; aber die Brikettabfuhr ging zum großen Teil über die Staatseisenbahn. Bei den Kleinbahnen war die Aschersleben-Schneidlingen-Nienhagener Kleinbahn eine Bahn, die einmal einen gleichen Verkehr zu bedienen hatte, ergänzt im Herbst durch die Zuckerrübentransporte zwischen den Verladestellen auf den Bahnhöfen und den Zuckerfabriken. Die Tabelle 5.41 gibt für einige ausgewählte Bahnen (1937) Richtwerte. Die Güterwagen der Schmalspurwagen waren in ihren Bauarten, Abmessungen und Konstruktionsdetails wie Drehgestelle und Bremsen fast so vielfältig wie die Bahnen selbst. Lediglich die Lenz-Bahnen beschafften einheitliche Schmalspurgüterwagen. Ansonsten waren die Wagen zwei- oder vierachsig. G-, O-, R-Wagen: Alles war vorhanden – je nach Bedarf. Diese Wagen verblieben stets auf ihren Heimatbahnen. Auf den Übergangsbahnhöfen mußten die Wagen umgeladen werden, oft in Handarbeit. Nur wenige dieser Bahnhöfe erhielten später mechanische Umladeeinrichtungen verschiedener Ausführungen. Bekannte Beispiele waren Wernigerode und Burg (b. Magdeburg).

Bahndienstwagen

Fast alle Klein- und Privatbahnen hatten Bahndienstwagen im Bestand, die größeren Bahnen auf jeden Fall. Dazu gehörten Unkrautvertilgungs-, Wasser-, Fäkalienwagen, Schneepflüge und bei den größeren Privatbahnen Geräte- und Mannschaftswagen für Hilfszüge. Die Bauarten dieser Wagen sind recht vielfältig gewesen, zumal sie meistens aus Uraltbeständen stammten und für die jeweiligen Zwecke oft in den eigenen Werkstätten umgebaut wurden. Es gab dabei Wagen, deren verschlungene Wege kaum erahnt, geschweige denn nachgewiesen werden können. So besaß die Bran-

Ein Schienen-Lkw der Westhavelländischen Kreisbahnen.
Sammlung Schulze

Ein Pkw vom Typ Chevrolet wurde 1940 bei der Kleinbahn Aschersleben–Schneidlingen–Nienhagen zu einem Schienen-Pkw umgebaut.
Sammlung Fiebig

denburgische Städtebahn einen uralten Gerätewagen, der ursprünglich einmal als württembergischer Gepäckwagen seinen Dienst versah. Zu den Bahndienstwagen gehörten auch die älteren, von Muskelkraft bewegten, und die neueren, motorisch angetriebenen Draisinen sowie die Bahnmeisterwagen, die für die Streckenbereisungen und die Streckenunterhaltungsarbeiten eingesetzt waren.

Eine besondere Gruppe stellten die Schienenautos dar, die ab etwa 1930 in verstärktem Umfang von einigen Klein- und Privatbahnen in Dienst gestellt wurden. Dabei handelte es sich um normale Straßenkraftfahrzeuge, die man in den eigenen Werkstätten umbaute. Diese Fahrzeuge besaßen eine spezielle Vorrichtung, mit deren Hilfe sie ausgesetzt oder gedreht werden konnten. So stellte die Kleinbahn Gardelegen–Neuhaldensleben–Weferlingen am 27. August 1931 den Antrag, einen Personenkraftwagen vom Typ Brennabor P8/32, der durch die eigene Werkstatt bereits umgebaut war, in Betrieb nehmen zu dürfen. Die Kleinbahnaufsicht Magdeburg genehmigte dies mit der Auflage, für den Einsatz dieses Schienenfahrzeuges eine besondere Dienstvorschrift zu erarbeiten. Bei diesem Fahrzeug waren auf die vorhandenen Holzfelgen stählerne Radreifen mit einem Laufkreisdurchmesser von 730 mm mit fünf verzinkten Senkkopfschrauben 1/2"x85 mm befestigt. Der sechssitzige Wagen diente der Betriebsleitung, dem Kontrolleur und dem Bahnmeister als Bereisungswagen. Er besaß die für Züge übliche Signalausrüstung (Laternen, Signalhörner, Knallkapseln, Signalflagge), Rettungskasten, Fahrplanbuch u.a. Fahrdienstlich wurde der Schienen-Pkw einerseits als „Kleinwagen auf Strecke" behandelt, andererseits mußte der Bahnhof Neuhaldensleben das Einfahrsignal bedienen. Krieg und Nachkriegszeit haben diese Fahrzeuge kaum überlebt...

Quellenverzeichnis

[1] Zeitschrift des Vereins Mitteleuropäischer Eisenbahnverwaltungen. 1935, S. 571
[2] ebenda
[3] Statistisches Handbuch für den preußischen Staat. 1859, Bd.1, S. 268
[4] Ulbricht: Geschichte der Königlich-Sächsischen Staatseisenbahnen. Dresden, S. 16
[5] Miniaturen zur Geschichte, Kultur u. Denkmalpflege. Berlin 1981, Nr. 5
[6] Ottmann; Ritzau: Eisenbahngeschichte in Mitteldeutschland. Landsberg 1975, S. 131
[7] ebenda, S. 131
[8] Preußische Jahrbücher. Bd. 68/1891, H. 3
[9] Zentrales Staatsarchiv Potsdam. 62 DAF 3 Nr. 13625, Bl. 2
[10] Archiv Rbd Halle. Reg II 28a/Nr. 84/Bl.362
[11] Großdeutscher Verkehr. Nr. 14/1942, S. 348
[12] Zeitschrift für Kleinbahnen. Januar 1894, S. 4
[13] ebenda
[14] Das deutsche Eisenbahnwesen der Gegenwart. 1881, Bd.II, S. 102
[15] Der Eisenbahnfachmann. Berlin 1935, S. 329
[16] Lokmagazin. Nr. 106, S. 30
[17] Erfurter Blätter. 6/1980, S. 25
[18] Weimarer Verfassung. Artikel 89 bis 96
[19] Verkehrstechnik. 1938, S. 393
[20] ebenda
[21] Verkehrstechnik. 1938, H.17
[22] Zeitschrift des Vereins Mitteleuropäischer Eisenbahnverwaltungen. 1935, Nr. 27/28, S. 29
[23] Die Reichsbahn. 20.April 1936
[24] Zeitung des Vereins Mitteleuropäischer Eisenbahnverwaltungen. 1939, Nr. 32
[25] Die Deutsche Wirtschaft. Nr. 29, 1937
[26] Reichsgesetzblatt I, 1926. Gesetz vom 29. Juni 1926, S. 357
[27] Zentrales Staatsarchiv Potsdam. Reichsverkehrsministerium, neu 272, Blatt 7
[28] ebenda, Blatt 12
[29] Wirtschaftspolitischer Dienst, 4, Folge 259 vom 11. November 1937
[30] Berliner Börsen Zeitung. Nr. 531 vom 12. November 1937
[31] Gottwaldt, A.B.: Die Lübeck-Büchener Eisenbahn. Düsseldorf 1975, S. 24
[32] Der Eisenbahnfachmann. Berlin 1935, S. 94
[33] Reichsgesetzblatt I, 1935. Nr. 103 vom 25. September 1935
[34] Zentrales Staatsarchiv Potsdam. Reichsverkehrsministerium 43.01, Blatt 47
[35] ebenda, Blatt 118
[36] Zentrales Verwaltungsarchiv. MfV Nr. 688, Blatt 19
[37] Großdeutscher Verkehr. Nr. 14, 1942, S. 348
[38] Frankfurter Zeitung. 30. April 1941
[39] Reichsgesetzblatt II, 1942. Nr. 24 vom 24. Juli 1942
[40] Deutsche Allgemeine Zeitung. 18. August 1942
[41] Reichsgesetzblatt II, 1940. Nr. 13 vom 5. April 1940
[42] Reichsgesetzblatt I, 1940. Nr. 20 vom 14. Juni 1940
[43] 75 Jahre Harzquer- und Brockenbahn. Clausthal-Zellerfeld 1975, S. 114
[44] Modelleisenbahner. Berlin 1979, Nr.3, S. 74
[45] Zentrales Verwaltungsarchiv. MfV, Nr. 694
[46] VOBl der Provinz Sachsen. 30.Juli 1946, S. 351
[47] Zentrales Verwaltungsarchiv. MfV, Nr. 242
[48] ebenda, Nr. 688, Blatt 11
[49] ebenda, Nr. 688, Blatt 72
[50] ZVOBl. Nr. 23, 1949
[51] Zentrales Verwaltungsarchiv. MfV, Nr. 242
[52] Verfügungen und Mitteilungen des MfE. 50/53
[53] Zentrales Verwaltungsarchiv. MfV, Nr. 3879
[54] Haarmann: Die Kleinbahnen. Berlin 1896
[55] Waechter, M.: Die Kleinbahnen in Preußen. Berlin 1902
[56] Archiv für Eisenbahnwesen. Zur Finanzierung der Kleinbahnen, Berlin 1924
[57] Statistik der nebenbahnähnlichen Kleinbahnen. Berlin 1920
[58] ebenda
[59] Archiv für Eisenbahnwesen. Zur Finanzierung der Kleinbahnen, Berlin 1924

[60] Zentrales Staatsarchiv Merseburg. Ministerium für Auswärtige Angelegenheiten, 2.4.1.II, Akte 7084, S. 53-54
[61] ebenda, S. 55-62
[62] ebenda, S. 63-68
[63] ebenda, S. 54
[64] Staatsarchiv Magdeburg. Oberpräsidium der Provinz Sachsen, C20Ib, Akte 3056
[65] Preußische Gesetzessammlung 1933, S. 119
[66] Statistik der nebenbahnähnlichen Kleinbahnen. Berlin 1920
[67] Hein; Krüger: Das Gesetz über Kleinbahnen und Privatanschlußbahnen vom 28. Juli 1892, Bd. I, S. 168. Berlin 1929
[68] Archiv für Eisenbahnwesen. 1921, H. 3, S. 654
[69] Verkehrstechnik. 1926, S. 302
[70] Zentrales Staatsarchiv Potsdam. Reichsverkehrsministerium 43.01, Akte 269, S. 17
[71] Verkehrstechnik. 1926, S. 302
[72] Zentrales Staatsarchiv Potsdam. Reichsverkehrsministerium 43.01 Akte 269, S. 51–55
[73] ebenda
[74] Gesetzessammlung Preußen. Berlin 1823
[75] Otto, K.: Das Verkehrswesen der preußischen Provinzen. Berlin 1939
[76] Waechter, M.: Die Kleinbahnen in Preußen. Berlin 1902
[77] Otto, K.: Das Verkehrswesen der preußischen Provinz. Berlin 1939
[78] Staatsarchiv Magdeburg. Provinziallandtag der Provinz Sachsen, Rep. C 90 Nr. 837 I, Bd.I, S. 333
[79] List, W.: Kleinbahnen der Altmark. Berlin 1979
[80] Handbuch der deutschen Straßenbahnen, Kleinbahnen und Privatbahnen sowie der angeschlossenen Kraftfahrbetriebe. Berlin 1928
[81] Kieper; Preuß; Rehbein: Schmalspurbahn-Archiv. Berlin 1980
[82] Moll; Wenzel: Die Baureihe 89^{70}. Freiburg 1981
[83] Vertrag zwischen dem königlichen Eisenbahnbetriebsamte zu Halle und der Lokalbahn AG München über Anschluß der Forster Stadteisenbahn an den Bahnhof der Eisenbahn von Cottbus nach Sorau. Berlin 1892
[84] Dost: Die Privat- und Kleinbahnen SchlesienS. Dortmund 1969
[85] Verkehrstechnik. 1926, S. 799
[86] Zentrales Staatsarchiv Merseburg. Zivilkabinett, Abt. II, 2.2.1., Akte 29726
[87] Machel, W.-D.; Bau- und Betriebsunternehmen Lenz & Co. GmbH um die Jahrhundertwende. Unveröffentlichte Tabelle
[88] Archiv Rbd Halle. Kleinbahnaufsicht Akte 100, Blatt 82–84
[89] Zeitschrift für Kleinbahnen. 1907
[90] Kieper, K.: Die Franzburger Kleinbahnen. Berlin 1982
[91] Verkehrstechnik, Zeitschrift für Kleinbahnen: verschiedene Jahrgänge. Aufzeichnungen aus dem Zentralen Staatsarchiv Merseburg
[92] Deutsche Straßen- und Kleinbahnzeitung. Nr. 41, Oktober 1907, S. 969
[93] Handbuch der deutschen Straßenbahnen, Kleinbahnen und Privateisenbahnen sowie der angeschlossenen Kraftfahrbetriebe. Berlin 1928
[94] Koenner: ELNA-Lokomotiven. Essen 1977
[95] Archiv für Eisenbahnwesen. Finanzierung von Klein- und Privatbahnen. Berlin 1924
[96] Haarmann: Die Kleinbahnen. Berlin 1896
[97] ebenda
[98] Dost: Die Privat- und Kleinbahnen OstpreußenS. Folge 1 und 2, 1968
[99] Staatsarchiv Magdeburg. Provinziallandtag der Provinz Sachsen Rep. S. 90, Nr.837 II Bd. 1, S. 77
[100] Staatsarchiv Weimar. Thüringisches Wirtschaftsministerium. Akte 4778
[101] Röll, Freiherr von: Enzyklopädie des EisenbahnwesenS. Berlin 1892
[102] Zur Frage der Spurweiten. Berlin 1901
[103] Statistik der nebenbahnähnlichen Kleinbahnen. Berlin 1920
[104] Allgemeine Bedingungen für die Einführung von Kleinbahnen in Staatsbahnhöfe vom 1.April 1920
[105] ebenda
[106] ebenda
[107] Archiv Rbd Magdeburg. Bestand Kleinbahnen
[108] Staatsarchiv Weimar. Thüringisches Wirtschaftsministerium, Akte 4778
[109] Lenz & Co.: Der Bau und die Betriebseinrichtungen der Kleinbahnen. Stettin 1894
[110] Haarmann: Die Kleinbahnen. Berlin 1896
[111] Semke: Erst der Weg, dann das Fahrzeug! In: Verkehrstechnik. 1926, S. 233–236 und 251-253
[112] Statistik der nebenbahnähnlichen Kleinbahnen. Berlin 1920
[113] Semke: Erst der Weg, dann das Fahrzeug! In: Verkehrstechnik 1926, S. 233–236 und 251-253

[114] Archiv Rbd Magdeburg. Bestand Kleinbahnen
[115] Festschrift „Eröffnung der Halle-Hettstedter Eisenbahn". Halle 1895
[116] Meyer: Oderbruchbahn. Unveröffentlichtes Manuskript
[117] Machel, W.-D.: Die Mecklenburg-Pommersche Schmalspurbahn. Berlin 1984
[118] Mueller: Organisation der Verwaltung und des Betriebes einer selbständigen Kleinbahngesellschaft. Cöln a.Rh. 1913
[119] Archiv Rbd Magdeburg. Bestand Kleinbahnen, Akte 3523
[120] Zentrales Staatsarchiv Merseburg. Ministerium für öffentliche Arbeiten, Abteilung E, Eisenbahnangelegenheiten, Rep 93 C Abt. E, Akte 302/1, Allgemeine Bestimmungen über Kleinbahnen, S. 64
[121] Staatsarchiv Weimar. Thüringisches Wirtschaftsministerium, Akte 4782, Bd.1, S. 84/11
[122] Amtliches Kursbuch. 1925
[123] Staatsarchiv Weimar. Thüringisches Wirtschaftsministerium, Akte 4782, Bd. 1, S. 84/13
[124] Amtliches Kursbuch. 1927/1928
[125] Staatsarchiv Magdeburg. Regierung Merseburg – Bauregistratur C 48 Ic, Akte 1970
[126] Zentrales Staatsarchiv Potsdam. Reichsverkehrsministerium 43.01. Tarife, S. 68–69
[127] Archiv Rbd Magdeburg. Bestand Kleinbahnen-Akte 3199, S. 00105
[128] ebenda, S. 00144
[129] ebenda, S. 00158
[130] Zentrales Staatsarchiv Potsdam. Reichsverkehrsministerium 43.01, Akte 248
[131] Zentrales Verwaltungsarchiv. MfV, Nr. 4561
[132] Archiv Rbd Erfurt. Alte Tarife 1949/50
[133] VII. Parteitag der SED. Dokumente
[134] Staatsarchiv Greifswald. Regierung Stralsund Rep 65 c, Akte 1340
[135] Verkehrstechnik. 1927 vom 25. November 1927
[136] Otto, K.: Das Verkehrswesen der preußischen Provinzen. Berlin 1939
[137] Staatsarchiv Greifswald. Rep 60, Akte 1864
[138] Zentrales Verwaltungsarchiv. MfV, Nr. 4561
[139] Zeitschrift des Verbandes der deutschen Privatbahnbeamten. Nr. 1, Berlin 1. Juli 1901
[140] Staatsarchiv Weimar. Thüringisches Wirtschaftsministerium, Akte 4777
[141] 40 Jahre Süddeutsche Eisenbahn-Gesellschaft. Essen 1935
[142] Staatsarchiv Weimar. Thüringisches Wirtschaftsministerium, Akte 4777
[143] ebenda
[144] ebenda
[145] Staatsarchiv Greifswald. Regierung zu Stralsund, Rep 65c, Akte 1470/63, S. 174
[146] ebenda, S. 175
[147] Staatsarchiv Weimar. Land Thüringen, Akte 3574
[148] Unterlagen Sammlung Dobbert
[149] Archiv Rbd Magdeburg. Lohnverfügungen 1945–1952, Akte 846
[150] Zentrales Verwaltungsarchiv. MfV, Nr. 4561
[151] ebenda
[152] Helmholtz; Staby; Metzeltin: Die Entwicklung der Lokomotive im Gebiete des Vereins Deutscher [Mitteleuropäischer] Eisenbahnverwaltungen. Bd. I. und II. München und Berlin, 1930 und 1937
[153] Das deutsche Eisenbahnwesen der Gegenwart. Bd. I und II. Berlin 1911
[154] Barkhausen; Blum; v. Borries; Das Eisenbahnmaschinenwesen der Gegenwart. Bd. I. Wiesbaden, 1898
[155] Jahn, J.: Die Dampflokomotive in entwicklungsgeschichtlicher Darstellung ihres Gesamtaufbaue S. Berlin 1924
[156] Gleim, W.: Das Gesetz über Kleinbahnen und Privatanschlußbahnen mit Erläuterungen. Berlin 1907
[157] Henschel & Sohn A.G.: Bau-, Feldbahn-, Kleinbahn- und Industrie-Lokomotiven – Sonderkatalog. Kassel 1936
[158] Born, E.: Lokomotiven und Wagen der deutschen Eisenbahnen. Mainz 1958
[159] Maedel, K-E.: Die deutschen Dampflokomotiven gestern und heute. 2.Aufl. Berlin 1963
[160] Arbeitsgruppe Schienenverkehr: Verzeichnis der Dampflokomotiven der DB 1925–1950. Wien 1950
[161] Griebl/Schadow: Verzeichnis der deutschen Lokomotiven 1923–1963. Berlin 1965
[162] Deutsche Reichsbahn: Merkbuch für Triebfahrzeuge 939 Tr. Dresden 1962, 1964
[163] Brandt, W.: Vom feurigen Elias und der sanften Elise. Düsseldorf 1968
[164] Moll/Wenzel: Die Baureihe 91 (preußische T 9). Freiburg 1984
[165] Steinke, W.: Die Rübelandbahn. Berlin 1982
[166] Menzel, W.: Die Brandenburgische Städtebahn. Berlin 1984
[167] Wolff, G.: Deutsche Klein- und Privatbahnen. Teil 1 bis 6. Gifhorn 1972 bis 1978

[168] Schrader, K.J.: Dampflokschuppen. Gifhorn 1969

[169] Koenner, H.-M.: ELNA-Dampflokomotiven. Essen 1977

[170] Ostendorf, R.: Dampftriebwagen. Stuttgart 1977

[171] Lüder, D.: Materialien zum Rowanschen Dampfwagen. Hannover 1979

[172] Kunicki, H.: Deutsche Dieseltriebfahrzeuge gestern und heute. Berlin 1966

[173] Bohlmann, D.-Th.: Die Wismarer Schienenomnibusse der Bauart Hannover. Gifhorn 1976

[174] Löttgers, R.: Schienenbusse in Deutschland. Stuttgart 1982

[175] Schrader, K.-J.: Triebwagen auf Kleinbahngleisen. Gifhorn 1971

[176] Schrader, K.-J.: Diesellok auf Kleinbahngleisen. Gifhorn 1971

[177] Bauer, G. u.a.: Straßenbahn-Archiv. Band 3 bis Band 5. Berlin 1982 ff.

[178] Quill; Ebel: Privatbahnen in der DDR seit 1949 im Reichsbahn-Eigentum. Stuttgart u.a., 1982

[179] Diener, W.: Die Reisezugwagen und Triebwagen der Deutschen Reichsbahn 1930. Krefeld 1983

[180] Druckschriften der Arbeitsgemeinschaften des DMV der DDR über verschiedene Bahnen

[181] Jubiläumsschriften von Klein- und Privatbahnen

[182] Betriebsbücher, Aufzeichnungen, Akten – vorzugsweise der Betriebsmittel der Klein- und Privatbahnen, besonders in den Archiven der Rbd Halle und Magdeburg

[183] Deutsche Reichsbahn: Umzeichnungspläne, Verfügungen, Innerbetriebliche Weisungen, Aktenvermerke u.a.

[184] Archiv Rbd Magdeburg. Bestand Kleinbahnen, Akte 3495

[185] Archiv Rbd Magdeburg. Bestand Kleinbahnen, Akte 1215

[186] Andrees, H.: Der Lokomotivpark der im Jahre 1949 übernommenen nicht reichsbahneigenen öffentlichen Eisenbahnen. Deutsche Eisenbahntechnik, 1955, Heft 4, S. 144ff.

[187] Archiv der Rbd Magdeburg. Bestand Kleinbahnen

[188] Archiv der Rbd Magdeburg. Bestand Kleinbahnen, Akte 67

[189] Archiv der Rbd Magdeburg. Bestand Kleinbahnen, Akte 249

[190] Montada: 1950 – 1965 – 1990 Vom VDNE zum BDE. In: Die Bundesbahn 5/1990

[191] Montada: Regionale Nebenbahnen. Beispiel rationeller und kundenspezifischer Technik und Betriebsweise. In: Jahrbuch des Eisenbahnwesens 82, Darmstadt 1982

[192] Montada: Wohin führt die Regionalisierung? In: Deutsche Bahn 6/1992, S. 615 f., Darmstadt 1992

[193] Roggenkamp: Jahrbuch Schienenverkehr 13. Nordhorn 1994

[194] Naß: NE '90. Die Triebfahrzeuge der deutschen Privatbahnen, Stand 1.1.90. Aachen 1990

[195] Preuß, E.: Jede vierte Tonne über NE. In: Fahrt frei Nummer 15, Berlin 1990

[196] Schütte, I., Schütte, W.: Die Rinteln-Stadthagener Eisenbahn. Lübbecke 1993

[197] Montada: Verkehrswirtschaftliche Bedeutung der Nichtbundeseigenen Eisenbahnen. In: Eisenbahntechnische Rundschau 11/1988

Abkürzungen

(ohne die einzelnen Klein- und Privatbahnen)

ADEG Allgemeine Deutsche Eisenbahn-Betriebsgesellschaft
ADKG Allgemeine Deutsche Kleinbahn-Betriebsgesellschaft
AEG Allgemeine Elektrizitäts-Gesellschaft, Berlin
AGBB Aktiengesellschaft für Bahnbau und Betrieb
AGV Aktiengesellschaft für Verkehrswesen
AKleb Allgemeine Bedingungen für die Einführung von Kleinbahnen in Staatsbahnhöfe
AKN Altona–Kaltenkirchen–Neumünster
BHG Berliner Handelsgesellschaft
BMAG Berliner Maschinenbau-Aktiengesellschaft, vormals Schwartzkopff
DB Deutsche Bundesbahn
DEAG Deutsche Eisenbahn-Aktiengesellschaft
DEBG Deutsche Eisenbahn-Betriebsgesellschaft
DEG Deutsche Eisenbahn-Gesellschaft
DEGT Deutscher Eisenbahn-Gütertarif
DEVV Deutscher Eisenbahn-Verkehrs-Verbund
DILO Dienst- und Lohnordnung
DR Deutsche Reichsbahn
DRG Deutsche Reichsbahn-Gesellschaft
DWK Deutsche Werke, Kiel
ELNA Engerer Lokomotiv-Norm-Ausschuß
EVO Eisenbahnverkehrsordnung
FVA Fahrzeug-Versuchsanstalt, Halle [Saale]
GmP Güterzug mit Personenbeförderung
K.E.B.B.G. Kolonial-Eisenbahn-Bau- und Betriebsgesellschaft
KED Königliche Eisenbahn-Direktion
KPEV Königliche Preußische Eisenbahn-Verwaltung
K.SächS.Sts.E.B. Königlich Sächsische Staatseisenbahnen
LOWA Lokomotiv- und Waggonbau
MAN Maschinenfabrik Augsburg-Nürnberg
MdöA Ministerium der öffentlichen Arbeiten
NAG Neue, später Nationale Automobil-Gesellschaft
OEG Ostdeutsche Eisenbahn-Gesellschaft
ÖPNV Öffentlicher Personennahverkehr
PKP Polnische Staatsbahnen
PmG Personenzug mit Güterbeförderung
pr. preußisch
P.St.B. Preußische Staatseisenbahn
RAW/Raw Reichsbahnausbesserungswerk
Rba Reichsbahnamt
RBD/Rbd Reichsbahndirektion
RM Reichsmark
SEG Süddeutsche Eisenbahn-Gesellschaft
SMAD Sowjetische Militäradministration
TV Technische Vereinbarungen über den Bau und die Betriebseinrichtungen der Haupt- und Nebenbahnen
VBO Vereinfachte Eisenbahn-Bau- und Betriebsordnung
VDEV Verein Deutscher Eisenbahn-Verwaltungen
VDSKP Verein Deutscher Straßenbahnen, Kleinbahnen und Privateisenbahnen
VES-M Versuchs- und Entwicklungsstelle für die Maschinenwirtschaft der Deutschen Reichsbahn, Halle (Saale)
VKAG Vereinigte Kleinbahnen Aktiengesellschaft
VMEV Verein Mitteleuropäischer Eisenbahn-Verwaltungen
VVB Vereinigung Volkseigener Betriebe
WEG Westdeutsche Eisenbahn-Gesellschaft
WüEG Württembergische Eisenbahn-Gesellschaft
WüEN Württembergische Nebenbahn-Gesellschaft